Mircea Eliade

Indisches Tagebuch

HERDER / SPEKTRUM

Band 4649

Das Buch

„Dieses Buch ist eine Initiation in die wahre Kunst des Reisens“ (Eugène Ionesco). Es vermittelt in der Tat ein unterhaltsames, mitreißendes, exotisches Leseerlebnis voller Dynamik und sublimer Poesie. „Du blickst nach Indien als dem einzigen Weg, der dir offenblieb, denn ein Zurück gibt es nicht mehr“, so schreibt er am Beginn seiner Reise. Am Ende steht ein Stundenbuch für Orientbegeisterte. Eliades Aufzeichnungen seiner ausgedehnten Reisen durch Indien und den Himalaya enthüllen einen bisher kaum bekannten Aspekt des Werkes des großen Religionshistorikers und Schriftstellers. Der gebildete junge Europäer begegnet - offen, vorurteilsfrei, scharf wahrnehmend - einer ganz anderen Kultur, die ihn selber verändert. In eindringlichen Momentaufnahmen von „federnder Brillanz“ (NZZ) werden Erlebnisse und Eindrücke gezeichnet. Der Besuch bei einem Yogi, die Pracht der Tempel und Moscheen, Begegnungen mit Gandhi oder Tagore, die Bettler auf den Straßen, die Ruhe der üppigen Gärten von Darjeeling, der Zauber indischer Nächte, die intensiven Farben und Gerüche, der allgegenwärtige Tod, die mystische Deutung des Lebens - Indien wird sinnlich-mystisches Erlebnis. Eugène Ionesco schrieb nach dem Erscheinen des Buches: „Ein unglaublich reiches und lebendiges, an manchen Stellen erschütterndes Buch ... Mircea Eliade vermag es, sich beeindrucken zu lassen, seinen Erlebnissen Leidenschaft zu verleihen und sich am Geschehen zu erfreuen ... Es ist ihm gelungen, uns ein gewaltiges Indien zu präsentieren. Wenn wir das Buch lesen, haben wir das intensive Gefühl, nicht mehr bei uns zu sein, sondern uns in unheimlichen, fernen Gegenden zu befinden.“

Der Autor

Mircea Eliade, 1907-1986, bedeutender Mythenforscher, Religionshistoriker, Philosoph, Schriftsteller und Weltreisender. Nach Abschluß eines Philosophiestudiums ging er für mehrere Jahre zu Studien- und Meditationszwecken nach Indien. Reiche publizistische und wissenschaftliche Tätigkeit vor allem auf dem Gebiet der indischen Philosophie und Religion. Nach dem Krieg lehrte er an der École Pratique des Hautes Études in Paris, an der Sorbonne. 1957 ließ er sich in den USA nieder, wo er einen Lehrstuhl für Religionsgeschichte an der Universität Chicago erhielt. Bei Herder/Spektrum ist sein wohl bedeutendstes Werk in 5 Bänden lieferbar: „Geschichte der religiösen Ideen“ (4200).

Mircea Eliade

Indisches Tagebuch

Reise durch einen mystischen Kontinent

Aus dem Rumänischen übersetzt, herausgegeben
und mit einem Vorwort von Edward Kanterian

Herder
Freiburg · Basel · Wien

Verlag und Herausgeber danken
der Witwe des Autors,
Frau Christinel Eliade (Chicago),
sowie Herrn Mircea Handoca (Bukarest)
für die freundliche Genehmigung zur Publikation der Texte
in der hier vorliegenden Auswahl.

Gedruckt auf umweltfreundlichem,
chlorfrei gebleichtem Papier

Verlag Herder Freiburg im Breisgau 1998

Titel der Originalausgabe: Indisches Tagebuch. Reisenotizen 1928 - 1931
Herstellung: Freiburger Graphische Betriebe 1998
Umschlaggestaltung: Joseph Pölzelbauer
Umschlagmotiv: © Raghubir Singh/A.N.A. Paris,
aus dem Bildband „The Ganges" by R. Singh
ISBN: 3-451-04649-0

Inhalt

Vorwort des Herausgebers

Eliades indisches Abenteuer

An einem denkwürdigen Mainachmittag des Jahres 1928 befand sich ein einundzwanzigjähriger rumänischer Student in der Bibliothek des Seminars für Indologie der Universität Rom. Er war in die italienische Hauptstadt gekommen, um die Bibliographie für seine Examensarbeit zu vervollständigen, die zum Thema die Philosophie der Renaissance hatte.

Zum ersten Mal konnte hier der junge Mann ein begehrtes Buch einsehen, das ihm in seiner Heimat nicht zu Verfügung stand: *A History of Indian Philosophy*, ein noch heute maßgebliches und auf fünf Bände angewachsenes Werk des bengalischen Philosophen Surendranath Dasgupta (1885-1952). In seinem Vorwort bedankte sich der Autor bei seinem Mäzen, dem Maharadscha Manindra Chandra Nandi von Kassimbazar, ohne dessen generöse Hilfe er nicht in Cambridge – bei dem Hegelianer MacTaggart – hätte studieren können und ohne die die großangelegte indische Philosophiegeschichte nicht entstanden wäre. Dasgupta lobte den Maharadscha außerdem für seinen beispiellosen Einsatz zur Unterstützung der indischen Wissenschaft und Philosophie. Als der Student diese Zeilen las, durchzuckte ihn ein Gedankenblitz: Wäre es nicht möglich, den großzügigen Maharadscha selbst um ein – sagen wir zweijähriges – Stipendium zu ersuchen, das ein Studium der indischen Philosophie dort an den Quellen, in Bengalen, bei Professor Dasgupta persönlich ermöglichen würde? Ganz euphorisch setzte er an Ort und Stelle zwei Bittbriefe auf: einen an den Maharadscha und einen an Dasgupta. Die Antworten sollten drei Monate auf sich warten lassen.

*

So begann das indische Abenteuer von Mircea Eliade, das er selbst bis ins hohe Alter für die entscheidende Erfahrung hielt, welche seinen geistigen Werdegang im allgemeinen und seine wissenschaftliche Ausbildung im speziellen beeinflußte. Es ist zu bezweifeln, ob Eliade der Autor so bekannter und bedeutender Werke wie *Das Heilige und das Profane*, *Kosmos und Geschichte*, *Schamanismus und archaische Ekstasetechnik*, *Yoga. Unsterblichkeit und Freiheit* und *Geschichte der religiösen Ideen* geworden wäre – ähnliches gilt für den zauberhaften Liebesroman *Das Mädchen Maitreyi* oder etwa die phantastische Geschichte *Nächte in Serampore* –, hätte er nicht als junger Mensch drei Jahre in Indien verbracht; wäre er nicht bei dem ebenso gelehrten wie scharfsinnigen Dasgupta in die Lehre gegangen und hätte er nicht mit dessen Hilfe die klassischen Abhandlungen der indischen Philosophie nebst Kommentaren im Original, das heißt auf Sanskrit, gelesen; hätte er sich nicht in Maitreyi, die Tochter seines Professors verliebt, mit der er eine stürmische Beziehung erlebte, die sogar verfilmt wurde[1]; hätte er nicht zahlreiche Reisen durch Indien unternommen, in deren Verlauf er die indische »Seele« genauer kennenlernte und auf die autochthonen Volkstraditionen aufmerksam wurde, die er später als das gemeinsame Fundament aller Kulturen beschreiben, ja sogar davon

1 *La nuit bengali* von Nicolas Klotz (GB 1988), mit Hugh Grant in der Hauptrolle.

ausgehend einen »neuen Humanismus« formulieren würde; hätte er sich nicht sechs Monate lang in einem Eremitenkloster im Himalaya aufgehalten, wo er aus nächster Nähe die Meditationstechniken kennenlernte, die er später in seinen von den westlichen Spezialisten gefeierten Yoga-Büchern beschrieben hat; hätte er nicht ...

Eliade hat sich schon relativ früh für den Orient und ganz besonders für Indien interessiert. Als Obersekundaner hielt er in seinem Freundeskreis einen Vortrag über den Helden Rama, die siebte Inkarnation Vishnus. Etwa zur selben Zeit brachte er sich selbständig erste Grundkenntnisse in Sanskrit bei (Lektionen in Hebräisch und Persisch waren vorangegangen). Es folgten zahlreiche Artikel in rumänischen Periodika über die Geschichte der Religionen, über Orientalistik und Alchemie, von denen einige Motive aus der altindischen Literatur und Mythologie zum Gegenstand hatten; so zum Beispiel wenn er über den Mythos der Sintflut im Mahabharata und in der Bhagavata-Purana, über Ashvagoshas Buddha-Gedicht, über den »Dichter-Mörder« Milarepa schrieb oder neueste Publikationen über die indische Kultur rezensierte. Schon damals war die Handschrift des vielseitigen, nimmermüden Polygraphen zu erkennen. Seit seinem literarischen Debüt als Vierzehnjähriger mit der Kurzgeschichte »Wie ich den Stein der Weisen entdeckte« und bis zu seiner Abreise nach Indien im Spätherbst 1928 publizierte Eliade weit über dreihundert Artikel, die ihn in Rumänien berühmt machten, ja sogar zum geistigen Wortführer seiner Generation avancieren ließen, einer Generation im übrigen, in der, nicht anders als im übrigen Europa, der Pathos des Aufbruchs und der Entdeckung neuer Welten vorherrschte. Er verfaßte zudem einen umfangreichen

Jugendroman, der erst viel später erschien, legte fast nebenbei das Abitur ab und absolvierte dann in drei Jahren sein Philosophiestudium an der Bukarester Universität, das im Oktober 1928 mit der erwähnten Arbeit über die Philosophie der Renaissance abgeschlossen wurde.

*

Nicht lange nachdem er aus Rom zurückgekehrt war, bekam Eliade Antwort aus Indien. Der Maharadscha war mit dem Vorhaben des jungen Rumänen einverstanden, nach Kalkutta zu kommen, um bei Dasgupta zu studieren und sicherte ihm gleich ein fünfjähriges Stipendium zu. Auch Dasgupta hatte nichts einzuwenden, ganz im Gegenteil: Er war hocherfreut über die Tatsache, einen Europäer zu seinen Doktoranden zählen zu können.

Nach anfänglichen Schwierigkeiten von offizieller Seite – ein englisches Visum zu erwerben und nachzuweisen, daß man mindestens hundert Pfund Sterling besitzt, war schon damals nicht leicht für einen Rumänen – konnte die Abreise am 22. November 1928 schließlich erfolgen. Eliade fuhr nach Constanta, dem Hafen am Schwarzen Meer, nahm dort ein rumänisches Schiff bis nach Alexandria und reiste von da – nach einer kurzer Zwischenstation in Kairo – nach Port Said weiter, um sich auf dem japanischen Ozeandampfer »Hakone Maru« einzuschiffen. Zwei Wochen später, am 12. Dezember, hatte er Colombo, die Hauptstadt von Ceylon, dem heutigen Sri Lanka, erreicht. Er besichtigte verschiedene Sehenswürdigkeiten in Ceylon und Südindien und war dann für mindestens eine Woche Gast im schwedischen Missionshaus von Madras. Nachdem er in Poonamallee das Weihnachtsfest im Kreis junger Christen verbracht hatte, fuhr er weiter nach Kalkutta und erreichte kurz vor Neujahr, sechs Wochen nach seiner Abreise aus Bukarest, endlich die bengalische Metropole. Dort ließ er sich in einer anglo-indischen Pension in der Ripon Street nieder, die für ein ganzes Jahr sein Zuhause werden sollte. Dasgupta empfing seinen neuen Studenten aus Europa äußerst freundlich und war bald sehr angetan von ihm, als er sah, welchen Elan dieser an den Tag legte: Er hatte sogleich begonnen, mit fast manischer Besessenheit mindestens zwölf Stunden täglich Sanskrit und indische Philosophie, besonders Samkhya-Yoga, zu studieren, was schon nach wenigen Monaten erstaunliche Resultate zeitigte. Eliades wegen hielt Dasgupta sogar seine Vorlesungen in Englisch und nicht mehr in Bengali, und er erteilte ihm darüber hinaus Privatunterricht in sanskritischer Grammatik.

Eliade war mit der Gewißheit nach Indien gekommen, daß nur die Hingabe an diese Kultur den Sinn seines Lebens zu ergründen vermöchte. »Indien faszinierte mich, zog mich an wie ein Geheimnis, in dem ich mein Schicksal verborgen ahnte. Ich mußte auf jeden Fall ... dorthin gelangen«, schrieb er später in seinen *Erinnerungen*. Für dieses Abenteuer war er bereit, Europa für immer den Rücken zu kehren.

Seine Zeit in Indien läßt sich im wesentlichen in vier Etappen unterteilen, welche die Entwicklung seiner Beziehung zur indischen Kultur illustrieren. Dabei sind die ersten drei Stadien als Phasen der schrittweisen Annäherung an Indien zu verstehen, die fast bis zur vollständigen Assimilation führten, während in der letzten Phase eine innere Entfernung vom asiatischen Subkontinent und eine Ernüchterung bezüglich der Möglichkeit seiner eigenen vollständigen ›Indisierung‹ einsetzten.

Erstens war da der einjährige Aufenthalt in jener Pension in Kalkutta, in der vornehmlich Anglo-Inder lebten. Der tägliche Kontakt mit ihnen einerseits – er ging oft genug mit ihnen nachts aus – und das intensive Philosophiestudium bei Dasgupta andererseits näherten ihn zwar an Indien an, entfernten ihn aber nicht vollständig von Europa, denn die sich für zivilisiert dünkenden Anglo-Inder legten ein Verhalten an den Tag, das sich bewußt von dem der Einheimischen absetzte. Und Dasguptas Bücher kannte er schon aus Europa. In der Ripon Street führte er noch das Leben eines jungen Europäers, der in Indien studierte.

Die zweite Phase setzte damit ein, daß er im September 1929 Rabindranath Tagore in dessen berühmter »Kolonie« Shantiniketan kennenlernte und dort das »wahre indische Leben« erfuhr (siehe *Erinnerungen*). Spätestens im Januar 1930, als Eliade in das Haus von Dasgupta umzog, das im rein indischen Viertel Bhowanipore lag, begann sich eine Änderung in seiner Mentalität zu vollziehen. Der Umzug selbst schien zu beweisen, daß er als aufgenommen galt, denn es entsprach traditioneller indischer Sitte, daß der Schüler bei seinem Lehrer wohnte. Eliade begann, sich dem Ablauf eines bengalischen Familienlebens anzupassen, sprach Bengali, trug einen Dhoti, verkehrte immer mehr mit rein indischen Freunden, begeisterte sich für Gandhis Unabhängigkeitskampf, schämte sich für seine weiße Haut, wenn er von den Greueltaten der britischen Kolonialmacht hörte, und vertiefte sich noch mehr in das Studium der Philosophie und Mythologie seiner »Wahlheimat«, wie er Indien im Rückblick bezeichnete. »Immer mehr fühlte ich mich hier zu Hause ... Alles gefiel mir: die Landschaft, das Klima, die Menschen, ihre Sprachen und verschiedenen Arten des Glaubens, ihr Verhalten, ihre Kleidung und ihre Speisen« (*Erinnerungen*). Er verliebte sich in Maitreyi, die Tochter seines Professors, und begann eine Beziehung mit ihr. In der Annahme, dies wäre im Sinne ihrer Eltern, wollte er sie sogar heiraten, um ein echter Hindu zu werden.

Doch er irrte sich. Als Dasgupta von der heimlichen Liebschaft erfuhr, jagte er seinen besten Schüler am 18. September 1930 wutentbrannt aus dem Haus und brach alle Beziehungen zu ihm ab. Eliade war gründlich mit dem Versuch gescheitert, in die indische Gesellschaft aufgenommen zu werden. Es folgte die dritte Phase: Er verließ enttäuscht die weltlichen Pfade und zog sich in eine Eremitenklause im Himalaya zurück, in den Svarga Ashram, unweit von Rishikesh. Dort hegte er die Hoffnung, über das »Absolute«, das er durch strengste Askese und Meditation erlangen wollte, Indiens Wesen zu verinnerlichen. Er bezog eine winzige Zelle im Ashram, freundete sich mit den dortigen Asketen an und ließ sich in die Yoga-Techniken einweihen, deren Theorien er schon aus Kalkutta kannte. Doch es sollte kein Inder aus ihm werden: Eine junge Frau aus Johannesburg, die sich im selben Ashram niedergelassen hatte, um ihr Heil zu finden, fühlte sich von ihm angezogen. Nach anfänglichen Widerständen Eliades gelang es ihr, ihn zu verführen. Zuerst hielt Eliade die Affäre für eine Form von praktiziertem Tantra-Yoga. Doch als ihn ein Asket darauf hinwies, er befände sich damit vollständig auf dem Irrweg, stand für ihn fest, daß er das Kloster verlassen mußte. Ein weiterer Zugang zu Indien, der der Enthaltsamkeit, blieb ihm versperrt.

Anfang März 1931 kehrte Mircea Eliade nach Kalkutta zurück, quartierte sich zum zweiten Mal in der Pension an der Ripon Street ein und nahm seine wissenschaftliche Arbeit wieder auf. Dort verfaßte er für italienische und rumänische Fachzeitschriften mehrere Artikel über die Samkhya- und Yoga-Philosophie, trieb die Studien für seine Dissertation voran – die später die Grundlage für sein erstes international berühmtes Buch, *Yoga. Essai sur les origines de la mystique indienne.* (Paris 1936) bilden sollte –, traf verschiedene westliche Wissenschaftler – darunter den Orientalisten Giuseppe Tucci und den Sexologen Magnus Hirschfeld – und führte ansonsten das Leben eines modernen Europäers.

Erst jetzt, in dieser vierten Phase seines indischen Aufenthalts, schien er zu verstehen: Sein eigener Weg konnte weder über eine durch Heirat erzwungene »Adoption« durch eine bengalische Familie verlaufen, noch durch die Ausübung eines asketischen Lebens, für das er nicht geschaffen war. »Was ich zu tun versucht hatte, nämlich auf meine westliche Kultur zu verzichten und mir eine ›Bleibe‹ oder eine ›Heimat‹ in einem exotischen geistigen Universum zu finden, kam in gewisser Weise einem vorzeitigen Verzicht auf alle meine schöpferischen Möglichkeiten gleich ... Meine Bestimmung war die Kultur, nicht das Heiligwerden« (*Erinnerungen*). Diese Bestimmung lag also nicht darin, wie ein Eingeweihter aufzutreten, der direkten Kontakt mit dem »Absoluten« hatte – wie das etwa Steiner, Schuré, Krishnamurti in jener Epoche für sich behaupteten –, sondern vielmehr in dem wissenschaftlichen und literarischen Lebenswerk, das Eliade hinterließ. Die Bedeutung dieses Werkes besteht ja gerade darin, daß es für Dimensionen menschlicher Erfahrung – das Phantastische, das Mythische, das Heilige – sensibilisiert und sie begreifbar macht, nicht aber darin, daß es bekehren möchte.

Damit endete Eliades indisches Abenteuer nachgerade so, wie er es vor seiner Reise erhofft und vermutet hatte: Es offenbarte ihm seine eigene Bestimmung. Anfang Dezember 1931 reiste er aus Indien ab, nachdem ihn sein Vater in einem Brief dringend gebeten hatte, seiner Militärpflicht nachzukommen. Etwa zwei Wochen später traf er in Bukarest ein. Zwar wollte er 1933 nach Indien zurückkehren, doch die Tatsache, daß er es nicht tat, deutet darauf hin, daß er seine »Lektion« gelernt hatte.

Zu diesem Buch

Eliade war zeit seines Lebens ein sehr produktiver Autor. Sein Gesamtwerk umfaßt fünfzig Bücher, darunter Arbeiten über die Geschichte der Mythen und religiösen Ideen, Romane, Novellen, Aufsatzsammlungen. Hinzu kommen noch sein ausgedehnter Briefwechsel mit Persönlichkeiten wie C.G. Jung, Ernst Jünger, Paul Ricœur und sein zehntausend Seiten umfassendes Tagebuch, von dem erst etwa ein Sechstel veröffentlicht ist. Dieses wahrlich beeindrukkende Schaffen begann mit Tagebuchaufzeichnungen und vor allem mit Zeitungsartikeln. Zu einer seiner ersten Publikationen gehören die Reisebeschreibungen, die er als vierzehnjähriger Schüler auf seinen Wanderungen durch Rumänien machte. Die Gewohnheit, von Orten zu berichten, die er auf seinen zahlreichen Reisen besuchte, behielt er lange Zeit bei.

So nimmt es nicht wunder, daß Eliade seine Erlebnisse in Indien in einem Tagebuch festhielt und gelegentlich überarbeitete Auszüge daraus in die Heimat sandte, wo sie als Reportagen in auflagenstarken Zeitungen erschienen. Das gesamte indische Tagebuch selbst – es soll fünfhundert eng beschriebene Seiten umfaßt haben – ist leider verschollen. Immerhin werden längere Passagen daraus in seinem Roman *Das Mädchen Maitreyi* zitiert. Zudem veröffentlichte Eliade selbst nach seiner Rückkehr jene Teile aus dem Tagebuch, die seinen Aufenthalt in der Pension in der Ripon Street betrafen (*Santier* [Werkstatt]. Bukarest 1935). Die spektakulärsten Abschnitte des Tagebuchs bleiben freilich jene Texte, die als Zeitungsreportagen erschienen sind und die von seiner abwechslungsreichen Anreise nach Indien über Kairo und den Suezkanal, den Streifzügen durch Süd- und Zentralindien, den Reisen durch den Himalaya und von manch anderer Episode berichten. Einige dieser Texte wurden von Eliade nachträglich zusammengestellt und unter dem schlichten Titel *India* 1934 in Rumänien publiziert.

Die vorliegende Ausgabe enthält alle 31 Texte aus *India* sowie fünfzehn Reportagen, die zwischen Dezember 1928 und April 1929 in der Bukarester Zeitung *Cuvîntul* (Das Wort) erschienen. Hinzu kommen ein Radiovortrag Eliades (*Eine bengalische Hochzeit*), seine Aufzeichnungen über den Besuch bei Tagore und über die politische Situation in Indien 1930 (*Zu Besuch bei Tagore* und *Fragmente aus der indischen Revolution,* beide aus *Santier*) sowie zwei Texte aus dem Nachlaß (*Erste Notizen* und *Noch einmal Benares*). Alle Texte wurden, soweit es feststellbar war, chronologisch geordnet, es sei denn, eine Umgruppierung erschien aus thematischen Gründen erforderlich. An einigen wenigen Stellen wurden vier Kapitel mit verwandten Texten verglichen und stellenweise ergänzt (siehe Textnachweis). Eliades Vorbemerkung zu *India* wurde trotz dieser Veränderungen beibehalten, da sie an Relevanz nichts eingebüßt hat.

Während seines dreijährigen Aufenthalts in Indien hat Mircea Eliade immer wieder ausgedehnte Reisen durch den Subkontinent und den Himalaya unternommen und ständig den Kontakt zur indischen Wirklichkeit gesucht. Von diesen Reisen sind viele – jedoch nicht alle – hier belegt. Daß so gut wie alle der hier versammelten Texte für Zeitungen bestimmt waren, ist kein Qualitätsmangel. Die manchmal poetischen, manchmal schockierenden, manchmal humorvollen Schilderungen von Landschaften, Sehenswürdigkeiten und Menschen sprechen für sich. Denn neben dem Wissenschaftler, dem Schriftsteller, dem Tagebuchautor und dem Autobiographen war Eliade noch etwas anderes: ein begnadeter Journalist. Nicht umsonst stand »von Beruf Reporter« in seinem Paß, mit dem er im Spätherbst 1928 nach Indien aufbrach. Eliade war ein Reporter von solchem Format, daß er zuerst über Indien und später über die Kulturen und Religionen der Menschheit einfühlsam zu berichten vermochte; daß er schließlich sogar durch sie »tanzte«, wie sein Freund, der rumänische Philosoph Constantin Noica, einmal von ihm sagte.

Vorbemerkung

des Verfassers

Dieses Buch ist weder ein Reisejournal noch eine Sammlung von Eindrücken oder Erinnerungen. Es enthält eine bestimmte Anzahl von Fragmenten über Indien; manche wurden an Ort und Stelle geschrieben, andere im Nachhinein verfaßt, wieder andere einem Tagebuch entnommen. Es handelt sich also nicht um ein einheitliches Indienbuch. Was mich persönlich angeht, so glaube ich, daß ein solches Buch frühestens nach sechs Monaten Aufenthalt in diesem Land geschrieben werden kann; nach drei Jahren aber ist es unmöglich. So habe ich auch gar nicht erst versucht, die Menge an Eindrücken und Reflexionen in eine »Reinschrift« zu bringen, sondern habe es vorgezogen, den fragmentarischen, spontanen Charakter dieser Zeilen beizubehalten, die gewisse Aspekte des unbekannten Indien zum Gegenstand haben. Ich war immer bemüht, das allzu persönliche Element zu vermeiden. Auch wurde dem bloßen Abenteuer systematisch aus dem Weg gegangen. Ich habe das Abenteuer mit der Reportage vertauscht und die Reportage mit der Erzählung. Diese weder vollständigen noch zusammenhängenden Aufzeichnungen wurden, wie man ersehen kann, zwischen 1928 und 1931, der Zeit meines Aufenthaltes in Indien, niedergeschrieben. Die vielleicht schönsten Gegenden, die ich gesehen habe – die Wüste Bikaner, Kaschmir, die Grenze zu Afghanistan, Birma –, bleiben unerwähnt. Ich habe damals nichts über sie notiert – und später konnte ich es nicht mehr. Der Leser wird gebeten, die Lücken dieses Itinerariums durch seine Phantasie zu vervollständigen.

ERSTE NOTIZEN

22. November 1928

Abfahrt. Mutter hat geweint. Auch ich weinte zu Hause. Die Jungs empfingen mich lauthals am Bahnhof ... Ich hatte kein *Reisefieber*[2]. Doch seit einigen Tagen tut es mir wirklich leid, daß ich abreisen muß.

Nun, da ich schreibe, denke ich an die öden Weiten der Meere, die ich überqueren werde. Ich bin mir über meine Gefühle im unklaren. Irgendwann muß sich die Erschöpfung der letzten Tage rächen.

Auf dem Schiff. Der erste Tee. Nachts.

Ich amüsiere mich mit einer polnischen Familie, die ich hereinlege, indem ich sie glauben mache, ich verstünde, was sie sagen. Warum dieses Amüsement? ... Es gibt polnische Ärzte an Bord, die zu einem Kongreß nach Kairo fahren.

23. November [1928]

Ich sehne mich nach Gott. Ich wollte, er *wäre*. Warum verläßt er mich? Ich habe ihn nie in mir gespürt. Nie war er ganz meiner. Sehr selten fühle ich seine Nähe, und dann packt mich eine seltsame Freude voller Tränen.

24. November [1928], Konstantinopel

Der Himmel klärt sich auf. Ich muß an meine Rückkehr aus Italien denken, über Neapel, mit dem Spät-

---

2 Deutsch im Original.

frühling in Istanbul. Um mich herum tränenreiche Abschiede. Warum berührt mich das nicht?

Auf dem Marmarameer

Augenblicke der Exaltation. Gedankenverloren allein auf dem Vordeck, in Erwartung des Mondes. Die Vorstellung der einsamen Wanderschaft erwärmte mich. Am Abend habe ich mich in der Pose des Charmeurs und Spötters mit einer armen Schauspielerin amüsiert, die nach Griechenland auswandert. In der 1. Klasse eine ägyptische Prinzessin; ihr Gefolge in der 2. Klasse. Schon der Zauber des Orients.

Ich fühle, wie ich ein neues Leben beginne.

26. November [1928]

Geruch von Orangen auf dem Deck, in den Sälen. Der Himmel wie bei uns im Frühling. Jugendlicher Elan beherrscht mich. Ich merke, daß ich mich zu sehr für eine der Dienerinnen der Prinzessin interessiere, eine Araberin mit provozierendem Gebiß.

*

Ich habe R's Briefe zum ersten Mal ohne Aufregung wieder gelesen[3].

Auch den zweiten und dritten Teil des Romans wieder gelesen, ohne betrübt zu werden[4].

Ich halte ihn für mittelmäßig. Der Abschied wirkt willkürlich. Alles wirkt zu einfach, zu wenig »mensch-

3 *R*: Eliades Geliebte, von der er sich wegen seiner Reise nach Indien für immer trennen mußte.

4 Wahrscheinlich ist sein Roman *Gaudeamus* gemeint, der Eliades Studentenzeit behandelt.

lich«. Ich habe doch schon mehr durchlebt. Dieser Roman ist bloße Literatur. Immerhin, er läßt sich veröffentlichen.

*

Das Angewidertsein von Literatur. Die Furcht, daß dir die Substanz aufgrund der Form zwischen den Fingern zerrinnt. Warum unbedingt ein Heft mit Reisenotizen? Warum unter dem Eindruck des Augenblicks schreiben – und all das erwähnen, was mit diesem Augenblick gar nichts zu tun hat?

Vielleicht eigne ich mir im Laufe der Notizen die Fähigkeit an, nur das zu verfolgen, was später auch wirklich ins Tagebuch gehört.

Das gefährlichste und falscheste Kriterium: die bloße Literatur.

Die Sünde der Reisen: die Briefe. Jeder fühlt sich verpflichtet, sich in Briefen überschwenglich zu geben. Warum wird soviel über Reisen gelogen? Vielleicht, weil auf Reisen die meisten Enttäuschungen eintreffen.

Die Sorge, daß meine Bordgenossen typischen Romancharakteren entsprechen könnten. Tatsächlich, die interessantesten Leute auf einer Reise sind immer und überall die gleichen.

Wenn es vorkommt, daß ich eine Begebenheit genau beschreiben möchte – kommt sie mir wie schon bekannt vor. Ein Beispiel: die Aphorismen des Doktors [meines Kabinengenossen] über die Frauen, die tropischen Krankheiten und die Vorkehrungsmaßnahmen. Oder seine Gepflogenheiten.

Die Schauspielerin: Warum hat sie gelogen und als *homme sans gêne* und große Weltreisende posiert? ...

*

Sturm in der Ägäis, Sturm auf dem Mittelmeer. In der Nacht schwappten die Wellen auf das Deck. Furchtbares Schlingern. Von meiner Kabine aus hörte ich es in den Lagerräumen krachen. Das Schiff war zu schwer am Bug und zu alt ...

Ich bin mit der Ikone der Heiligen Mutter Gottes auf der Brust eingeschlafen.

In der Nacht zum 28. November das gleiche. Der Sturm hatte sich gelegt, aber die Tiefen waren noch nicht beruhigt.

Nach Alexandria. Einige Stunden Verspätung. Frühlingswetter. Freude, Freude ...

Pseudo-Bordtagebuch

Alexandria

Kairo, 29. November [1928]

Wie verlockend ist doch der Sturm im Kino! Man schaut aus einem bequemen Sessel den Wellen zu, die der Bug zu Schaum schlägt, sieht die aufspritzende Gischt, die auf das Deck überschwappt, die erschrokkenen Passagiere in ihren Luxuskabinen, die Seeleute, die mit jener Schauspielern eigenen Gelassenheit auflaufen. Das Schiff neigt sich zur Seite, die Zuschauer halten den Atem an. Da – ein Leuchtturm, und die Zuschauer lächeln erlöst. Selbst ein Schiffbruch sieht im Film pittoresk und angenehm aus. Das Schiff geht plötzlich unter, die Schiffbrüchigen retten sich in weißen Booten. Ein Sturm stellt immer eine grandiose Episode dar, selbst was die durchschnittlichen Augenblicke des Dramas angeht. Und diejenigen, die durch ihn gehen – sind Helden.

Der Sturm, den ich 30 Stunden lang auf dem Mittelmeer erlebte, hat meine Bordaufzeichnungen unterbrochen, mir aber auch zu manchen Einsichten verholfen. Aus einem mir unbekannten Grund leide ich nicht an Seeübelkeit. Ich konnte so die Qual jener Menschen entdecken, die *nichts zu tun haben*, die nichts tun können, die ihre Luzidität von Ecke zu Ecke schleppen und keine Beschäftigung, keine Unterhaltung, keine Leidenschaft, keine Beruhigungsmittel finden. Diejenigen, denen schlecht ist – sind wenigstens mit ihrer Krankheit beschäftigt: Sie messen ihr durch Autosuggestion mehr Bedeutung bei, als sie hat, verschlimmern sie durch Medikamente, verlängern sie durch Illusionen. Die anderen aber – können gar nichts tun. In der ersten Stunde tritt der Sturm als großartiges Schauspiel auf. Aber ein Sturm dauert unglücklicherweise sehr lange. Das Zuschauen beginnt zu langweilen. Außerdem muß man sich wegen der hohen Wellen vom Deck zurückziehen. Sobald du in den Salon, in den Speisesaal oder die Kabinen trittst – fängt die Qual an. Schon das Leiden der anderen wirkt abstoßend. Du selbst kannst weder denken noch träumen, weder reden noch in Erinnerungen schwelgen. Die Stunden vergehen mühsam. Du rauchst und trinkst literweise Kaffe, aber auch das langweilt bald. Also willst du schlafen. Unglücklicherweise kann man während eines Sturms nur einschlafen, wenn einem schwindlig ist. Eifersüchtig siehst du auf die anderen, wie sie bleich und völlig aufgelöst in Träumen versinken. Ein letztes Mittel: Die Augen offenhalten und sich einbilden, man schlafe. Es klappt nicht – du fällst aus dem Bett. Nur wer wirklich schläft, fällt nicht aus dem Bett. Alle anderen müssen in jedem Moment das Gleichgewicht neu finden.

Stundenlanges Warten, nervtötendes, erstickendes, abstumpfendes Warten. Die Psyche verlangt immer lauter nach Erholung. Duschen (wenn überhaupt noch möglich) ist nutzlos. Du zwingst dich, still zu warten, und diese Stille wird, einer endlosen Monotonie ähnlich, zur Besessenheit. Dein Innenleben funktioniert nicht mehr. Wenn du doch wenigstens Angst hättest. Oh! Wie gerne denke ich an den tagelangen Sturm auf dem Schwarzen Meer zurück, als ich mit guten Freunden in einem Boot ohne Wasser, Brot und Hoffnung dahintrieb. Damals hatte ich wirklich Angst und mußte gegen die Furcht kämpfen, zum Glauben, zur Hoffnung wiederfinden, mußte beten ... Das war ein neues Leben, das ich entdeckte, wilde Anwandlungen in meiner Seele, die mich überrumpelten. Ich überraschte mich bei barbarischen Taten (ich stahl die Melonensamen meines Nachbarn) und dann wieder bei Gesten übertriebener Großzügigkeit (ich log und behauptete, keinen Durst zu haben ...). Seltsame Lichter leuchteten in Winkeln meiner Seele auf, die ich für definitiv verschlossen gehalten hatte. Mein Gedächtnis trieb ein merkwürdiges Spiel, indem es Szenen ohne Sinn, ohne Bedeutung in mir wachrief, Szenen, zwischen denen keine Beziehung bestand und die sich alptraumartig bis zur Besinnungslosigkeit wiederholten, verschoben, verzerrten, verwandelten. Wie viele Worte habe ich in jenen Sturmtagen begriffen ...

Das Wort *Existenz* habe ich damals verstanden. Nicht aber das Wort *Tod*; es sagte so wenig aus ... Ich wiederholte es, suchte nach dem Begriff, den intuitiven Bedeutungen, den Suggestionen – und fühlte doch, daß es etwas *anderes* war, *anders* genannt werden mußte. Da verstand ich, daß man das Absolute nicht zweimal schmecken kann, und wurde traurig. Es gibt schöne und lächerliche Todesarten; aber sie *sind*. Den Tod kann man, wie die Liebe, nicht wählen. Curie starb, überfahren von einer Pferdedroschke, und Léon Bloy hat eine Prostituierte geliebt.

Von jenen Nächten der Angst und der Läuterung zehrt mein Bewußtsein noch heute auf undurchschaubare Weise. Auf einem Passagierschiff tendieren die Risiken aber leider gegen Null. Nur Frauen und Jungfernfahrer glauben noch an einen Schiffbruch. Nicht, daß er unmöglich wäre. Aber so wie ich in einer Straßenbahn nicht an einen Unfall denke, denke ich auf einem Ozeandampfer nicht an einen Schiffbruch.

Und so bleibt der Sturm wegen seiner endlosen Eintönigkeit etwas Ermüdendes, Deprimierendes.

*

... Der Mittelmeerhimmel, die Kais des Hafens und der weiße Leuchtturm von Alexandria ... Es gibt Augenblicke, in denen man einfach schreien muß; jede Disziplinierung der Gefühle, der primitiven Verausgabung – tut sonst nur weh. Ich habe allein auf dem Deck geschrien und dem Wind gedankt, der die Stimme zerstreute, die aus meiner von unkontrollierbaren Anfällen heimgesuchten Kehle kam. Wann immer ich einen Hafen verlasse, singe ich. Ich singe, was mir gerade durch den Kopf geht, einen Tango oder den ersten Satz der 5. Symphonie. Die Leute können sagen, was sie wollen. Und ich werde niemals jenem Steward der »Pierre Loti« verzeihen, der mich just in dem Augenblick zum Essen bat, als wir an einem Maiabend den Golf von Neapel verließen. Ich blieb den restlichen Abend auf dem Deck, um die verpaßte Gelegenheit nachzuholen. Aber jene Empfindung stellte sich nicht wieder ein. Ich schleppe auch jetzt noch die infame Masse an Eindrücken, Schmerzen und Wonnen mit mir herum, die damals Form hätte annehmen müssen und mich so entlastet hätte.

Als ich die ägyptische Küste sah, schoß mir allerdings keine Melodie in den Sinn, sondern es überkam mich die blutrünstige Lust, zu brüllen und etwas fest in die Arme zu drücken. Woher soviel Primitivität und Kindlichkeit in einer Seele, die ich schon für wohlgefügt gehalten hatte? Ich dachte an zahlreiche, gelehrte psychologische Erklärungen. Oh! Aber wie wenig zählen die in einer Bibliothek gelesenen Analysen angesichts eines Morgens auf dem Deck vor Alexandria! Die Gegenwart des Orients erkennt man auf dem Kai; die der Engländer noch davor ...

Da sind Hunderte von Arabern und Schwarzen, die wohlbekannten Gepäckträger aus so vielen Reiseberichten, hochgewachsen und breitschultrig wie ägyptische Statuen, mit gestreiften Gewändern und roten Turbanen. Während das Schiff anlegt – nach zwei Stunden polizeilicher und ärztlicher Durchsuchung –, rufen die Gepäckträger, laden ein, beteuern, schließen Freundschaft mit denen an Bord, lachen, duzen sich, bieten Dienste an, besprechen und organisieren. Ein Rummel wie auf Basaren und Märkten. All diese Männergestalten gestikulieren wie von Panik gepackt. Es wird gerade Abend auf dem Kai als sie, nach Lasten gierig, auf Deck einfallen, alles umstoßen, ergreifen, was sie können, es aufladen, in die Korridore dringen, schreien, ein Zeichen machen und wieder verschwinden. Einige Minuten später siehst du sie unten auf dem Kai, wie sie dein Gepäck vor einer Rotte junger Araber schützen, die sich anbieten, auch etwas zu tragen: z.B. eine Tasche, eine Hutschachtel, einen Stock, eine Zeitung, eine Orange. Man kann sich ihrer nicht erwehren, denn ihre Handlungen sind direkt, schnell und haben definitiven Charakter. Eine Plage, die man aushält, weil sie pittoresk und billig ist. Der arabische Gepäckträger wird nur dann frech, wenn man ihm viel gibt und die Aussprache sich zu sehr in die Länge zieht. Ohne daß man es mir beigebracht hätte, finde ich den wirkungsvollsten Weg heraus: Ich biete sehr wenig an, und wenn er mir die Münze mit jener bekannten und deliziösen Geste des Beleidigtseins zurückreicht, nehme ich sie und stecke sie wieder in die Tasche. Der Araber ist im Grunde großzügig; er akzeptiert am Ende sogar nur den zehnten Teil dessen, was er eigentlich verlangt hat ...

Ach! Wenn es nur die Araber wären ... Aber Ägypten ist ein zivilisiertes Land und der Besuch beim Sanitätsdienst deswegen obligatorisch. Um in Ägypten bleiben zu dürfen, benötigt man eine gewisse Anzahl farbiger Scheine: einen, um das Schiff zu verlassen, einen anderen, um in den Zug einzusteigen, einen dritten, um sich beim Sanitätsdienst der Stadt zu präsentieren, in der man sich gerade aufhält, einen vierten, um sich nach fünf Tagen wieder an der eben genannten Stelle zu präsentieren, damit sie sich überzeugen, daß man keine Cholera hat usw. usf. Das gilt aber nicht für die Transitreisenden. Diese müssen zuerst zur Polizei, dann zu verschiedenen Sanitätsdiensten. Alles wäre einfacher zu bewerkstelligen, gäbe es nicht diese zahllosen Dragomane, die dich zuerst zur Polizei begleiten, dann deine Zollgebühr bezahlen, dir Ratschläge erteilen, Kaffee auf deine Rechnung bestellen, eine Droschke herbeiwinken, deine Zugfahrkarte kaufen – und sich zum Schluß mit 100 von den 500 zusätzlich zu entrichtenden Lei[5] empfehlen. Diese Leute kann man erst im Zugabteil loswerden, indem man ihnen 30 Lei anstatt der verlangten 100 gibt, sie jammern läßt und ihnen mit dem Policeman droht, zu dem sie dann auch gehen und furchtbaren Zorn vorspielen.

Das Erlebnis eines Dragomans in Alexandria ist unverzichtbar, ja ein Muß. Es kostet dich ein englisches Pfund, drei Stunden Aufregung und führt zu Verzweiflung, Kopfschmerzen und Ekel vor der doch erst beginnenden Reise. Ägypten wartet nun auf dich, die nahe Wüste, die Königsgräber, die arabischen Wunder. Aber in Alexandria kann ich nicht mehr bleiben. Das einzige, was ich mir nach diesem ungewöhnlich

5 *Lei*: rumänische Währung.

harten Tag wünsche, ist, daß der Zug endlich nach Kairo abfährt. Ich beklage mich bei meinem Nachbarn im Abteil, einem jungen Ägypter von seltener Schönheit. Sein Lächeln ist so vieldeutig ...

Alexandria? Ein Hafen mit Kais und weißem Leuchtturm.

Kairo

Kairo, 30. November [1928]

... Auf dem Weg nach Kairo habe ich bei Kafr az-Zayyat die ersten Araber beten sehen. Sie hatten am Ufer des Suezkanals ärmliche Teppiche ausgebreitet. Esel, Kamele und unwahrscheinlich große Palmen umgaben sie – so wie man das aus Familienalben kennt. Die Sonne strahlte unscheinbar über diesem Land, wo sie einmal himmlischer König war. In der Ferne waren Reihen großer Palmen deutlich zu sehen, die sich kokett über das Wasser beugten, sich darin spiegelten. Die Landschaft verwandelte sich, die Umrisse klärten sich auf. Der Horizont wurde weiter, der Himmel immer unwirklicher. Ein gedämpftes Licht schlich durch die arabischen Dörfer, durch die Palmenstauden, über die feuchten Wege, auf denen Einheimische mit leeren Blicken wandelten. Das Abteil war mit eleganten Ägyptern – saubere Fese und seidene Roben – vollbesetzt. Die Aussicht vom Fenster aus kam einer Vision gleich. Meine Augen und Gedanken hatten sich vollständig von europäischen Mustern gelöst. Alles, wonach ich mich in meiner Jugend und während meiner Lektüren so sehr gesehnt hatte – nahm jetzt, einen Steinwurf weit entfernt von mir, Gestalt an. Ich begann, diese Villen, die anstelle von

Dächern blühende Plantagen und Terrassen besaßen, zu lieben, und verstand: Diese europäischen Behausungen verkörperten jene Formen von Sehnsucht, die sich niemals erfüllen werden ...

Die Dämmerung hat nur einige Augenblicke gedauert. Goldenes Abendlicht erfüllt die Umgebung. Am Horizont eine letzte blutrote Spur. Dann versprengen, verlieren sich die Lichter, kommen wieder zusammen, scheinen verwandelt, neuartig, wie von farbigen Linsen verfremdet. Alles Geschehen wirkt seltsam, wie ein Mirakel. Das Wasser leuchtet in einem milden, femininen Blauton. Als ob jeder Esel einen Heiligen auf dem Rücken trüge. Die Schönheit der Jugendlichen wird immer offensichtlicher, was mich verwirrt, da ich widerwillig zugeben muß, daß ich jenen Formen, die ich bisher nur in rein plastischer Hinsicht bewundert habe, mehr Reize abgewinne. Ich muß diese »Fälle« neu durchgehen, um mir selbst treu zu bleiben.

Die Ziegenherden und die langen, gestreiften Gewänder der Araber kontrastieren mit den Automobilen, deren Scheinwerfer gerade auf der Straße angehen.

Der europäische Anstrich verleiht dem Land einen zusätzlichen Zauber. Die Spur der Zivilisation schadet nur den Monumenten. Wo sich das Leben frei entfaltet, stört mich die Zivilisation nicht. Das Auge hat genug zu sehen, und die Seele kann mit den Menschen und den Sitten des Ortes sympathisieren.

*

Die erste Nacht in Kairo. Ein Gang durch die Straßen, dem Zufall überlassen. Ich bin im Hauptviertel losgegangen und habe über die Rue Kamel und die Place de L'Opera den Nil erreicht. Die übermäßig erhellten europäischen Schaufenster zogen mich nicht an. Luxuriöse Cafés mit eleganten Besuchern, Music-halls, Theater mit hellen Plakaten, Straßenbahnen mit arabischen Ziffern ... Es ging ständig abwärts. Ich gelangte in die von matten Glühbirnen beleuchteten Armenghettos, mit wild übereinander gestapelten Häusern. Aus einem Seitengang oder einer als Schaufenster dienenden Ladentür, tauchten neugierige Gesichter auf. Die Neugier bezog sich sicher nicht auf meine weiße Hautfarbe, auch nicht auf meinen Mut, mich in das arabische Viertel zu trauen – sondern galt eher dem Zweck, den ich mit einem solchen Besuch wohl verband.

Als ich mich endgültig verirre, bitte ich einen Kuchenverkäufer um Rat. Die Araber lassen alles stehen und liegen, um einen Fremden zu bedienen und verlangen mit entwaffnender *sans-gêne* nach Entgelt. Ich habe bisher noch keinen Araber nach einer Straße gefragt, um nicht mit einer ganzen Reihe von Indiskretionen und Angeboten konfrontiert zu werden: wo ich wohne, ob ich das Museum, den Basar, die Pyramiden gesehen hätte, ob ich einen Führer oder einen Tropenhelm brauchte, ob es die erste Reise nach Ägypten sei, ob ich Italiener, Deutscher etc. sei, ob ich »des femmes arabes« wünsche ... Jeder bietet seine Dienste an und will auf den Pfennig genau entlohnt werden. Wenn du auf der Straße stehenbleibst, sammelt sich sofort ein Dutzend Verkäufer von Zeitungen, Zigarren, Kastanien um dich. Noch bevor du dich zurückziehen kannst, putzt dir einer die Schuhe. Steigst du beispielsweise in die Straßenbahn nach Ghuriyyah ein, wischt ein Bettler deinen Sitz, öffnet das Fenster, sagt dir »Good Bye«, grüßt dich in allen möglichen Sprachen, wiederholt wie besessen »Monsieur le français«.

Wenn ich mich auf einer Straße befinde und eine bestimmte Hausnummer suche, muß ich eine Droschke nehmen. Ich würde dort ansonsten erst nach einer Stunde Gezänks mit der gesamten Horde des Viertels ankommen. Die Polizisten auf Streife sind gut erzogen, aber sie geben so vage Informationen. Außerdem reicht schon die Tatsache aus, einen Polizisten angesprochen zu haben, um wieder umzingelt zu werden.

... Mitten in der Nacht erreichte ich das Nilufer. Allzu weißer, allzu starrer Mondschein. Der Himmel schien weit weg, wie ein mit goldenen Nägeln befestigter Schleier. Die Palmen aus dem Museumsgarten ruhten sich aus. Als ich sie sah, verstand ich endlich, wie Pflanzen nächtigen. Der Nil glänzte silbern. Wie eine lichte Aureole schwebte der Staub aus den Vierteln über der Stadt. Ich konnte die mir bekannten Monumente ausmachen. Undeutliche Gedanken und Gefühle durchfuhren mich. Die Stirn brannte noch von der zu heißen Sonne. Ich stamme ja aus einem Land, das Nebel, eisigen Regen, Monate ohne Sonne kennt. Die Hitze, die Säfte, die Aufregung hatten mich aufgewühlt. Ich fühlte, während ich auf den Fluß schaute, wie eine schreckliche Müdigkeit mich überkam. Nur mit Mühe fand ich zurück. In der Hand eine Tüte Maronen, die ich von dem Araber hatte kaufen müssen, der mir den Weg gezeigt hatte ...

*

Orientalischer Morgen, mit dem Lärm des Basars. Sonnenstrahlen, die unvermittelt auf die Masse der Roben fallen.

Ich verbringe einige ruhige Stunden im Garten Azbakiyyah, einem Park aus Tausendundeiner Nacht, wo man Pavillons aus Palmenholz, Girlanden aus schwer duftenden Blumen, Terrassen und künstliche Höhlen findet. Azbakiyyah! Azbakiyyah ... Ich blicke von der Veranda, auf der ich sitze und das alles schreibe, und sehe ihn, diesen einmaligen, mitten zwischen den am meisten bevölkerten Straßen Kairos angelegten Garten. Palmen mit kahlen Stämmen bewachen ihn und riesige Feigenbäume spenden den Kindern Schatten, die auch hier mit den allbekannten Ringen spielen. Einige Baobabs künden mir von künftigen Visionen, so wie der erste Leprakranke, den ich sah, mit seinen zerfressenen Händen die Länder vorwegnahm, zu denen ich reise.

Gide hat einmal die Gärten besungen. Ich verfluche mein Gedächtnis, da ich nicht mehr weiß, ob der Garten aus Kairo unter den Rondeaus aus *Les nourritures terrestres* zu finden ist. Um mich zu trösten, schreibe ich ein Loblied auf Azbakiyyah.

Von einem ägyptischen Studenten erfahre ich, daß die rote Kletterpflanze, die mir so gut gefällt und die ich an den Wänden der Villen sah, *Gieham Nomihe* heißt. Ich wiederhole diesen Namen, und die rote Blume gefällt mir auf einmal noch mehr.

... Besuch in Bazzar Musky, wo ich alles mit den Augen liebkose, was ich mir nicht leisten kann. Mich ärgern die ägyptischen Imitationen: eine Armspange Modell »Kleopatra«, ein Anhänger Modell »Tutanchamun«, Knöpfe Modell »Skarabäus«, Krawattennadeln Modell »Mumie« etc. Nein, ich kaufe nichts. Ich blicke traurig auf das englische Paar, das seine Hoteladresse hinterläßt, damit ein enormes marokkanisches Kaffeeservice nachgeliefert werden kann. Doch die Gedanken über die Ungleichheit zwischen den Menschen vertreibe ich mir schnell mit einer Schachtel teurer Zigarren, *Sultan Special*, die ich eilig aufrauche. Auf diese Weise verzichte ich auf das Frühstück, das genausoviel wie die Zigarren kostet. Ich begnüge mich mit zwei Bananen und kehre zum Garten zurück.

Wenn mich jemand fragen würde, wie sie denn aussähen, würde ich erwidern: »Wie auf den Fotografien! Nie habe ich soviel Ähnlichkeit gesehen ...« Ich erreichte sie auf dem Rücken eines Kamels, wobei ich mir meiner großen Lächerlichkeit bewußt war, sie aber gut gelaunt in Kauf nahm. Die Sonne schien in voller Stärke, während der Führer mir alles aufsagte, was er über die Pyramiden, die Sphinx und die Tempel wußte. Er sprach die ägyptischen Namen besonders gravitätisch und etwas arabisiert aus. Ich gab vor, über alles erstaunt zu sein, was ich da hörte. Das Kamel erhielt einen Schlag mit dem Stock, kniete wiehernd nieder, und ich stieg ab, um den unterirdischen Tempel der Sphinx zu besuchen. Der Führer zeigte mir die verschiedenen Marmorsorten und sprach dabei, weiß der Himmel warum, den Namen der XVIII. Dynastie aus. Da fragte ich ihn, was er von der religiösen Reform von Amenhotep IV., dem Onkel Tutanchamuns, hielt, sowie vom Reich Punt, über das die Expedition während der Zeit der Königin Hatsopitsu berichtet. Und ich stellte noch einige solche Fragen mit einem bescheidenen, doch virulenten Ton. Den Führer ergriff die Panik. Er versuchte, das Thema zu wechseln, aber eine Frage bezüglich der thebanischen Chronologie nagelte ihn fest. Da bat er um Verzeihung und sprach mich mit *Herr Direktor*[6] an. Auf diese Weise war ich zumindest seine Erklärungen los, die höchstens für Engländer etwas taugten.

Das Kamel bringt mich bis dorthin, wo die Wüste anfängt. Der Blick streift geblendet über den Sand. Ich

6 Deutsch im Original.

verbringe einige Stunden mit der Besichtigung von Ausgrabungsarbeiten. Ein Araber liest mir aus der Hand: Ich käme von weit her, hätte ein fernes Reiseziel, mein Glück würde sich in acht Tagen wandeln, jemand dächte an mich (warum erfreute mich das? ...) usw. usf.

Die Sphinx habe ich mir nicht angesehen.

Ich sitze auf einem Stein im Schatten der Großen Pyramide und ›lausche dem Schweigen‹. Bisher dachte ich immer, diese Redewendung sei bloß eine poetische Erfindung. Doch die Wüste offenbart mir ein Schweigen, von dem mein Gemüt nichts wußte.

Rückkehr gegen Abend über Mena, ein weißes Dorf mit Palmen, die sich über erdfarbenen Anwesen umschlingen. Hier und da überschwemmte Kanäle. Die Aussaat ist noch nicht zu Ende.

Auf der anderen Nilseite noble Villen mit von Blumen beschatteten Terrassen, mit Kakteen entlang der Mauern, mit nubischen Dienern. Im Bus erblicke ich die ersten schönen Frauen. Sie tragen Trauerschleier, die nur die Augen frei lassen, haben stark geschminkte Augenlider und gewundene Blicke (wie überall im Orient). Am Tag sind sie selten auf der Straße zu sehen und in der Straßenbahn haben sie ein eigenes Abteil, von wo aus sie den gutaussehenden Militärs vielsagende Blicke zuwerfen und wo sie laut mit dem Kontrolleur scherzen. Die einzige Araberin, die ich ohne Schleier entdecken konnte, zeigte auch noch Knie ...

*

Der Abend ist vorbei und mit ihm der Zauber der Lichter hinter den Glasscheiben. Nachts beginnt in Kairo ein neues Leben. Aus einem Seitengang in der Nachbarschaft vernimmt man den leisen Klang eines Duetts von geheimnisvoller Melancholie. Man könnte es für ein Gebet, eine Liebeserklärung oder den Gesang eines einsamen Wanderers halten.

Von jemandem, der mir über die Wüste von Tripolitania erzählte, erfuhr ich, daß die Wüste in der Nacht höchst gefährlich sei, weswegen sich nur die Verliebten oder Verrückten dorthin wagten.

Und der einsame Wanderer – was ist denn der?

Ich schaue mit einer gewissen Nostalgie das Bett mit dem Schleier davor, die Veranda, den Arbeitstisch an. Ich habe mich schon an dieses stille Kämmerlein gewöhnt, von dessen Fenstern man auf den Garten Azbakiyyah blickt. Morgen wird mich der Zug nach Port Said bringen und von dort ...

Port Said

1. Dezember [1928]

... Bei Tel-el-Kabir beginnt die Wüste; rötlich, gewunden, trügerisch, mit weichen Dünen, stellenweise von Gras unterbrochen, das im Schatten der Palmen wächst. Ein Kanal mit Wasser vom Nil versorgt schwer erkämpfte Streifen fruchtbaren Landes. Die Eisenbahn führt am Rand der Plantagen vorbei; auf der einen Seite hartnäckig vom Menschen kultivierte Vegetation, auf der anderen – die Sandmassen. Villen, umgeben von großen Kakteen, verziert von Kletterpflanzen, die sich in Falten werfen, Alleen zwischen den blühenden Rondellen, arabische Terrassen. Einige Schritte weiter die Wüste, aus der eine mysteriöse Lockung tönt, eine Mischung aus Lust und Todesgedanken, ein Ruf zu kruder, umfassender Existenz gepaart mit einer unwiderstehlichen Versuchung zur Selbstaufgabe und Kontemplation.

Ich blickte aus dem Fenster und war völlig eingenommen. Die Reihen der Kamele in der Ferne entsprachen gewissen Szenen, von denen ich schon lange träume. Die Karawane war nun etwas Reales.

Der wunderbare Gang der Kamele ... Wieso kamen mir ausgerechnet jene Wüsten in den Sinn, von denen ich während der Lektüre billiger Reisebeschreibungen in der Grundschule geträumt habe?

An jeder Station die gleiche deprimierende Aussicht: Geschäfte und einige europäische Gebäude rund um die Bahnhöfe; das Ziel dieser »Urbanisierung« sind größere Plantagen. Immer armseligere Araber, hier und da ein ausgehungerter Ochse, ständig die gleichen, von Staub und Dornengestrüpp zerfressenen Ziegenherden. Und die Hitze, die auch in den Zugabteilen der Weißen immer fühlbarer wurde.

In Port Said fiel ich noch am Bahnhof einem höflichen, unwiderstehlichen Dragoman in die Hände. Obwohl ich mich heftig widersetzte, brachte er mich zu einem Automobil, erledigte verschiedene Dienste für mich, schubste mich irgendwann sanft in ein Boot und verstaute später mein Gepäck in der Kabine des Ozeandampfers, auf dem ich mich zwei Wochen lang aufhalten würde. Danach begleitete er mich beim Einkaufen und trug die Taschen. Jedesmal wenn ich ihn entlassen wollte, protestierte er.

Er stellte in teuren Geschäften mein neues weißes Kostüm zusammen, dazu kam noch der Tropenhelm, ohne den die Überquerung des Roten Meeres unmöglich geworden wäre. Vor der letzten Drogerie, die ich besuchte, begann dann der Streit mit dem Dragoman, ein Streit, der sich die nächsten zwei Stunden auf den Straßen fortsetzte und ein filmreifes Ende bei der Hafenpolizei fand, wo wir beide schließlich angehört wurden und unterschriebene Erklärungen abgaben ...

Ich fand es sehr amüsant, durch die Stadt zu gehen, den brüllenden Dragoman hinter mir, der den Passanten in allen Sprachen, die er beherrschte, erklärte, daß ich ihn am Bahnhof angeheuert, vier Stunden seine Dienste in Anspruch genommen hätte, und ihn jetzt beschimpfte und abwimmeln möchte ... Aus den Fenstern spähten Neugierige, die der Krach aufmerksam gemacht hatte.

Die großen Händler hielten zu mir, die kleinen zu dem Araber. Wieviel Widerstand, Sturheit und Jemenfichismus[7] steckte doch in mir. Recht gelassen betrachtete ich alles Sehenswerte in Port Said, während mir eine ganze Schar von lauten, schaulustigen Einheimischen folgte. Sogar den Weg zur Polizei ging ich entspannt, blieb einmal stehen, um einen Garten im englischen Stil zu bewundern, betrat auch mehrere Buchhandlungen, um nach einem Buch von Kipling zu fragen. All das brachte den Dragoman zur Tobsucht und Verzweiflung. Vor den Buchhandlungen fluchte er, rauchte und spuckte.

Bei der Polizei wollte ich nur dem Chef persönlich Rede und Antwort stehen, der zuerst noch mit der Vernehmung eines Gepäckträgers beschäftigt war, dem ein Kollege mit einem Messer zugesetzt hatte. Ich setzte die frostigste Miene auf, zu der ich überhaupt imstande war. Als ich aufgefordert wurde, mich auszuweisen, legte ich einen ganzen Stoß Papiere vor, was die Beamten beeindruckte. Der Dragoman versuchte, die Sympathie des Polizeichefs zu gewinnen, indem er Stoff und Schnitt eines Kostüms des letzteren lobte, das gerade von der Büglerin zurückgekommen war. Es wurde entschieden, daß ich anstatt der verlangten 100 nur 20 Piaster für das Boot und die

---

7 *Jemenfichismus*: von franz. *Je m'en fiche*: »Das ist mir völlig egal«.

sonstigen Dienste zu bezahlen hatte. Ich zahlte und wollte gehen. Aber hier begann erst die Qual. Der Polizist mußte erst den ganzen Vorgang in eine Akte eintragen, und das erforderte Zeit. Einzelheiten mußten geklärt, Aussagen verglichen werden. Ein anderer, dringenderer Fall schob sich dazwischen. Wir mußten warten ...

*

Als ich die Polizeidirektion verlasse, bleiben mir nur noch zwei Stunden zum Herumstreunen durch Port Said. Mittag ist vorbei, und die Hitze macht sich bemerkbar. Die Stadt hinterläßt einen deprimierenden Eindruck; ein öder Hafen, ein Verwaltungsposten, der keinen Handel, keine Industrie, keine Unterhaltung kennt. Die Schiffe vegetieren trist dahin, als ob sie unter Quarantäne stünden. Der Hafen selbst wirkt wie ausgestorben. Man hört nur die eintönigen Rufe der Arbeiter, die Kohle auf die Ozeandampfer laden. Auf dem Mittelmeer herrscht Windstille. Der erstaunlich geradlinige Suezkanal führt klares, warmes Wasser mit sich ...

Ich besuche das arabische Viertel. Unerwartet viel Schmutz, scharenweise abgemagerte Kinder, kranke Bettler, einige sprechende Mumien und Skelette, die um Almosen flehen ... Ich habe keinen Mut weiterzugehen und kehre um, verfolgt von einigen aufdringlichen Jugendlichen, die mir unter dem Vorwand, Zigaretten zu verkaufen, mit flüsternder Stimme obszöne Kartenspiele anbieten, mit 52 Karten à 52 verschiedene Positionen ...

Vor allem diejenigen Händler, die Bagatellen offerieren, sind eine echte Plage. Man kann keinen Schritt tun, ohne daß sie dich umzingeln, dir ihre Dienste anbieten, dich zum Postamt oder zum Café, zum Basar oder zu Prostituierten, zur englischen Bar oder zum japanischen Teehaus bringen wollen ... Sie jammern, folgen dir überall hin, warten draußen auf dich, sind von peinlicher Insistenz, beklauen dich, bringen dich in Schwierigkeiten, retten dich wieder daraus und verlangen anschließend Bakschisch dafür ...

Ich betrete ein leeres Café. Ein Schwarzer poliert meine Schuhe und wischt mir für einige Pennies den Staub von der Kleidung. Ich schlucke widerwillig den Kaffee und die Kekse hinunter, die der Besitzer selbst, ein von Fett entstellter Grieche, mit gespielter Eile serviert. Auf der Straße Engländerinnen und Französinnen mit weißen Handschuhen. Gutgelaunte, mit Paketen vollbepackte Passagiere von Schiffen, die noch etwas auf ihre Abfahrt warten, spazieren durch den Basar. Darunter auch gelangweilte Funktionäre aus Djibact und Port Soudan, sowie französische Offiziere, die in die Kolonien ziehen. Eine Gruppe setzt sich an einen Nachbartisch. Ihrer hastigen Unterhaltung entnehme ich, daß die portugiesische Regierung jedem tüchtigen jungen Mann, der eine Empfehlung von einem hohen Beamten vorweisen kann, die Möglichkeit bietet, in fünf Jahren reich zu werden, indem er sich als Arbeiter auf den großen Baumwoll- und Gummibaumplantagen in Zentralafrika anheuern läßt. Einzige Bedingung: Er muß unverheiratet sein. Die Gesellschaften werden so im Todesfall keine Schwierigkeiten mit den Hinterbliebenen haben. Ich höre Geschichten über jene Männer, die fünf Jahre ihres Lebens in der Wildnis Afrikas verbringen, höre, wie sie dann wieder in die Zivilisation zurückkehren, um einige Millionen und Erfahrungen reicher, Erfahrungen, welche die europäischen Städter, die ein mittelmäßiges Dasein ohne Aussicht auf Entkommen fristen, nicht einmal erahnen ... Und ich höre von vielen grausamen Todesfällen und furchtbaren Agonien, verursacht durch Schüttelfrost, durch tropisches Fieber ...

Die Engländergruppe ist wieder weg. Die Sirene des Schiffes erinnert an die Abfahrt. Ich habe noch 20 Minuten. Ungeduldig wie auf einer ersten Reise weise ich das Taxi zum Hafen an.

Die Abfahrt, endlich die Abfahrt. Ich werde Gegenden kennenlernen wie aus einem Traum, ersehnte Ätherluft schlürfen, Orte der Reverie, des Zigarrendufts, des Alptraums sehen.

Ein letzter Blick von Bord auf das Mittelmeer. Knirschende Motorengeräusche lassen mich dann in die andere Richtung blicken; es geht los. Die »Hakone Maru« legt ab. Ziel: Yokohama.

Auf dem Suezkanal

Mir gefallen die Kontraste. Und ich freue mich, wenn es meine Seele nach vielen, rasch wechselnden Kontrasten verlangt. Vor einigen Nächten schlief ich noch in einem eleganten Hotel in Kairo. Jetzt schlafe und esse ich in der III. Klasse des japanischen Liners »Hakone Maru«. Ich weiß: Es ist angenehmer und pittoresker, in den anderen beiden Klassen zu reisen. Ich habe die in japanischem Dekor eingerichteten Salons, den Speisesaal mit den exotischen Pflanzen und die Kabinen mit den Seidengardinen schon gesehen. Ich streifte durch das Schiff und sah jämmerliche Bankiers, die sich auf Chaiselongues rekelten, britische Beamte, die ihre eisige Rigidität sogar beim Betrachten des heiteren Himmels beibehielten, japanische Professoren mit runzligen Wangen und dicken Brillen, Misses mit kurzen Röcken und halblauten Ausrufen, farblose, gelangweilte Engländer, die sich die Zeit damit vertreiben, daß sie einer Katze beibringen, auf einer Stange zu laufen, Amerikaner mit geheimnisvollen Portemonnaies, Deutsche mit grimmig dreinblickenden Gattinnen. Ich hörte Radios, betrat die Bar der I. Klasse, sah Tanzpaare auf der oberen Terrasse. Aber all das kenne ich doch schon.

Reisebeschreibungen werden gewöhnlich nur von Touristen der I. Klasse verfaßt. Ich muß lächeln, wenn ich daran denke, daß Rolland Dorgelès[8] nicht einmal Passagiere aus der II. Klasse kannte.

Die Reisenden der I. Klasse sind immer die gleichen. Nur die aus der untersten Klasse sind stets andere. Das Leben an Bord in der Ersten Klasse unterscheidet sich nicht von dem in einem Luxushotel. Doch, es gibt einen Unterschied: Das Zimmerfenster bietet nicht die Aussicht auf einen Garten, sondern auf das Meer.

Eine Reise in der I. Klasse kann erholsam oder voller Ärgernisse sein, je nachdem, wie du sie verbringst: einsam auf einer Chaiselongue oder an den Spielen, Flirts, Dancings und Soireen der Bordgenossen teilnehmend. Eine Reise in der III. Klasse dagegen ist lehrreich, wenn du genau hinschaust, und zudem amüsant. Die Passagiere sind hier mitteilsam und höchst verschieden. Du erfährst Details aus dem Leben wahrhaft einmaliger Menschen. Ein Aristokrat, ein Bourgeois, ein Parvenü sind überall die gleichen, weil sie sich bemühen, die übliche Maske zu tragen, hinter die man nur sehr selten dringt. Doch in der III. Klasse der großen Ozeanliner trifft man ungewöhnliche oder einfache Menschen, Schiffbrüchige des Lebens und erbitterte Überle-

8 *Rolland Dorgelès* (1885-1973): französischer Schriftsteller. Eliade bezieht sich vielleicht auf Dorgelès' *Sur la route mandarin* (1925).

benskämpfer, Abenteurer und Händler, Studenten und Schauspieler ...

*

Die erste Mahlzeit mit meinen neuen Gefährten: einem Siamesen aus Bangkok, einem Hindu aus Bombay, einem heimatlosen Australier und sechs japanischen Studenten, die von ihren Studien in Europa zurückkehren. Ich hatte wieder den Eindruck, einer Szene aus dem Theater beizuwohnen, das heißt einen schlechten Traum zu erleben. Uns bediente ein kleiner Japaner mit aufgeworfenen Lippen, der mit seinen Pantoffeln über dem Boden schlurfte, so als ob ihm Gewichte angebunden wären. In der halben Stunde, die das Essen gedauert hat, wurden mir etwa zwölf verschiedene original japanische Speisen vorgesetzt. Einige mußten untereinander kombiniert werden, und ich spionierte den Japanern nach und machte es ihnen gleich. So lernte ich, daß das Brot immer auf einem besonderen Teller bewahrt und nur mit Butter bestrichen verzehrt wird; daß vor dem Essen verschiedenes eingelegtes Gemüse mit Zucker oder grüne Oliven mit Tee verzehrt werden müssen. Nach dem Aperitif kommen die einzelnen Gänge: gepfefferte Suppen, gigantische Fleischklöße mit Soße und mit einem gekochten Ei darin, Fisch mit Sauerkraut, Braten mit gekochten Kartoffeln, Reis mit Muscheln und Butter, Tee und Eis. Manche Speisen konnte ich noch nicht identifizieren. So wird uns zum Beispiel zum Tee am Nachmittag eine Art gekochte Fadennudeln mit einer geheimnisvollen Soße serviert, in der ich Zwiebelschalen und unbekannte Früchte ausmachen konnte. Auch habe ich noch nicht herausfinden können, woraus das »Omelett« am Morgen besteht, das mit einem echten Omelett nur noch die Farbe gemeinsam hat ...

Die Japaner trinken zwischen den jeweiligen Gängen ungezuckerten Tee. Der Hindu ißt nur Reis, Oliven, Eier und Sauerkraut. Der Siamese ißt kein Fleisch. Der Australier ißt alles, flucht darüber – glaube ich –, daß Whiskey untersagt ist, und raucht eine Zigarre nach der anderen.

Am Abend und am Morgen liest der Hindu aus einem Buch mit sanskritischen Gebeten, wobei er durch den Speisesaal spaziert und eine schlichte, monotone, nervtötende Melodie anstimmt. Er wäscht sich nur, wenn die Sonne am Himmel steht. In der Frühe betet er im Bett und vollführt die entsprechenden Gesten – zum großen Erstaunen eines Japaners, der vier Jahre lang Politikwissenschaft in New York studiert hat und der bekennt, daß er Gott durch Hygiene ersetzt hat.

*

... Das Schiff gleitet langsam auf dem Kanal. Die Sonne zwingt uns, in weißen Hemden zu laufen und abgedunkelte Brillen zu tragen. Wir bringen unsere Chaiselongues auf das Deck.

Die Wüste liegt einen Steinwurf weit entfernt und ist deutlich zu sehen. Gruppen von Arabern, die Sand auf Kipploren schaufeln. Auf der ägyptischen Seite sind hier und da Plantagen, Häuser, Boote oder Zelte zu sehen. Auf der asiatischen Seite dagegen nur die immergleichen, rötlich schimmernden Dünen, Karawanen und arabische Tagelöhner.

Es wird mit einem Mal dunkel. Die sanft und hell lodernden Sterne lassen den Himmel in einem ungewöhnlichen Licht aufleuchten. Das Schiff hat an Backbord zwei Boote mit Arabern geladen, die nach Suez wollen. Die Ruhe wird gestört: Sie bieten Ketten mit Glasperlen an, Rahat, obszöne Kartenspiele, Zigarren. Erst spät legen sich die Araber in den Booten hin und schlafen unter freiem Himmel ein. Manch einer singt; es ist dieselbe friedliche, traurige, leise gewisperte Melodie, die ich schon in Kairo gehört habe. Ich lausche aus meiner Ecke und betrachte den berükkenden Glanz der von Sternen erleuchteten Wüste.

Der Kanal wird plötzlich von Scheinwerferlicht durchdrungen. Unser Schiff verlangsamt seine Fahrt und dreht nach rechts. Wir treffen auf einen anderen Ozeandampfer, die »California«, der eine Erdumrundung für gelangweilte Amerikaner macht. An Bord befinden sich einige hundert Familien, die gerade aus den Kolonien zurückkehren. Warum ruft jene von großen, farbigen Glühbirnen umgebene Menge uns mit soviel Freude und Sympathie zu? Die unseren antworten mit genausoviel Wärme, winken mit den Armen, lassen Taschentücher flattern, improvisieren Chöre und Hurrarufe.

Die Begeisterung hat einige Minuten gedauert. Dann gehen die Schiffe langsam und vorsichtig wieder auseinander, die »California« Richtung Zivilisation – wir Richtung Rotes Meer und Indischer Ozean.

Die Dunkelheit wirkt noch heftiger und eindrucksvoller nach der lichtvollen Erscheinung des anderen Schiffes. Als ich meinen Kopf wende, fällt mein Blick auf einen jungen Seminaristen aus der II. Klasse, über den ich schon erfahren habe, daß er Italiener ist und nach Colombo fährt. Wir schließen Freundschaft, als wir auf dem Deck spazieren und uns unsere Eindrücke, Gedanken, Zweifel mitteilen. Der Seminarist spricht perfekt Französisch, Englisch, Latein; er war am College von Jersey und an der Pariser Universität. Zusammen mit einem Freund und zwei Priestern brechen sie nun in definitiver Mission nach Indien auf. Sie werden für immer in jenen Ländern bleiben, deren Sprachen noch gelernt, deren Glaubensformen studiert und bekämpft werden müssen. Er meint, daß die Missionare noch als junge Menschen in die Länder reisen müssen, wo sie das Wort des Evangeliums zu predigen haben, denn das Leben ist kurz und die Aufgabe schwer.

Er ist mager, mit bleichem Gesicht, weißen Händen. Geboren wurde er am Golf von Neapel, und dort, in der Nähe von Amalfi, verbrachte er seine Kindheit. Er spricht entschlossen, aber mit einer zu lehrbuchmäßigen Milde und mit zu predigthaften Ausdrücken.

Zu uns dringen auf einmal Grammophonklänge von der Terrasse der II. Klasse, begleitet von den vielen Stimmen derjenigen, die zu tanzen beginnen:

»Riiio-Rita, Rio-Rita, Rita ...«

Wir blicken belustigt nach oben. Der Seminarist spricht von der Sünde des Hochmuts der Intellektuellen, die gefährlicher ist als die andere große Sünde, die der Sinnlichkeit. Ich kann ihm nicht zuhören, da die schmerzlich verlängerte Melodie und der überstürzte Refrain des Grammophons mich sehr mitnehmen.

Später frage ich ihn, wann er Italien, Neapel, Amalfi wiedersehen werde. Er lächelt.

»Dio lo sa, signore, forse giammai ...«

Auf dem Roten Meer mit den Japanern

Hakone Maru, 5. Dezember [1928]

Die Berge Arabiens sind auf dem Hintergrund des wolkenlosen Himmels deutlich auszumachen. Die afrikanische Küste entfernt sich, verschwimmt, verschwindet. Das Meer nimmt eine fast künstlich zu nennende Blaufärbung an, so wie ich das nur in einer

Grotte auf Capri gesehen habe. Warum es wohl »Rotes Meer« heißt, frage ich mich, was sicher jeder Reisende tut, der es zum ersten Mal überquert, und das, obwohl die Antwort in jedem Geographiebuch steht.

Das Schiff fährt nun mit gleichmäßiger Geschwindigkeit. Die Passagiere haben inzwischen Freundschaft geschlossen. Es haben sich Gruppen gebildet, die am selben Tisch sitzen, an denselben Spielen teilnehmen, gemeinsam die Bar besuchen. Ich habe mich mit den Japanern angefreundet, ungleiche Gestalten, kauzig, höflich und unverbindlich. Der erste von ihnen, Masao Murakami, kehrt aus Paris mit dem Projekt einer »Philosophie der Faulheit« zurück. Er hat geschwollene, lächelnde Augen, liest Moore, hat die »diabolischen« französischen Dichter studiert, ist von Villon begeistert, schreibt Artikel über die europäische Kunst und Theaterwelt für japanische Zeitungen und verkündet den Nihilismus. Es sieht so aus, als wären sein Talent und sein Mut bei der japanischen Regierung nicht gern gesehen. Masao eröffnet mir mit seinem breiten Grinsen, daß er bei der Ankunft verhaftet werden könnte.

Er ist 25 Jahre alt, ein Vagabund, der fast die ganze Erde umwandert hat. Er glaubt weder an Gott noch an die Wissenschaft (»eine neue Religion«), noch an die Liebe. Da er eben ein Mann ist, fühlt er sich von allen Frauen angezogen. Warum da einen Unterschied machen? Ist nicht sein Geschlecht selbst ein Zufall? Wäre er als Frau geboren worden, hätten »ihr« alle Männer unterschiedslos gefallen.

Er glaubt nur *an sich*. Auf diese Weise gelingt es ihm, täglich ein neues Streitgespräch mit einem anderen Japaner, Gentaro Fujimoto, zu beginnen, der aus New York zurückkehrt und an die *Gesellschaft* glaubt.

Dieser hat amerikanische Gepflogenheiten, spricht das Englische mit einer disziplinierten Diktion aus, führt ein Notizheft, wundert sich, daß der Inder nicht müde wird, zu beten und die Upanischaden zu lesen, arbeitet viel, übersetzt und freut sich des Lebens. Für ihn gibt es nur den *Staat*. Alles andere mag interessant oder amüsant sein, ist aber ohne Bedeutung. Alles für den Staat; Religion ist gut, weil sie zu Hygiene führt, Gott ist nützlich, weil Menschen, die an ihn glauben, zusammenfinden, Wissenschaft ist unersetzlich, weil sie bessere Kanonen und die Eisenbahn erfunden hat, Philosophie ist wieder eine gute Sache, weil du Professor an der Universität werden und den jungen Menschen soziologische und politische Theorien beibringen kannst. Ein wahrer Kult für die politischen Doktrinen und für die Soziologie, die unwiderruflich bewiesen hat, daß Religion aus einer Reihe von hygienischen Tabus besteht. Der einzige Gott ist die Menschheit. Aber für ihn bedeutet Menschheit = Staat. Deswegen bekämpft er mit weit ausgreifenden Argumenten Masao, der auf dem Deck Schach spielt und eine bretonische Pfeife raucht. Masao erwidert nichts, denn da seine Philosophie ja eine Philosophie der Faulheit ist, gehört es sich nicht, Energie darauf zu verschwenden, sie lang und breit zu erläutern oder zu verteidigen (sein Buch soll sehr kurz werden ...).

Die Diskussionen werden von den anderen Japanern aus der III. Klasse respektvoll angehört; da ist Paro Yamaguchi, preisgekrönt in Oxford für englische Literatur, dann Nahamura, Maler und Pfeifenhändler, und Masaham Mi, Tischler gehobener Klasse. Sie lachen alle auf einmal; es ist das immergleiche metallische Lachen der Japaner. Sie lachen, wenn Masao Gentaro in die Ecke treibt, wenn der Bordarzt ihnen guten Morgen auf arabisch wünscht, lachen, wenn sie das Hündchen fangen und es auf den Schachtisch stellen, sehr zum Entsetzen der Engländerin aus der I.

Klasse, die Sympathien für das Hündchen und für Paro hegt.

Es wird viel gelacht in der III. Klasse. Mein anderer Kumpel, der Siamese Harum Adam aus Bangkok, hat da eine besondere Angewohnheit. Er wagt es nicht, beim Essen zu lachen. Wenn er etwas Komisches vernimmt – eine Redewendung, eine humorvolle Geste –, unterdrückt er sein Lachen mit dem Taschentuch und notiert sich einige Worte in einem Heft, das er immer dabei hat. Nach dem Essen liest Harum Adam die Notizen in der Kabine und lacht dabei, wobei er den Kopf rotieren läßt. Wenn er sich wieder beruhigt, geht er verlegen an Deck und vermeidet es, den anderen in die Augen zu blicken.

All das regt den Australier auf, der von allen meinen Bordgenossen der mürrischste und verschlossenste zu sein scheint. Er amüsiert sich, indem er Hirji Bhimi Chawda, einen Händler aus Bombay, ärgert. Er fand in den letzten Tagen ein scheinbar sicheres Mittel dafür: Einige Minuten früher als die anderen kommt er in den Speisesaal und legt sich auf den Tisch. Wenn der Inder erscheint und ihn fragt, was er denn habe, antwortet der Australier, daß er »das schlummernde Indien« darstelle. Der Inder lacht milde und meint nur, es sei besser, in Gott zu schlummern, als hellwach in der Sünde zu leben. Brahma selbst offenbare sich ja im Traum ... Tatsache ist aber, daß der Inder sehr viel und fast nackt schläft, so als hätte er sich aufgegeben. Gentaro gönnt sich nur einige Stunden Schlaf und zieht es vor, in seinen Arbeitspausen Sport zu treiben.

*

Die Berge Arabiens sind nicht mehr zu sehen. Auf dem Oberdeck ein warmer Wind. Das Meer ist unruhig. Die Kabinenfenster werden verschlossen. Wir treffen Schiffe, die von der afrikanischen Küste kommen. An Port Soudan fuhren wir ohne Zwischenhalt vorbei. Die Japaner versammeln sich am Abend und trinken Tee am Spieltisch. Sie haben seltsame Spiele: Domino mit Figuren, von denen manche klein und bunt sind, während andere Rhomben und Stilette besitzen.

Sie reden viel und wild durcheinander, schlürfen geräuschvoll ihren Tee und seufzen. In diesen Stunden wollen sie unter sich sein. Der Siamese raucht auf dem Deck, der Hindu schläft in der Kabine, der Australier ist in der Bar, und ich gehe mit dem künftigen Missionar an Bord spazieren. Die Nächte des Roten Meers ... Ihr geheimnisvolles, verborgenes, unsagbares Geheimnis. Schlichte Majestät neben Boudoir-Intimität.

Als ich spät nachts in die Kabine zurückkehre, beherrscht ein anderes Dekor das Schiffsinnere. Auf den Gängen zahllose junge, fast halbwüchsige Japaner, die mir vorher nicht aufgefallen sind, ja, von deren Vorhandensein ich während des Tages nicht einmal etwas geahnt habe. Sie laufen in ihren gestreiften oder bunten Kimonos herum, mit Sandalen, parfümiertem Haar und eingefetteten Wangen. Plötzlich herrscht eine merkwürdige Atmosphäre. Diese vielen jungen Menschen gehören zum Dienstpersonal; es sind Kochjungen, Helfer in der Wäscherei, einfache Arbeiter, die das Deck und die Treppen schrubben, die tagsüber mit kühlen Lappen auf der Stirn im Maschinenraum schuften oder, mit Masken vermummt, Kohlen schleppen ...

In der Nacht haben sie frei. Dann strömen sie aus allen Ecken und Winkeln in die Baderäume. Und auf dem Schiff gibt es Baderäume und Schwimmbecken im Überfluß.

Nachdem sie ihre Kleidung eilig mit Meerwasser gewaschen haben, nehmen sie ein neues, warmes Bad, salben und parfümieren sich. Danach ziehen sie saubere Kimonos an, zünden sich Zigaretten an und gehen an Deck, wo sie auf den Liegen der Passagiere frei und ungesehen die Nachtbrise genießen. Diese Wollust dauert einige Minuten. Nachdem sie die Zigaretten aufgeraucht haben, verschwinden sie mit ihren parfümierten, flatternden Kimonos.

Auf dem Indischen Ozean

12. Dezember [1928]

In der Nacht an Aden vorbei. Der Leuchtturm warf seinen Lichtstrahl abwechselnd auf das Meer, das arabische Festland, den Ozean. Ich blieb lange auf dem Oberdeck in Erwartung des Ozeanwindes. Die Nacht klärte sich auf, der Nebel am Horizont verschwand. Ich lag auf der Chaiselongue und suchte einen festen Punkt für meine Gedanken. Doch ich konnte nicht denken. Auch hinderte mich eine sonderbare Erregung am Schlafen. Ich verspottete mich, weil ich entdeckte, daß meine Einsamkeit in der ersten Nacht auf dem Ozean an ein literarisches Klischee erinnerte ...

Und doch durchzog mich jener Spasmus umfassenden Daseins, jener Wirbel, der das Bewußtsein auf eine Nadelspitze treibt und im nächsten Moment wieder auflöst.

Die Morgenstunden wurden kühler, die Nachmittage wärmer. Das Leben an Bord lief nach dem üblichen Rhythmus von Menschen ab, die sich aufgegeben haben und sich nur noch amüsieren. Diejenigen aus der I. Klasse begannen sich beim Kricketspiel zu langweilen. Die Millionäre wurden es überdrüssig, den Ozeanhimmel zu betrachten. Es waren Tage der Panik für die Japaner, da sie fürchteten, die Kundschaft zu verlieren. Also wurde die Badesaison für eröffnet erklärt. Aus allen Klassen versammelten sich dann Paare und Gruppen um das riesige, wellenschlagende Becken. Zusammen mit den drei deutschen Familien aus der II. Klasse verlangte die Gruppe der Holländerinnen darüber hinaus auch nach einer Möglichkeit, sich zu sonnen. Also wurde auf dem Oberdeck ein Strand improvisiert.

Die Holländerinnen fahren nach Colombo für die Wintersaison, denn die Strände Europas konnten das rosige Fleisch ihrer üppigen Leiber nicht genug bräunen. Ihre Schultern und Wangen sehen wie unreife Kirschen aus. Sie tragen silberne Netze über den Haaren und haben die Angewohnheit, im Badeanzug die Treppen zu ersteigen, was die italienischen Missionare und einen Oberst im Ruhestand empört. Letzterer ist gegenwärtig der Sekretär einer Gesellschaft, die den Vegetarismus propagiert.

Einer von den Deutschen sammelt Programme, offizielle Einladungen, Ankündigungen, Subskriptionslisten usw. Er erzählt mir voller Bewunderung von der Sammlung seines Vetters, eines ehemals in Kamerun tätig gewesenen Beamten. Dieser Vetter hat an einigen Expeditionen ins Innere des Landes teilgenommen, woher er die größte Heuschrecke brachte, die man bisher gesehen hat.

Ein anderer Deutscher hält sich in Bewegung, indem er auf dem Deck läuft und über Hindernisse aller Art springt: über Seile, Kräne, Stühle, schlafende Kinder, schwatzende Japaner usw. Jedesmal, wenn er einen interessanten Lauf macht, erhält er Applaus von der Tochter des portugiesischen Konsuls von Schanghai, die sich in Gesellschaft ihres Vaters und eines schläfrigen Hundes zu Tode langweilt. Die Freundin der »Konsulin« ist eine Holländerin mit langen Beinen, von der es heißt, daß sie zweimal die Erde umrundet hat, bis sie jenen jungen Bankier traf, der auf dem Ball des »Blauen Fingerhuts« von Ohio um ihre Hand anhielt ...

Aber auch der Strand beginnt die Passagiere aus der I. Klasse zu langweilen. Das Becken ist jetzt ganz in der Hand der Holländerinnen und der japanischen Studenten. Letztere tragen das denkbar knappste Badekostüm. Es mißt nicht mehr als acht Quadratzentimeter, soll aber traditionell sein.

Die Japaner baden auf seltsame Weise: Sie halten sich an der Hand, gehen gemeinsam ins Wasser und bleiben so lange darin, bis ihnen kalt wird. Wenn sich der erste von ihnen aus der Kette löst und hinausgeht, lachen sie ...

*

In der wohl schönsten Nacht gab es eine Theatervorstellung auf dem großen Deck. Die Bühne befand sich über den Lagerräumen. Der Vorhang war in japanischem Stil bemalt, die Dekoration und die Kostüme waren ebenfalls japanisch, und die Darsteller rekrutierten sich aus dem Dienstpersonal. Wir, die Reisenden aus der III. Klasse, hatten uns mit den Intellektuellen aus den anderen Klassen noch vor der Zeit versammelt und die »Galerie« improvisiert. Einige Minuten vor Beginn der Vorstellung kamen auch die Passagiere aus der I. Klasse, und zwar in Abendgarderobe. Der japanische Anthropologieprofessor erklärte die Themen der Komödien, und weil seine Töchter in nationaler Tracht erschienen und schön waren, wurde er mit Applaus belohnt.

... Wie soll ich die Lustspiele beschreiben, die ich nur dank des Talents des Hauptdarstellers, nämlich des Bordfriseurs, überhaupt verstand? Wie jene Traumatmosphäre heraufbeschwören, als unbekannte Instrumente hinter der Bühne erklangen, prachtvolle Kimonos im Licht der Scheinwerfer erschienen, und groteske oder graziöse Masken böse oder unschuldig auflachten und der Zauber und das beredte Schweigen der Pointen uns traf? ... Die monotone Arie, die vom metallischen Ruf einer Art Glocke stammte, die von einer komplizierten Trommel dumpf begleitet wurde, verfolgte mich auch später noch, wenn sie die Studenten am Tisch oder andere Japaner auf den Treppen und Korridoren wiederholten.

Die Darbietung begann mit einer malerischen Vorstellung der Personen des Stückes und endete mit einem kostümierten Tanz, der die Arbeit der Moorfischer symbolisieren sollte. Die Bewegungen waren knapp, primitiv, wie kleine, ungeregelte Elanausbrüche von Puppen. Die Musik klang dagegen wild und metallisch. Ab und zu verstummten urplötzlich die Instrumente und alle Schauspieler stießen einen langen, klagenden Ruf der Ermutigung aus: *»O-i-ta-haa ... O-i-ta-haa!«* Das Dekor stellte eine Moorlandschaft dar, mit schlanken Schilfrohren und einem fernen Horizont.

... Am zweiten Tag bereiteten die japanischen Studenten eine eigene Feier vor, mit Bier, Whiskey und Jazz. Sie kamen in Kimonos, sangen das Fischerlied und hörten nur auf, um den Ansprachen zuzuhören, die natürlich patriotisch waren und von jugendlichem Überschwang zeugten ...

*

Ich beende diese Aufzeichnungen an meinem letzten Tag auf dem Indischen Ozean. In einigen Stunden gehe ich in Colombo an Land. Meine japanischen Freunde haben noch 20 Tage Schiffsreise vor sich. Der Abschied stimmt mich beinahe traurig ... Ich hatte schon begonnen, die Paradoxien von Masao zu mögen, und die tägliche Gesellschaft von Paro hat mir die japanische Seele nähergebracht. Heute abend mußte ich Whiskey mit ihnen trinken. Überall wurde Abschied gefeiert. In der Bar nahm der Jazz wilde Formen an. Die Holländerinnen wußten nicht, daß Whiskey Alkohol ist. Nur die Missionare flüchteten sich auf das leere Vorderdeck. Niemand konnte vor Mitternacht schlafen gehen. Jedem Salon, jeder Klasse wurden »Besuche« abgestattet. Die Korridore waren voller Bierflaschen. Zum Schluß mußte ich den Japanern hoch und heilig versprechen, nach Tokyo zu kommen. Sie versprachen ihrerseits nämlich, mir das Landesinnere zu zeigen, nachts zusammen die Viertel unsicher zu machen und mich auf Feiern und Hochzeiten mitzunehmen. Wieviel verspricht man sich nicht beim Abschied ... Schon morgen würden doch andere Weiße in den verlassenen Betten schlafen, würden andere Freundschaften geschlossen werden, andere Augen sich durchdringen. Und doch versicherten sie mir, daß wir uns alle in Tokyo wiedersehen würden, wo Masao mir seine nihilistischen Bücher schenken, Gentaro mir seine seit fünf Jahren auf ihn wartende Verlobte zeigen und Nahamura mir die »japanischste« Pfeife malen würde ...

Ich meine, daß das Leben sich vermehrt und sich wieder verliert – warum also alle Erinnerungen bewahren?

Ceylon

[Dezember 1928]

Der Ozeandampfer erreicht Colombo kurz vor Mitternacht. Doch die Nähe der Insel spürst du schon Stunden zuvor, wenn dich von der Küste her eine warme, wohlriechende Brise empfängt, ein Hauch vom Aroma saftiger Stengel, unbekannter Blumen, all jener Wunder der Vegetation, die man in der Dunkelheit des Ufers wachsen wähnt. Wie sonderbar glitzert das Meer, hier, in der Nachbarschaft dieser Insel aus Smaragd. Der Himmel scheint die Erde zu berühren, die Sterne leuchten kraftvoller in der von schweren und aufwühlenden Düften erfüllten Atmosphäre. Man ist mit Ceylon vertraut, lange bevor die Lichter der Hafenanlage in Sicht sind. Das Aroma des Dschungels schwebt noch Dutzende von Kilometern jenseits der warmen Gestade über dem Wasser, ein Aroma, das dich verwirrt, das dich benommen macht, von dem du nicht weißt, womit es vergleichen, woran es erinnert, ein Aroma, das dir immerzu entgegenweht, so wie ein glühender und liebkosender Wind. Dieser wunderbare Duft begleitet dich durch ganz Ceylon; und je tiefer du in den Dschungel eindringst, um so reiner und berückender wird er.

Der erste Morgen in Colombo offenbart den schönsten Ozeanhimmel. Du weißt nicht genau, worin diese großartige Farbe gewechselt hat, weißt nicht, welches Wunder dir jedesmal blüht, wenn du den Blick in die Höhe richtest und er sich in jener Leere von Azur und Sonne verliert. Du stolperst kopflos von Straße zu Straße, gefangengenommen von zwei Versuchungen: dem Himmel und dem Duft der üppigen Vegetation; zwei Quellen der Offenbarung, die in dir gleichzeitig Trauer und nie eingestandene Freuden aufkommen lassen, zwei lebendige Quellen, die nicht den Geist, auch nicht die Seele, sondern nichts Geringeres als dein organisches Leben selbst tränken, Blut und Atem, Quellen, die dir zum erstenmal die Freude schenken zu leben, vital zu sein, dich frei zu bewegen und zu atmen, ohne Sorgen, ohne Vorschriften und Einschränkungen.

Wohin zuerst eilen? Wie jenen Durst der Augen, der Nase, der Arme löschen, jenen Durst nach schwindelerregenden, starken Wahrnehmungen, jenen Durst voller Glut und Tod? Die zwei Wochen auf dem Ozeandampfer haben deine Augen geschont und deinen Gang einschlafen lassen. Plötzlich, dir selbst überlassen auf der schönsten Insel dieses Erdteils, kommst du zu dir, ernüchtert von so vielen Entdekkungen, gelähmt von so vielem Drängen. Du schlägst die erstbeste Straße ein – weiße Häuser mit umzäunten Terrassen –, weichst vor den Rikschafahrern zurück, hörst dann und wann die Pfeifen der Schiffe im Hafen – und landest ganz unvermeidlich nach ein, zwei Stunden Herumirrens schließlich beim Victoria-Garten.

Dieser Park ist von weitem zu spüren, denn in Ceylon sind die häufigsten Boten die von der Brise getragenen Düfte. Du spürst sein Zimtparfüm, das weiße Blüten mit dicken, kalten, wächsernen Kelchblättern verströmen. Ein Park, in dem man sich leicht verläuft, nicht wegen seiner Ausdehung, sondern der verschlungenen Alleen wegen, die sich durch mannshohe Sträucher ziehen oder sich im Kreis drehen und dich wieder zum Ausgangspunkt führen. Was zuerst am

Victoria Park bewundern? Jene unbekannten und fremdartigen Blumen, die Eukalyptusbäume, die Frische, das Licht?

Die Flut an Eindrücken ermüdet dich. Steige in die nächste Rikscha und überlasse dich dem Gutdünken des Fahrers. Der hielt für einen Augenblick an einer Bude, zerkaute ein Paan-Blatt und etwas Betelnuß, lachte dir mit seinen weißen Zähnen und den vom Saft des Blattes blutenden Lippen zu – und fing an zu laufen. Wohin, das weiß nur Gott allein, denn die gut asphaltierten Boulevards ähneln einander, und die Straßen sind für die Augen des verwirrten Besuchers alle gleich. Spät macht er schließlich halt, in einer von vielen stattlichen Bäumen umschatteten Straße. Natürlich, er hat dich zum buddhistischen Tempel Kelaniya gebracht. Du betrittst einen nicht umzäunten Garten, mit wild wachsenden Bäumen und winzigen Häusern, deren Eingänge wegen der Hitze mit Wasser befeuchtet werden. Hier triffst du auf jene von Fotografien her bestens bekannten Bhikkus, mit ihren rasierten Schädeln und den orangenen Roben – und näherst dich dem Heiligtum, in dem Buddha inmitten vieler Opferschalen und Blütenblätter schläft. Du überreichst Blumen und erhältst Blumen. Es ist ein verschwenderischer Tausch an Vegetation, an duftenden Freuden zwischen den Gottesdienern und dir. Als du den Garten verläßt und in die Rikscha steigst – dir kamen so viele neue nostalgische Gedanken, erweckt durch die Stille des Gartens –, läuft ein Mädchen von der benachbarten Schule herbei und bietet dir mit ihrem reinen Lächeln einen Strauß von Zimtblumen und einen englischen Prospekt an. Was tun mit all diesen Blumen, die in die Sinne einfallen, sie vergewaltigen und ermüden? Steck sie in die Taschen, presse sie ins Notizheft, in das du, stolzer Europäer, all deine

Impressionen zu verzeichnen vorhattest – bedanke dich dann schön und geh.

Du verläßt den Tempel und mit ihm Colombo. Obwohl es dir wegen all dieser Schönheiten, die du wiedersehen und genießen möchtest, das Herz bricht – findest du dich an einem schönen Morgen am Bahnhof, in einem Waggon des Eilzuges Colombo-Kandy-Anuradhapura wieder. Andere Orte rufen nach dir, andere Dämonen, andere dir aus der Jugend vertraute Namen, die irgendwo in Reichweite schimmern, dort jenseits der Berge, die im Herzen der Insel vom Dschungel überwuchert sind, lassen dich nicht zur Ruhe kommen.

Nach einigen Wegstunden ist die Aussicht eine völlig andere. Man steigt Küsten empor, auf denen die Vegetation eher der eines Friedhofs als der eines Gartens gleicht – denn Bäume erheben sich über zerdrückte Büsche, Lianen überwuchern Blumen, das Gras wächst ährengroß, und überall vergeht und entsteht Leben, wird Moder zu Humus, zum lebendigen Nährboden für andere Samen – und der Kampf in diesem Ozean von Säften geht unter Spasmen und Ekstasen weiter. Hier werden die Pflanzen zu Monstern, und die Blumen werden von den Kadavern vergiftet, aus denen sie entsprossen sind und die sie längst überwachsen haben. Diese Fruchtbarkeit läßt dich erstarren, denn hinter den Millionen Organismen, die überlebt haben, errätst du Milliarden andere, die stündlich sterben, und dieses Gebaren der Natur, die ununterbrochen Leben speit, sinnlos, grenzenlos, dieses Streben der Schöpfung nach der Freude des Erschaffens, nach der Freude, Sonne zu schlürfen und den eigenen Sieg auszurufen – es überwältigt, macht dich schwindeln. Du schließt die Augen, um für dich ein kleines Stück dieses unglaublichen Reichtums zu stehlen – und wenn du sie öffnest, ist die Landschaft schon wieder eine andere, der Ort des Kampfes, der Trunkenheit hat gewechselt; neue Formen, schrill, verblüffend, ungestüm, dreist, dünkelhaft in ihrem Triumph, Formen aus Träumen und Gelüsten, Brände, die in jeder Sekunde dieses schwindelerregenden Dschungelspektakels auflodern und erlöschen. All diese Sprünge ins Leben, all dies Bezwingen des Todes, all die fürchterlichen Flutwellen von Säften packen dich, schleppen dich mitten in ihr Gemetzel hinein, locken und verspotten dich in deiner Winzigkeit als bequemlicher, am Fenster eines Waggons plazierter Reisender, in deiner Würde als Herrscher über die Natur, in deinem armseligen und abstrakten Ernst eines freien und vernunftbegabten Wesens. Da ist eine nicht zu übersehende Provokation seitens der Pflanzenwelt, die wir doch in Parks gezähmt und in Gewächshäusern domestiziert haben, eine Provokation seitens eines Lebens, das sich frei fühlt, wild zu zukken, gleichzeitig im Todeskampf zu stehen und Früchte zu tragen. Doch eine Provokation, aus der man nicht immer bloßes Gelächter herausliest, sondern auch den Ruf zur Verbrüderung, den Ansporn, seinem Beispiel zu folgen und Seite an Seite mit ihm zu wachsen.

Dieser Kampf wird seit Jahrtausenden an diesem Ort ausgetragen, und nicht immer nur unter Pflanzen. Sieh her, Fetzen von Felsen, von Erdbeben geborstene Steinplatten, umgestoßene Berge, die dir ihre versteinerten Wunden zeigen, Spuren, die von Zermalmungen und Donnerhall aus anderen Zeitaltern zeugen. Eine unerwartete Nacktheit angesichts des Pflanzenknäuels ringsherum. Glatte, weiße, rauchfarbene Steinplatten, über die das Wasser in steter Verzweigung rinnt, Wasser, das nur die Schale umspült. Diese Steine schauen manchmal aus dem Gedränge des Dschungels hervor und zeigen sich der Sonne, geben seinem Ansturm nicht nach, während sie ihn gleichzeitig vor den bösen Brüdern nebenan schützen, die mit ihren Tausenden von Augen nur darauf warten, ihn zu zerdrücken, dem Erdboden gleichzumachen und an seiner Stelle einen neuen Dschungel zu errichten.

... Wenn du Kandy oben in den Bergen schließlich um die Mittagszeit erreichst – wandelst du unter den Menschen mit dem unerklärlichen Gefühl, an einem Wunder, einer Monstrosität oder Heiligung teilgenommen zu haben, an etwas Außergewöhnlichem und Irrationalem, das du weder zu beurteilen noch wiederzugeben imstande bist. Und wieder – in dieser Perle Ceylons, diesem sonnigen Zufluchtsort mit seinen Dutzenden von Tempeln und jenem verhätschelten See, sind so viele Dinge zu sehen, daß man gar nicht weiß, wohin zuerst aufbrechen, wen fragen.

An Ausruhen ist nicht zu denken. Die Geißelung geht weiter, der Rhythmus wird beschleunigt. Dieser Sauerstoff, von dem du zuviel zu schnell einziehst, läßt deinen Atem heftiger werden, macht dich gierig. Los, los, du brichst auf. Sieh her, hier ist der Tempel, in dem Buddhas Zahn aufbewahrt wird, Reliquie, die von goldgeschmückten und mit Borten behangenen Elefanten an Feiertagen herumgetragen wird. Sieh her, nun der See, Felswasser und Himmelsspiegel, und weiter der Park mit den Affen und den Elefanten im hinter Eukalyptusbäumen versteckten Gehege, und noch weiter noch ein Tempel und ein weißes Haus, noch eine Schule und ein Garten. Die Stunden vergehen, und so vergehen auch die Tage. Und du bleibst genauso voller Leben, unruhig und schlaflos. Denn diese von reinem Sauerstoff und Sonne erfüllte Insel schenkt jedem Menschen Leben und Kraft, vor allem aber dem aus domestizierten Ländern stammenden Fremdling.

Wenn man Kandy nordwärts verläßt, Richtung Anuradhapura, der ehemaligen buddhistischen Hauptstadt der Insel, kommt es einem ganz so vor, als würde man für immer die Zivilisation verlassen. Hier gab es Hotels, elektrisches Licht und Zeitungskioske. Aber wirf nur einen Blick auf die Bäume ringsum, jetzt in dieser feuchtwarmen Nacht, die dich außerhalb der Stadtmauer erwartet. Die Ängste und Freuden der Reise kommen in deine Seele zurück. Von nun an bist du der Gefangene des Dschungels, von nun an hat dich sein starker Duft vergiftet, haben dich seine Blumenaugen verzaubert, haben dich seine Arme, Schlangen und Lianen, durchwühlt.

Du errätst, wie er – einige Meilen vom Bahnhof entfernt – in der von unzähligen schwirrenden Leuchtkäfern erhellten Dunkelheit auf dich lauert. Und du errätst seine schlagende Gewißheit, daß er dich zum Gefangenen gemacht, daß er über dich wie über so viele andere Legionen von kleinen Wichten Verwirrung gebracht hat, Wichten, die es gewagt haben, ihn zu durchqueren. Wohin auch immer du nun aufbrichst, du wirst ihn nie vergessen. Dein Weg wird dich nach Norden oder Osten führen, du wirst Indien oder Malaysia kennenlernen, wirst anderen Dschungeln und anderen Wundern begegnen – aber diese vom Tanz aufgebrachte, von Zuckungen befallene und von der Agonie nie gleicher Ekstasen heimgesuchte Insel wirst du nie vergessen.

Und nun sitzt du in der Nacht in einer schlecht beleuchteten Ecke des Waggons und spähst aus dem Fenster, nichts anderes erkennend als die grün-goldenen Bahnen der Leuchtkäfer, und doch kannst du nicht schlafen, sondern du lauschst dem Leben draußen, und nach einigen Stunden übertönen seine Atemzüge die dröhnenden Räder, und du hörst es klar und deutlich sprechen, hörst es klagen, danken, preisen.

Am Morgen bist du erschöpft und lächelst wie aus einer Verzauberung erwacht. Anuradhapura. Du gehst sofort los, um die Ruinen zu besichtigen, denn du mußt den Abendzug erwischen, der dich bis zum nördlichen Ende der Insel bringen soll, von wo aus du entlang der Brücke Ramas nach Indien übersetzen wirst.

Automobilfahrt durch einen Wald, in dessen Gegenwart du zu keiner Reaktion mehr fähig bist, der dich nicht mehr ergreift oder reizt, sondern dich nach seinem Belieben trägt und wiegt, wie einen von den Seinigen. Erst als du anhältst, um auf den Steinplatten der alten Stupas auszuruhen und die umgekippten Säulen in diesem grünen Ozean zu bewundern, erst als du der Reihe nach alle Tempel mit ihren benachbarten Klöstern besucht hast – spürst du die Müdigkeit, dieses stickige Gefühl des Zuviel und willst möglichst schnell abfahren, willst die Obsession dieser Vegetation loswerden und diesen Smaragdhimmel ersetzt wissen – ansonsten wüßtest du nicht, was mit dir geschehen könnte, zu welchen Wahnsinnstaten du bereit wärst.

Es ist nicht schwer, aus Ceylon zu entkommen. Der Zug führt dich rasch zur Felsenküste, von der aus du das Schiff Richtung Rameswaram nehmen wirst. Am Morgen weckt dich das Meer. Ein leicht entfärbtes, etwas wärmeres Meer – weil zwischen zwei Küstenstrichen eingefangen –, ein kahler Strand, hier und da versprengte Palmen, von der Brise umweht. Betrachte die Wellen, betrachte die Küste. Dir wird auf einmal klar, daß du gehst, daß du abreist, daß du dich möglicherweise für immer von dem schönsten Ort trennst, den du je zu Gesicht bekommen hast – und dann offenbart sich dir dieser gottverlassene Winkel in seiner gesamten Trostlosigkeit, die Strände sind noch öder und trauriger, die Fischerhütten noch mehr von Armut entstellt. Du fühlst eine schreckliche Einsamkeit.

Hier einige Kolonialbeamte, da einige Gepäckträger, die ins Wasser springen, um dir die Münze, die du warfst, mit den Zähnen zurückzubringen. Du blickst nach Indien als dem einzigen Weg, der dir offenbleibt, denn ein Zurück gibt es nicht mehr.

Mit der Rikscha durch Colombo

14. Dezember [1928]

Die Raben wecken mich in der Früh. In der Nacht weckten mich dagegen die unsichtbaren Mücken, das schnurrende Geräusch des Ventilators und das bleiche Licht an der Decke, das vom Korridor und aus den Nachbarzimmern kam. Die Wände bestehen aus Schindeln und berühren die Decke nicht unmittelbar. Kirschrote Teppiche bedecken den Fußboden aus Schilf. Die Fenster nehmen wie in jedem indischen Haus eine ganze Wandlänge ein. Wenn ich die Lampe lösche, kann ich von meinem Bett aus den Horizont des Ozeans sehen ...

Die Raben waren die erste Bestätigung dessen, was ich von Indien wußte. Man trifft sie überall; sie sind nimmermüde, rege und mißtrauisch. Obwohl ich den Märchen, die ich über sie gelesen hatte, keinen Glauben schenke, war ich vorsichtig genug, alles Glänzende zu verstecken.

Als ich hinausgehe, umzingeln mich jede Menge singhalesische Rikschafahrer. Jeder bietet mir eine Rundfahrt an, mit Besichtigungen von Tempeln, Gärten usw. Sie sind halbnackt, mit dunkler Haut, langen, zu Zöpfen zusammengebundenen Haaren und zur Hälfte rasiertem Haupt. Für einige Münzen sind sie bereit, eine Stunde zu laufen, vor den Gebäuden und Tempeln zu warten, auf dem Weg Blumen zu pflükken und sie dem Kunden zu reichen, ihn dann zu den einheimischen Kaffeehäusern zu führen, wo süße Früchte und eisgekühlter Sirup serviert werden.

Mein Singhalese hat einen breiten Brustkorb und ist von guter Ausdauer. An diesem Morgen lasse ich mich zu allen Sehenswürdigkeiten Colombos fahren. Auf der geraden und breiten »Straße des Meeres«, der Nordpromenade der Stadt, sehe ich Orangenverkäufer und Kinder. Die Wellen schlagen sanft gegen die Eisenbalustrade. In den Morgenstunden weht die Brise den starken Duft von den bewaldeten Küsten der Insel heran. Ein Duft, der niemanden gleichgültig läßt. Überall in Ceylon fand ich dieses Aroma der Zimtwälder wieder. In der Frühe und am Abend könnte man meinen, es sei der Atem eines nach dem Regen ergrünten Parks voller Flieder. Nirgends Blumen, nur Blätter, aufblühende Knospen, vor Saft strotzende Stämme. Wilde, derbe, kräftige Düfte. Du hältst sie zuerst für Windstöße und atmest sie fieberhaft ein. Dein Körper reift und schwillt, und deine Glieder verlangt es nach Rhythmik. Du möchtest laufen, nackt sein, dich an Bäumen reiben, dich im Gras wälzen. Eine Mischung aus Sinnlichkeit und intimem Schmerz, aus Exaltation und Depression, Triumphgesang und Tränen überkommt dich; schließlich eine wollüstige, animalische Erschöpfung. Du fühlst dein Fleisch zermalmt, die Knochen zersplittert, die Glieder abgetrennt ...

*

Ich fahre zum Victoria Park. In Ceylon besitzt jeder Garten seinen eigenen Zauber, da überall eine andere Baumsorte vorherrscht. Der Victoria Park ist wegen der herrlichen Blüten seiner Zimtbäume berühmt. Sie sind weiß-gelb, und die Kinder pflücken sie, sammeln sie in Bambuskörben und legen sie auf den Stufen der Pagoden nieder. Schon aus der Ferne übermannt einen dieser Duft, der stärker ist als der der anderen

Bäume und als die Wohlgerüche aus den Häusern der Einheimischen. Der Park ist winzig, aber übervoll von Blumen, Lianen, Kletterpflanzen. Zwischen den Zweigen krabbeln große Eidechsen mit wunderlichem Kamm. Gelbe und blutrote Schmetterlinge schweben über den erblühten Setzlingen. Hier und da versteckte Bänke im Gras, gut für Lektüren und Romanzen im Anfangsstadium ...

Ich besuche das Museum, das reich an buddhistischen Überbleibseln ist und Statuen und Münzen aus Anuradhapura, der ältesten Hauptstadt Ceylons, enthält. Ich betrachte mir lange das Original jener vollendeten Plastik mit dem Titel »Shiva erschafft die Welt im Tanz«, deren Nachahmungen und Reproduktionen man überall antreffen kann. Im selben Saal zahlreiche Buddhas aus Gold, Gruppen mit Shiva und Parvati sowie jener beachtenswerte Candeshvara, ein shivaitischer Heiliger (Shivas Inkarnation), die Hände zum Gebet gefaltet, mit einem unvergeßlichen Ausdruck der Ekstase im Gesicht.

In der Nähe des Museums gibt es einen Tiergarten. Dort leben in einem großen Käfig einige Dutzend verschiedener Arten von Affen, welche die Kinder und Erwachsenen, nicht anders als in Europa, belustigen. Neben dem Affenkäfig ein Zwinger, in dem ein Tiger schläft ...

Mit der Rikscha durch die Randviertel. Stände, faule Händler, Fußgänger mit Gewändern in schrillen Farben, viele Kinder, Bettler. Ich erreiche den neuesten und prächtigsten buddhistischen Tempel: Kelaniya. Ich gehe einige Stufen abwärts und trete in einen breiten Garten ein, der den Tempel – ein Mausoleum aus weißem Marmor –, eine Schule – einen großen, von Säulen getragenen Saal ohne Fenster – sowie die Priesterbehausungen umfaßt. In den Seitennischen des Tempels liegen reihenweise frisch gepflückte Zimtblüten (heilige Blume buddhistischer Tempel). Ein Kind führt mich durch das leere und kühle Schulhaus. Ein anderes holt den Wärter, der dann schwere Eisentüren für mich aufschließt und mich durch zwei dunkle Räume begleitet. Auf den Wänden sind Szenen aus Buddhas Leben gemalt. Wie widerten mich die enormen, grotesken, von Schleiern verhüllten Statuen an, die den Erleuchteten in den drei bekannten Positionen darstellten, mit Vasen voller Opfergaben davor, die als Nahrung für Ihn bestimmt waren ... Welche Enttäuschung zu erkennen, wie die Nachfolger Buddhas, eines genialen Lehrmeisters der Entsagung, wieder zum Primitivismus zurückkehren. Ich sollte mit dem Wärter streng ins Gericht gehen, der mir ohnehin nur Geschichten aus der Grundschule erzählt, und ihn fragen: »Wo steht im originalen Kanon geschrieben, daß ihr Buddha Statuen errichten sollt und ihn ernähren müßt? Wo steht geschrieben, daß er in drei verschiedenen Positionen dargestellt, daß er ernährt und eingekleidet werden muß? ...«

Befreit aufatmen konnte ich erst im Garten wieder, wo Bienen und Wespen schwärmten, angezogen von den feuchten Blumen vor dem Mausoleum. Daneben ein Brunnen – und schattige Akazien. Weiter hinten Priester in weiten, orangenen Roben, mit rasierten Köpfen. Oben – der wolkenlose, winterkühle Himmel Ceylons.

*

An einem anderen Tag reiste ich nach Lavinia Mounta, wo sich die Reichen aller Kontinente zur Kur am Meer zusammenfinden. Der Autobus fuhr durch Dörfer mit Hütten und Villen europäischen Stils, die sich zwischen buschigen Palmen und hohen Kokosbäumen verloren. Grellfarbene Gewänder, die in ungewohntem Licht leuchteten. Das Durcheinander der Völker, der Roben, der Sprachen bescherte der Seele eine seltsame Freude, die sich einsam und doch mit dem Leben der anderen verbunden fühlte.

Der Autobus ließ uns am Rand eines von Palmen und dickblättrigen Akazien umgebenen Weges heraus. Wir folgten ihm und kamen an einen Strand, den Wellen umspülten, über den Windböen bliesen. Das riesige Hotel erhob sich inmitten des felsigen Ufers. In der Umgebung einige Häuser, Hütten und der Bahnhof. Sonnenverbrannte Kinder badeten. In der Ferne ein einsamer Schwimmer. Einige stille, schlummernde Familien. Die Saison hatte noch nicht begonnen.

Es wurde langsam Abend an der Küste. In einigen hundert Metern Entfernung, aber noch am Strand, begann der Palmenwald, der sich bis zum Rand von Colombo erstreckte. Die Palmen, zuerst noch vereinzelt, zum Ozean hin geneigt, wuchsen dichter und höher und breiteten sich immer mehr entlang der Küste aus. Durch diesen Wald schlich sich die Eisenbahnlinie.

Ich bin lange am Strand geblieben. Die Jazzmusik auf der Terrasse des Hotels wurde aufgrund mangelnder Zuhörer eingestellt. Ein stiller Abend. Die Rückfahrt in einem schlecht beleuchteten Waggon, wo mich die Singhalesen in ihren weißen Roben schweigsam, verstört, mit jener zwanghaften Verwunderung des Orientalen ansahen – wie Wesen aus der Schattenwelt.

In Kandy und Anuradhapura

Dhanushkodi, 16. Dezember [1928]

Kristalliner Morgen. Der Zug fährt durch streng parzellierte Reisplantagen. Ochsenkarren, darin Singhalesen und nackte Kinder. Zwischen dem dicht belaubten Palmengestrüpp Hütten aus getrocknetem Bambus mit Kokosnüssen vor dem Eingang aufgehäuft. Manche Hütten sind so breit, daß man sie mit ihren Lehmveranden und vergitterten Fenstern für Häuser hält. Je weiter wir vordringen, um so üppiger und unbeugsamer wächst die Vegetation. Der Bambus entwickelt schlanke Stämme mit gezähnten Blättern, die jedes Lüftchen wittern. Anstelle des Grases nun breitblättriges Unkraut. Die Palmengestrüppe wachsen sich zu regelrechten Wäldern aus. Zwergenhafte Bananenbäume verdicken ihren Stamm. Überall hängen Lianen, welke oder frisch erblühte, brüchige oder elastische, Lianen wie Schlangen oder Schmetterlinge, die in die Erde eindringen oder der Sonne entgegenflattern. Unbekannte Sträucher sprießen zwischen den Zweigen einer Art duftlosen Eukalyptusbaumes.

Der Schienenweg steigt zwischen Lehmhügeln entlang den Dörfern empor – jeder Bahnwärter in Kolonialuniform –, führt durch kurze Tunnel. Von Kegalla an hat man fast ungetrübte Sicht auf die Berge. Tiefe Schluchten, wenn sich die Täler unter den Eisenbrükken und unter den in den Fels gehauenen Straßen verbreitern. Überall weite, großartige Aussicht: Felsenrücken und schlängelnde Vegetation, Quellen und Eidechsen. Der Duft wechselt von einer Station zur nächsten. Der Zimt wird vom Aroma einer blauen Blume verdrängt, die in vollen Baumkronen hängt. Dann die Weide und die Rose, aber nur ihr Duft. Ein Elefant läßt sich treiben, nachdem ein Inder mit grünem Turban seine Aufmerksamkeit gewonnen hat. Einige kleinwüchsige Ochsen und eine Handvoll Kinder planschen in einem Tümpel. Die Reisernte wird auf Terrassen gelagert, die wie Amphitheater angeordnet sind. An den Bahnhöfen steigen schwer atmende alte Frauen und noch nicht volljährige Mädchen mit ihren Kindern zu. Die Abteile werden immer voller. Bauern, buddhistische Mönche in orangenen Roben, Jugendliche, die über der Volkstracht europäische Kleidung tragen, Frauen mit ausgemergelten Hüften, Hängebrüsten, gegerbter Gesichtshaut, verschmutzten Haaren. Krüppel mit bläulich durchschimmernden Knochen. Ein Brahmane mit rasiertem Bauch, ein Afghane in einem Schalwar, der einen Reisesack mit Weichkäse und Bananen hält, ein persischer Juwelier, eine Rotte frecher Kinder, die mal auf dem Boden schlafen, mal an den Kleiderhaken baumeln und nach den Gepäckstücken lugen ...

Ich bin in der dritten Klasse. Der Durst und die Hitze dämpfen allmählich meinen Enthusiasmus. Der Korb einer Unbekannten quetscht mich ein. Eine Frau hält einen Stapel Besen, die mein Gesicht zerkratzen. Das Licht aus den Fenstern versiegt. An jedem Bahnhof fallen ganze Ströme von Menschen ein, die von schreienden und auf deren Rücken einprügelnden Schaffnern vorwärtsgetrieben werden. Der Waggon wird zur Hölle. In den Tunneln fühlt man sich durch das bleiche Licht und den eindringenden Rauch wie in einem Kerker oder einem Flüchtlingslager. Ich habe Durst, ich habe Durst ... Ich versuche, Wasser von den Nachbarn zu verlangen. Doch ich bin so eingeengt, daß ich keine

Handbewegungen machen, die Trinkbewegung selbst mimen kann. Ich wiederhole meinen Wunsch auf Sanskrit. *»Dada mi apam!«* Zwecklos. Beim zweiten Ruf versteht mich der Perser und reicht mir eine Orange. Ach, die Arier ...

Am Nachmittag kommen wir in Kandy an. Die Straße vor dem Bahnhof führt ins europäische Viertel und zum Park, der von braunen Gesteinsblöcken eingegrenzt wird. Große Hotels, hohe Häuser. Diese Stadt ist unvergleichlich, mit ihren Villen im Wald und mit dem klaren Himmel der nahen Berge. Ich logiere im teuersten und aristokratischsten Hotel, im *The Queen's Hotel*, mit Korridoren und Terrassen bis zum See. Ich mache mir einen Spaß daraus, in den Speisesaal mit denselben Kleidern einzutreten, mit denen ich aus der dritten Klasse ausgestiegen bin. Herren in schwarzen Anzügen, Damen mit entblößten Schultern, weiß kostümierte Engländer, Engländerinnen in langen Röcken. Alle Tische sind besetzt, aber ich finde einen Platz am Tisch eines blonden Mannes, der es mit dem Formellen nicht so genau nimmt, sich mir mit kehliger Stimme vorstellt und das unverständlichste Englisch überhaupt spricht. Aus allem, was ich verstanden habe, folgt, daß er Kanadier ist und von Nuwara Eliya, einer wunderschönen Region in Ceylon, kommt. Er redet und redet ... Nach jedem Gedankengang lacht er, schließt dabei seine Hand zur Faust und schlägt auf den Tisch. Was hat er mir wohl erzählt? Vielleicht Anekdoten ... Ab und zu vermutete ich, daß er mich etwas fragte. Er wartete dann, mich fest anblickend. Ich entkam jedes Mal der Peinlichkeit, indem ich überrascht tat, so als hätte ich etwas auf der Menükarte entdeckt. Oder aber ich beruhigte ihn ab und zu mit einem »Yes!«, »I see«, »That's so«, »Oh!«.

Die ganze Zeit über war ich das Schauobjekt der Leute an den Nebentischen. Ich las in ihren rosa Gesichtern. Was darauf stand? Nur Sinnlosigkeit, nur Spleen, Leichenschauhaus, Blödheit, stupide Illusionen und sexuelle Unzufriedenheit. Allein das Essen hat mich 400 Lei gekostet, Wein und Zigaretten nicht mitgerechnet.

Nachmittags besuche ich den buddhistischen Tempel, der die heilige Reliquie des Ersten Erleuchteten bewahrt. Nachdem ich anschließend durch den Norden der Stadt spaziert bin, nehme ich den Bus nach Katugestata, um das Bad der Elefanten zu sehen, die beschaulich und lustig im Wasser des Mahaweli Ganga planschen.

Noch vor Sonnenuntergang erreiche ich den Botanischen Garten von Perademiya. Er ist riesig, faszinierend, voller Vielfalt und Überraschungen. Ich konnte ihn nicht im Ganzen sehen. Doch vor jenem erblühten Baum mit seinem wilden Duft – widerrief ich das Loblied, das ich auf den Garten Azbakiyyah in Kairo angestimmt hatte ...

Ich kehrte abends zurück. Das Licht im Hotel war grell und unangenehm. In den luxuriösen Sälen bedienten barfüßige Singhalesen in weißen Hemden und blauen Tuniken, die wie auf Wolken gingen, ätherische Schatten. Das Zimmer war in lästigem Luxus eingerichtet und sündhaft teuer. Man sah von der Terrasse auf den gesamten, im Mondschein leuchtenden See. Die Berge schienen wie aus Holz geschnitzt. Auf der Promenade rund um den See Bänke, Bäume, schlendernde Paare. Sanfte Müdigkeit überkam mich beim Betrachten der Inselstadt, dieses Wunders. Die Augenlider schmerzten noch von der Sonne und den Farben. In der Tasche die in Perademiya gepflückten Blumen ...

Am zweiten Tag der hastige Besuch von Anuradhapura, der alten Hauptstadt von Ceylon aus der Zeit, als das singhalesische Königreich noch bestand. Die ganze Stadt ist übersät mit Ruinen; Ruinen von Palästen, von religiösen Monumenten, von Tempeln. Ruwendeli Degola hat eine riesige verfallene Kuppel. Pflanzen sprießen zwischen den Steinen, und es gibt noch Überbleibsel von den Säulen sowie einige Stufen aus weißem Marmor. Thuparama Degola ist fast ganz erhalten, ein weißes Monument auf einem breiten Sockel aus Marmor, mit schlanken Säulen zwischen den vom Gras überwucherten Platten. Degola befindet sich in einem zauberhaften Hain. Bienen summen in der warmen Stille des Klosters.

Ich bleibe lange vor den »Stufen des Weltenfelsens« stehen, die von unvergleichlicher Schönheit sind. Die steinernen Götter an den Ecken, der Marmorfächer am Eingang unten auf der Erde, der von den schönsten weißen Elefanten geziert wird, die ich in Ceylon sah.

Bis zur Abfahrt des Zuges bleibt mir noch Zeit, die ich mit einem kurzen Spaziergang durch die Palmenwälder überbrücke. Es wird dunkel. Ich kehre zum Bahnhof zurück. Es ist die letzte Nacht, die ich auf der »Perle des Orients« – wie man die Insel ja nennt – verbringe. Ich beginne zu glauben, daß hier wirklich »das Paradies« gewesen ist, so wie es die Sagen überliefern. Oh! – nur das Paradies der Augen, der Sinne, der Nostalgien gewiß ...

Wallfahrt nach Rameswaram

Dezember 1928

Der Zug fährt durch zu Dünen aufgehäufte Sandmassen. Große Dornensträucher, stachelige Büsche, einige verdorrte Palmen, Lachen von Salzwasser – und das immergleiche Rauschen der Wellen, das einem Rufen gleicht. Rohe, beklemmende Gefühle angesichts des ausgedehnten, trostlosen, heißen, mit der Wüste verschmelzenden Strandes. Der Wind bläst metallisch durch breite Stacheln und gezahnte Palmenblätter. Wir durchqueren die schmale Landenge, die Indien mit den paar steinigen Inseln im Norden Ceylons verbindet. Das Schiffchen hat uns in Talar Mannar abgeholt und uns nach etwa zwei Stunden ruhigen Dahintreibens in Dhanushkodi abgesetzt. Wir betreten Indien über seinen südlichsten Punkt.

Nahe bei Rameswaram, in Pambam Junction, wechselt die Landschaft. Palmen fallen in die Felder ein. Sie wachsen nun weit in die Höhe, die Kronen in Richtung Ozean, den sie über den Salzgehalt des Windes wittern. Zwanzig Minuten nach Pambam hält der Zug an einer winzigen Station, die von Plantagen umgeben ist und von der eine Landstraße zum Dorf führt. Es ist Rameswaram, der Wallfahrtsort im Süden, der als genauso heilig gilt wie Benares, aber bei den europäischen Reisenden weniger bekannt ist als die berühmte heilige Stadt am Ufer des Ganges. Die ganze Gegend ist hier von Akazien und Palmen bewachsen. Die Sagen wissen zu berichten, daß Rama an dieser Stelle nach Ceylon übersetzte, um nach seiner entführten Gattin zu suchen. Zu Ehren seines Sieges wurde dieser großartige Tempel errichtet.

Ein Jatka, ein merkwürdiger, von Ochsen gezogener Karren auf zwei Rädern, bringt uns zum Dorf. Es sind schöne Häuser, mit weiß zwischen Bäumen hervorlugenden Terrassen. Fast alle werden von Brahmanen bewohnt. Ich bin der einzige Europäer seit sechs Monaten. Die Einwohner mustern mich genau und versammeln sich allmählich vor dem Haus des ehrwürdigen Brahmanen Ramchandra Gangadhar, wo ich übernachten soll. Dieser Gangadhar sitzt einen großen Teil des Tages auf einer Matte im vorderen Zimmer seines Hauses, und zwar mit entblößtem Oberkörper, einer um den Hals geführten Kette, das Gesicht mit Asche und heiligen Ölen bestrichen. Er sitzt in der wohlbekannten Position indischer Statuen und diskutiert mit seinen Besuchern auf Sanskrit oder im Dialekt. Er scheint sich durch meinen Besuch geehrt zu fühlen, und Bhimi Chawda, der mich hierher gebracht hat, übersetzt ihm alles, was ich über Rumänien erzähle, ins Gujarati. Als er hört, daß ich Hunger habe, schickt er einen behaarten Diener, mir Essen zu kaufen, denn im Hause eines Brahmanen liegt nur für die Angehörigen der gleichen Kaste Nahrung bereit. Der Diener bringt mir drei kleine, in Öl gekochte Fladen, ein Glas Milch und einige Bananen auf die obere Terrasse. Anschließend sammelt er die Reste und die irdenen Teller auf, aus denen ich gegessen habe, und wirft alles auf die Straße.

Nachdem ich mein Schuhwerk in der Diele ausgezogen habe, mache ich mich in Begleitung von Bhimi Chawda und einem Dutzend mir folgenden Einheimischen zum Tempel auf. Bhimi Chawda ist halbnackt und führt verschiedene Opfergaben mit sich: Blumen, Bananen, Silberrupien sowie allerlei Beutel. Nach seiner Englandreise hält er eine Läuterung in Rameswaram für etwas Notwendiges. Barfüßig schreite ich in glühender Hitze durch den Straßenstaub.

Der Tempel, der der größte Südindiens ist und die imposanteste Leistung der drawidischen Architektur darstellt, ist von mehreren Mauerreihen (*prakarama*) umgeben. Zwischen diesen Prakaramas befinden sich Gänge und Innengärten. Obwohl von kolossaler Größe (657 Fuß in der Länge und 1000 Fuß in der Breite, wie mich mein Führer informiert), macht der Tempel keinen überwältigenden Eindruck. Man kann ihn nicht in seiner Gesamtheit sehen. Vor dem ersten, 30 Meter hohen Tor, liegt eine Art Basar, der sich entlang der Tormauer und bis zum ersten Korridor hinzieht. Da gibt es alle möglichen Ikonen und Bilder zu kaufen, auf welchen Szenen wiedergegeben sind, die Ramas Suche nach Sita oder die sagenhaften Kämpfe auf Lanka (Ceylon) repräsentieren, Ikonen, die mit lebendigen, frischen Farben gemalt sind. Es gibt noch vieles mehr: große Muscheln, Korallenketten, Kaurischnecken, dicke Silberreife, Messingschalen, falsche Perlen, Edelsteine von zehnter Hand.

Der Basar ist immer überfüllt. Die ganze Dorfbevölkerung hat sich im Gäßchen und in dem dunklen Korridor unter dem großen Tempeltor zusammengedrängt. Am Ende des Basars das riesige Becken mit grünem, schmutzigem Wasser, in dem die Pilger baden, bevor sie mit den Opfergaben ins Heiligtum schreiten. Und auf der anderen Seite des Tempels, hinter der Gasse, die zwischen den letzten zwei Prakaramas hinführt, erstreckt sich der drei Meilen breite See, wo sich die Pilger vor der Abfahrt noch einmal waschen.

Nach alldem, was mir Bhimi Chawda erzählt hat und was ich zum Teil schon selber wußte, steht dieser

Tempel von Rameswaram auf dem gesamten Subkontinent ohne Vergleich da. Es ist ein Tempel, der hier am äußersten Zipfel Indiens Rama zu Ehren erbaut wurde und zu dessen Errichtung der berühmte Vara Raja Sekkarar aus Kandy beigetragen hat. Die Stützpfeiler des Tempels und jene Säulen, die endlose Gänge bilden, sind auf prächtige Weise verarbeitet, mit Skulpturen und Stukkaturen. Leider befinden sich in diesem Jahr einige Teile des Tempels in Restauration. Lange, breite, fast endlose Korridore werden hier und da von Gerüsten unterbrochen. Zwischen den Pfeilern hat die Verwaltung Behausungen für die Priester und Diener improvisiert und so die sich darbietende unvergleichliche Vision, das geheimnisvolle und erhabene Halbdunkel zerstückelt. Der Tempel kann ohnehin nicht im Ganzen betrachtet werden, man kann sich also kein einheitliches Bild machen. Seine Erhabenheit ist bruchstückhaft, da diese zyklopische Architektonik aus keiner Gesamtperspektive zu erfassen ist. Man muß sich damit begnügen, was aus entlegenen Winkeln, von Innengärten aus und zwischen den Säulen hindurch zu erblicken ist.

In der Tat herrlich sind die Malereien mit Szenen aus der vedischen Mythologie auf den Decken und den Säulen der Korridore. Viele von ihnen beginnen verlorenzugehen, sind verrußt, bröckeln ab, verblassen. Jemand erzählt uns, daß die gegenwärtigen Restaurationsarbeiten auch die Fresken wiederherstellen sollen.

Auf dem Heiligtum befinden sich unzählige Kuppeln mit Hunderten von farbigen Statuen. Die Säulen werden von steinernen Elefanten getragen, die in seltsamen, phantastischen Positionen dastehen. Eidechsen mit gezackten Rücken und Eichhörnchen spielen zwischen den Basreliefs herum. Von irgendwoher sind

Pauken und Trompeten, Gongschläge und Litaneien zu hören. Neugierig steige ich über eine zu den Gerüsten gehörende Holztreppe auf das Dach. Fast wäre es zu einem Riesenskandal gekommen, als man mich entdeckte. Zum Glück war Bhimi Chawda da, der ihnen erklärte, daß ich fremd bin und die Regeln der Heiligtümer nicht kenne. Ich mußte dem Tempel zwei Silberrupien stiften, damit man meinen Fehler verzeihe. Für diese Schenkung wurde mir eine ordentliche Quittung ausgestellt, mit der Angabe meines Namens, der Staatsangehörigkeit und meines Vergehens . . .

Zu Gast in Madurai

[Dezember 1928]

Auf dem Weg vom Bahnhof Fahrt durch die von schwachen Öllampen beleuchteten Gassen, in einem Jatka, so eng wie eine Zelle ... Ich sah indische Häuser mit breiten Veranden, leuchtende Firmenschilder, mit Früchten überladene Stände, sah rot-weiß leuchtende Gewänder in der Dunkelheit, wie Lichtpunkte, die Ballett tanzen. Ich versuchte, mir den Weg einzuprägen. Es gelang nicht. Der Jatka fuhr an Gärten vorbei, durchquerte heruntergekommene Viertel, eilte dahin, von den zwei kleinwüchsigen und schnellen Pferden gerüttelt, diese ihrerseits verschreckt von den Glöckchen der Droschke und dem Brüllen des Kutschers, der sein Gleichgewicht auf der Deichsel zu halten versuchte ...

Im Zug hatte ich jenen aus Rameswaram zurückkehrenden jungen Mann kennengelernt. Als er erfuhr, daß wir einen Tag lang in Madurai zu bleiben vorhatten, bevor wir nach Madras aufbrechen würden, bot er Bhimi Chawda und mir an, im Haus seines Bruders, einem Händler namens Chandulal Gavendas, zu übernachten. Wir nahmen begeistert an. Noch im Zug begann der junge Hindu, mich als seinen Gast zu behandeln, indem er mir aus ganzen Blättern gedrehte einheimische Zigarren, Tee mit Milch, Früchte und Kuchen anbot. Bhimi bedeutete mir, nicht zu versuchen, diese Gaben zu bezahlen, die der junge Mann an jeder Bahnstation immer wieder kaufte. Ich hätte ihn sonst beleidigt.

So mußte ich Blätter und Nüsse aus Betel kauen, die scharf schmecken, einen brennenden Geschmack hinterlassen und den Lippen ein kräftiges Rot verleihen. Wenn die Inder Betel kauen und dabei sprechen, hat man den Eindruck, daß sie bluten.

Der Jatka hielt vor einem großen Haus mit Gittern an den Fenstern. Sofort erschienen zwei Diener – sie schliefen auf Binsenmatten im Vorzimmer –, dann der Bruder selbst, der sich aufrichtig über seine Gäste freute. Natürlich war auch er nach indischer Sitte gekleidet, das heißt, er trug nur ein weißes, einige Meter langes Laken um die Hüften gewickelt. Er hielt eine Lampe in der Hand und führte mich durch zwei breite Räume, dann über den Steinweg des Gartens, bis wir ans hintere Ende des Hauses gelangten, wo sich das »Speisezimmer« und das Gästezimmer befanden. Ich stieg eine Holztreppe hoch, die in einen Korridor mündete. Von hier aus hatte man einen sehr guten Blick auf einen Garten mit Zementbassin, Pumpbrunnen und zum Trocknen aufgehängter Wäsche. Das Gästezimmer war sauber, gut gelüftet, mit seltsamen Bildern an den Wänden. Weiße Matten und neben einem Stoß Bettwäsche mit einem kapriziös gefalteten Kissen – ein Buch, das Ramayana ...

Die Matten wurden sofort mit weichen Decken, Kissen und Laken bezogen. Zwei Gaslampen erhellten das Zimmer. Ein Junge brachte ein Tablett mit Betel, Zigarren und Tee, und ein Nachbar, der noch nicht schlafen gegangen war, kam, um die Gäste kennenzulernen. In Madurai geht das Gerücht um, er könne Französisch, aber auf alle meine Fragen erwiderte er nur lächelnd: »Ah! Oui, vous savez français?« ...

Auf dem Zementboden waren mit Kreide einige Kreise zum Dekor gezogen, und in der Mitte erstreckte sich eine riesige Swastika. Diese Swastika findet man im übrigen hier überall, insbesondere vor Türen. Mein Gastgeber wußte über dieses Symbol lediglich, als daß es etwas Altes, Heiliges und »Hohes« bedeutet.

Mitternacht nahte. Unser Gespräch – wir saßen dabei auf Matten, rauchten stark qualmende Zigarren, kauten das scharfe Betelblatt und tranken Tee mit Milch – drehte sich um Mahatma Gandhi. Die Hindus waren einhellig der Meinung, daß Gandhi ein sehr großer Mann sei: »Christus ähnlich!«. Bhimi Chawda jedoch, der in Bombay lebt, zeigte nicht zuviel Vertrauen in die »Bewegung« und lobte Gandhi dafür, daß er sich inzwischen aus dem politischen Leben zurückgezogen hatte. Die anderen hingegen waren enthusiastischer und wurden des Lobens nicht müde. Sie kauften ohnehin nur Produkte aus der einheimischen Industrie, buken das Brot zu Hause und woben das Leinen so wie vor 3000 Jahren ...

Ich blieb nach Mitternacht mit Bhimi Chawda allein. Es war unmöglich einzuschlafen. Ich lag ausgestreckt auf meinem weichen und warmen Nachtlager, die Augen auf die zeltähnliche Zimmerdecke fixiert. Aus dem Fenster sah ich die Bäume aus den benachbarten Gärten. Die Sterne scheinen in Indien so nah und beseelt, und die Nächte sind blau, ganz blau.

Am zweiten Tag machten wir uns auf, die Stadt in Begleitung unseres Gastgebers zu erkunden. Madurai ist eine ziemlich große Stadt und war einmal die Kapitale der ruhmreichen Könige Pandiyas, aber heutzutage sticht sie nur durch den Ruhm ihres Tempels hervor, des sogenannten »Großen Tempels«, der, obwohl schon sehr alt, zum letzten Mal vom sagenumwobenen König Tirumala Nayak zu Beginn des 17. Jahrhunderts restauriert wurde. In Madurai kann man die religiösen Zeremonien der Inder besser verfolgen als woanders, da die Fremden bis zum Hauptaltar zugelassen werden. In anderen Tempeln dürfen sie sonst nur die Tore und Korridore sehen.

Der große Tempel hat die Form eines Parallelogramms von fast 300 Metern Länge, erreicht stellenweise eine Höhe von 60 Metern und besitzt viele Innenhöfe sowie einen Korridor, in den nur sehr wenig Licht dringt.

Dieser in tiefes Dunkel getauchte Korridor ist eine der Hauptattraktionen des Tempels. Man durchschreitet ihn ehrfürchtig und trifft ab und zu auf eine flakkernde Fackel, in deren Licht die Skulpturen der geflügelten Pferde und der Elefantenpaare noch groteskere Formen annehmen.

Eigentlich besteht dieser »Korridor« aus mehreren Korridoren. Sobald man durch ein Tor mit dem Namen »Pforte des Minakshi-Tempels« eintritt, stößt man auf einen etwa 15 Meter langen Korridor, der überall bemalt ist: er wird der »Saal der acht Mächte« genannt, und zwar wegen der entlang des Korridors aufgestellten Statuen der acht Shaktis, welche die Decke stützen. Am Ende steht ein prächtig verziertes Tor, das rechts von einer Statue des Gottes Karttikeya, dem »Mars« des Hinduismus, und links von Ganesha, dem Elefantengott, bewacht wird. Von hier aus betritt man den zweiten, 50 Meter langen Korridor, dessen beide Seiten Säulen mit Ornamenten aufweisen und der zu einem beträchtlichen Teil von den Theken der Händler verstellt ist. Diese dem Tempel einverleibten »großen« Basare sind ein Charakteristikum Indiens. Doch obwohl sie ihren eigenen Reiz besitzen, schaden sie der erhabenen, großartigen Pracht der Heiligtümer sehr.

Am Ende dieses zweiten Korridors trifft man auf eine riesige Tür aus Messing, die von großen Lampen umgeben ist, welche während der Nacht ein sehr beunruhigendes Licht ausstrahlen. Man betritt einen dritten dunklen Korridor und danach einen vierten, jedoch helleren und breiteren, der bis zum »Bassin der Goldenen Lilien« führt. Von hier aus hat man eine gute Aussicht auf den Tempel mit allen seinen Türmen und Kuppeln, Arkaden und Basreliefs. Glocken, Wohlgerüche und die Luft, die im Balsam der Blumen und Girlanden schwelgt. Die weiteren Säle sind mit berühmten Episoden aus den Heiligen- und Heroenüberlieferungen des alten Indien bemalt. Besonders ergreifend aber ist vor allem der sogenannte »Saal der Tausend Säulen« bzw. wie er auf Sanskrit heißt: *Sahasrastambha Madapam.* 997 Säulen stünden hier, sagen diejenigen, die sie gezählt haben wollen, aber man kann nicht alle sehen, denn viele wurden für die Getreidespeicher des Tempels verwendet. Doch nicht ihre Zahl ist beeindruckend, sondern die Art ihrer Bearbeitung, mit anderen Worten ihre Skulpturen, die in ganz Indien einmalig sind. Sie wurden mit einer Kunstfertigkeit und Imagination geschaffen, die alles übertraf, was man bis dahin sah.

Der Tempel der Göttin Minakshi ist der größte seiner Art in Indien. Die heiligen Elefanten sind hier in einem modernisierten Stall untergebracht. Wie sanfte Kolosse sind sie, Kolosse, die mit ihren Rüsseln die ihnen zugeworfenen Münzen vom Boden aufheben. Ich schlendere wieder durch die Korridore, bleibe vor dem Altar des Elefantengottes stehen, betrachte lange die alten Malereien und Basreliefs. Am Ende des »Saals der Tausend Säulen« steht ein imposanter Altar, wo duftende Lampen Shivas Statue erleuchten. Die meisten Säulen sind aus ganzen Blöcken gehauen. Seltsame Skulpturen aus der vedischen Mythologie und Dämonologie verzieren sie. Die Göttinnen sind mit schlanker Taille, breitem Schoß und Brüsten, groß wie Brotlaibe, dargestellt. Auf allen Gesichtern scheint das schmierige Lächeln indischer Skulptur. Es sind abstoßende Idole, mit steinernen Pupillen in den tiefen Augenhöhlen, mit Krallen und einem apokalyptischen Grinsen. Der Elefantengott besitzt dabei noch den »humansten« Ausdruck. Auch hier haben die geflügelten Pferde jenen riesigen Phallus, der den starken Drang der kosmischen Fruchtbarkeit symbolisiert.

Die Fenster sind mit Blumen aus Stein geschmückt, so daß das Licht nur sehr demutsvoll durchscheinen kann. Von manchen Ecken der Gärten aus kann man die goldenen Türme im Innern des Tempels sehen. Unglaublich viele Priester und Diener, Bettler und Pilger, kranke und alte Menschen. Alle wollen Almosen. Ein Brahmane kommt uns mit einem Tablett entgegen und hängt mir eine Girlande aus Gulcharis, den heiligen Blumen, um den Hals. Für diese Ehre muß ich eine Rupie zahlen. Ein anderer führt mich zum Altar, um die mir längst bekannten Grundzüge der vedischen Religion zu erklären. Ich lehne alle Angebote hartnäckig ab und höre keiner Ausführung zu – um bloß nicht plötzlich etwas schulden zu müssen. Bevor er in das jedem Fremden verschlossene Sanktuarium eintritt, rät mir Bhimi Chawda, den Tempel nicht zu besteigen ...

Nachdem wir den an Gewürzen und falschen Edelsteinen reichen Basar besucht haben, gehen wir zum Palast von Tirumala Nayak, dem letzten König dieser Provinz. Der Park wird nun von den benachbarten Grundstücken geteilt. Nur der Garten aus dem Inneren des Palastes ist noch derselbe geblieben. Zwei alte, näselnde Wärter führen uns durch eine unvergleichliche Galerie: hier weiße Säulen und eine gelbe Decke, hier der Baderaum der Königinnen, nun die offizielle

Kanzlei, dann die ehemaligen Schlafgemächer, jetzt die Amtszimmer des Rathauses. Nur die Terrassen und die Gänge oberhalb des Palastes konnten nicht wieder genutzt werden. Dort ergingen sich einst die Königinnen und versuchten, indem sie den Mond betrachteten, sich in Trauerstimmung zu versetzen, um dem König zu gefallen. Von der Hauptkuppel aus ist die Aussicht wundervoll, der Blick kann über die Stadt, ihre roten Dächer und die ergrünten Gärten schweifen und weiter über die Wälder, bis zu den umwölkten Hügeln, wohin sich die reichen Familien während der Sommerzeit flüchten. Schließlich erfüllt mich auch jene Melancholie, die immer dann aufkommt, wenn man eine sagenumwobene Vergangenheit heraufbeschwört. Meine Freunde steigen wieder hinunter, um Geschäfte zu erledigen, während ich noch lange unter dem Schatten der Kuppel verweile, ohne an etwas Bestimmtes zu denken. Ich betrachte einfach nur diese Stadt mit ihren Gärten, die sich über die Felder hinweg fast bis zu den Hügeln erstrecken.

*

Nachdem er mich über den Sinn aller Allegorien der Bilder an der Wand aufgeklärt hat, bittet mein Gastgeber zu Tisch. Das »Speisezimmer«: ein Kämmerlein mit Zementboden, ohne Stühle und Tische. Wir setzen uns jeweils auf eine Rinde. Vor uns ein großes, frisch gewaschenes Blatt, auf dem seltsame Gerichte und in Öl gekochte Fladen liegen. Die Mahlzeit sieht ein wenig karg aus: etwas gekochtes Gemüse, eine Soße mit viel Pfeffer, eine Handvoll ungesalzener Reis. Die Soße hielt ich zunächst für eine Suppe und nahm einen Löffel davon. Sie war so scharf, daß ich alle Fladen verschlingen mußte, damit das Brennen verging. Die anderen waren sehr belustigt und erlaubten mir außerdem nicht, weiterhin den Löffel zu benutzen, den ich vorsichtshalber von oben mitgebracht hatte. Ich mußte den Reis mit der Hand kneten, die gepfefferte Soße darüber gießen, die einzelnen Körner mit den bloßen Fingern aufsammeln. Am Ende gaben sie mir Bananen und Milch. Eine schöne junge Inderin, die der Zigeunerin aus Luchians[9] Gemälde wie aus dem Gesicht geschnitten schien, bediente uns. Chandulal war verheiratet gewesen, aber seine Frau starb. An ihre Stelle war die fleißige Dienerin mit dem scheuen Gang getreten, die sich auf alles verstand ...

Der Abschied: Umarmungen, Zusicherungen des Wiedersehens, Pläne ... Eine elegante Rikscha macht der Melancholie ein Ende. Erneut auf dem Weg zum Bahnhof.

---

9 *Stefan Luchian* (1863-1916): bedeutender rumänischer Maler, u.a. inspiriert von Gauguin und Manet.

Madras

Dezember 1928

... Vom Nonnenkloster auf dem Hügel aus gesehen ist die Stadt nicht zu erkennen.

Man könnte meinen, sie sei ein Wald aus Akazien, Palmen und erblühtem Tulhah. Jedes Haus ist von Bäumen umzingelt, die es fast anfallen und erdrücken. Der Abendwind kommt auf, und sein Rauschen erinnert an das der Wellen. Ich bleibe lange auf einer Bank aus grauem Stein sitzen und gebe mich der Betrachtung hin.

... Eine Fledermaus ist aufgeflogen. Eine Schlange schlich vorbei. Im schwarzblättrigen Baum jagen Eichhörnchen einander. Und dann jener Skorpion, der mich am Eingang der Höhle empfing, wo der Sage nach der heilige Thomas, Indiens erster Missionar, eingeschlossen war.

Ich schreibe. Was könnte ich sonst tun? Dieser triste Hügel, mit dem abgeschiedenen Kloster und den Schlangen beherbergenden weißen Steinen erneuert in mir Gesichte von jenem Italien, das ich als Zwanzigjähriger durchreiste. Zum ersten Mal werde ich an Europa erinnert. Dieser Hügel, gehüllt in heiliges Schweigen, ist von *drüben*.

Das Kloster ist aus Steinen errichtet. Aufgrund des zu dunklen Schattens der Bäume sind die Zellen nicht zu sehen. Die Kirche ist klein. Ich traf zwanzig Nonnen im Gebet versunken: weiße Kolonialkluft, weite Hüte, flatternde Pelerinen. Die Oberin ist glücklich, jemandem zu begegnen, der französisch spricht. Sie erkundigt sich nach Prinz Ghica[10] – nun katholischer Geistlicher –, der auf dem Rückweg von einem Kongreß in Australien das Kloster im Frühling besucht hat.

Sie spricht so leise, in so gedämpftem Tonfall, daß ich unwillentlich die Stimme senke und nur auf Zehen gehe. Was hat sie gesagt? Sie lächelt, ermuntert mich, Christus zu betrachten. Und sie lobt ihn, lobt ihn ... Dann schweigt sie mit einem sanften Blick. Ich finde in dieser Kirche jenes unbeschreibbare, unaussprechbare christliche Schweigen wieder. Die Oberin zeigt mir die Nonnen. Sechzehn von ihnen sind erst vor einigen Tagen aus Rom gekommen. Manche haben noch nicht einmal das zwanzigste Lebensjahr vollendet. Und sie werden hier in Indien bleiben, um für die Ungläubigen zu beten. Gott weiß wie lange. Auch sie sei als junge Frau hergekommen ...

Nun, da ich schreibe, wird es Abend. Ich kann diesen Ort einfach nicht verlassen. Über der Stadt schwebt ein dünner Nebel; es ist der Atem der Parks, es sind die Dämpfe des Meeres, abgekühlt vom Wind, der von den Hügeln weht.

Wie Madras beschreiben? Ich habe diese Stadt am allerersten Morgen erfahren, als die Rikscha durch das Viertel mit den breiten, asphaltierten Straßen, mit den inmitten großer Gärten versteckten Villen zog. Ich habe sie während meines nächtlichen Herumstreunens durch staubige und verqualmte Gassen erfahren, wo Kinder betteln und Frauen Reis zerstampfen. Acetylen-Lampen leuchteten schwach in den Händlerbuden. Die Nachbarn kamen zusammen, rauchten indi-

10 *Familie Ghica:* eine griechisch-albanische Adelsfamilie von großer Tradition, aus der zahlreiche Fürsten Moldawiens und Munteniens stammten.

sche Zigarren, stießen rasch Sätze in jenem mir unzugänglichen Tamil-Dialekt aus, in dem doch so viele wunderbare Gedichte verfaßt worden sind ...

Und ich habe Madras wiederum auf dem breiten Boulevard entlang der Küste erfahren, mit seinem Strand und den Sportanlagen, den teuren Hotels neben den Baracken der Fischer. Habe Madras erfahren, indem ich durch das indische Aristokratenviertel irrte; es gab Villen mit Marmorschildern am Tor, mit parkenden Luxuslimousinen und herausgeputzter Dienerschaft. Mein Rückweg führte mich durch Gärten, ich überquerte die Brücke über den Koom River und schritt durch das Gras jener Wiesen, wo die Wäscherinnen bunte Wäschestücke zum Trocknen aufhängen.

Madras habe ich schließlich in jenem riesigen, von einem Park umgebenen Haus erfahren, wo sich die Y.M.C.A. und die Y.W.C.A. versammelt hatten. Ich wurde wie eine Kuriosität betrachtet und war gezwungen, von jeder Christin Kuchen entgegenzunehmen und mich mit jeder »Berühmtheit« zu unterhalten, die sich mir vorstellte. Vermaledeite Stunde! Wie oft mußte ich die Nachricht dementieren, in Rumänien herrsche Revolution. Wie oft mußte ich den Kopf umdrehen, als man mir »Hallo!« zurief. Ansonsten waren es nette junge Männer und gut erzogene junge Frauen, die zweimal die Woche Tee mit Milch servieren und manchmal barfüßige, goldbereifte indische Konvertiten weiblichen Geschlechts auf Versammlungen vorführen. Für die Protestanten beginnt das Christentum mit Sport und Five-o-clock-Runden. Das stört mich nicht. Das Christentum kann überall beginnen, sogar bei der Prostitution. Wichtig ist nur die Tatsache, daß es im Christentum enden muß.

Mit der Hilfe eines zahnlückigen Kanadiers, dem Sekretär der Y.M.C.A., habe ich die wunderbare Unterkunft von »Gurukul«, dem schwedischen Missionshaus, gefunden, wo es Terrassen, einen Wald, eine Bibliothek und eine Orgel gibt. Die Wonne der Einquartierung nach all den in Hotels, Zügen, fremden Häusern verbrachten Nächten. Die Freude, mit der du jene Koffer auspackst, die zum letzten Mal noch auf dem Ozean verschlossen wurden; die Ungeduld, mit der du den Rikschafahrer vorantreibst, am Abend auf dem Weg nach »Hause«.

Hier in meinem Zimmer leben zwei Schwalben, eine Eidechse mit gezacktem Rücken und einige riesige Spinnen, die sich immer erschrecken, wenn ich die Lampe anzünde. Ich muß zugeben, daß ich in der ersten Nacht schlecht schlief, das ständige Gurren der Schwalben im Ohr. Am zweiten Tag sah ich die Eidechse auf den Fliesen im Bad kriechen. An die Spinnen habe ich mich gewöhnt; sie halten sich meistens am Fenster auf, und wenn sie mir zu nahe kommen, vertreibe ich sie mit dem Bleistift.

Der Pastor sagt mir, daß sich die Schwalben im Frühling eingenistet haben, doch Eidechsen, Spinnen und Schlangen habe es schon immer gegeben, schon zur Zeit seines Großvaters, des ersten schwedischen Missionars in Madras, der das Haus von einem Moslem gekauft hat und daraus ein Heim für ein Leben und eine Erziehung im Zeichen des Christentums gemacht hat. Vor einigen Monaten hat ein Theologiestudent im hinteren Ende des Gartens eine Kobra entdeckt. Das hat ihn beunruhigt, und er hat seinen Jungen angewiesen, nur noch im Haus zu spielen. Aber seitdem hat niemand eine andere Kobra gesehen, und der Junge hat es sich auch nicht abgewöhnt, das Unkraut im Garten zu durchwühlen.

Eines Abends habe ich das Fenster geschlossen, bevor die Schwalben ins Zimmer hineingelangen konnten. Am Morgen danach fand ich sie trotzdem wieder im Zimmer. Sie waren über das Bad gekommen. Es war für sie wohlgemerkt nicht das erste Mal ...

*

Die Winternächte hier in Südindien haben jenen Zauber orientalischer Sagen, den wir alle bei der ersten Lektüre von Tausendundeiner Nacht empfunden haben. Nachdem es richtig dunkel wird, herrscht Windstille, jedes Geräusch verstummt, die Lichter erlöschen. Stauden von schwarzen Feigenbäumen, Mangostämme, Lianen mit hölzernen Ranken erheben sich aus geheimnisvollen Gärten, an Straßenecken, rund um die Tempel. Die europäischen Häuser verschwinden im Schatten. Es bleiben nur die Hütten mit loderndem Feuer vor der Tür, nur noch weiße Mauern und Tore. Die Nacht verwischt die Schminke.

Ich weiß nicht, was die anderen machen, wie sie sich jener sanften Trauer erwehren, die sich vom Himmel herabsenkt. Ich habe mir den Stuhl und das Bett auf die Dachterrasse gestellt. Wie viele unvermutete Schwächen und Nostalgien entdeckte ich in mir. So habe ich erfahren, daß eine bestimmte Gefahr von der Nacht ausgeht, die keine Gefahr der Dunkelheit oder der Sünde ist. Es gibt da einige Versuchungen, die nur in einer solchen märchengleichen Nacht das Gemüt aufwühlen. Die versteinerte Stille der Wälder von Madras, die Schatten, die mit dem Mondlicht entstehen und vergehen, schleusen in die Seele Unglauben an die Götter des Tages ein, verlocken und verführen zum Kult tellurischer Idole, die wir schon lange für begraben hielten.

Die Nächte Südindiens sind nicht die Nächte der Dobrudscha, nicht die Nächte unserer Berge, nicht die Italiens. Zwischen den Nächten hier und denen von drüben steht Arabien. Die Kontemplation des Himmels führt hier unvermeidlich zu befremdlichen Fragen und besinnlichen Augenblicken. Die Nacht ist natürlich überall ein Zeichen des Mysteriums gewesen. Aber es gibt eine Nacht der lateinischen Dichter, eine Nacht der französischen Romantiker, eine Nacht Novalis'. Man könnte eine Klassifikation danach aufstellen, welchen Ansprechpartner die jeweilige Nacht besitzt – z.B. Gott, die Frau oder die Seele. Hier in Indien ist der Partner immer derselbe: die Seele. Deswegen scheinen Indiens Dichter und Denker so sonderbare Menschen zu sein; sie haben zuviel Zeit mit sich selbst verbracht.

Adyar

[Dezember 1928]

An einem Dezembermorgen verließ der Wagen des Pastors die Stadt über eine asphaltierte Landstraße, die von dichten Baumreihen gesäumt war. In der Nacht hatte es geregnet, und kleine rote Lachen lagen wie Bluttropfen über den Feldern versprengt. Der Erdton hat hier eine eindringliche kirsch- bis ziegelrote Färbung, so daß die Gräben nach dem Regen wie nach einer Agonie oder einem frisch begangenen Verbrechen aussehen. Der Pastor erinnerte mich daran, daß Gott Adam aus einer solchen Erde erschaffen hat, so daß wir über seinen Namen und dessen Bedeutung im Hebräischen diskutierten und ich dabei ganz vergaß, auf die neuen Eindrücke während der Autofahrt zu achten.

Adyar befindet sich fünf Kilometer von Madras entfernt, am Ufer eines Flusses mit winzigen Inselchen. Mir ist bekannt, daß auch ein Dorf in der Nähe existiert, aber ich habe es bisher nicht besucht. Das Auto des Gastgebers fuhr auf ein großes, weißes Haus zu, das man schon von weitem sehen konnte. Die »Theosophische Gesellschaft« hat sich hier den schönsten Sitz errichtet, den sich ihre Geisterseher, Redner und Schatzmeister nur wünschen konnten. Hier liegt ein unvergleichlicher Park mit abgeschiedenen Häusern und schattigen Alleen, die zu Tempeln und Pagoden, Kirchen und Heiligtümern führen. Nach den theosophischen Lehren, die universale Toleranz predigen, hat sich Gott ja jeder Religion in anderer, besonderer

Form offenbart. Er kann überall verehrt werden. Wie sublim ... Aber ich möchte wissen, was den so nachdenklichen Theosophen vor oder in einem brahmanischen Tempel, einer buddhistischen Pagode, einem parsischen, konfuzianischen oder anderen Heiligtum durch die Köpfe geht. Sicher nur artige Gedanken und hübsche Ideen. Aber Religion ist *etwas anderes*, ist etwas Bösartiges, Amorphes, Stupides, Absurdes, Groteskes, Barbarisches, Unerträgliches, Erniedrigendes. *Das* ist Religion – und wenn diese meine Zeitgenossen sie anders verstehen, dann schlicht und einfach deswegen, weil sie Religion nicht unmittelbar, sondern nur »dialektisch« erfahren haben. Die Theosophen hatten die seltsame Idee, das religiöse Gefühl reformieren und zivilisieren zu müssen. Weil sie dessen Bedeutung verloren haben, versuchen sie es mit der Wissenschaft zu vereinbaren.

Ich habe nie verstanden, warum man unbedingt zwei Dinge miteinander vereinbaren muß, die sich gar nicht widersprechen. Wer hier anders denkt, zeigt, daß er entweder die Wissenschaft oder die Religion nicht versteht.

Die Theosophen haben versucht, die Religion mit Hilfe zahlreicher Tricks und Surrogate in das moderne Bewußtsein einzuschmuggeln. Einer der monströsesten Aspekte davon ist der der *Evolution*; als ob das Absolute sich allmählich vervollkommnen, als ob die Fleischwerdung Gottes sich Stück für Stück offenbaren würde. Das »Evolutionäre« war gerade in Mode, als die Theosophische Gesellschaft sich während der zweiten Phase der Aktivität von Madame Blavatsky mit Hilfe der unermüdlichen Annie Besant restrukturierte. Das Vorhandensein eines Evolutionsbegriffs in den Lehren, die für einen Kreis von Lesern bestimmt waren, der Spencers Schriften las, war eine hygienische Vorsichtsmaßnahme. Doch Vorsichtsmaßnahmen töten Religiosität ab. Man stelle sich Liebende vor, die sich aus Angst vor den Mikroben auf den Lippen durch eine desinfizierte Folie küssen.

... Nein, mein Gott ist Jahwe. Ich kenne ihn nicht und möchte nicht, daß er mich kennt. Er ist nachtragend und vergibt erst am Jüngsten Tag. Er zeigt sich mir nicht, weil er mich vernichten würde. Ich bete nicht zu ihm – denn es gibt auch Gläubige, die nicht beten. Mein Gott tröstet nicht. Er ist frei – wie auch ich frei bin. Ich erlaube mir alles, er erlaubt alles. Versöhnung gibt es für zwei freie Wesen nur in der Liebe. Ich kann Gott nicht lieben.

Der Pastor und der Theosoph, die mich begleiteten, waren da anderer Meinung. Sie hielten sich für »weltzugewandt«. »Das Weltzugewandtsein, meine Herren, ist eine ausgezeichnete Sache, aber es hat in der Religion nichts zu suchen. Vor dem Absoluten gibt es nur zwei Wege: alles oder nichts. In meinen luzidesten Momenten akzeptiere ich die Religion nur in ihrer mönchischen Version. Entweder ein Abenteurer oder ein Mönch sein. Beides erfordert Mut; und den wahrscheinlich in jeweils gleichen Maßen.«

»Oh! Oh! Oh!« war da die Antwort meiner Begleiter. Ich mußte mir wieder die üblichen Argumente zugunsten des Fleisches anhören: daß wir uns vermehren, ein Heim errichten müßten, Kinder zeugen sollten, Gott zu dienen hätten usw. »Das mag *Ethik* sein, aber kein Christentum. Und jede Ethik, die nicht auf einem transzendenten und offenbarten Fundament baut, kann von einem scharfen, sophistischen Verstand zum Einstürzen gebracht werden. Sie bevorzugen die Familie, aber die *weltzugewandten* Argumente, die Sie vorbringen – aus der Ethik, der Politik, der Soziologie usw. –, können widerlegt werden. Lesen Sie Westermarck, und Sie werden erfahren, was für ein geregeltes und moralisches Leben die Tibeter führen, deren Frauen mehrere Gatten besitzen. Die Vorteile der Monogamie? – Kann man geteilter Meinung sein. Die Familie? – Exzellent für Rekonvaleszenten. Was mich angeht, so sehe ich nicht, was einen Mann daran hindern sollte, mit hundert Frauen zu schlafen – vorausgesetzt natürlich, er hat die Gelegenheit ...«

»Oh! Oh! Oh!« riefen sie wieder aus. Der Pastor machte mir ein Zeichen, die Diskussion zu beenden. Wir traten in den großen Saal, die Vorhalle der »Gesellschaft«. Die Büsten der Gründer, Madame Blavatsky und Oberst Olcott, standen an Ehrenplätzen, geschmückt mit frischen, wahrscheinlich noch an jenem Morgen gepflückten Blumen. An den Wänden gemalte Symbole aus allen Religionen, vom Judaismus zum Taoismus, vom Christentum zum Orphismus. Wir besichtigten einige Räume und anschließend die Bibliothek. Diese erweckte unseren Enthusiasmus: alle Übersetzungen aus den Schriften des Orients, eine vollständige kritische Bibliographie, alle großen Klassiker in Vorzeigeausgaben, alle religiösen Texte und alle Philosophen.

Das wäre noch nichts Außergewöhnliches. Die Bibliotheken in Indien sind immer mit englischen und amerikanischen Büchern versorgt. In Madras fand ich sogar die neuesten Publikationen und Zeitschriften. Aber die Bedeutung der Bibliothek von Adyar beruht auf den orientalischen Originalmanuskripten, die hier gesammelt wurden. Professor Rudolf Otto, der Verfasser des wohlbekannten Werkes *Das Heilige*, hat hier mehrere Tage hintereinander fast pausenlos am Tisch verbracht, um die sanskritischen Manuskripte zu untersuchen und zu kopieren.

In einem der Räume treffe ich Professor Surendranath Dasgupta, dessen Werk *A History of Indian Philosophy* mich endgültig von den »europäischen« Auffassungen und Interpretationen des indischen Denkens befreit hat. Der Professor kam extra aus Kalkutta, um einige tantrische Manuskripte zu kopieren, die niemand untersucht hat, ja, die nicht einmal den Orientalisten richtig bekannt sind. Er ist von kleiner Statur und sein europäischer Anzug sowie die Frisur verleihen ihm ein unbestimmtes Aussehen. Seine von Ringen umrandeten Augen – die vielen Lektüren – leuchten quicklebendig. Er gehört zu den wenigen, die jeden sanskritischen Text verstehen können, wozu es eines 25 Jahre langen harten Studiums bedurft hatte. Er erzählt mir indiskrete Details über berühmte europäische Orientalisten und was er von diesen hält. Ein gewisser renommierter Autor übersetze und veröffentliche mit Hilfe eines anonymen Pandits. Ein anderer sei unfähig, einen komplizierten Text zu verstehen, obwohl er sein Leben lang nichts anderes gemacht habe, als Sanskrit zu lehren. Einer von den jungen, der sich jetzt mit der Geschichte der indischen Logik beschäftigt, habe, als man ihm eine Seite von Dignaga, dem berühmten Logiker der Mahayana-Schule vorlegte, das Gegenteil übersetzt.

Das seien unsere Gelehrte, die wir in Europa für perfekte Übersetzer hielten. Ein Deussen schreibe *Die Philosophie der Vedanta*, ohne die Kommentare zu Shankara zu kennen. Es gäbe trotzdem einige Ausnahmen: Thomas, Stcherbatsky, Walleser und andere.

Der Professor spricht scheu und lächelt dabei. Er gibt zu, daß das Sanskrit der Philosophen diffizil und die Sprache der Kommentatoren unzugänglich ist. Aber warum gäben die Europäer vor, das Denken gewisser Philosophen auf die rechte Weise zu verstehen, ohne sie lesen zu können? Im übrigen gilt das nicht nur für die Europäer. Viele indische Forscher können die mittelalterlichen Kommentare nicht verstehen und arbeiten deswegen mit Hilfe von Pandits.

Ich verlasse die Bibliothek mit veränderten Augen. Noch ein Streifzug durch die große Buchhandlung, wo es ganze Regale mit dem beeindruckenden Schaffen von Annie Besant, Leadbefter und Jinardazadsa gibt. Bücher, die sogar in Adyar gedruckt wurden, saubere Editionen mit orangenen oder blauen Buchdeckeln. Von hier gehen viele Bücherkisten auf die Reise, die manche Miss mit esoterischen Nostalgien und manche Amerikanerin mit hoher Einkommenssteuer in Verzückung bringen. Bücher, welche die Wahrheit aufgrund ihres proselytischen Deliriums verzerren, voller mittelmäßiger Poesie und zusammengestückelter Zitate. Bücher, die jungen Menschen einen Ausgleich dafür bieten, daß sie von schlechten Büchner-Interpretationen und den sozialistischen Schlußfolgerungen aus Darwin und Spencer vergiftet werden. Bücher voller Träumereien, voller Redseligkeit rund um die Mysterien.

Ich bedaure, daß weder Annie Besant noch Krishnamurti noch Nala Nao hier in Adyar sind. Der Kongreß von Benares hat den Park und die Lesesäle leer werden lassen. Ich treffe nur auf einige barfüßige Neophyten, die mich von banalen oder nutzlosen Wahrheiten überzeugen wollen.

Den ganzen Tag Spaziergang durch die Gärten, die Bibliothek und die Bücherdepots. Die Theosophen führen hier ein Leben der Besinnung und des Studiums, das man mit dem pythagoreischen vergleichen könnte, gesetzt, es gäbe einen Pythagoras unter ihnen. Und ich weiß nicht, wen ich nicht beleidigen würde, wenn ich an Krishnamurti denke ...

Die Bibliothek des Maharadschas

Kalkutta, 15. Januar [1929]

... Ich habe schließlich meinen edlen Gönner kennengelernt, den Maharadscha Manindra Chandra Nandi von Kassimbazar Rajbari. Das geschah an einem Morgen im Januar. Professor Dasgupta – in europäischem Anzug, jedoch barfüßig – hat mich zu ihm begleitet und mich vorgestellt. Vor dem Palasttor stand eine Wache. Davor ein riesiges Bassin mit künstlichen Felsen, mit Brunnen und skulpturalen Variationen. Im Hintergrund konnte man den Park sehen. Unter drei Palmen, deren Kronen sich zur Steinmauer hinneigten, sprach eine Gruppe von Bengalen respektvoll mit einem schlicht, wenn nicht ärmlich gekleideten alten Mann. Er hatte ein europäisch anmutendes Gesicht, wie ein alter Bojar, ein französischer Adliger oder ein Aristokrat aus dem Süden; zumindest ähnelte er keinem der anderen Bengalen, die ich kannte. Er empfing mich gravitätisch, die Hände vor dem Gesicht gefaltet, und bat mich, an einem Tisch vor dem Palast Platz zu nehmen, um uns zu unterhalten – eine große Ehre.

Dieser in ganz Bengalen bekannte und verehrte Maharadscha ist fortwährend damit beschäftigt, gute Werke zu vollbringen. Er schickt die jungen Inder zum Studieren nach Europa, veröffentlicht die Werke bedürftiger Autoren, errichtet Statuen zu Ehren bengalischer Dichter – und liest selbst sanskritische Texte. Er ist ein Mäzen, der Danksagungen lächelnd entgegennimmt, der aber auch aufmerksam die Resultate und Früchte der von ihm Unterstützten verfolgt. Für Sanskrit hegt er einen wahren Kult, und dennoch kauft er alle bedeutenden europäischen Bücher. Ich erfahre, daß er seit vielen Jahren 300 Rupien (ca. 20 000 Lei) monatlich für den Erwerb von Büchern und Manuskripten ausgibt. Die Bibliothek ist so umfassend geworden, daß man sie in den Keller des Hauses von Professor Dasgupta verlegen mußte, damit Orientalisten und Studenten sie konsultieren können.

Der Maharadscha spricht wenig und wenn, dann konzentriert. Wie alle mit Sanskrit erzogenen Inder glaubt auch er, daß 25 Jahre Studium nötig sind, um die antike Literatur und Philosophie verstehen zu können. Das liegt am philologisch-grammatischen System, das die Basis der indischen Schulerziehung bildet. Die Inder sind überzeugt, daß man die Veden zuerst auswendig lernen und dann interpretieren sollte. Da die Sprache der philosophischen Schriften unzugänglich ist und nur aus grammatikalischen und idiolektischen Komplikationen besteht, braucht man zwei Jahre, um ein Logik-Traktat, und zehn Jahre, um einen Metaphysik-Kommentar zu lesen. Das indische Studium ist so weitgreifend, daß damit verglichen jeder deutsche Gelehrte die Dürftigkeit seines Wissens zugeben müßte.

Die wahre indische Philosophie und Theologie wird nicht an der Universität gelehrt, sondern in den sogenannten *Tolas*, Privatschulen, wo nur Sanskrit gesprochen wird. Rund um das Haus des Lehrers (Pandit) errichten sich die 20 bis 25 Studenten einfache Hütten. Sie besitzen nur das absolut Notwendige: Kleidung und Eßgeschirr. Zudem ist das Essen streng reglementiert. Sie verbringen acht bis zehn Jahre mit dem Pandit, je nachdem, ob sie Recht oder Logik studieren wollen. Der »Unterricht« beginnt früh am

Morgen und dauert bis zum Abend. Studiert werden Grammatik, die Veden, die Purana, die Brahmana und die Logik-Abhandlungen – die letzteren am Ende des Studiums. Die Studenten müssen dem Lehrer nichts zahlen. Im Gegenteil: Dieser unterstützt sie mit Kleidung und Nahrung. Er selbst bezieht seinen Unterhalt aus den Geschenken, die ihm sein Ruhm als Dialektiker oder Theologe einbringt.

Die Erziehung in einer Tola ist so verschieden von der modernen europäischen, daß ein Inder deine Bildung nur nach den bei einem Pandit verbrachten Jahren mißt. Wenn du auf komplizierte Fragen der Metaphysik und Theologie antworten kannst, ohne zehn Jahre studiert zu haben – halten sie dich für ein Phänomen, ein »Wunderkind«. Mir selbst ist hier in Kalkutta ein ziemlich interessanter Fall bekannt: ein Kind, das in völliger Übereinstimmung mit dem Vedanta auf alle Detailfragen der Brahmanen und Pandits Antwort zu geben wußte. Es konnte sagen, was der Unterschied zwischen Seele und Geist ist, welches die Fundamente der Erkenntnis, die Methoden der Erforschung der Wahrnehmung sind usw. Zwar ist das Kind inzwischen erwachsen geworden, aber ich konnte diesen Fall in den lokalen Zeitungen von vor zwanzig Jahren nachprüfen.

Die Diskussion mit dem Maharadscha war kurz und bezog sich nur auf die Möglichkeiten, die indische Philosophie direkt anhand der sanskritischen Quellen zu studieren. Es gab keinen Empfang – wie in Mysore –, keine Einladung, kein »orientalisches Geschenk«. Seine Protektion und Unterstützung übertrifft das alles.

Seit jenem Tag verbringe ich einen Großteil meiner Zeit in der Bibliothek des Maharadschas. Eine orientalische Bibliothek läßt sich mit einer europäischen nicht vergleichen. Es gibt hier weniger Bücher, aber der wahre Wert einer Bibliothek mißt sich an der Zahl und dem Alter der Originalmanuskripte. Ohne Manuskripte kann kein Orientalist arbeiten, er kann keine Textversion festlegen, keinen Text übersetzen. Was aus der Unzahl philosophischer Arbeiten bisher gedruckt wurde, ist nur ein kleiner Bruchteil. Das Mittelalter, die Kommentare – oft interessanter und fast immer unverzichtbar für das Original –, die Kompilationen, Anthologien sind noch unveröffentlicht, obwohl die Universitäten fast an jedem Montag philosophische Werke herausgeben.

Neben den zehntausend äußerst teuren Bänden – Originaltexte und Sekundärliteratur – gibt es einige wichtige Dokumente, die man hier gar nicht vermutet. In Indien, wo unzählige Werke verschollen sind, kann man in jeder Bibliothek Entdeckungen machen. Die Chronologie ist derart vage – den Asiaten fehlt das Geschichtsbewußtsein –, daß eine einzige Entdekkung eine ganze Epoche erhellen kann. Aber die Entschlüsselung eines philosophischen Manuskripts und seine rechte Auslegung verlangen enorm viel Arbeit. Die Ausdrücke sind überall dieselben, aber die Bedeutungen sind verschieden und widersprüchlich. Du kannst kein Manuskript lesen, wenn du nicht weißt, welches Werk es ergänzen oder kritisieren soll. Die Geschichte der indischen Philosophie ist stärker in sich verflochten und einheitlicher als die der europäischen Philosophie. In Europa überwindet ein Schüler seinen Lehrer, indem er ihn kommentiert und kritisiert. Das Ideal eines Denkers besteht darin, ein Werk zu verfassen und es für das des Lehrers auszugeben. Die Autorität des Namens ist in Europa aus der alexandrinischen Epoche bekannt, als Hunderte von Büchern unter dem Namen von Pythagoras, Hermes

Trismegistos, Platon usw. zirkulierten. Doch Autorität bedeutet in Asien etwas ganz anderes. Der Schüler schreibt nicht unter dem Namen des Lehrers, damit das Buch mehr Erfolg hat, sondern weil er davon überzeugt ist, daß es aus den Ideen des letzteren entstammt.

All diese Komplikationen machen das Forschen im Meer der indischen Schriften zu einer spannenden Sache. (Die europäischen Forschungsmethoden sind natürlich andere. Ich brauche sie hier nicht weiter zu erklären.)

*

In einem Raum befinden sich die orientalischen Studien und Übersetzungen, in einem anderen die Sanskrit-Editionen, in einem dritten englische Bücher über Philosophie und Geschichte, Bücher aus fransigem, parfümiertem Papier mit blauem Deckel und großen, goldfarbenen Lettern im Titel. Durch die vergitterten Fenster die üppig gewachsenen Palmen dieses Viertels Kalkuttas; ein braches Feld voller Unkraut, wo nackte Mädchen und frühreife Knaben spielen.

Neben meinem Tisch arbeitet ein Student, der gut Tibetisch beherrscht. Wann immer ich komme, sitzt er schon dort. Ich weiß nicht, wann er schläft oder ißt. Er arbeitet nach der indischen Methode: Vor ihm liegen große Hefte ausgebreitet, und er liest und singt die Sutren und bewegt dabei heftig den Kopf. Er studiert und studiert – bis er dann, eines Tages, sich vom Professor verabschieden und abreisen wird. Er wird kein einziges Buch schreiben, keinen neuen Text herausgeben, sondern wieder nach Kaschmir gehen, eine Familie gründen oder sich vielleicht in die Wälder zurückziehen.

Auch eine Studentin mit großen Augen, die sie ständig gesenkt hält, ist immer hier. Sie bereitet einen Kommentar auf Bengali über die *Vedanta-paribhasa* vor. Auch sie singt die Sutren und schlägt manchmal in einem gigantischen Wörterbuch nach.

Am frühen Abend kommt der Professor im indischen Gewand aus seinem Arbeitszimmer und verkündet uns, daß der Tee serviert ist. Der große Tisch im Manuskriptensaal ist mit köstlichem indischen Gebäck, mit Biskuits und Früchten gedeckt. Der Professor serviert uns den Tee und erkundigt sich bei jedem einzelnen, wie es um seine Arbeit stehe.

Später am Abend verlasse ich die Bibliothek und gehe zu den Gärten von Kalighat. Wenige Europäer hier. Die Bengalen spielen Würfel und Karten mitten auf der Straße. Kühe weiden an den Zäunen. Aus allen Gärten steigen Rauchwolken auf.

Kalkutta

Kalkutta, 82 Ripon Street, 23. Januar [1929]

Wer über Kalkutta schreibt, beginnt üblicherweise damit, daß er den Botanischen Garten, das Victoria Memorial, den jainistischen Tempel und die Gärten im Kalighat vorstellt. Diese Dinge sind tatsächlich bedeutend; aber nur, wenn du Kalkutta für einige Tage besuchst. Ich selbst kann nicht auf diese Weise über eine Stadt schreiben, die ihren Touristenzauber schnell ablegt, eine Stadt, in der du ein gewohntes Leben führen wirst, Briefe empfangen, Zeitungen lesen und keine Museen besuchen wirst, weil du glaubst, daß du noch genug Zeit dazu haben wirst ...

Mein erster Eindruck über diese riesige Stadt mit ihren vier Millionen Einwohnern ist mir unvergeßlich geblieben. Als ich aus dem Zug stieg, hatte ich gerade eine zwei Tage und zwei Nächte lange Reise hinter mir. Es war der 31. Dezember. Ich erblickte den Ganges: breit, träge, schmutzig. Der Ozean war nicht zu sehen. Ich mußte mir eine Bleibe suchen und fand auch eine am Abend im europäischen Viertel. Aber die Bewirtung ist in Indien eine seltsame Sache. Du kriegst ein leeres Zimmer und vier Mahlzeiten am Tag. Das Bett, den Bezug dazu, den Tisch, den Spiegel, den Kleiderhaken und die Stühle – mußt du dir selber besorgen. Gewöhnlicherweise werden diese Dinge bei einem Verleih geholt. Ich zog es vor, sie beim »market« zu erstehen. Der Markt ist eine Art Basar, viel größer und reicher als der in Konstantinopel – um einen Vergleich nach Touristenart zu ziehen –, wo man im wahrsten Sinne des Wortes alles findet. Beim Hutmacher gibt es zum Beispiel Duftlampen und Eau de Cologne »Omarkhayam« zu kaufen. Die Kleinwarengeschäfte sind unbeschreiblich: Der Händler holt aus Kisten, Schachteln, Umschlägen, Schubladen alles, was dein Herz begehrt, und präsentiert es dir mit viel Lob auf Englisch, Bengali, Urdu oder Hindi.

Gegen Abend brachte ich das Mobiliar in mein neues Zuhause. Die Familie der Gastgeberin – verdächtig groß – half mir, mich einzurichten. Mir wurde mitgeteilt, daß es in der Nacht ein »Fest« geben sollte, auf dem ich nicht fehlen könnte. Keiner meiner Einwände überzeugte sie. Und so führte man mich, nachdem ich ein Bad genommen und zu Abend gegessen hatte, in den Salon. In Indien besitzen alle Häuser die gleiche Bauweise: eine breite Terrasse nach Osten, die zu einem nicht weniger großen Salon gehört. Aufgrund der weiten und immer offen stehenden Türen erscheint der Salon wie eine Verlängerung der Terrasse. Zwei bis drei große Zimmer auf jeder Seite und hinten noch eine Terrasse, die zum unverzichtbaren Garten mit hoher Mauer und Feigenbäumen führt. Die Fenster werden nur in der Nacht geschlossen. Die Türen zwischen den Zimmern bleiben dagegen immer offen und die Abtrennung durch einen vom Luftzug verwehten Vorhang ist mehr eine symbolische.

Im Salon die übliche Ausstattung von Koloniebewohnern mit Vorfahren aus Europa: ein nicht gestimmtes Klavier, religiöse Bilder und Gruppenfotos, übertriebene Sauberkeit, Glasschränke mit Medikamenten und Schulabschlüssen, Sportmedaillen und Pokale, ein bengalisch verziertes Tischchen, japanische Aschenbecher, Familienalben, hübsche Nichtigkeiten aus Elfenbein oder Messing, Liebes- und Abenteuerromane mit bunten Umschlägen.

Abgesehen von der Großmutter, den Tanten, den Mädchen und dem Jungen gab es auf der Neujahrsfeier noch zwei aufgeblasene Matrosen, einen Indo-Portugiesen mit dickem Bauch und Ringen um die Augen, zwei anglo-indische Postangestellte und eine junge Amme gehobener Klasse. Das bedeutete nicht, daß die Familie der Gastgeber etwa arm war; im Gegenteil: Die gute Laune und gewisse Nippesfiguren, die Kleidung der Kinder und die akademischen Grade signalisierten, daß man mehr als ein Haus besaß. Die Gäste waren einfach Freunde der Familie.

Bei meiner Vorstellung kam die Gastgeberin etwas durcheinander: »Comes from Bulgaria ... comes from Germania ...«. Dabei hatte ich sie aufgeklärt, daß Rumänien Gott sei Dank eine eigene Geschichte, eine Verfassung hat und autonom ist. Ich weiß nicht, warum sie Bulgarien eher kannte als Rumänien.

Das Fest begann mit Bonbons und Tangos, wenn es auch keine Bonbons und Tangos im europäischen Sinne waren. Erstere waren viel größer, zäher und süßer. Letztere wurden nicht getanzt – sondern gesungen. Das Singen war im übrigen obligatorisch. Man mußte keine »Stimme«, kein »Ohr« haben. Dabeisein war alles. Eines von den Mädchen paßte schon auf und schlug einem auf die Hand, wenn man falsch sang.

Ich wurde erst in Ruhe gelassen, als ich ihnen durch fürchterliche Hustenanfälle meine Heiserkeit bewies; ab da brauchte ich nur noch zuzuhören. Und was hörte ich nicht alles: berühmte Tangos von 1918, unbekannte Tanzlieder, Wiener Walzer, Jazzstücke, Schlager. Im Grunde wurden alle Lieder im Tempo eines Schlagers gesungen. Vor allem von den Matrosen. Sie konnten nur im Stehen singen, Schulter an Schulter, ernst, würdig, den Blick auf den Kronleuchter fixiert. Soweit ich verstanden habe, war der eine mit der Amme verlobt, und der andere verzehrte sich im stillen nach einer der Töchter des Gastgebers. Deshalb erbat sich dieser, nachdem er *»Sometime ...«* in einschmeichelndem Moll zum Vortrag gebracht und sich dabei an seine Nachbarin gewandt hatte, einen Walzer solo zu singen: *»I'm so terribly in love with you«*, eine so versteckte Andeutung, daß alle deren Sinn verstanden.

Nebenher wurde auch getanzt. Vor allem ein Tanzlied belustigte die Jugend: *»When the red, red Rabin comes bob, bob, bobbin' along ...«*

Mitternacht nahte. Alle schienen zerstreut, doch in Wirklichkeit wartete jeder auf den Gong der Uhr. Plötzlich Stille, einen Augenblick lang. Dann das wilde Durcheinander der Feiernden, Umarmungen. Keiner konnte entkommen.

*

So habe ich Kalkutta kennengelernt.

Schon am nächsten Tag schaute ich meinem ersten Schlangenbeschwörer zu. Dieser hatte in einem Ledersack Skorpione, aschgraue, fette Schlangen, Kobras mit flachem Schädel, fixem Blick, und Pythons mit Zitterbewegungen gebracht. Der Schlangenbeschwörer hatte lange, ungepflegte Haare, abgetragene Kleidung. Aus seiner alten Flöte entwichen seltsame Schreie, Klagen, Liebkosungen, Wiegenlieder und schlichte Melodien. Die Schlangen glitten auf dem Metalltablett umher, rieben ihre Schuppen aneinander, erschauerten, zischten mit ihren spitzen und gegabelten Zungen. Sie hatten keine Giftzähne, natürlich. Aber das Schauspiel war deswegen nicht weniger furchteinflößend. Der Zauberer näherte sich dem Tablett und führte sich Schlangen unter die Kleidung, ohne daß wir das sehen konnten. Dann gestikulierte und sang er, zwei Kobras in der Hand haltend – warf sie daraufhin zu Boden, und aus zwei Kobras wurden unter unseren verwunderten Augen auf einmal sechs.

Mit der Flöte zwang der Alte die Reptilien, sich in einem bestimmten Rhythmus zu wiegen. Die Kobras standen in einer symmetrischen Reihe erhoben, was ein wildes Ornament ergab. Daß ihre Blicke »faszinieren«, kann nur jemand sagen, der nicht die Augen einer Kobra aus der Nähe beobachtet hat. Du hast den Eindruck, daß sie etwas jenseits der Materie geschaut haben, etwas jenseits der Welt des Scheins. Denn sie blicken gar nicht, sondern warten, rufen. Die Augen werden zuerst glasig, dann matt, wie flüssiges Zinn. Der Hals erstarrt, der Körper versteinert. Und plötzlich – der unerwartete Sprung, der sein Ziel nie verfehlt. Ein Inder, den eine Kobra beißt, sagt das Todesgebet auf und spricht die Große Schlange frei.

*

Man kann nicht auf den Straßen Kalkuttas gehen, ohne auf Bettler zu treffen, die ihr Unglück psalmodieren, dabei über den Ursprung des Bösen erzählen, den Schöpfer und die Freigebigen preisen.

Es sind Bettler mit verdrehten Knochen, mit verschrumpelter, schwarzer Haut, mit offenen, schrecklichen Wunden, mit von Furunkeln oder Syphilis entstelltem Gesicht, mit von Lepra silbern glänzenden Wangen, mit Händen, die wie mit Fäden gebundene Fleischsäcke aussehen, mit abgeriebenen Augenlidern, ohne Augenbrauen, mit runzliger Nase, mit Reihen von Eiterbeulen anstelle von Zähnen und schmutzigem Zahnfleisch anstelle von Lippen. Du wirfst ihnen Geld zu und läufst weg, mußt nach Luft schnappen, vergessen, dein Blut beruhigen.

Ist das Indien? – So dachte Miss Mayo, die Autorin des kürzlich erschienenen und äußerst erfolgreichen

Pamphlets *Mother India.* Aber das würde bedeuten, daß man seine Aufmerksamkeit nur den Hospitälern und den Orten der Prostitution widmet. Tatsächlich ist Indien das Land der heftigsten Kontraste. An jenem Tag, als ich erschüttert von einem Ghetto voller Kranken zurückkehrte, habe ich im Garten einer Schule schönste Mädchen und Jungen gesehen, die an einem Sportwettbewerb teilnahmen.

Die braunen Körper der Anglo-Inder standen in einem starken Kontrast zu den blassen Engländern und strahlten Gesundheit aus. Nie habe ich eine solche Schönheit des männlichen Körpers bewundern können. Es sind nicht die Körper mit den zu breiten Schultern der ägyptischen Statuen, nicht die Körper mit den zu ausgeprägten Lenden der griechischen Statuen, auch nicht die der Nordeuropäer, von zu hoher Statur und mit zu dünnen Beinen. Die Schönheit der Inder ist eine eigentümliche, harmonische, bei der Kraft die Grazie nicht ausschließt. Man kann sie überall auf den Straßen bewundern. Die Frauen dagegen sind hier entweder zu dünn oder zu dick. Hinzu kommt die Sitte, daß die Mädchen und verheirateten Frauen nicht auf die Straße gehen, so daß man nur Mädchen unter sechs Jahren sehen kann, oder alte Frauen, deren Nacktheit geschmacklos ist. Ich war allerdings schon in verschiedenen indischen Häusern, wo ich auf den üblichen Matten saß und den üblichen Tee mit Milch trank, und da begegnete ich einigen Ausnahmen. Bis zum vierzigsten Lebensjahr sieht die indische Frau noch jungfräulich aus. Die Formen unter dem dünnen Stoff besitzen die Festigkeit und Jugendlichkeit einer Sechzehnjährigen. Im Unterschied zu den Frauen aus dem Süden, bei welchen das drawidische Element überwiegt, ist das Profil der Bengalinnen von einer unsagbaren Grazie. Man könnte meinen, sie seien alle Prinzessinnen.

Das Kloster von Swami Vivekananda in Belur

Belur, 24. Januar [1929]

... Den Ganges aufwärts. Ab Howrah Bridge verändert sich der Fluß. Die Abwässer Kalkuttas verschwinden. Auf dem linken Ufer die üblichen, breiten, von den Wellen umspülten Steinstufen, die üblichen badenden Bengalesen, die üblichen aufgeregt planschenden Frauen. Hier liegen jene nördlichen Viertel Kalkuttas, die Paläste, Seen, Gärten bergen.

Die Sonne brennt. Auf dem Schiffsdeck wurden orientalische Schirmdächer aufgespannt. Uns kommen Schaluppen entgegen, die mit dem Strom schwimmen und die außerdem große, von Parias mühselig gestemmte Ruder antreiben. Inmitten von Hainen voller Mangobäume und Palmen prangen Villen aus weiß leuchtendem Marmor. Auf dem anderen Ufer reichen die Feigenbäume bis zum schmalen Ufer hinab und beugen sich wie verzaubert über das Wasser, auf dem ihre Schatten flunkern. Diese Aussicht auf den Ganges in der Nachmittagshitze verbreitet in den Adern eine viziöse Mattheit, die schrittweise das Gemüt in tiefe Unruhe versetzt, die Seele auflöst ...

Ich weiß nicht viel über das Kloster von Swami Vivekananda. Über diesen erstaunlichen Inder, Verfasser unzähliger Bücher, Broschüren, Flugblätter, Vorträge und Übersetzungen, habe ich sehr oft Leute in Indien sprechen hören. Er ist genauso bekannt wie sein Meister, Sri Ramakrishna, einer der inspiriertesten Männer des letzten Jahrhunderts, der von großer Leidenschaft für *Mame* (in Indien wird der höchste Gott

»Mutter« genannt) ergriffen war, unermüdlich die spirituelle Verwirklichung predigte und ein – wenn auch nachsichtiger – Gegner der rein auf Bücher beschränkten Wissenschaften und Philosophien war. Der heilige Ramakrishna hat ein tadelloses Leben geführt; alles, was ihm im Geiste offenbart wurde, wandte er an und übertraf es in der Praxis sogar noch. Hier ist nicht der Platz, sein bewegtes Leben zu schildern oder seine Lehren zusammenzufassen. Im übrigen würden alle spirituellen Lehren, die das heutige Indien reformieren – von denen Tagores zu denen Gandhis, von denen Sri Ramakrishnas zu denen von Schwester Devamata –, einem aufgeklärten Europäer als bloße esoterische Hirngespinste, als moralisierende Phantasien und orientalische Tagträume vorkommen. Es gibt allerdings einen Unterschied zwischen den religiösen Ideen Indiens und den esoterischen Büchern aus dem Westen: Jene werden in die Tat umgesetzt, werden mit der Wirklichkeit konfrontiert und bleiben nicht bloß in irgendwelchen Büchern, ja entspringen nicht einmal daraus. Sie sind Anleitungen für solche Menschen, die durch Selbsterkenntnis zur Erlösung finden wollen; und es sind Anleitungen, die direkt von einem Guru, einem echten Medium, übermittelt werden.

Ich steige in Belur ab. Das Schiff fährt weiter den Ganges hoch. Ich treffe am Anlegeplatz einen »Swami«, der gekommen ist, um mich zu empfangen; er ist jung, einfach gekleidet und gut aufgelegt. Er führt mich durch eine Gasse mit aristokratischen Villen. Auch hier in voller Blüte sprießende Vegetation, Blumenbeete, Blätterduft, wie überall in Bengalen.

Obwohl sie in unmittelbarer Nachbarschaft von Kalkutta wohnen, sprechen die Einheimischen kein Englisch. Neben dem Kloster die gediegenen Tore des Palastes eines Maharadschas. Wir sind da. Miss Mac

Lead, die langjährige Freundin von Swami Vivekananda – er starb 1904 –, hat eine winzige, geschmackvoll eingerichtete Klause mit einer Terrasse zum Ganges, einem riesigen Tisch voller Zeitschriften und Bücher, die Gesamtausgabe von Swami inbegriffen.

Ich besuche seine Grabstätte; ein schlichtes Mausoleum aus weißem Marmor, das für sich selbst spricht. Die Treppen hoch; eine Lampe, eine kleine Statue von Swami, Blumen. Ich hebe die Augen empor und erblicke das weiße Grabmal von Sri Ramakrishna auf der anderen Uferseite.

Miss MacLead erzählt mir von den letzten Tagen Swamis. In seinem neununddreißigsten Lebensjahr pflegte er zu sagen, daß es sein letztes sein werde.

»Swami, du weißt doch, daß Buddha seine Bestimmung erst im Alter von 48 Jahren erfüllt hat.« Swami soll gelächelt haben. Er mußte gehen. Seine Tage auf der Erde waren beschlossen. Wer sagte ihm das? – Miss MacLeads Antwort ist leicht zu erraten.

Einige Stunden vor dem Tod bat der völlig gesunde Swami darum, allein gelassen zu werden. Auf höchster Meditationsstufe fand er zur letzten Selbsterkenntnis, wie mir gesagt wird. Er verstand, wer er war – und starb ...

Seit damals verbringt seine beste Freundin jedes Jahr einige Monate im Kloster Belur. Das ist eine Ausnahmeregelung. Im Kloster sind sonst nur Mönche zugelassen. Aber Swami hat darum gebeten, daß für Miss MacLead und ihre Schwester die Villa in der Nähe des Klosters reserviert werden möge.

Anschließend besuche ich die Bibliothek, die reich an sanskritischen Schriften ist, die in Almora, Benares und Poona gedruckt wurden. Zwei saubere Räume mit elektrischem Licht und Büchern bis an die Decke. Es gibt keinen eigentlichen Lesesaal. Die Besucher lesen auf Matten oder auf der Terrasse. Ich treffe zwei blasse junge Leute, die in *Udhowe*, einem Raga, psalmodieren und die langen Vokale mit Kopfbewegungen begleiten.

Die Mönche haben mich zum Tee eingeladen. Hier gibt es nur etwa dreißig von ihnen, die meisten Inder, aber Klöster dieser Sekte findet man überall, vom Himalaya bis nach Südamerika.

Wie verbringen sie ihren Tag? Vier Stunden sind der Lektüre sanskritischer Philosophie gewidmet. Die Swamis spazieren dabei paarweise oder diskutieren auf Matten sitzend, den Blick auf den Fluß. Sie sind ziemlich beeindruckt von meinem kurzen *speech*, in dessen Verlauf ich ihnen erzählte, daß man die Idee der »Selbstverwirklichung« auch in gewissen philosophischen und mystischen Lehren des Abendlandes antreffen kann. Wir diskutieren über die Pflicht, die Seele, ihre Natur und Gesetze zu erkennen und ihr die Speise zu geben, nach der sie verlangt. Einige alte Mönche unter ihnen demonstrieren ein völliges Desinteresse für das, was in Büchern steht. Für sie gäbe es nur den ewigen einen Brahma – und die Erfahrung der Selbstverwirklichung. Aber die Yoga-Übungen in den Klöstern hätten nichts mit den physiologischen und mesmeristischen Praktiken der Jahrmarkt-Yogis zu tun, die ihre Organe disziplinieren, indem sie ansonsten unterentwickelte Muskeln trainieren und die Zellen und Fasern des Nervensystems gehorchen machen.

Ich setze die Besichtigung des Klosters fort. In einem Stockwerk befindet sich ein weiteres Heiligtum mit vielen hinduistischen Bildern und dem Porträt von Swami und Ramakrishna. Ich lege meine Schuhe bei der Treppe ab und trete ein. Ein Duft aromatischer Pflanzen, vermischt mit Weihrauch. Einige

Swamis meditieren schweigend. Ihre Augen sind verschlossen, aber man kann vermuten, das sie sich in jenem Zustand geistiger Konzentration befinden, in dem die Augen keinen Raumpunkt mehr anvisieren.

Zwischen den Gebäuden erstreckt sich der Garten. Sie haben ihn wild wachsen lassen, was ihm eine verführerische Grazie verleiht. Entlang der Mauer rote Blumensträucher und kletternde Rosen. Die Rosen sind überwältigend – aber ihr Zauber beschränkt sich auf die Farben. Keine Blüte duftet. Als ob sie aus Wachs wären.

Die Abenddämmerung naht. Das Gangeswasser wechselt stündlich seine Farbe. Silbernes Licht breitet sich über den Fassaden der Villen aus. Schwarze Boote überqueren den Fluß. Ich ruhe mich auf einer Stufe der Treppe aus, die zum Strand führt. Miss Mac Lead schwelgt in Erinnerungen ...

Sie sagt mir, daß Romain Rolland gerade im Begriff sei, ein Buch über das Leben von Sri Ramakrishna abzuschließen. Er sei nicht der erste Europäer, den die genialische Persönlichkeit dieses Inders fasziniere, eines in den gelehrten Wissenschaften zwar unbewanderten Inders, der aber in der Durchdringung der Mysterien unübertroffen gewesen sei. Romain Rolland werde nach Indien kommen und in Belur wohnen.

Es wird dunkel. Die großen Mangobäume verlieren ihre Schatten. Die Wellen glätten sich. Furchteinflößende Stille. Die Swamis wandeln umher, meditieren. Sie alle tragen das Lächeln jener Menschen, die mit einem Bein schon *drüben* stehen, die sehen, daß du dich auf einem Irrweg befindest, und dir helfen wollen. Aber dein Schicksal ist zu verschieden von dem ihren.

Die Nacht und der Mond des Ganges – gehören der Dichtung.

Bei einem Yogi

[Februar 1929]

Ein bengalisches Basti (Dorf) mit vereinzelten Hütten im Schatten von Mangobäumen. Ich frage nicht nach dem Namen des Dorfes, auch nicht nach dem Namen des Hausherrn, dessen Hütte wir gerade betreten. Im übrigen könnte ich mich gar nicht verständlich machen. Also höre ich der Unterhaltung nur zu, die sich, je nachdem, ob sie auf Urdu oder auf Hindi geführt wird, ruhig und melodisch bzw. hastig und zischend anhört. Ich bin hier aufgrund ungewöhnlicher Umstände, dank einer ganzen Reihe von Empfehlungen und Briefen, die bei einem Sir aus Oxford ihren Ausgang nahmen, einen Mahopadhyaya (großer Lehrer) aus Kalkutta als Adressaten hatten, dann beim Sanskrit-Kolleg in Benares anlangten und anschließend durch die Hände eines Arztes und die eines Herausgebers tantrischer Texte gingen. Auf diese Weise lernte ich einen Arzt aus dem Kolonialdienst kennen, der Dutzende von Yogis untersucht hat, unter anderen auch jenen berühmten Deshbandhu, der Gegenstand der Studien von Herrn Vasant Rele aus Bombay war.

Unsere Freundschaft wurde in jener Nacht geschlossen, als wir über die tantrische Medizin und eine mögliche physiologische Lokalisierung der Phänomene diskutierten. Der Doktor ist überzeugt, daß alle Yoga-Traktate sich auf das autonome Nervensystem beziehen, und da vor allem auf die sechs Plexus (*chakra*), die durch den Vagus Nervus vereint werden. Er stimmt der Entdeckung von Rele zu, das heißt, er identifiziert die geheimnisvollen Kundalini, von der alle Yoga-Traktate mit Ehrfurcht ihren Ausgang nehmen, mit dem Vagus Nervus, der alle wichtigen Organe der sympathischen Region des Nervensystems kontrolliert. Diese nimmt im Gehirn zusammen mit anderen Hirnnerven ihren Anfang und endet im pelvischen Plexus (in der Yoga-Terminologie: *muladhara chakra*). Auf das autonome Nervensystem kann unser Wille gewöhnlicherweise keine Kontrolle ausüben. Die »Erweckung der Kundalini«, dargestellt als eine Schlange, ist eben jener yogische Vorgang, der Einfluß über den Vagus Nervus gewinnen soll. Der Einfluß wird über die Atmung erreicht, durch das, was man *pranayama* nennt. Während des *kumbhaka*-Zustandes, wenn die Einatmung des Sauerstoffs und die Ausatmung des Kohlendioxids angehalten wird, steigt die Venösität des Blutes, und dies stimuliert die Kundalini. Direkter Kontakt mit dem autonomen Nervensystem kann außerdem durch eine bestimmte Atemtechnik über die Nase hergestellt werden, bei der die Menge der eingeatmeten Luft willentlich an der Nasenwurzel festgelegt wird und so die afferenten Fasern der Kundalini beeinflußt werden (siehe auch Reles Arbeiten).[11]

Ich kann diese Begeisterung des Doktors über die anatomischen Identifikationen nicht teilen. Daß an diesen physiologischen Korrespondenzen vieles wahr ist, bestreitet niemand. Wer aber die ursprünglichen tantrischen Schriften und Abhandlungen der Yoga-Philosophie gelesen hat, weiß, daß diese geheimnisvollen Kundalini mehr als nur ein Nerv sind. Sie sind vielmehr nichts anderes als die »kosmische Potenz«

11 Zu diesem Abschnitt vgl. Eliades Buch *Yoga. Unsterblichkeit und Freiheit* (Frankfurt 1988), insbesondere Kapitel II. und VI.

selbst, die im Menschen schlummert und die, wenn sie geweckt wird, zu gewissen Erfahrungen führen kann, die dem gewöhnlichen psychischen Erleben völlig fremd sind. Doch will ich die Aufmerksamkeit der Leser nicht weiter mit diesen Bemerkungen ermüden, auch möchte ich die Eindrücke einer Reise durch Bengalen nicht mit einer allzu wissenschaftlichen Darstellung des Yoga weiter belasten.

Wir befinden uns in der Hütte eines Yogi. Soweit ich verstanden habe, gehört diese gar nicht ihm. An seiner Seite einige Lehrlinge. Keine Spuren übertriebener Askese. Auf ihren Gesichtern ein würdiger, überzeugter Ernst. Der Doktor klärt sie über den Zweck unserer Anwesenheit auf.

»Sahib«, antwortet der Gastgeber auf Hindi, »ich werde dir einige Dinge zeigen, aber in die Sahai (Stadt) kann ich nicht mitkommen. Wenn du ein tüchtiger Duai (Arzt) bist, lerne und forsche in meinem Haus ...«

Der Doktor ist einverstanden. Er meint, daß die Dinge, die wir sehen werden, nur dann von wissenschaftlichem Wert sind, wenn sie gewisse andere Erfahrungen bestätigen, die in der Klinik von Kalkutta gemacht wurden. Unzählige »Probanden« wurden dort, als sie ihren Pulsschlag willentlich stoppten, Radiographien unterzogen. Nur so seien die Analysen von Gültigkeit. Für mich ist aber alles, was ich zu sehen erwarte, von aufregender Neuigkeit. Ich habe bis zu diesem Zeitpunkt nur Fakire und Taschenspieler getroffen. In Belur traf ich zwar einige gelehrte und ernsthafte Yogis, die sich auf Sanskrit genauso leicht unterhalten konnten wie auf Bengali, aber diese wollten mir nichts zeigen.

Wir werden in einen niedrigen, sauberen, leeren Raum geführt und setzen uns auf eine Matte, die einer der Lehrlinge bringt. Der Gastgeber wirkt gelassen. Er schickt nach einer Art Waschschüssel voller Wasser, erklärt aber nichts. Man könnte meinen, er bereite sich auf eine besondere, intime Handlung vor, für die er niemandem Rechenschaft schuldig ist. Geschätzte Wassermenge: einige Liter. Er macht einem jungen Mann ein Zeichen, sich zu nähern. Dieser zeigt keine Scheu, zieht sich langsam aus und steigt vorsichtig in die Schüssel, um kein Wasser zu verschütten. Wir warten. Der Doktor lächelt; er hat diesen Vorgang unzählige Male gesehen, und obwohl dieser zu den am wenigsten außergewöhnlichen zählt, findet der Doktor ihn amüsant. Zu meiner Verwunderung verschwindet das Wasser langsam aber sicher aus der Schüssel, wie von einer Pumpe gesaugt. Es ist nicht schwer zu erraten wie.

Als das gesamte Wasser aufgesaugt ist, erhebt sich der Jugendliche, zieht sich wieder an, verläßt den Raum und kehrt nach einigen Minuten mit einem Glas Milch zurück. Die Milch wird ziemlich schnell aufgesaugt, aber diesmal durch ein anderes Organ. Als das Glas geleert ist, wartet der Betreffende etwas – und füllt das Glas wieder, mit Milch natürlich ...

Ich kannte diese Phänomene aus Büchern, und deshalb bin ich nicht sonderlich beeindruckt. Der Doktor macht sogar einen Scherz über die Kontrolle der Muskeln des Penis: »Denk nur, dieser junge Mann kann seine Erektion die ganze Nacht beibehalten.«

Von Suggestion, Halluzination kann keine Rede sein. In Bombay wurden viel eindrucksvollere Vorgänge gefilmt. Zum Beispiel zerbrach Deshbandhu Metallstücke mit einer bloßen Zuckung oder verbog Stangen mit dem Finger. Wer Yoga gut kennt, für den sind diese Wunder bloße Kraftspiele, denn die Kontrolle der Muskeln gehört zu den niedrigen Schwierigkeitsgraden der Übungen. Deswegen bemühte sich der Gastgeber erst gar nicht selbst.

»Sahib, ich zeige dir jetzt *dharana.*« Das ist die sechste Stufe in der Reihe der Yoga-Übungen und bedeutet die Fixierung des Bewußtseins auf einen Punkt. Das Bewußtsein identifiziert sich mit dem Gegenstand, wird zum Gegenstand selbst und löst so die Relation zwischen dem Ich und dem Gegenstand sowie die Kategorie der Zeit auf, durch welche diese Relation charakterisiert ist.

Unser Gastgeber versetzt mich in Erstaunen: Mit unglaublicher Schnelligkeit nimmt er die Position *asana* ein, die man von Buddhastatuen kennt. In diesem Zustand kann er alles beschreiben, was im Körper vor sich geht, kann die verstecktesten Nerven, wie sich die Muskeln bewegen, wie das Herz schlägt usw. beschreiben. Er erreicht eine äußerst klare Bewußtseinsstufe.

Beeindruckend ist die Tatsache, daß diese Menschen ihre Anatomie kennen, ohne seziert zu haben. Sie können Muskelfasern beschreiben, die nur ein geschickter Anatom – und nur mit der besten chirurgischen Ausrüstung – entdecken würde.

Danach folgt die willentliche Aufhebung des Pulsschlages, zuerst an einer Hand, dann an der anderen. Ich erwähne die Möglichkeit der bloßen Autosuggestion.

»Die Autosuggestion«, sagt der Doktor lächelnd, »ist eine ausgezeichnete Methode, in Ignoranz zu verharren, und wir Europäer benützen diesen Begriff, sooft wir eine Tatsache nicht erklären können. Doch was die Aufhebung des Pulses angeht, wurden ja Radiographien gemacht ...«

Was mich am meisten beeindruckt, ist die Tatsache, daß das Herz sechs Sekunden lang angehalten werden konnte. Dieses Experiment wurde viermal wiederholt, wobei für jeden Herzstillstand sechs Sekunden für den Anlauf und sechs Sekunden für die Normalisierung benötigt wurden. Das hat große Ähnlichkeit mit dem Fall von Deshbandhu. Die Dauer von sechs Sekunden scheint ein genereller Grundzug dieser kardiologischen Phänomene zu sein.

Es folgt das Verschlucken der Zunge. Nach der Theorie von Rele erlaubt dieser Vorgang eine direkte Einwirkung auf den Kundalini-Nerv. Da ich mich aber nicht traue, zu viele Fragen zu stellen, und außerdem kein Hindi beherrsche, bleibt es bei wenigen echten Einsichten.

Wir verabschieden uns. Der Gastgeber schenkt uns Früchte im Gegenzug für unsere aus der Stadt mitgebrachten Geschenke. In diesem Augenblick fasse ich mir ein Herz und stelle ihm eine Frage auf Sanskrit; eine wahre Revolution für mich! Er gibt mir eine lange Antwort. Lächelnd mache ich ihm klar, daß meine Sanskritkenntnisse zu dürftig sind, um ihm folgen zu können. Also wendet er sich an den Doktor.

»Er sagt, daß alles, was er uns gezeigt hat, nicht von Bedeutung ist. Die eigentlichen Geheimnisse hat er uns nicht offenbart. Wenn du aber willst, so kannst du zwölf Jahre bei ihm oder bei einem seiner Gefährten bleiben, und du wirst alles wirklich verstehen ...«

Ich danke ihm verlegen. Oh, diese Inder, die »zwölf Jahre« sagen wie wir »zwei Wochen«! Neuerliche Diskussion über die Auffassung und den Begriff der Zeit in Indien. Ich erzähle dem Doktor, wie ich das sehe: Indien besitze kein Zeitgefühl.

»Wieso verwundert dich das? Im Yoga wird dieser Nerv explizit genannt: *sushumna*, der »Fresser der Zeit«. Richtig beeinflußt und kontrolliert wird der Alterungsprozeß angehalten, und das Leben kann so nach

Belieben verlängert werden. Wenn du willst, kannst du eine Art Pseudo-Unsterblichkeit erlangen . . .«

Hier lächelt der Doktor gut gelaunt. Ich bin versucht, ihn zu fragen: »Wieso verlängerst dann du nicht dein Leben?« Aber ich muß an seinen Wissenschaftler- und Engländer-Humor denken, der mir womöglich entgegnen würde: »Und wer sagt dir, daß ich es nicht tue?«

Im Frühling

Kalkutta, 13. Februar [1929]

In Punjab ist der Schnee geschmolzen, die Kältewelle ist vorbei ... Meine Freunde kommen nicht mehr zu den Kursen mit jenen bengalischen Schals aus bunter Wolle, die sie wie eine Toga trugen. Die Morgenstunden sind wieder heiter, und die Adler Kalkuttas landen wieder auf den Gassen. Sie sind so zahlreich und zahm, daß ich sie eine zeitlang mit Raben verwechselt habe. Ich erkenne sie nur an ihrem Flug, wenn sie in großer Höhe ihre Kreise ziehen.

In den Gärten von Kalighat sind die Pfirsichbäume erblüht. Im Garten des Vizekönigs von Indien sammeln Diener mit grünen Turbanen die abgefallenen Blätter eines wohl verspäteten Herbstes.

Ist es Herbst – oder Frühling? Ich muß mich nach dem Kalender richten und nicht nach dem, was ich sehe.

Der indische Frühling vermittelt auch den Eindruck des Endes, des Todes der Vegetation. Der März wird der letzte angenehme Monat hier in Kalkutta sein. Danach kommt die nur selten von einer Brise abgemilderte Hitze. Die Europäer werden ihre Arbeit nur noch mit Hilfe von Ventilatoren fortsetzen können und sich nur mit dicken Sonnenbrillen maskiert auf die Straße wagen. Und die Bengalen werden ihren Schlaf nostalgischer Zyklopen auf den Gehsteigen, in den Gärten und Hauseingängen fortsetzen. Ich meine jene Bengalen, die aus dem Nichts stammen, seit Jahrhunderten keiner Arbeit nachgehen, mit einer Handvoll Reis überleben und die, was die Beschäftigung angeht, mit den Kühen konkurrieren.

Gestern sah ich mitten in der Stadt, auf der Wellington Street, einen nackten jungen Mann schlafen. Er schien glücklich zu sein. Kein Anzeichen noch so geringer Schamhaftigkeit war zu erkennen. Sein Gesicht hatte er zwar mit einem Arm bedeckt, doch sein Körper lag in einer Position – im perfekten Gleichgewicht –, die nichts verbarg, im Gegenteil. Die Passanten schienen nicht empört zu sein. Ein Mann rüttelte ihn mit seinem Fuß, rief ihm »Du Verrückter!« zu und ging weiter. Einige Engländerinnen taten so, als sähen sie nicht hin; aber wer weiß, vielleicht riskierten sie doch einen Blick.

Die Inder aus der untersten Gruppe der niedrigsten Kaste sind von einer nachvollziehbaren Gleichgültigkeit. Am hellichten Tag, mitten im vollsten Betrieb, lösen sie auf ihre Weise das Problem des Fehlens öffentlicher Toiletten ...

An einer Ecke, ebenfalls auf der Wellington Street, der Leichnam eines Bettlers. Er war alt, ohne Haare (Askese oder die schmutzigen Lebensbedingungen?). Ich glaube, er war plötzlich gestorben und mit dem Gesicht auf den Gehsteig gefallen. Das Fleisch war von blaugrüner Farbe, was so stark mit den grauen Kleiderfetzen kontrastierte. Seine Augen lagen noch offen. Alle möglichen Leute hatten sich um ihn versammelt. Ich erfuhr, daß er seit einigen Stunden so dalag. Die Polizei mußte benachrichtigt werden, aber wer sollte das tun? Und warum? Er war gestorben. Von jetzt an war es gleichgültig, ob er eine Stunde oder eine Woche warten würde.

Die fünf *tattvas* (d.h. die Elemente; Erde, Wasser usw.) würden ihren Anteil aus seinem Körper zurückholen. Die Fußgänger betrachteten ihn, doch aus ihren

Gesichtern ließ sich nur schwer Mitleid ablesen. Eher war es die Befriedigung, daß sich ihr Weltbild bestätigte – oder vielleicht einfach nur jener unbeschreibbare Blick des Orientalen, der etwas zu erwarten scheint, ein Blick, aus dem nichts herauszulesen ist.

Die Inder sind neugierig und naiv. Im Kino applaudieren sie, wenn sie eine Kobra, einen Palast sehen, oder eine »philosophische« Antwort lesen können. Ihre Naivität wird vielleicht nur noch von ihrer Neugier übertroffen. Wenn zwei Menschen sich auf der Straße unterhalten, bleibt ein dritter stehen, um ihnen zuzuhören. Selbst wenn erstere Herumtreiber sind und der dritte wichtige Geschäfte erledigen muß. Einmal sah ich, wie ein Einheimischer die Straßenbahn davonfahren ließ, auf die er gewartet hatte, nur um die Schuhe einer Europäerin, die einen ungewöhnlichen Schnitt in der Mitte besaßen, aufmerksamer betrachten zu können ...

Es läßt sich schwer behaupten, daß alle Inder oder Bengalen so wären. Die endlose Menge, welche die Viertel Kalkuttas verschmutzt und ihre Dienste für wenige Münzen anbietet, kam nach den arischen Stämmen nach Bengalen oder gehört jener drawidischen Rasse der Ureinwohner an, über die man nur wenig Genaues weiß, deren religiöser Einfluß auf die Arier aber belegt ist (der Atharva-Veda, die Sanskrit-Kulte, der Kult des Phallus, der Schlange usw.).

Die europäischen Besucher berichten, daß die Kühe wiederkäuend auf den Gehsteigen von Kalkutta umherstreifen. Es stimmt. Die Kuh ist heilig, also muß sie respektiert werden. Obwohl ihre religiöse Bedeutung verlorenging, blieb der soziale Brauch. Eine Straßenüberquerung ist ziemlich umständlich, wenn mehrere Kühe den Gehsteig besetzt halten. Normalerweise bleiben sie an jedem Brunnen stehen, um Wasser zu trinken. Sie sind sehr gelassen; nicht einmal die Busse oder die Straßenbahnen können sie aufschrecken. Die Kälber sind allerdings nicht an ihre Sonderstellung in Indien gewöhnt. Sie dringen erschrocken oder nichtsahnend in die Geschäfte ein – und nicht immer nur in die Läden orientalischer Besitzer ...

Bei einem Juwelier auf der Promenade, der sein Geschäft gleich neben dem Palast des Gouverneurs hatte, steckte zum Beispiel einmal ein aufgeschrecktes Kalb sein Maul in das teuerste Diadem. Am Ende warf es zwar nur einen Stuhl um, aber das hätte auch mit dem Juwelier passieren können, wenn nicht ein freundlicher Hindu eingeschritten wäre und das Rind vorsichtig am Schwanz gezogen und es zurück auf die Straße gebracht hätte.

Ein anderes Mal drang ein Kalb in die Konditorei ein, wo wir einige Kuchen bestellt hatten – und fraß sie auf, noch bevor wir es bemerken konnten.

Interessant ist die Tatsache, daß in gewissen indischen Bäckereien die Christen Backbleche und Gebäck nicht anfassen dürfen. Ansonsten würden die Einheimischen nichts mehr kaufen. Und in dieselben Bäckereien dringen Kälber ein und verzehren eine beachtliche Anzahl von Kuchen. Diese werden aber respektiert – keiner der Kunden protestiert.

*

Ich habe aus den Zeitungen erfahren, daß in Bombay Revolution ist. Das beunruhigt meinen Gastgeber nicht. Er versichert mir, daß es mehr Tote gab, als wir aus den Berichten erfahren. Und er versichert mir außerdem, daß innerhalb von zehn Tagen alles wieder seinen normalen Gang nehmen werde.

Tatsächlich: Nachdem sich die Moslems und Hindus gegenseitig abgeschlachtet haben, kommt es zu einer energischen Intervention der Polizei. Niemand hier im Haus fragt, warum die Polizei eine Woche damit gewartet hat.

Und trotz allem herrscht Frühling.

Und der Frühling wird auch hier manch eine Menschenseele aufwühlen; und das Leben wird weitergehen, und die Trauer, die Erinnerungen werden vergessen werden. Denn man vergißt alles im Frühling ...

Der Ganges ist nicht besonders sauber. Dichter Rauch bedeckt die Armenviertel. Gegen Abend erreicht die Brise des Meeres die hinduistischen Dörfer. Als einzig interessantes Viertel Kalkuttas bleibt nach Mitternacht China Town übrig. In jenem zwielichtigen Restaurant, *Nan-kin*, bedienen muntere Chinesen.

Die Frauen lächeln hier geheimnisvoll. Es wird über bestimmte Räumlichkeiten in der Nachbarschaft gemunkelt, über jene Liebhaber asiatischer Drogen ...

Der Übergang von Jazz zu fernöstlichen Schlagern wirkt zauberhaft. Je später es wird in der Nacht, um so weniger Europäer gibt es hier. Die »Gelben« finden zu ihrer Redseligkeit zurück. Ich treffe junge Chinesen mit überaltertem Gesicht, die am Tag mit einem Sack auf der Schulter durch die Stadt streifen und Stoffe und Kleinwaren anbieten. In einigen Jahren werden sie reich sein.

Der Tee wird wie in China serviert. Und das Gemunkel geht weiter: das Zimmer mit den Diwanen und den Pfeifen, die englischen Fräuleins, eine Schauspielerin aus San Salvador, eine Sängerin vom *Imperial*, Hunderte von Rupien, geheime Verbindungen zu Schanghai, die Polizei ...

GANDHI, NACH RAMADAN UND HOLI

Kalkutta, 28. März 1929

März. Gluthitze von der Wüste her. Die weißen Rosen sind erblüht. Am Nachmittag verfinstert sich der Himmel, scheint sich der Erde anzunähern. Die Fenster werden geschlossen, grün gestrichene Fensterläden lassen die Zimmer erblinden, Türen werden verriegelt, die Schritte auf der Terrasse verstummen, exotische Sträucher schwitzen in großen Blumentöpfen, die Ventilatoren pfeifen. Drei Stunden lang ist die Villa wie ausgestorben. Der Frühling hat begonnen ...

An diesem Tag gehen die Mädchen aus meiner Pension nicht in die Schule. Sie müßten Dhurumtollah, die große, von vielen Moslems bevölkerte Straße passieren. Es herrscht orientalisches Gewimmel; ganze Scharen von Moslems, die durch die Gassen strömen, den Park überqueren und sich mit der Menge vereinigen, die vom Shambasar kommt. Es sind so viele, so viele, Hunderte, Tausende. Kurz vor Mittag läuft der Straßenbahnverkehr nur noch schleppend. Die Moslems versammeln sich zum gemeinsamen Gebet. Ein Fremder, verloren in einem Meer menschlicher Leiber. Und plötzlich bist du allein. Zehntausende knien in ihren weißen Gewändern nieder und berühren mit der Stirn den Boden. Gekrümmte Rücken, soweit das Auge reicht. Im Hintergrund Gruppen von Engländern, die Photos für Zeitungen und Illustrierte machen.

An diesem Tag gehen die Mädchen nicht in die Schule. Ich weiß nicht warum, aber ich muß an Miriam Harrys Geschichte denken, über die Schülerinnen, die von berittenen Arabern gejagt wurden. Oh nein! – so groß ist die Gefahr diesmal nicht. Aber die Moslems befinden sich im Ramadan; sie sind zahlreich und frech. Sie kichern, wenn weiße Frauen in kurzen Röcken vorbeigehen. In den Straßenbahnen bleiben ihre Blicke an allen Mädchen im heiratsfähigen Alter hängen. Wegen des Ramadan ist es schwer zu sagen, was diesen passieren könnte, wenn sie mitten in einer Menge von Moslems auftauchten. Im besten Falle dürften sie damit rechnen, angerempelt und heimlich gestreichelt zu werden – es sei denn, sie verschafften sich Platz mit der Schultasche, dem Tropenhut, schüttelten ihre Schenkel von den Würmerfingern frei, fluchten auf Urdu, weinten ...

Allein, die Mädchen haben es vorgezogen, in den Villen bei eisgekühltem Soda und Ventilator zu bleiben, wo die Moslems »boy« sind und wo sie, von Blikken ungestört, in einem schlichten Gaze-Kleid und mit unbedeckten Beinen herumlaufen können.

Am Abend strömen die Gläubigen in großen Mengen auf die Straßen, um über Türme, Fabrikschornsteine und Baumkronen hinweg den Mond am blutroten Horizont zu sehen. Eine Zeitlang behauptet jeder, ihn zuerst entdeckt zu haben. Nur schwer durchdringen die Augen der Schneider und Kalligraphen den Schleier von staubigen Dämpfen in der Abenddämmerung. Sie warten auf die Nacht, damit ihnen der Trabant offenbart werde. Einmal diesen mit gierigem Blick gesehen und bestaunt zu haben – und das Fasten, das Trauern, die Askese hören auf.

In dieser Nacht kann ich erst sehr spät einschlafen. Ich winde mich hin und her; der knatternde Ventilator läßt mir keine Ruhe. Ein vollendeter Halbmond durchfurcht den Himmel. Aber so verliebt ich auch in die Nacht bin, und so zauberhaft dieser Garten auch sein mag – das Wachsein muß doch ein Ende nehmen.

Aber es nimmt kein Ende, denn die gesamte Stadt stöhnt in dumpfem Gesang, einem Gemisch aus orientalischen Trommeln, Schellen, Stimmen, Jauchzern, Chören, Litaneien – und diese Musik macht dich verrückt, bringt dich zum Ersticken. Abgesehen von dem Wechsel zwischen forte und pianissimo ist keine Melodie heraushören. Ein Raunen von leisen Stimmen, hin und wieder von Donnerschlägen und Hurrarufen unterbrochen. Mit dem Aroma der Pflanzen weht der laue Wind auch die überschwengliche Freude der Entfesselten, der von allen Regeln Befreiten herbei. Man errät ein immer schneller werdendes Keuchen in den im Namen Allahs geschundenen Brustkörben.

Auch hier im Grunde das Fest des Frühlings, der neu erwachten Vegetation, jenes Wunders, das die seelische Palingenese ermöglicht. Was für ein schönes kulturphilosophisches Buch ließe sich über die Jahreszeiten schreiben! Der Ursprung der Tragödie, der vorsokratischen Philosophie, des orphisch-pythagoräischen Mystizismus – liegt in der dionysischen Feier des Frühlings. Oder man nehme das Motiv des Winters in der persischen Lyrik oder das Motiv des Sommers in der »höfischen Dichtung« Indiens.

*

Einige Tage sind vergangen. Wieder gehen die Mädchen nicht in die Schule. Diesmal feiern die Hindus den Frühling. Es ist Holi. Am Morgen haben Tausende von Bengalen ihre Gesichter mit rotem, purpur- und orangefarbenem Puder geschminkt. Künstliche Blutspuren auf den weißen Gewändern. Manche haben vielfarbige Kleider angezogen, andere haben ihre Stirn mit einer dicken Schicht grünen Pulvers bestrichen. Die Geschäfte werben in ihren Auslagen mit Gläsern voller Puder. Für einige Kupfermünzen können die Festteilnehmer ihre Schminke auffrischen und ihre Gewänder noch mehr beschmieren.

Die Mädchen wissen nichts Genaueres über dieses Fest. Wie alle Europäer aus den Kolonien legen sie eine erschreckende Gleichgültigkeit gegenüber den anderen Religionen an den Tag, die man seit Generationen einfach nur »barbarisch« nennt. Sie glauben, es handele sich um den »Übermenschen« der Inder aber sie fürchten sich, auf die Straße zu gehen, denn sie – die Barbaren – »tollen und schreien wie betrunkene Teufel«.

Farbenprächtige Gruppen mit Trommeln, Glöckchen und asiatischen Flöten strömen durch die Straßen. Sie alle hat eine wilde Freude gepackt. Mit übertriebenen, grotesken Gebärden tanzen an der Spitze des Festzuges einige grinsende, brüllende »Teufel«, die über ein ungewöhnliches, beeindruckendes mimisches Repertoire verfügen. Der Rest besteht aus jungen Menschen, die um die Musikanten versammelt sind, gierig dem schnellen Rhythmus folgen und nach ihm tanzen.

*

Am 25. März stand Mahatma Gandhi wegen der Anschuldigung vor Gericht, zwanzig Tage zuvor in einem Park zur Verbrennung englischer Kleidung aufgefordert zu haben. Die Umstände sind bekannt.

Auch ich bin gekommen, um ihn zu sehen und zu hören. Es ist mir gelungen, einen für die Presse reservierten Platz zu bekommen. Die Menge stürmt jedoch in den Saal, englische Misses forcieren die Eingänge, die Luft wird schnell unerträglich, das Publikum sabotiert die Arbeit der Presse – weshalb diese sehr wenig von der Verhandlung mitbekommt.

Zuerst treten die Swarajisten mit lächelnden, verachtenden Mienen ein. Sie sind die Fanatiker der Unabhängigkeitsbewegung und tragen jenes am heimischen Spinnrad gewebte Kostüm.

Die Luft ist allen Ventilatoren zum Trotz unerträglich. Die Neugier und Ungeduld steigt. Schließlich wird die Ankunft Gandhis durch den Lärm draußen angekündigt. Ovationen und Gemurmel. Durch die Menge bahnt sich ein kleines Männlein den Weg, sonnenverbrannt, noch dunkelhäutiger im weißen Gewand, das seine Brust nur zur Hälfte verhüllt. Einfache Sandalen an den Füßen, das Haupt unbedeckt. Das faltige Gesicht sieht gequält aus. Kleine Augen, ein Glänzen wie von flüssigem Blei, schreckliche Augenringe, etwas kaschiert von der breiten Brille. Die Backenknochen erdfarben, das Gesicht verkrampft in der Agonie der für immer verlorenen Jugend. Die Schultern knöchern. Er ist alt, er ist alt und müde.

Das Gedränge hindert mich daran, alles zu hören. Er verteidigt sich nicht nur, sondern behauptet, daß die Polizei angeklagt werden müsse, und zwar aus eben den Gründen, für die er vors Gericht gebracht wurde. Es sei die Polizei gewesen, die eingeschritten sei und die damalige Versammlung gestört habe. Für die Vorfälle sei allein sie verantwortlich.

Ich betrachte ihn, während er spricht. Er scheint ein anderer zu sein, wenn er redet, als kämen seine Worte von weit, weit her. Die Swarajisten klatschen, murmeln. Auch Pandit Nehru ist da, eine Art brauner Tiger, mit breitem, kurzem Kinn, mit zerfurchter, dunkler Stirn. Ich sehe auch den Anwalt von Gandhi, San Gupta, freundlich, beredt, von bewunderungswürdiger Selbstbeherrschung.

Der Mahatma hat seine Rede beendet und Platz genommen. Eine seltsame, verspätete Ergriffenheit packt mich. Seine Augen sind in so weite Ferne gerückt, daß man ihn für blind hielte, würde man ihn nicht kennen. Augen wie die eines mumifizierten Leichnams, mit einem starren, metallischen Blick.

Die Verhandlung an sich ist nicht interessant, und die beiden Misses vor mir zappeln so sehr und flüstern so viel, daß ich die einzelnen Reden nicht verfolgen kann. Beim Verlassen des Saales wird Gandhi von Journalisten umringt. Die politischen Leader formieren sich daraufhin zu einer Schutzwand um ihn. Der Mahatma ist zu keinem Interview bereit. Dies ist das dritte Mal, daß sich meine Kontaktversuche und Empfehlungsschreiben als nutzlos erweisen; alle enden bei seinem Privatsekretär. Ich gestehe meinem Freund, daß ich Gandhi am liebsten nach Allahabad folgen würde, wohin er noch am selben Tag abreist. Ghosal lächelt:

»Aber Sahib, dort herrschen jetzt 100 Grad Fahrenheit. Du vergißt, daß der Frühling begonnen hat.«

Ich blicke zur sengenden Sonne auf und drücke meinen Tropenhelm instinktiv noch tiefer ins Gesicht. In einigen Tagen wird April sein, der Honigmonat in Europa – der Höllenmonat in Indien ...

Mahatma Gandhi wurde dazu verurteilt, eine Rupie zu zahlen.

110° Fahrenheit, Zyklon Richtung SW

Faridpur (Bengal), April 1929

April ... Die Seuchen wüten, der Hungertod kündigt sich an. Tote, so viele Tote. Mit jedem Tag greift die Angst um sich, schleicht sich wie eine große Bedrohung in die Herzen der Menschen ein.

Die Menschen hier haben jeden Widerstand aufgegeben. Im Frühling zahlen sie den Tribut der Armut; allein in Kalkutta hundert Tote pro Woche nur durch Cholera. Cholera und Scharlach in den Städten, in den Dörfern Malaria und Hungertod. Habt ihr schon einmal Menschen gesehen, die zehn Monate im Jahr ohne einen Bissen im Magen schlafen gehen?

Die Züge aus Bombay bringen immer weniger »Touristen«. In ihren Waggons mit doppelten Ventilatoren gefallen sich die Amerikaner darin, die europäischen Wohltätigkeiten und zivilisatorischen Reformen in diesem »Land der Barbarei« zu preisen: die geräumigen Bahnhöfe, die prompte Bedienung, die Eiswürfel und Drinks!

Die sinnlose, stupide Entrüstung jener, die Indien nur vom Hotel und Auto aus kennen. Ich lese ihre Bemerkungen und Entsetzen packt mich. Denn hinter diesen Zeilen – süß wie idyllische Tagträume – weiß ich jene anderen Ikonenbilder des bengalischen Frühlings, die keine Statistik erwähnt und die auf keiner Fotografie auftauchen.

*

Ein ausgehungerter Mensch bettelte am Straßenrand. Seine dumpfen Schreie klangen wie das Winseln eines im Todeskampf liegenden Hundes. Als er sich niederbeugte, um das Geld aufzusammeln, das ich ihm zugeworfen hatte, knirschten seine Knochen wie die eines Skeletts. Seine Finger zitterten so sehr, daß er trotz aller Anstrengungen das Geld nicht greifen konnte. Da begann er mitten im Staub zu weinen und sich zu bedanken: »Maharadscha! Maharadscha! ...« Dieses Wimmern lockte eine ganze Horde Ausgehungerter an. Kinder mit grotesk aufgeblähten Bäuchen und kahlen, verschmutzten Köpfen, Frauen mit geschwollenen Füßen und schwarzen Adern wie Schlangen, ausgehungerte Männer, die um Kupfermünzen für eine Handvoll Reis und um Nickelmünzen für Salz und Öl bettelten. Ich blieb wie angewurzelt in der Sonne stehen, hatte nicht die Kraft, diese Gespensterschar zu vertreiben, aber auch nicht die Macht, sie satt zu kriegen. Was konnte mein Geld schon bewirken? Nachdem ich unter ihnen einige Silberrupien verteilt hatte, kamen andere Massen aus dem Dorf, die ihre Kranken, Krüppel, Blinden, Sterbenden wie im Triumphzug herbeitrugen. Mit ihren heiseren Stimmen stammelten sie auf Bengali. Gott weiß, um was sie flehten oder was sie erklären wollten. Die Worte, die ich verstand, kamen mir vor wie die letzten Notschreie bei einem Schiffbruch: »Wasser«, »Salz«, »Vater«, »Tod« ... Und der ungeordnete, wilde Chor in seinem Preisen, Betteln, Weinen: »Maharadscha, Maharadscha!« ...

Man hätte meine Flucht fast symbolisch verstehen können. Ich lief mit unsicheren Schritten, wie einer, der einen Alptraum vergessen möchte. Die Stimmen verstummten. Nur noch der invalide Bettler blieb zurück. Meine Flucht war die Flucht des weißen Mannes, der Indien zivilisiert hat, »unsere Mutter Indien« ...

Es wurde langsam Mittag. Ich schlug den Weg zum Fluß ein, wo mich der Ingenieur erwartete, den ich bei seiner Inspektion der Reparaturen von Telefonkabeln begleitete. Oh! – ein Weg im Frühling unter der Ganges-Sonne! Über dem Feld schwebten heiße Luftströme, welche die Augen angriffen und wirbelnd in die Ohren, in die Augen eindrangen. Ich sog warme und trockene Luft voller Staub und Seuche ein. Die Kleider waren klitschnaß. Ich hatte es aufgegeben, mein Gesicht abzuwischen. Eine schwarze Brille mit hermetischem Seitenschutz aus Leder schützte immerhin meine Augen. Mit dem Wasser aus der Thermoskanne benetzte ich immer wieder den Kork meines Tropenhutes. Ich fühlte, wie der Wille, die Gruppe vor mir zu erreichen, mit jedem Augenblick dahinschwand. Die Muskeln wirkten wie zerfleddert, mit abgestorbenen, vertrockneten Fasern, die Knochen wie ausgesaugt, hohl und vertrocknet. Kalt fühlte ich mein Blut und dann wieder warm. Ach! – daß ich nur schliefe, mich ausruhte, eine Minute, nur eine Minute ...

Ich stieg instinktiv zum Fluß hinab. Die am Morgen zurückgelegte Strecke kam mir nun endlos vor. Allmählich verloren sich die Gedanken ins Leere. Ich lief herum, ohne etwas zu sehen. Und der ofenheiße Wind ließ den Sonnenstich immer stärker werden.

Ich blickte auf das Taschentuch voller Blut und lächelte blöde, wie entgeistert. Bilder und Erinnerungen flimmerten ab und zu durchs leere Hirn. Ich weiß nicht warum, aber der Anfang der Ballade *»La Pasa vine un arab ...«* [»Zum Pascha kommt ein Araber ...«] ging mir ständig durch den Kopf ... Ich setzte mich unter den erstbesten Baum, um mir das Blut abzuwischen. Alle Hygienemaßnahmen, der Inhalt des aufmerksam gelesenen Erste-Hilfe-Buchs hatte ich völlig vergessen. Ich wußte nicht mehr, wie ich die salzige und klebrige Blutung stillen sollte, die meine allzu heftige Atmung dauernd in den Mund beförderte. Da erfuhr ich einmal mehr das penible und deprimierende Gefühl der fürchterlichsten, endgültigsten Einsamkeit ...

Schließlich wickelte ich mir die weiße Weste um den Kopf und blieb liegen. Stundenlang erlebte ich das demütigende, grausame Spiel der Zersetzung und neuerlichen Zusammensetzung meines Bewußtseins mit. Es begannen die üblichen Wahnvorstellungen eines Europäers bei 110... Fahrenheit: Gärten aus persischen Sagen, Gestalten aus kostbar illustrierten Büchern, Springbrunnen und Statuen, obszöne Refrains und Fragmente aus Ouvertüren, scherzhafte Ausrufe und chemische Formeln, die Fotografien der Ruinen in der Wüste Kathai und die Bücher Sven Hedins aus der Imperial Library. All das in einem Blutstrom getaucht, der sanft wie Tränen aus der Nase und den Mundwinkeln rann. Purpurfarbene Gesichte aus Rauch. Die Zeit erschien wie eine Karawane, die sich um einen seltsamen Thron herumdrehte, mit den Kamelen als Minuten (was immer das bedeutete). Ich kann mich daran erinnern, wie eine gespenstische Erscheinung zum Thron hochstieg und ich weiß nicht welchen Satz aussprach, den ich vor kurzem in einer Abhandlung über Architektur gelesen hatte.

Der zweite Teil des Spiels bewies mir, daß der Sonnenstich nachgelassen hatte. Denn diesmal empfand ich nur eine unerklärliche Furcht, obwohl ich mich weder im Dschungel noch in der Wüste befand. Ich erwartete, umherwimmelnde Leiber giftiger Würmer – des weißen Mannes Todfeind – zu sehen. Das trokkene Rauschen des Feldes in der Hitze schien wie das Schleichen eines Raubtiers. Tausende gelber Augen, blutrot geädert, lugten aus den Büschen hervor. Eine Spinne kroch auf mein Bein, aber die Sinne sagten mir, daß sich Schlangen um mich wanden. Da machte ich mich schnell wieder auf den Weg und scherte mich nicht um das geronnene und verstaubte Blut.

Als ich meine Gruppe erreichte, war es dunkel geworden. Der Ingenieur hatte seine Arbeit beendet und trank Whiskey mit Soda. Die Arbeit war mühselig gewesen, da einer der Arbeiter erkrankt war und drei andere einen Sonnenstich abbekommen hatten.

»Wir sollten uns beeilen, bevor der Sturm beginnt.«

Ich blickte daraufhin den Himmel an: Die Wolken wurden immer gelblicher, wie bleierne, unbewegte Gestalten.

»Sahib, es ist doch besser, hier zu warten.«

Ich verstand nicht, warum sie sich vor diesem Sturm fürchteten, der doch noch gar nicht in unserer Nähe war.

Nach zehn Minuten konnten wir unsere Stimmen nicht mehr hören.

Die Blitze gingen ohne Vorwarnung los. Ich will mich hier nicht literarisch gebärden; aber der Sturm in den tropischen Breiten ist von einer schrecklichen Wildheit und Gewalt. Ich dachte zuerst, daß ich laufe, verstand aber später, daß mich der Wind trug. Die anderen hatten wie ich das Gleichgewicht verloren. Sie liefen wie von Panik erfüllte Schatten. Es war, als wäre es Mitternacht, und mit dem Licht der Blitze kam und ging der Morgen, wie der Laune eines Demiurgen gehorchend. Wir liefen und schrien und hörten uns kaum.

Um uns herum flogen nie gesehene Lebewesen ohne Blut, mit Leibern aus farbigem Papier, nach Schwefel und Weihrauch riechend. Ein Gespenst mit weißen Flügeln berührte mich, und ich erschauerte; es war der Regenmantel des Ingenieurs. Wer konnte ihn noch festhalten? Der Reihe nach lösten sich die Helme, die Kleider, die Thermoskanne, die Pakete der Arbeiter von uns. Ich weiß nicht warum, aber die Vision der niedergestreckten Bäume und der mit ihren Wurzeln und Nestern in den Himmel aufsteigenden Sträucher belustigte mich. Ich fühlte im Körper einen seltsamen Pulsschlag; er war eindringlich und eruptiv und zehrte von Trugbildern und Blut. Die Blitze erschreckten mich nicht mehr. Nur das Herz klopfte und klopfte. Als ob ein großer Schmerz von mir genommen war und ich nur eine bittere Leere zurückbehielt. Es war, als durchzuckten elektrische Ströme meinen Rücken, die Schultern, die Arme. Ich wunderte mich, daß das Blut nicht durch die offenen Poren herausquoll, daß es nicht mein Trommelfell zum Platzen brachte.

Einige Meter weiter mußte der Ingenieur die gleiche elektrische »Behandlung« über sich ergehen lassen. Er lachte und hielt das Glas mit dem verschütteten Whiskey in der verkrampften Hand. Er kam auf mich zu und packte mich beim Arm.

»Jetzt beginnt der Regen, und alles ist all right!«

Aber der Regen brach nicht aus.

Auf unserer Flucht trafen wir auf riesige Zweige, entwurzelte Dornensträucher, aber auch auf Dächer aus Pflanzenmaterial, die wer weiß woher stammten.

»Wir kommen ins Basti«, freute sich der Ingenieur.

Ich konnte das Dorf im Walde nicht ausmachen. Endlich die ersten heißen Tropfen. Aber schon nach einigen Minuten konnte ich nicht mehr atmen. Der Regen verletzte, quälte, geißelte, streckte alle zu Boden. Es fiel immer schwerer zu laufen. Immer wieder rutschten wir aus, knirschten mit den Zähnen, verschluckten unser Blut. Der Wind trieb uns nicht mehr. Wir hörten ständig Schreie und Rufe; zweifellos befanden wir uns im Dorf. Es mußte verwüstet, wie ausgepeitscht aussehen, mit erschrockenen Kindern in Gräben, mit ertrunkenen Vögeln, mit im Wald verlaufenen oder in Brunnen gefallenen Rindern, die im Todeskampf brüllten und unter den elektrischen Strömen und der Sintflut eingingen.

Wir hielten erschöpft unter einer Palme, die sehr mitgenommen aussah. Der Ingenieur spähte nach seiner Truppe. Die Männer holten uns ein, wobei sie auf dem Weg die Überreste der technischen Ausrüstung einsammelten: Drähte, einen Werkzeugkasten, eine zerbrochene Leiter. Die totale Zerstörung der Arbeit eines ganzen Tages nahmen sie mit einem Lächeln hin. Wir hatten keine Zeit, unsere Körper, die zerfetzten Hemden, die tiefen, von sandigem Schlamm verdreckten Kratzer zu betrachten. Die Gesichter der Männer waren wie entstellt. Das nasse Haar war mit Speichel verschmiert. Das Gelächter von ausgehungerten Teufeln hatte böse Furchen in ihren Gesichtern hinterlassen. Sie hatten trübe, verwirrte Blicke.

Durch den Regen drang plötzlich ein Heulen wie von schäumenden Wellen und knackendem Gehölz an unsere Ohren. Es klang dumpf, als ob es von unterhalb der Erde käme. Dieses jammernde Geräusch kündigte Schreckliches an. Der Ingenieur versuchte, seine Unruhe zu überspielen, und rieb nervös an seinen nackten Armen.

»Sahib, es ist der Ganges ...«

Mein Bewußtsein wurde augenblicklich von Visionen der Überschwemmung heimgesucht. Die Männer des Trupps hatten schnell verstanden. Sie ließen die letzten Reste der Ausrüstung stehen und liegen und brachen mit großen Schritten mitten durch den Regen in die entgegengesetzte Richtung auf.

Um uns herum geheimnisvoll und rätselhaft – das tiefe Atmen der Vegetation.

Tagebuch aus dem Himalaya

Von Siliguri nach Kurseong

Kurseong, 8. Mai [1929]

Abfahrt aus Siliguri mit einer Schmalspur-Eisenbahn, einem Miniaturzug mit fünf Waggons. Mein Name steht auf einem Schild vor einem Abteil groß wie ein Schrank.

Meine Nachbarn: eine indische Filmschauspielerin, die Indira Devi erstaunlich ähnlich sieht, und drei Perser. Der erste ... Nein, es wäre falsch, nicht auch über die Nacht im Eilzug der East Bengal Company zu schreiben. Wenn es nur das Spektakel der europäischen Familien gewesen wäre, die Kalkutta »for a change« verlassen haben – im Anhang die Karawane hinduistischer Diener, die ganze Stapel aristokratischer Haushaltswaren schleppten –, wenn es nur der pittoreske Bahnhof oder die Konversationen mit den Reisenden gewesen wäre, die ihre den tropischen Nächten geschuldete Schlaflosigkeit mit Brandy überlisteten – dann hätte ich dieses Tagebuch erst mit dem Morgen in Siliguri begonnen.

... Die Abfahrt. Ich überzeugte mich einmal mehr davon, daß allein die Abfahrt die richtige Lösung für jenes Hin- und Hergerissensein darstellte, das die eingebildeten Modernen gleich für ein »seelisches Problem« gehalten hätten. Innerhalb einer Nacht der Übergang von der Hitze Bengalens zur Kühle Siliguris. Wie jeder indische Reisende trug auch ich das Bettzeug mit mir, was der Sitzbank Behaglichkeit und dem Abteil Hotelatmosphäre verlieh.

Der Arzt, von kleiner Statur und dickleibig, brachte einen Korb mit Früchten nach Darjeeling. Ich hatte nichts dagegen, daß er seinen Korb unter meinem Sitz abstellte. Mitternacht. Die Lichter erloschen. Nur das leise Pfeifen des Ventilators und das Kreischen der Waggonräder auf den Gleisen. (Ich weiß nicht, ob ich schon erwähnt habe, daß man mit der indischen Eisenbahn kaum fahren kann, ohne das blödsinnige Gefühl zu haben, der Zug werde jeden Augenblick entgleisen.)

Ich erwachte, als ich etwas Ungewöhnliches auf meinem Körper spürte. Ich faßte eines der Dinger an und verstand im Dunkeln sofort, daß es ein Skorpion war. Von Skorpionen überfallen ... Es waren nicht sehr viele, aber genug, um vollständig in Angst und Schrekken versetzt zu werden. Wäre ich aus dem Bett gesprungen, hätte ich geschrien und das Licht angemacht, es hätte meine Lage nicht gelöst. Denn wie schnell ich auch gesprungen wäre, mindestens ein Skorpion hätte die Zeit gefunden zuzustechen. Ich befolgte also statt dessen den Ratschlag eines alten Lehrers: »Wenn gefährliche Lebewesen in deine Nähe kommen, befiehl ihnen zu fliehen.« Und wie zu erwarten war, zogen sich die Skorpione einer nach dem anderen zurück. (Die aufgeklärten Leser werden gebeten, sich über diesen abergläubischen Vorfall tunlichst zu empören.)

Am Morgen habe ich das Erlebnis dem Arzt erzählt. Dieser ist sich sicher, daß ich von Schaben und nicht von Skorpionen überfallen wurde.

*

Der Weg von Siliguri nach Kurseong ist zwar kurz, doch beschwerlich. Der Zug folgt dicht bewaldeten Abhängen hinauf und hinab. In einigen Stunden erreichen wir schon eine Höhe von 5000 Fuß; das ist wenig, verglichen mit dem Kanchenjunga, aber viel gegenüber den bengalischen Ebenen. Der Weg ist wirklich einmalig. Die Landschaften in den Alpen verblassen dagegen. Jener Metallkasten, der über den Schweizer Schluchten hängt, verliert hier an Sensation. Der Himalaya wächst in einen Himmel von unerwarteter Klarheit hinein; Pflanzenorgien in den Tälern, scharfkantige Felsen, weiße Wolken auf den Gipfeln. Ich habe ihn noch nicht von seiner majestätischen, weltabgeschiedenen Seite gesehen. Der Schnee liegt fast zu weit oben, als daß wir ihn für wirklich halten könnten. Auch ist die Kälte noch zu ertragen. Jedoch die unvergleichliche Vielfalt des Himalaya ... Durch die Felsen und die steil abfallenden Schluchten kommt der Zug nur schwer voran. Ein unerträglich gewundener Weg, nun am Rande der Schlucht entlang führend, durch die Dunkelheit des Waldes, vom Nebel heimgesucht. Der Nebel dampft wie kochendes Wasser und verflüchtigt sich wieder blitzschnell.

An manchen Stellen wurden große Anstrengungen unternommen, um die Schienen zu schützen. Bergaufwärts ist alles verputzt, talabwärts alles eingedämmt. Wenn Geröllmassen in Bewegung geraten, fallen sie auf eigens errichtete Treppen hinab und bleiben auf ihnen liegen. Ansonsten würde die viele Millionen Rupien teure Eisenbahnstrecke unter Steinhagel und Bäumen begraben werden.

Wir fahren an hölzernen Bahnwärterhäuschen vorbei, denen Männer in der Tracht der Bergasiaten vorstehen. Manchmal ist die Stille so vollkommen, daß du dich ungewollt fragst, ob der Zug tatsächlich existiert oder ob er nur ein Gerücht ist, das deiner Innenwelt entstammt. So unwirklich ist dieses Schweigen, daß kein Lokomotivengeräusch, kein Kohlerauch es trüben kann. Nur die Erinnerungen, die Versuchungen, das Kochen der eigenen Seele könnte dieses Wunder des Himalaya vertreiben.

*

... Die Schauspielerin ähnelte Indira Devi. Das war die einzige Charakterisierung, die ich von ihr machen konnte. Sie schaute die ganze Zeit aus dem Fenster und besaß noch die typische Scheu einer kürzlich erst von der Purdah emanzipierten Frau. Beachtenswert ihr Mut, allein nach Kurseong zu reisen. Sie hatte sich aber doch genügend Weiblichkeit bewahrt, auf das Etikett des Koffers *actress* zu schreiben.

Die Perser gaben nie Ruhe. Sie fuhren für einige Tage nach Darjeeling und begannen schon am Bahnhof mit ihren Albernheiten. Bei der Ankunft in Kurseong hatten wir bereits Freundschaft geschlossen.

Noch ehe ich aus dem Zug steigen konnte, hatten mich schon die Mädchen verwirrt, die sich anboten, die Koffer zu schleppen (gibt es den Ausdruck *Kofferträgerin*?). Als Europäer, erzogen im Kult des ewig Weiblichen, war ich etwas verlegen, was die Wahl betraf: so viele ihre Hilfe anbietende Mädchen, und ich mit so wenigen Koffern. Sie liefen zum Abteilfenster und kämpften mit den Ellbogen gegen die Konkurrentinnen. Zur Mehrheit bestanden sie aus armen, heranwachsenden Sikkimesinnen (nota bene, mit silbernen Armreifen). Gelang es ihnen nicht, einen Koffer zu erwischen, kamen sie einem entgegen und verlangten einfach »Bakschisch«. Ich kenne nun eine mir neue asiatische Gepflogenheit: Geld zu verlangen, ohne etwas dafür zu leisten, aber auch ohne es im eigentlichen Sinne zu erbetteln.

Bakschisch zu geben stellt hier eine uneigennützige Handlung dar, so wie ein Maharadscha Geld gibt, weil ihm das Geben gefällt und weil er hinter sich die endlosen »Salaam!«-Rufe hören möchte. Die größtenteils nackten Kinder begleiten dich auf der Straße, führen die Hand zur Stirn, schlagen sie dann auf die Knie und rufen: »Sahib – Bakschisch! Sahib – Bakschisch!«.

Die Mädchen tragen die Koffer der Reisenden auf eine merkwürdige Weise. Sie binden sie mit einem Seil fest, legen sie auf ihre jungen Rücken und stützen das Ganze mit einem Lederriemen ab, der um die Stirn geführt ist.

In Kurseong fährt der Zug durch eine ziemlich breite und gut erhaltene Straße. Villen im kopierten Stil, mit *paping gusto.* Gemischtes Volk. Hier und da Gruppen von Engländerinnen mit dem niemals fehlenden Bergstock, den Blick weit in die Ferne gerückt, so weit, daß man meint, sie befänden sich schon einige Meilen oberhalb von Kurseong, mitten im Gebirge.

Besuch im katholischen Kolleg. Belgische und französische Priester, die Sanskrit so flüssig sprechen wie Latein.

Es wird dunkel. Ich habe keine zufriedenstellende Übernachtungsmöglichkeit gefunden. Vor allem am Stadtrand habe ich gesucht, auf den Hügeln voller Kletterpflanzen. Ich kehre zu Fuß durch den Wald zurück. Nach dem Sonnenuntergang scheint der Himmel seltsam klar und hell. Mein Blick fixiert unbekannte, ferne, eisige Gipfel.

Bei jedem brüsken – physischen oder geistigen – Klimawechsel überkommen mich so viele fremde Eindrücke und Gedanken, daß ich mich ernsthaft anstrengen muß, um zu meiner gewohnten Bahn und zu meinem inneren Gleichgewicht zurückzufinden. In solchen Stunden finde ich es ergötzlich, mein Bewußtsein der Revision zu unterziehen. Moderne

Schwäche: das in Frage zu stellen, was bereits verändert, abgestorben ist.

Diskussion mit Father T. über den Sinn der Existenz im Christentum und im Hinduismus, an der sich auch ein bengalischer Physikprofessor beteiligt. Merkwürdig, wie sehr letzterer an Seelenwanderung glaubt. Ich stelle fest, daß der Physikprofessor eher die Möglichkeit von Wundern annimmt als Father T. Der katholische Priester vertritt einen raffinierten und ironischen Skeptizismus gegenüber Pseudomystizismen wie der Esoterik, den Mystagogen und dem Neospiritualismus. Er akzeptiert keine Wunder. Denn Gott wähle in seinen Manifestationen und Offenbarungen immer den natürlichen, den wissenschaftlichen Weg. An Wunder glauben nur die Skeptiker und die Pseudoskeptiker, das heißt alle, die keinen direkten Zugang zur Wirklichkeit haben (letzteres ist mein Kommentar).

Das Christentum ist möglicherweise die einzige Religion, die den Glauben vom Wunder unterschieden hat. Es kennt nur zwei Wunder: Christus und die Kontinuität des Christentums selbst.

Abstecher nach Darjeeling

11. Mai [1929]

In Darjeeling führen alle Wege zum Botanischen Garten, einem umzäunten Gelände mit einigen verdorrten Arten, Bänken und einem kümmerlichen Treibhaus, wo unter anderem Pelargonien zu finden sind.

Im Grunde sind mir botanische Gärten noch mehr verhaßt als Herbarien. Letztere sind zumindest ein Arbeitsinstrument, ein Laborutensil, etwas wissenschaftlich Konserviertes, das nichts mehr von der stolzen Naivität der Vegetation enthält.

Aber ein botanischer Garten? Nur ein stupides Jahrhundert wie das neunzehnte – das auf der Epoche der Emanzipationen gründet, die selbst voller Aberglauben und schwindsüchtiger Mythologie steckt – konnte sich solche Monstrositäten ausdenken. Der Garten an sich ist nichts Monströses. Seine kleinen dekorativen Sünden können nicht der Anlaß und die Rechtfertigung einer solchen Kritik sein. Barbarisch ist erst die Bedeutung des botanischen Gartens, die Idee, welche die Modernen damit verbinden, die Verwertung der Pflanze durch Botanik, das heißt durch Wissenschaft. Und da uns die Dinge nicht unmittelbar, sondern nur über ihre Bedeutungen erreichen – widerstrebt mir die Idee eines solchen Gartens. Um ganz grob etwas darüber zu sagen, was eigentlich an eine andere Stelle gehört: Mich ärgert die auch in anderen modernen Unternehmungen anzutreffende Haltung, *die Natur zu rekonstituieren.* Unmittelbaren Kontakt mit der Natur, d.h. mit der Macht, sie zu kreieren, besitzen nur Gott – der sie erschaffen hat – und die Tiere – die selbst Teil der Natur sind. Der Mensch gehört zu einem anderen Bereich.

Außerdem ist der botanische Garten hier weder schön noch erhaben, sondern er stellt schlicht und einfach einen Abschnitt aus dem riesigen Park dar, der sich durch Darjeeling zieht und über steinerne Stufen ins Tal führt.

*

... Darjeelings Lage auf dem Hügel, auf Terrassen, die dem Berg abgewonnen wurden, zwingt dich schon dann, Ausflüge zu unternehmen, wenn du bloß Zeitungen, Streichhölzer oder Früchte kaufen gehen willst. Der Name bedeutet »Stadt des Donners«, doch ich würde sie lieber wie das südindische Bangalore nennen, nämlich »Stadt der Gärten«. Mit Ausnahme von Märkten und Kasernen ist Darjeeling eine einzige Blumenpracht. Der blutrote Mohn wächst hier neben mir unbekannten orangefarbenen Blumen mit gezackten Blättern, die den kräftigen Duft asiatischer Vegetation verströmen. Nebelschwaden steigen so oft von den Gipfeln herab, daß sie genauso störend sind wie sonst nur dichter Rauch. Wenn ganz Darjeeling von ihnen eingehüllt ist, ziehen sich die Besucher auf die Terrassen der Villen und Hotels zurück. Sich auf die steinigen und zum Teil eingestürzten Straßen zu wagen ist ein gefährliches Unterfangen, da es Straßen sind, die wie die Treppen eines verwilderten Hauses emporsteigen.

Nebel und Regen haben zu einer seltsamen Gewohnheit geführt: Ohne Trenchcoat, Regenschirm und Sonnenbrille verläßt hier keiner das Haus. Ist es am Hotel *Mount Everest* heiter, so herrscht unten auf dem Markt oder auf dem Sportplatz Nebel. Und ehe man diese Strecke zurückgelegt hat, kann es gleich zweimal regnen. Besonders die Tennisspieler haben darunter zu leiden, da sie gezwungen sind, ihr Match zu unterbrechen, das Netz zusammenzurollen, abzuwarten, zu fluchen und es wieder zu versuchen.

Ein grotesker, nur für einen Misanthropen erfreulicher Anblick: Männer mit Regenschirmen und Pelerinen. Die Schirme stammen aus England – sie sind groß, schwarz und sehen völlig unmöglich aus.

*

... Der Markt am Sonntag. Für den Liebhaber der verschiedenen Völker und Kuriositäten Zentralasiens ist Darjeeling ein erster Beginn und eine erste Versuchung. Schon in der Nacht werden Zelte und Baracken aufgebaut. Die Mehrheit der Händler sind Bhutanesen und Sikkimesen sowie aus Bengalen angereiste Inder. An diesem Sonntag habe ich allerdings nur einen Händler aus Assam gesehen. Käufer und Verkäufer aus den Lepcha-, Paharia-, Limbu- und Kaschmirstämmen.

Die Bhutanesen und Sikkimesen verkaufen Gemüse, Maismehl, Salz und Früchte. Genauer: Ihre Frauen tun das. Diese kann ich noch nicht sehr gut voneinander unterscheiden, aber diejenigen aus Bhutan sind von aparter Schönheit. Das ovale Gesicht wird zum Kinn hin spitz und verkörpert somit die verführerische Linie japanischer Statuetten und Porzellanpuppen. Die Pupillen der schmalen Augen leuchten quicklebendig, so daß man diese Frauen leicht von den Inderinnen mit ihren schmachtenden Ochsenaugen unterscheiden kann (diese Bezeichnung gilt als hohes poetisches Lob und ist erstaunlich zutreffend).

Je näher ich zum Zentrum des Kontinents vordringe, um so mehr erwacht meine Liebe für Asien. Rajputana ziehe ich Hyderabad vor, und Kaschmir ist mir lieber als Bengalen. Die Frauen aus der Umgebung des Himalaya sind von derselben kleinen Statur wie unser mediterraner Typ. Nur bewegen sie sich behender. Man kann nicht sagen, daß die Schönheit ihrer Tracht einen überwältigt, aber sie strahlen etwas Unbeschreibliches aus, was noch verstärkt wird durch die Armbänder aus schwerem Gold, die fein gearbeiteten Juwelen, die tellergroßen Ohrringe und die auf den Nasen fixierten vergoldeten Flügelchen. Wenn eine Frau lacht, hinterlassen ihre leuchtendweißen Zähne hinter dem ins Gesicht hängenden Schmuck einen seltsamen Eindruck, als ob plötzlich ein Idol vor dir erscheint. Je länger ich die asiatischen Statuen und Ikonen betrachte, um so weniger grotesk und um so vertrauter kommen mir die Schmuckstücke und Kleider der Frauen vor.

Es ist nur allzu bekannt, daß sich die Engländer, gleichgültig, wo sie sich befinden, *at home* fühlen wollen. Ich frage mich, ob der Spleen dieser Inselbewohner, die Erdkugel auf der Suche nach ständig neuen Eindrücken zu umrunden, in gewisser Hinsicht nicht ein Mythos ist. Jene Engländer, die für längere Zeit an »wilden« Orten bleiben, scheuen jedenfalls keine Mühe, ihren Wohnort in ein »englisches Plätzchen« zu verwandeln.

Darjeeling repräsentiert die Sommerresidenz des Gouverneurs von Indien. Das hat viel zu sagen. Es gibt Tennisplätze, Tanzsäle, ein Kino. Wäre da nicht das in einheimischer Tracht gekleidete Personal, man würde die Hotels für echt europäisch halten; das heißt für genauso scheußlich. Die Zivilisierten – mit ihrer mangelnden Sensibilität für das Symbol und für den mit der äußeren Umgebung in Einklang stehenden seelischen Rhythmus – fühlen sich im Himalaya wohl, denn hier ist es wie *at home*.

Vielleicht bin ich nicht der einzige, der an der Barbarei in Darjeeling zu leiden hat. Nichtsdestoweniger ist diese Stadt voller Zauber und besitzt außerdem einen großen Vorzug: In einer halben Stunde ist man ihr entflohen und kann sich in den Dschungel hineinwagen.

Im übrigen spricht es für sich, daß ich weder einen Pilger getroffen noch von einem solchen gehört habe, der Sikkim besucht hat oder auch nur die Absicht hegte, es zu tun. Dabei ist diese Region nicht einmal besonders abgelegen und der Weg dorthin auch nicht allzu beschwerlich.

Ich habe mich bei keiner der unvermeidlichen *garden parties* blicken lassen, welche die Familie und die Vertrauten des Gouverneurs wöchentlich für Wohltätigkeitszwecke veranstalten. Darjeeling feiert in diesen Tagen das hundertjährige Jubiläum seiner Entdeckung. Besucher en masse. Fast alle halten sich in der Stadtmitte auf, die im übrigen genauso aussieht wie alle künstlich errichteten Stadtzentren: eben scheußlich.

Eine Wallfahrt nach Darjeeling bietet den Europäern zwei Vorteile: eine Wallfahrt zu machen und sich in Darjeeling aufzuhalten. Von sich zu sagen, man habe einen Monat in der »Stadt des Donners« verbracht, kommt dem Besitz eines wahren Adelstitels gleich. Es bedeutet schon etwas mehr, als wenn man in Bukarest erzählt, man habe den Sommer in der Schweiz verbracht. Ich selbst habe Darjeeling immer als einen Ausgangspunkt verstanden, wertvoll wegen seiner privilegierten geographischen Position und nicht wegen des bequemen und teuren – aristokratischen – Lebens, das hier zu haben ist. Im Grunde halten die Leute Darjeeling für eine Stadt der Superlative, ohne weitere Steigerungsmöglichkeiten. (Das gilt für jeden Wallfahrtsort. Zivilisation vereinheitlicht.)

Abstoßend finde ich nicht Europa an sich – herrliche, unsterbliche Kultur –, sondern den lächerlichen Proselytismus der Europäer. Aus gleichem Grunde hält man in Europa Asien nicht wegen seines Wesens für verdächtig und unausstehlich, sondern wegen der Propaganda seiner Pseudo-Mystagogen.

*

Ich kenne inzwischen ein gutes Dutzend Wallfahrer. Lustiges Gemisch aus gewöhnlichen Besuchern kosmopolitischer Hotels und bescheidenen Farmerfamilien, die gehemmt und schüchtern das Essen zu sich nehmen. Ein großer Teil von ihnen baut Tee in der Umgebung von Darjeeling an und wurde durch den Rückgang der singhalesischen Teeproduktion reich. Sie fühlen sich erst wohl, als sie auf ihren Pferden sitzen und zum Tiger Hill aufbrechen können. Sie sind leicht an ihren großen Hüten, den langen Peitschen und den Pfeifen zu erkennen. Ein amüsantes Spektakel, sie neben den Gruppen der eleganten Reiter zu sehen, die starr und ergriffen mit viel Pomp dreimal durch Darjeeling ziehen, bevor sie zu den Hügeln aufbrechen.

Manche der winzigen, verspielten Pferde tragen auch Heuballen oder Kinder (auf einem speziellen Sattel). Sie traben unermüdlich den Pfad hoch; wenn dieser sich gefährlich verengt, kann man ruhig die Augen schließen und sich auf den sicheren Instinkt und Schritt des Tieres verlassen.

Ich freunde mich mit Doktor Dee an, dem Inspektor des Sanatoriums, und mit einem alten Tibeter, der Sir Jagadis Bose auf allen seinen botanischen Expeditionen im Himalaya begleitet hat. Der Alte lebt seit 25 Jahren in Darjeeling und diente dem Kommandanten, der die britische Militärexpedition nach Tibet im Jahre 1904 befehligte. Er weiß viel, aber er redet wenig. Er trägt eine modische Brille und beherrscht alle Dialekte Nordindiens. Stimuliert durch mein sichtliches Interesse und meine Zigaretten, erzählte er mir letzte Nacht, wie die tibetischen Regimenter 1904 auf den Bergabhängen, »wo warme Quellen entspringen«, zerrieben wurden. Ein fanatischer Tibeter hatte den Adjutanten des Kommandanten ermordet und dessen Pferd getötet. Daraufhin eröffneten die Briten das

Feuer. Die Tibeter sanken reihenweise zu Boden. Stark dezimiert ergriffen sie die Flucht, und wenn man weiter geschossen hätte, wären alle zur Strecke gebracht worden. Auf diesen Vorfall folgte die bekannte Konferenz von Shimla zwischen China, England und Tibet, wo die Einrichtung eines ständigen englischen Stützpunktes vereinbart wurde.

*

13. Mai [1929]

Es stimmt wirklich: Darjeeling ist die Stadt der Donner. Die letzte Nacht hat mich davon überzeugt: eine Kälte, daß ich noch mit zwei Wolldecken fror. Um sich waschen zu können, mußte man das Wasser erwärmen. Der Tee vereiste im Glas. Mein einziger Trost: nicht nach Kalimpong gefahren zu sein, wo ich wohl die Nacht durchnäßt und hungrig in einem Bungalow verbracht hätte. Warum sollte ich das Schauspiel der Blitze in den Bergen bedauern? Auf jeder längeren Reise durch den Himalaya wird man ganz unvermeidlich einen Nachmittag oder eine Nacht der Blitze erleben.

Ich muß immer öfter an den Kanchenjunga denken.

Auf dem Tigerhügel

13. Mai [1929]

... Der Weg steigt auf über 7000 Fuß an. Den Morgen habe ich damit verbracht, mir ein Herbarium zusammenzustellen: Magnolien, Orchideen, Lorbeeren, Rhododendren und Flechten. Ich war nicht allein, sondern in Begleitung meines neuen Freundes, eines Arztes aus Nagpur, der ein geborener Botaniker ist.

»Well, was Indien interessant macht, das sind allein die Flora und die Kryptogamen«, begann der Doktor. »Ohne die Flechten wäre Indien nichts als ein verwildertes Land ohne jeden wissenschaftlichen Wert.«

»Und die Kultur?« wandte ich ein.

»Oh! My goodness! Kultur im Dschungel? Was für eine Kultur können Menschen haben, die an Seelenwanderung, an ..., na, wie heißt es doch gleich, an Metempsychose glauben?«

»Immerhin glaubte auch Pythagoras daran«, sagte ich provozierend.

»Eben, deswegen ist das Einmaleins ja auch nicht korrekt. Hast du nicht bemerkt, wie sehr die Multiplikation der 9 mit der 3 und mit sich selbst eine bloße Annäherung darstellt?«

»Nein«, gab ich offenherzig zu.

»Natürlich nicht, denn dafür braucht es die Augen eines Botanikers. Die Botanik ist die einzige Wissenschaft, die ihren Sinn in sich selbst trägt. Die Botanik hat keinen Zweck, das heißt die eigentliche Botanik, eben die der Flechten natürlich. Der Rest ist Baumkultur, Agrikultur, Hortikultur und wahrscheinlich Puerikultur.«

»? ...«

»Die Flechten repräsentieren das interessanteste Phänomen Indiens. Danach kommt meiner Meinung nach der Himalaya. Und an dritter Stelle der Monsun. That's all. Der Rest – Pagoden, Tempel, everything ... das Werk von Wilden und Besessenen.«

Wir hatten keinen besonders einfachen Weg zu gehen, und deshalb war unser Dialog von langen Schweigepausen unterbrochen. Ich versuche erst gar nicht, ihn zu rekonstruieren, vor allem deshalb nicht, weil er nur streckenweise interessant war. Dennoch möchte ich einige Maximen und Reflexionen des Doktors über die Flechten, über Indien und das Leben wiedergeben (dies zur Bereicherung meiner ohnehin schon umfangreichen, bisher noch unveröffentlichten Sammlung an Sprüchen und Überzeugungen, die Tausende von gelesenen oder gehörten Auffassungen und Ausrufen enthält):

»Das Paradies ist der Botanische Garten von Java.«

»Der schönste Garten ist ein Treibhaus, und das vollkommenste Treibhaus eine Sammlung von für das Mikroskop präparierten Lamellen.«

»Der Baum ist wegen seiner kryptogamischen Parasiten interessant.«

»Eine Pflanze ist erst interessant, nachdem sie abgestorben ist.«

»Der Mensch ist eine emanzipierte Pflanze plus Blutkreislauf.«

»Indien stellt einen schlecht gepflegten botanischen Garten dar.«

»Die menschliche Existenz läßt sich auf Poren und Wurzeln reduzieren.«

»Indien hat den größten Botaniker hervorgebracht, nämlich Mahavira (6. Jahrhundert v.Chr.), den Begründer des Jainismus. Mahavira hat den Verzehr von Pflanzen verboten. Der zweite große Inder ist Sir Jagadis Bose, der Botaniker. Buddha war wahrscheinlich ein Scharlatan.«

»Wenn es den Wissenschaftlern gelingen sollte, die Pflanzen genetisch zu verändern, wird die Botanik zur Theologie.«

»Die Chemie ist eine Pseudo-Wissenschaft, da sie zum chemischen Krieg geführt hat.«

»Krieg ist gräßlich, aber in den Kolonien echte Zivilisierung.«

»Wäre es nicht von England regiert worden, hätte Indien keine solche Bedeutung in der Botanik erlangt.«

»Wenn die Engländer nicht in Indien herrschten, würden sich die Inder in Bürgerkriegen verzetteln. Der wissenschaftliche Betrieb geriete ins Stocken. Das moderne Indien ist ein Werk Großbritanniens, so wie das antike Indien ein Werk Griechenlands ist. Es gibt kein eigentliches Indien vor Alexander.«

»Die Zukunft Indiens liegt in den Teeplantagen.«

»Jede Plantage ist der Feind aller Botanik, da sie die Parasiten vernichtet.«

Es versteht sich von selbst, daß diese Aussagen des Doktors Zeugnisse eines unverwüstlichen, lebendigen Humors sind. Andernfalls würde ich sie hier nicht erwähnen.

*

Mit Pflanzen vollbeladen erreichen wir das Ufer des Bergsees. Auf dem regulären Weg hätte man nicht länger als eine Stunde gebraucht. Wir dagegen benötigten vier Stunden, bei steiler Steigung und keine Höhle auslassend. Der Arzt erneuert alle zwei Jahre sein himalayisches Herbarium. Er ist auf der Suche nach besonders prachtvollen Exemplaren; hauptsächlich interessieren ihn die Wurzeln. »Wenn die erste Pflanze auf ihre Wurzel verzichtet hätte«, flachst der Doktor, »hätte sie es zum Menschen gebracht. Des Menschen Aufstieg zu Gott wird nur durch die Abschaffung der Beine gelingen. Alles muß über die Hände gehen, selbst auf die Gefahr hin, daß wir zu Schmetterlingen werden.«

Wir ruhen uns am Seeufer aus. Es ist kalt, Nebel läßt sich nieder. Der See hat einen zementierten Boden, das Wasser ist klar. Hier nehmen die Rohrleitungen ihren Anfang, die Darjeeling mit Wasser versorgen. Ein Wunder dieser See, hier mitten im Wald, auf dem Berg. Ich teile dem Doktor meinen Enthusiasmus mit, woraufhin er mich mit unverhohlener Geringschätzung ansieht:

»Ein See ohne Rosen, ohne Gräser ... Ein See von ungefähr, ein Pseudo-See. Warum ihn ›See‹ nennen? Lieber ›Badewanne‹, ja, eine Badewanne aus Zement. Die Kinder aus Ghum planschen wahrscheinlich hier, und wir trinken in Darjeeling unser Wasser daraus ... Ich meine, *du* trinkst daraus, denn ich nehme seit fünfzehn Jahren nur noch Sodawasser zu mir ...«

Wir bereiten uns auf den Abstieg vor. Trübe Nebelschwaden kommen aus dem Tal. Der Doktor schweigt, nachdenklich und niedergeschlagen.

Wir bleiben in Ghum, weil wir morgen früh zum Tiger Hill wollen, um den Mount Everest bei Sonnenaufgang zu bestaunen.

Tiger Hill, 14. Mai [1929]

... Jeder Reisende hegt zumindest eine Vorliebe und eine Abneigung. Meistens hat man so etwas aus Büchern, aus Geographiebüchern und sentimentalen Romanen. Man denke nur an die vielen jungen Leute, die in Neapel verliebt sind, und an den bekannten Spruch, der dieser Verliebtheit zugrunde liegt.

Was mich angeht, so stand der Mount Everest schon immer im Zentrum meiner geographischen Antipathien. Seit ich die erste Beschreibung gelesen habe, war mir der Kanchenjunga lieber. Sicher, Motive dafür lassen sich finden, aber ausschlaggebend für diese Präferenz sind wohl romantische Illusionen. Der Mount Everest wird einfach zu oft fotografiert, und jede populärwissenschaftliche Zeitschrift besitzt einen Abzug von ihm im Archiv.

... Das soll nicht bedeuten, daß ich ihn nicht sehen will. In der Nacht habe ich sehr unbequem geschlafen, da es zu kalt war und der Doktor im Schlaf polemisierte. Um drei Uhr morgens weckte uns der bhutanesische Diener. Für Tee blieb keine Zeit. Wir zitterten vor Kälte und Aufregung. Es war die Aufregung vor dem Unbekannten: der Aufbruch, die Nacht, der Himalaya, die Freunde, das völlig Neue ... Es ist immer dieselbe geheimnisvolle Unruhe dieser Aufbrüche vor dem Morgengrauen, Aufbrüche, von denen man in der Nacht davor träumt.

Im Garten erwarteten uns die Pferde und ihr Besitzer, ein Tibeter mit finsterer Miene, der gelassen seine Zigarette rauchte (ohne sie mit den Lippen zu berühren).

Der Weg. Wir steigen eine holprige »Allee« hoch, durch Büsche, die bei unserem Vorbeigang ihren Tau abschütteln. Gewaltige Schemen von Bergmassiven. Wo weißes Licht sich akzentuiert wahrscheinlich die verschneiten Gipfel. Stille. Die unvergleichliche Stille des Himalaya. Die Pferdetritte werden verschluckt, verschwinden wie Sandkörner im Meer.

Eine Viertelstunde vor Sonnenaufgang erreichen wir das Plateau. Klarer, unfaßbar weißer Himmel. Endlose, verschlungene, schwarze Täler. Wie Moos klettern die Wälder an den Felsen hoch. Zwei weitere, direkt aus Darjeeling angereiste Gruppen kommen nach uns an. Vor allem eine dunkelhäutige Miss ist zutiefst ergriffen.

Das Klima im Himalaya ist unbeständig, so wankelmütig, daß es selten erlaubt, die Bergspitzen zu sehen. Ungeduldig die Sonne erwartend, suchen wir nach den Gipfeln. Weiße Abhänge auf den Flanken. Doch da, über dem bewaldeten Bergrücken vor uns, in Richtung Nepal, hat von Anfang an ein verschneiter

Gipfel unsere Blicke auf sich gezogen. Die Auskunft des Führers bestätigt es: der Mount Everest. Ein weißer, deutlich sichtbarer, weit entfernter Fleck. Ein Wunder, daß man ihn hier, aus 140 Meilen Distanz, sehen kann. Wir schauen und schauen, und der Fleck glänzt in der Sonne, anwesend, aber unerreichbar, rein wie der Schnee Nepals, abgeschieden in großer Höhe, einsam und alt, verhüllt im Schweigen jenes nichtmenschlichen Soliloquiums, das seit Anbeginn der Zeiten besteht.

Die Offenbarung endet plötzlich, als sich Nebel breit macht. Wir finden uns auf dem Plateau wieder. Der Tigerhügel ... Nur der Name gefällt mir. Ein offener, bequemer Platz, der sich wie eine Stirn aus Gras und Steinen vor uns erhebt.

Der Doktor kümmert sich um sein Herbarium. Die Misses bereiten Tee und servieren Kekse aus umständlich geöffneten Dosen. Wie vorauszusehen, führt die Konversation zum Austausch der Adressen und zu Problemen des Tennis. Der Doktor setzt seine Paradoxien über die Botanik fort. Unsere Gedanken werden am Ende genauso fad und belanglos wie ein alltägliches Frühstück.

Bevor wir uns auf den Rückweg machen, flüstert mir der Doktor zu:

»Auf diesem Hügel ist nie ein Tiger gewesen.«

Funeralien in Lebong

Lebong, 18. Mai [1929]

Seit zwei Tagen bin ich Gast eines Besitzers großer Teeplantagen. Die Villa liegt auf einem Felsen oberhalb der Straße. Von unten gesehen ähnelt sie einem seltsamen, planlos erbauten Schloß ohne Zinnen. Als

Fenster fungieren die Wände, als Balkone die Terrassen, als Garten der Park. Alle Alleen und Bergpfade führen zum Tor der Villa.

Morgens klare Sicht aus dem Gästezimmer auf den Schnee des Himalaya, wenn auch nur für eine Stunde. Auf die Morgenstunden folgt der Nebel. Der Himmel klärt sich dann auf, und die Sonne brütet über den Teesträuchern. Doch die Bergkämme bleiben verhüllt. Das Eis und der Schnee auf ihnen nur selten zu sehen.

Man befindet sich nur fünf Meilen nördlich von Darjeeling, aber die Aussicht ist eine völlig andere. Wie ungewöhnlich wirken die mit Tee bepflanzten Hügel: Man könnte sie für Wälder noch nicht erblühter Rhododendren halten. Die Teesträucher wachsen beinahe bis ins Tal. Die Täler ihrerseits kommen einem wie Schluchten vor und die Arbeiterinnen mit ihren Körben wie Miniaturfiguren.

Die Villa steht fast immer leer. Der Besitzer bricht in den frühesten Morgenstunden auf seinem Pferd mit einer kleinen Peitsche in der Hand, einem Tropenhelm auf dem Kopf und einer Pelerine umgehängt auf. Ich treffe ihn später beim Frühstück; er ist voller Hast und guter Laune. Dann geht er wieder. Jedes der Kinder hat sein eigenes Pony, und seinen eigenen jungen Diener. Sie galoppieren auf der Hauptallee, und der Diener läuft hinterher, wobei er sich am Schwanz des Pferdes festhält. Nie werden sie müde, und es stört sie auch nicht, wenn es zu regnen beginnt. Dann setzen sie ihre Kavalkade eben im Regen fort, während ihr Diener geräuschvoll nach Luft schnappt und sich im Lauf die Nase schneuzt.

Am ersten Tag ging ich nicht aus dem Haus. Es war einfach zu wunderbar: Diese Villa in europäischem Stil mitten im Dschungel, am Rand eines Felsens gelegen, verwandelte das Leben in ein asiatisches Mysterium. An jenem Nachmittag regnete es. Es war ein kurzer Bergregen, mit warmen Nebelschwaden, ohne Wind. Ich blieb allein mit Leutnant Potter, dem Chef des Kantonnements von Lebong. Der Raum der Bibliothek war groß, beherbergte aber nur wenige Bücher. Wir konsultierten gemeinsam die Karte von Sikkim und gingen die Möglichkeiten durch, die Grenze bei Tonglu zu passieren. Es ist nämlich so, daß mich die Polizei von Darjeeling auf eigene Faust nicht losziehen läßt, und Gefährten für eine dreiwöchige Reise, die nie unter 10 000 Fuß kommt, habe ich bis jetzt nicht gefunden.

Meine letzten Zigarren aus birmesischem Tabak rauchte ich im Park. Ich weiß nicht warum, aber neben der heftigen Freude über den Mond, der die Wolken vertrieb, war da noch ein anderes seltsames Gefühl, das meine Seele zittern machte. Alle sechzig Lampen der Villa brannten. Und während wir, jeder in seinen Gedanken versunken, dem Leben des Dschungels lauschten, wie es durch jedes Blatt atmete und durch jede Schlange kroch, hob sich die Villa nackt, fremd, kalt, prächtig wie ein Juwel aus diesem Treiben hervor.

*

Wege durch den Wald, von Lebong zu den Gipfeln. Der Pfad schlängelt sich durch eine Vegetation, die nur so vor Saft knackt, durch Baumhöhlungen, überirdische Wurzeln, riesenhafte Farne. Die Sträucher verflechten sich zu Mauern, die Blumen treibt es zur Sonne, das Moos sprießt schütter wie ein silberner Teppich, überall hängen grüne, bläuliche Lianen herab, durchsichtig wie ein Spinnennetz oder panzerdick, mit Knoten und Rinden, mit Knospen groß wie

Käfer, mit elastischen Wirbeln, mit Nestern, Larven, schlummernden Schmetterlingen, staubigen Motten, Schlamm und Tau.

Ganz besonders angetan hat es mir eine Farnsorte mit endlosen Verzweigungen, die staudengroß wächst und die Felsen wie eine Draperie bedeckt. Auch das Farnkraut besitzt diesen Aspekt »geologischer« Flora, die einen ungewöhnlichen Kontrast abgibt zu den kletternden Bergrosen, auf denen Schwämme wuchern, Wachsblumen ähnlich.

Eidechsen in Massen, groß wie Spatzen, dunkelbraun, mit langen Beinen und kurzem Schwanz, kriechen auf Bäumen herum und schielen wie Chamäleons.

Schlangen gibt es vor allem in den Tälern. Ich erblicke ein Nest neben einem sonnigen Felsen, bin aber zu weit entfernt, um herauszufinden, ob sie giftig sind oder nicht; und eigens nachsehen will ich nicht. Ich weiß genug über bestimmte Schlangen des Dschungels, um Vorsicht walten zu lassen.

*

Besuch in einem buddhistischen Kloster mit Inskriptionen auf Tibetisch und den englischen Versionen daneben, mit elektrischem Licht und billigen Kopien der Fresken von Lhasa und Giantse. Manche Bilder sind wie Aquarelle auf Zeichenpapier gemalt. Das einzig Sehenswerte sind die Statuetten aus Kupfer und Bronze, die Buddha, Lakshmi und Shiva repräsentieren. Wie alle tibetischen Klöster kennt auch dieses keinen reinen Buddhismus wie denjenigen Japans oder Ceylons. Man hat es hier eher mit Lamaismus zu tun, einem fürchterlichen Durcheinander aus Mahayana-Buddhismus, Animismus, tibetischem Dämonismus und mongolischen Einflüssen.

Das höchstens achtzig Jahre alte Kloster wird von einem jungen Mönch bewacht, der eine weiße, lange Robe trägt, was ihn wie einen katholischen Missionar aussehen läßt. Er ist recht ungebildet, weiß zwar die Bedeutung aller Götter aus dem Heiligtum zu erklären, versteht aber kein Pali, die Sprache der kanonischen Texte.

*

Enttäuscht und gelangweilt verließ ich das Kloster und nahm den Weg nach Darjeeling durch das Bergdorf, das noch Lebong hieß. Europäische und indische Häuser, kanalisierte Straßen, einwandfrei funktionierende Brunnen. Trotzdem hatte Lebong einen stark asiatisch-himalayischen Charakter: holprige Straßen mit weißen Steintreppen, geheimnisvolle Hauslaternen, in Schals gehüllte Frauen, die trotz der vorhandenen mechanischen Brunnen kamen, um Wasser zu schleppen (sie sahen wie jene Gruppen von Araberinnen aus, die ein bevorzugtes Motiv auf den Bildern des letzten Jahrhunderts waren). Und obwohl mein Weg nach Darjeeling nur wenige Meilen ausmachte, umgaben mich alle Gefahren und Versuchungen, die man von einem asiatischen Grenzgebiet her kennt.

Noch aus dem Garten des Klosters hörte ich Jauchzer und Donnerschläge – der Lärm einer Horde, die eine tibetische Beerdigungszeremonie irgendwo im Dorf abhielt. Die Menge stand im Licht einiger Fackeln und Kerzen um einen buddhistischen Altar herum. Die Teilnehmer gehörten der lamaistischen Rotmützen-Sekte an. Den ganzen Tag lang habe ich der Zeremonie von der Terrasse eines Hauses zugesehen.

Drei Männer in purpurnen Roben, mit kegelförmigen, spitzen, roten Hüten, lasen aus einem tibetischen Manuskript in einem hastigen, merkwürdigen Rhythmus vor. Es handelte sich um Litaneien für die Seele des Toten. Manche Phrasen wurden in der Eile des Vorlesens zu bloßen Geräuschen, Kehllauten, von losen Vokalen begleiteten Konsonantengruppen, die sich von Zeit zu Zeit zu Schreien verdichteten. Das war wahrscheinlich ein Zeichen. Die Menschen neben den dreien begannen dann auf ihren Flöten, Trompeten, Trommeln und Kuhglocken zu spielen.

Der Priester in der silbern leuchtenden Robe, dessen langer, kegelförmiger Hut ihm die Aura eines Magiers verlieh, begann zu jauchzen. Einer seiner Diener lachte schallend und vollführte einen grotesken Tanz, wobei er mit den nackten Armen einen Säbel schwang. Währenddessen schoß ein dritter mit einem alten Gewehr durch die Luft (wie die Afghanen). Das Gelächter war falsch, die Schreie und der Lärm klangen dämonisch. Der Priester mit seinem breiten, durchfurchten Gesicht hatte ein teuflisches Grinsen aufgesetzt. Seine Augen leuchteten voll bösartiger Freude.

Anschließend fuhren die drei damit fort, gemeinsam vorzulesen, und die anderen beruhigten sich.

Während der Sarabande schlug der Säbelmann auf einen mit Heu und Gras umwickelten Baumstamm ein. Wahrscheinlich symbolisierte dieser den Körper des Toten, der zerstört wird, damit die Seele befreit in das Paradies Avalokiteshvaras[12] ziehen kann. Nachdem der Ritus mehrere Male wiederholt worden war, zündete der Priester einige Kerzen an und setzte, eine weitere Sarabande zum Anlaß nehmend, den Baumstamm in Flammen. Der Lärm, die Kracher, das Gelächter, die Jauchzer, das Kreischen, der Tanz, die Gesten – das alles nahm nun wilde Ausmaße an. Im Feuerschein

---

12 *Avalokiteshvara*: wichtige buddhistische Gottheit, die voller Mitleid auf die Welt hinabsieht.

wirkte die Horde in roten Kleidern wie Gespenster aus einem Alptraum aus der Unterwelt. Die Gebärden steigerten sich ins Dämonische. Ein barbarischer und grotesker Enthusiasmus beseelte diese Horde, die das Ereignis feierte, daß der glückliche Tibeter aus dem Leben geschieden war. Aus dem falschen Lachen am Anfang wurde bald ein echtes. Sie lachten und grölten, drehten sich chaotisch im Feuerschein und freuten sich über die Seligwerdung des Toten, aber auch über die Bezahlung, die sie für diese Zeremonie erhalten würden.

Ich studierte den Gesichtsausdruck des Priesters mit brennendem Interesse. Nie zuvor habe ich sardonisches Gelächter in vollendeterer Form gesehen als bei ihm. Dieser Mann wirkte wie ein intelligenter Wahnsinniger. Manchmal gab das verkrampfte Grinsen auf dem breiten Gesicht eine tiefe, unmenschliche Ironie preis.

Angesichts dieser Funeralien in Lebong war die Totenzeremonie in Kalkutta, der ich einmal beigewohnt hatte, mit ihren Pflanzenopfern und der im Feuer geschmolzenen Butter, von himmlischer Friedfertigkeit und harmloser Rätselhaftigkeit.

In einem Kloster. Die Sekte Dzog-chen-pa

Ghum, 25. Mai [1929]

... In Ghum herrscht am Nachmittag immer Nebel. Es ist ein bhutanesisches Dorf; wunderbare Frauen und keiner, der Englisch spricht. Das bedeutet, daß man seinen eigenen Führer aus Darjeeling mitbringen muß, und zwar einen asiatischen; manchmal einen Serdar, das heißt den Leiter einer himalayischen Expedition, der auf die Kulis aufpaßt und für die Sicherheit der Reisenden bis nach Sikkim Verantwortung trägt; manchmal Bearers, private Hoteldiener.

Ich bin ohne Führer losgezogen, mußte dann aber auf die Schnelle einen auftreiben, um das Kloster zu finden. Es ist das größte im Distrikt von Darjeeling und somit in ganz Bengalen. Ich hatte von ihm schon in Ceylon gehört, als mir ein buddhistischer Reisegefährte die ersten praktischen Informationen über die Lama-Serails im Osten des Himalaya gab.

Mein Weg führt mich durch ein bhutanesisches Dorf. Kinder, die instinktiv jedem fremden Ankömmling nachlaufen, verschlungene Gassen, Händler mit ihren Geschäften, nicht größer als Theken, an der Haustür schwatzende Frauen, in den Garten geworfene Essensreste, Tibeter mit schwarzen, glänzenden Zöpfen, mit blumig verzierten Stiefeln und ungarischen Schnurrbärten, Kulis, die Körbe mit scharfen Paprikas, Bananen, Seife und Kartoffeln schleppen. Ein Gemisch von Öllampengeruch und asiatischen Gewürzen. Die Mädchen mit den großen Ohrringen und den goldenen Flügelchen an der Nase. Vergoldete Kolliers von erstaunlicher Dicke. Kleider in matten Farben und blaue, um den Kopf gewickelte Schals.

Im Nebel zu einem nahegelegenen, mir unbekannten Plateau. Links am Wegrand die Schlucht mit versteckten Pfaden, mit Felsen und den grünen Büschen einheimischer Sträucher.

Daß das Kloster in der Nähe ist, erkennt man an den tibetischen Bannern; hohe Stangen, an denen Gebete, Zaubersprüche und Verwünschungen flattern, die auf eine Art flauschiges Papier oder Tuch geschrieben sind. Das Heer von Bannern wirkt im Nebeldunst wie die Vision eines Korallenriffs oder wie der Bart und die Fingernägel jenes chinesischen Gespenstes, das Stürme hervorruft.

Wir sind da. Der Tempel steht auf einem Ehrenplatz. Buddhistische Bauweise, mit einer breiten, geraden Dachrinne, mit zwei Fenstern zu beiden Seiten des Eingangs. Daneben ein verschlossenes Häuschen, das die Reliquien und heiligen Gefäße birgt. Dahinter die Mönchsbehausungen; Holzstufen, die in dunkle, trübsinnige, feuchte Kämmerchen führen.

Ich sehe nur wenige Mönche. Die übrigen befinden sich – nach buddhistischer Sitte – im Umland, ziehen durch die Dörfer auf der Suche nach Abgeschiedenheit, empfangen Almosen und nehmen an den Sorgen der jeweiligen Gemeinde Anteil.

Es sind die Mönche der Rotmützen-Sekte (Dzogchen-pa), die rote Roben tragen und einen von Kopf bis Fuß in Rot gekleideten Dalai Lama anbeten. *Rotmützen-Sekte* ist kein bloßer Name und meint nicht allein ein Kleidungsstück. Manche der glorreichsten Episoden des religiösen Lebens Tibets werden mit ihr in Verbindung gebracht. Von ihren Künstlern stammen Gemälde in prächtigen Farben, die den Erleuchteten auf dem Hintergrund der Himmelsebenen darstellen. Sogar die magischen Praktiken dieser Sekte sind nicht unbedingt primitiv – wie das an unseren gelehrten Universitäten geglaubt wird –, und möglicherweise ist nicht einmal die Symbolik der Kleidung abergläubischen Ursprungs.

... Die erste Unterhaltung wird durch einen Dolmetscher vermittelt und mit einem grimmig und mißtrauisch dreinblickenden Tibeter geführt, der mir jedoch alle verlangten Informationen bezüglich eines bestimmten Teils eines Rituals liefert; es sind im übrigen rein technische Informationen, die nicht hierher gehören.

In der schmalen Galerie vor dem Tempel brennen Kerzen, während Ampeln und Fenster die Lichtquellen im Innern sind. Ohne Zweifel ist er einer der schönsten Tempel der roten Sekte, wenn man ihn auch nicht als imposant bezeichnen kann. Sein wahrer Zauber enthüllt sich erst nach einigen Stunden angesichts der Wandmalereien, der kunstvoll verzierten Bronzestatuen und der Bibliothek.

Die erste Attraktion, die zum Stehenbleiben einlädt, ist die riesige Statue des Gautama Buddha, die mit Sockel insgesamt fünf Meter mißt. Buddha sitzt in der bekannten Position, die er unter dem Baum der Erleuchtung hatte. Ein rundliches Gesicht, die Augenwinkel zu den Schläfen hin verlängert, die Lippen zu einem Lächeln gandharischer Skulptur[13] geformt. Er trägt eine Krone wie weltliche Herrscher; denn die Volksmassen drücken durch ihre eigenen Kategorien das aus, was die Heiligen durch Schweigen vermitteln. Er ist spärlich in Seide gehüllt, geschmückt von Girlanden und Sträußen aus künstlichen Blumen.

Um diese riesenhafte Statue herum sind unzählige kleinere Standbilder von Tara, der Lieblingsgöttin der Buddhisten, aufgestellt sowie Ikonen aus dem mahayanischen Pantheon, das der gärenden Religiosität des Volkes entspringt, von den Strömungen des bhaktischen Hinduismus zehrt und unter dem schädlichen Einfluß transhimalayischer Elemente steht. Ich nehme diese Bronzefiguren zum Anlaß und gehe die Geschichte des Buddhismus in Indien wieder durch, der im Laufe der Zeit degenerierte, korrigiert, übersetzt und mißverstanden wurde, eines Buddhismus, der aus dem Ideenhimmel des »Gesetzes von den zwölf Ursachen« mit seinen kalten, metaphysischen Implikationen in das warme, in dauernder Wandlung begriffene Tal konkreter Religiosität herabstieg. Ich rekapituliere

13 *Gandhara-Kunst*: in den ersten Jahrhunderten n.Chr. unter hellenistisch-provinzialrömischen Einflüssen entstandene bedeutende indische Kunstschule.

einige Texte, von den Lesungen Buddhas (*Dharmapada*) bis hin zum *Lalitavistara*[14]. Aber ich gehe schnell weiter, um alles zu vergessen; vielleicht, weil die Kontemplation des mahayanischen Pantheons von Melancholie begleitet ist. Denn ich habe mir angewöhnt, nie rückwärts zu schauen und mich nie betrüben zu lassen.

... Auf der rechten Seite befindet sich die Bibliothek mit langen, niedrigen Regalen. Dort steht der *Kanjur*, eine religiöse Enzyklopädie in 108 Bänden, die tausend aus dem buddhistischen *Tripitaka*[15] übersetzte Kapitel umfaßt.

Auf der linken Seite, in einer noch umfassenderen Bibliothek, der *Tanjur* in 225 Bänden, der metaphysische, logische Kommentare, Bücher der Alchemie und Magie, Texte tibetischer Heiliger, mahayanischer Philosophen – insbesondere *Nagarjunas* – und *Prajnaparamita*-Traktate enthält[16]. Es handelt sich, glaube ich, um die Holzedition von Lhasa, die auf schmalen, losen Bögen gedruckt ist und zwischen zwei von einer Schleife umwickelten Deckeln aufbewahrt wird.

Wie in jedem Kloster findet man darüber hinaus zahllose Manuskripte. Ich betrachte eine wunderbare Seite aus der tibetischen Übersetzung der Bhagavad-Gita, geschrieben auf Pergament mit goldfarbener Tinte. Danach blättere ich in einem monströsen Folianten über die populäre Geschichtsschreibung Buddhas herum, verfaßt vor vier Jahrhunderten, in perfek-

14 *Lalitavistara*: Text des Mahayana-Buddhismus aus dem *Tripitaka* über das Leben Buddhas.

15 *Tripitaka*: große Schriftensammlung, die die 21 heiligen Bücher des Buddhismus umfaßt.

16 *Prajnaparamita(-sutra)*: in Strophen verfaßte Texte des Mahayana-Buddhismus.

ter Kalligraphie, mit interlinearen Ornamenten. Ein anderes, aus dem Nepalesischen übertragenes Manuskript enthält einige Farbminiaturen, zauberhaft wie alle Miniaturen eines Originalmanuskripts; und meine glücklose Sammlerseele leidet unendlich, als ich es ins Regal zurückstelle. Es gibt auch einige nepalesische Manuskripte und andere noch, geschrieben in Devanagari[17] *ancient style.* Niemand liest sie wahrscheinlich.

In einem Regal unter den Götterfiguren findet man kleine goldene Stupas; sie sollen die Monumente repräsentieren, die die Buddhisten zu Ehren der ersten Prediger errichtet haben. Unglaublich feine Arbeit, mit viel schwerem Gold. Auch die Bilder der Göttin Tara sind beeindruckend: minutiöse, vollendete Bearbeitung der Seiten des Sockels und der fadenförmigen Kerben der Hauptaureole, die als eine Art Hintergrund fungiert.

Die große Überraschung jedoch stellen die Wandmalereien dar. Mit Hilfe jenes grimmigen Lama und eines Dieners, der sich Bakschisch erhoffte, habe ich zwei ganze Wände entziffern können und die Erinnerung an viele Szenen aus dem Leben von Srong-tsan-sgam-po[18] wieder aufgefrischt, habe von neuen Namen und Taten der Gurus erfahren und das unvergleichliche Leben Milarepas rekapituliert, jenes kriminellen Dichters, Magiers und Eremiten, für den ich eine alte Leidenschaft hege. Vor allem eine zentrale Szene ist unübertroffen, in der Milarepa vor purpurnem Hintergrund in Meditationsposition in den Bergen sitzt und sich, die Hand am rechten Ohr, seitlich

17 *Devanagari*: im 17. Jahrhundert entstandene Schrift, die für das Sanskrit, aber auch für neuindische Sprachen verwendet wird.

18 *Srong-tsan-sgam-po*: tibetischer König, der der Legende nach im 7. Jahrhundert den Lamaismus eingeführt haben soll.

neigt, um den unerhörten Lauten der Natur zu lauschen. Wer etwas über die Theorie und Magie des Lautes, über das Mantra, versteht, weiß, daß sie durch die Gestalt dieses Magiers symbolisiert wird, eines Magiers, der gerade durch die Ausübung des Mantras kriminell wurde.

Der Lama, der mich begleitet, ist keineswegs begriffsstutzig und auch nicht ungebildet, aber unser Dolmetscher bringt ungewollt vieles durcheinander, und seine Übersetzung ist zu primitiv. Da mich vor allem das Tantra interessiert, würde ich sowieso nicht besonders viel erfahren. Die einzige Antwort wäre die übliche Einladung: »Diese Dinge bespricht man nicht auf offener Straße. Wer Erkenntnis sucht, der bleibe 15 Jahre bei uns.« Dieses Leitmotiv wird im übrigen nicht etwa öffentlich propagiert, ein guter Anlaß, diese Haltung mit der sogenannten »indischen Esoterik« in Europa zu vergleichen, die Gesellschaften und Kassierer besitzt, Konferenzen abhält, Neophyten anwirbt und Bücher in hundert Sprachen herausgibt – das alles für die Verbreitung der angeblich »esoterischen« Wahrheit.

Mein Eifer und meine Kenntnisse schmeicheln dem Lama. Er schenkt mir eine Kleinigkeit, ein Bild, das Buddha auf dem Hintergrund blauer Himmelsebenen zeigt. Vielleicht macht er das, um »Verdienste zu sammeln«. Vielleicht aber auch, weil er gerade selber gesündigt hat, als er sich von mir, diesem von weither stammenden Fremden, der gekommen ist, um die Lehren des Erleuchteten zu erfahren, hat rühren lassen. In diesem Fall hätte er gegen die *Unerschütterlichkeit* gesündigt. Die Unerschütterlichkeit, die Loslösung von den Dingen, von den Früchten der Taten – diese geniale Gabe Asiens. Daneben wirkt der olympische Geist theatralisch und eingebildet.

... Es wird schrecklich finster. Die Lampen brennen wie Fackeln im Nebel. Wir finden nur schwer unseren Weg und steigen frierend hinunter. Wieder das Gefühl der Isolation, des Abgefallenseins von Gott, der Einsamkeit und Agonie. Kälte, Dunkelheit. Voller Sehnsucht denke ich an das Hotel in Darjeeling zurück. Mit Buddhas Bild unter dem Arm sieht es so aus, als würde ich mich zwischen zwei Wegen befinden. Der Diener lächelt und entschuldigt sich:

»Bakschisch! ...«

Wenn der Monsun kommt

Jorepokri, 31. Mai [1929]

... Ich sollte von meiner Karawane und dem Serdar aus Bhutan erzählen. Vier Kulis tragen mein Gepäck, das für die kalten Nächte bestimmt ist, weitere vier die Verpflegung. Von Ghum an bis nach Pamianchi werden wir keine Gelegenheit mehr haben, unseren Proviant aufzufüllen. Sikkim erscheint mir jetzt weit weg, in finsteren Dunst gehüllt. Dieser Tag, verbracht in Regen, in dickem Nebel, auf nassen und steinigen Wegen, hat mir jeden Enthusiasmus genommen. Müde bin ich nicht. Nur betrübt, an so vielen Aussichten vorbeigekommen zu sein, ohne sie genießen zu können. Unsere Sicht reicht gerade ein paar Fuß weit. Und der Regen erschöpft die Kulis, bringt jede Zigarette zum Erlöschen, macht die Augenlider schwer.

Werden wir Sikkim je sehen?

Der Serdar ist von Beruf auch Koch. Er bereitet mir den Tee so, wie ihn die Tibeter trinken: mit Milch, Butter und Salz. Die erste Tasse habe ich gestern in Ghum getrunken. Dieser Tee hat die Farbe von

Milchkaffee und den Geschmack von Suppe. In Tibet konsumiert die Mehrheit der Einwohner zwischen vierzig und fünfzig Tassen am Tag, doch es gibt nicht wenige, die bis zu siebzig Tassen trinken. Kälte und Feuchtigkeit zwingen mich, einige Becher zu trinken. Öde. Keiner geht mehr aus dem Haus. Bis zur Herberge werden wir keinem Menschen mehr begegnen.

Um rauchen zu können, habe ich eine Art Minizelt aus zwei Pelerinen improvisiert. Das echte Zelt, das zwei Kulis jeweils abwechselnd tragen, hängt träge, naß, in satter Schwere. Wir werden es erst aufspannen, wenn wir Phallut passiert haben.

Die einzige Sehenswürdigkeit heute, an die ich mich erinnern kann: ein bewaldeter Hang, dann noch einer und noch einer; und ganz oben Schlamm auf dem Schnee. Verwünschter Nebel! Und einst habe ich dich gepriesen ... Andererseits, nur im Nebel spüre ich die den Dschungel beseelenden vegetabilischen Geister, angelockt durch die Agonie des Lichts. Mehr als zwei Schritte weit kann ich nicht sehen. Zurück schaue ich nicht. Die Tannen sind zu finster und die Lianen zu dicht verschlungen. Ich lausche meinem Atem und wundere mich über seine eigentümliche Reichweite. Ein Lichtkranz umstrahlte die Flamme des Streichholzes. Vorhin konnte ich die Wellen des Nebels erkennen, die aus dem Tal strömten. Das gab mir das seltsame Gefühl, daß dort der Ursprung liegt. Wessen Ursprung? ...

Muß ich noch wiederholen, daß im Dschungel die Beantwortung jeder Frage immer wieder aufgeschoben wird?

Der Tee ist kalt. »He, Serdar! Serdar!« beschwere ich mich und mache eine drohende Handbewegung. Er versteht zu wenig Englisch, und ich spreche noch zu wenig Hindi. Aber ich besitze ein Wörterbuch.

Und doch kann ich mir ein Lächeln nicht verkneifen, naß und unterkühlt wie ich bin, da ich mir dieser grotesken Situation bewußt werde: Ich blättere in einem Wörterbuch, um dem Serdar erklären zu können, daß ich den Tee doch gerne heiß hätte ...

... Nacht. Sturm und Regen. Es blitzt apokalyptisch. Ich wache auf, und plötzlich bedaure ich, die Reise angetreten zu haben.

Tonglu, 1. Juni [1929]

Endlich sind wir auf 11000 Fuß Höhe. Das bedeutet, daß sich der Nebel allmählich lichtet. Es ist kalt, und an den Gliedmaßen spürt man den Wind. Doch es regnet weiter, es regnet und regnet.

Während der kurzen Pausen habe ich mir ein Herbarium angelegt und einen plötzlichen Wechsel der Flora festgestellt.

Einen Vorteil hat der Regen doch: Er vertreibt die Schlangen. Wir haben gerade eine schlangenverseuchte Gegend passiert. In Europa hörte ich von Spritzen gegen Schlangenbisse. Es gibt tatsächlich solche Spritzen, aber sie verlieren ihre Wirkung nach zwei, drei Stunden. Mit anderen Worten: Um von einem giftigen Biß geheilt zu werden, muß man sich in Kalkutta oder Bombay befinden, sofort in ein Taxi steigen und ins Krankenhaus eilen, wo das Gegenserum in wenigen Minuten präpariert werden kann. Das ist alles, aber in unserem Fall wäre es schmerzlich wenig.

Der zweite Vorteil des Regens besteht darin, daß er die Träger auf Trab bringt. Auf diese Kulis ist wenig Verlaß, und sie sind schwer zu führen. Jeder Fremde, der Sikkim besuchen will, muß einen Serdar engagieren. Dieser unterzeichnet einen Vertrag bei der Polizei und übernimmt die volle Verantwortung für die

Expedition. Bei den Behörden von Sikkim hatte ich mit ziemlich viel Hindernissen zu kämpfen, eben weil ich alleine bin und nicht genug Hindi oder Nepali beherrsche.

Abends. Die Herberge ist sauber, gastlich, warm und nicht teuer. Ein Holzhaus, bewacht von einem Wärter, der den Paß kontrolliert und die Bezahlung im voraus haben möchte. Einfache Betten aus Holz, ohne Bezug. Dieser befindet sich in einem der Ballen, die die Kulis mitschleppen. Ich kaufe Reisig und Holzklötze, um mir Feuer zu machen. Ich habe ein Zimmer für mich. Es regnet entsetzlich. Der Serdar kocht Reis, und ich packe Leckereien aus Darjeeling aus. Darjeeling scheint mir jetzt weit entfernt, in einer anderen Welt. Darjeeling mit seinem elektrischen Strom und seinen Engländern.

... Der Serdar serviert mir eine schwer definierbare, aber immerhin warme Mahlzeit. Nur aus diesem Grund nehme ich sie zu mir. Das Geschirr ist neu, aus Aluminium – ich muß plötzlich an die vielen Ausflüge in meiner Jugend denken, als ich auf einem Gebirgskamm oder am Strand schlief, neben mir das von den Freunden bewachte Feuer. Freunde, die jetzt überall auf der Welt verstreut sind. So viele fröhliche gemeinsame Mahlzeiten, aus Aluminiumtellern, die wir am Morgen mit Sand reinigten. Und nun bin ich völlig einsam, und es regnet und regnet ...

Sandakphu, 2. Juni [1929]

Ich habe den Kanchenjunga gesehen! Ich habe den Kanchenjunga gesehen! Alle Ärgernisse sind vergessen, auch der Regen und der Nebel. Am Abend erreichte ich die Herberge. Von der Höhe unseres Berges aus – sein Name ist schön wie ein Märchen –

konnte ich die Reihe der Gletscher mühelos über viele Meilen weit sehen. Diese unendlich weißen, alten Gletscher. Ich konnte ungestört schauen, denn die Herberge lag in der Nähe, und der Serdar war gerade damit beschäftigt, Reis zu kochen.

Ich verteilte Zigaretten und Zwieback unter den Trägern. Den Kanchenjunga habe ich fünfmal fotografiert, aber da ich in dieser Kunst noch sehr unerfahren bin und es spät am Abend war, mache ich mir keine großen Hoffnungen hinsichtlich der Resultate.

Am Morgen hat es geregnet. Doch der Weg in der Dämmerung war unerwartet klar. Die Blicke wanderten über die tiefen Täler, über grüne Plateaus voller Teefelder. Noch kann man die Behausungen und Plantagen einiger Farmer erkennen.

Ich müßte viel über den heutigen Tag berichten. Die Erzählungen des Serdars, obwohl nur halb verstanden und halb erraten, haben immer noch etwas Ingeniöses an sich. Dieser Saidali ist der berühmteste Erfinder schöner Lügen in der ganzen Gegend.

... Die erste ruhige Nacht. Es ist nicht zu kalt. Ich streune ein bißchen rund um die Herberge herum. Ich bin allein, und das Bett hier ist hart, der Bezug naß und das Feuer spärlich – aber ich kann so viel baden, wie ich will, allem Widerstand des Serdars zum Trotz.

Er schläft zusammen mit dem Wärter im Nachbarzimmer. Sie flüstern und rauchen bis tief in die Nacht, denn hier pflegt man andere Gewohnheiten: Man bricht nicht vor acht Uhr auf, denn man muß nicht mehr befürchten, mit der Sonne »auf der Brust« aufzuwachen. Daher hat der Serdar keine Eile mit dem Schlafengehen. Auch ich nicht. Die Lampe rußt, die Kerze flackert, meine Augen schmerzen. Weil ich nicht lesen kann, mache ich etwas Gymnastik. Ich habe sieben leere Betten und ein bezogenes zur Verfügung. Also schlage ich Purzelbäume von einem zum anderen: Es gibt doch keine ergötzlichere Übung auf Erden!

Warum der Serdar nur nebenan schläft? Weil mich der indische Arzt aus Darjeeling auf folgendes aufmerksam gemacht hat: Es gibt hier geschickte Männer, die es verstehen, ihre Herren einzuschläfern, indem sie ihnen Pulver in den Tee geben, sich dann nachts einschleichen und ihnen die Rupien klauen. Aber ich behalte mein Geld in einem Koffer und riegele die Türen ab. Außerdem liegt mein Bett nicht am Fenster. Denn wie mir derselbe Arzt gesagt hat: »Hüte dich davor, am Fenster zu schlafen. Alle auf dem Weg nach Sikkim ermordeten Fremden wurden erschossen im Bett aufgefunden.«

Irgendwo im Dschungel, 3. Juni [1929]

Auf dem Weg nach Sabargham ...

Warum habe ich diese Reise bloß angetreten? Ich sitze unter dem Zelt und schreibe. Es regnet. Schleier. Der Serdar versichert mir, daß es der Monsun ist, obwohl ich diesen erst in einer Woche in Pamianchi erwartet habe.

Ich kann nichts mehr sehen. Die Kulis murren. Ich habe Angst, daß sie mein Gepäck im Regen stehenlassen und kehrtmachen.

... Wir warten seit drei Stunden. Beratung mit anderen Karawanen. Der Serdar spricht streng, mit Drohgebärden. Aber die Kulis sind hartnäckig. Sie verlangen, daß wir nach Sandakphu zurückkehren. Manche sind von Blutegeln verletzt. Ihre nackten Füße bluten. Sie reißen sich die Egel von den Gliedern, nachdem sie sie mit ihren Zigaretten verbrannt haben. Wegen der Blutegel rutsche ich oft auf dem

Weg aus. Und dann der Regen! Selbst wenn er für einige Minuten aufhört, regnet es aus den Bäumen, von den Lianen und Felsen herab. Fürchterliches Wetter. »He, Serdar, Serdar!«

Wir müssen nach Sandakphu zurückkehren.

*

Kann ich noch beschreiben, was ich gesehen habe? Wo ich jetzt bin, weiß ich nicht. Meine Gedanken eilen vom einen zum anderen Ende der Welt und vom Anbeginn meines Lebens zu seinem Ende, welches ich beinahe, oh beinahe gesehen habe.

Ich entsinne mich eines Wegs durch den Dschungel, eines langes Wegs des Alptraums, getragen von Atemzügen, die der Nebel erstickte, unter Hustenanfällen des Regens. Ich dachte nichts, ich erhoffte nichts, ich erinnerte mich an nichts. Um den Weg abzukürzen, sind wir hinunter ins Tal gestiegen, geradewegs in den Dschungel. Versteckte Dornen stachen uns blutig, und große Blätter kratzten uns wund, und Blumenkelche voller Wasser spritzten uns naß. Wir irrten, wir irrten umher ...

Auf einmal blieben wir stehen. Ich wußte nicht warum, doch die anderen wußten es. Der Regen hatte aufgehört, aber nicht die Nässe beunruhigte uns. Man hörte ein sonderbares Geräusch, ein dumpfes, raschelndes. Wie die Schritte eines Gefolges von Schattenwesen auf einem Moosteppich. Was in Gottes Namen bedeutete dies? »He, Serdar, Serdar!«

Und da verstand ich ihre Angst: Wir waren zu tief hinabgestiegen, genau in den Weg der Blutegel. Und die Blutegel krochen voran, ganze Kolonnen, Tausende und Abertausende.

Wir konnten sie nicht sehen. Wir hörten nur ihr feuchtes Kriechen und sahen nur das Zittern der Blätter.

Wer je behauptet, der Tiger, der Löwe und die Kobra seien die gefürchtesten Tiere des Dschungels, der kennt nicht den Dschungel zu Beginn des Monsuns. Diese freundlichen Bestien töten einen sofort. Aber die Blutegel? Sie nahen – und du kannst nicht fliehen. Du siehst sie – und du kannst sie nicht erschlagen. Wenn du erschrickst – bist du verloren. Denn wer in Panik gerät, rettet sich ins Tal, und im Tal erwartet dich die lange Agonie mit der Blutleere am Ende.

Höre! ... Ach! Wenn ich es nur schreiben könnte! Wenn ich nur nicht so viele bequeme und leicht herbeiphantasierte Dinge in meinem Leben geschrieben hätte!... Höre, wie ich meinerseits hörte. Zuerst froren mir die Ohren ein, dann der Hals, dann die Beine. Wie könnte ich nur das dumpfe, leichenhafte, eisige Geräusch wieder heraufbeschwören – das Geräusch der schwarzen, klebrigen Legionen? Einige hatten mich erwischt, und ich betrachtete meine blutverschmierten Finger. Ich wollte fliehen, ich wollte talabwärts fliehen. Nur der Serdar hat mich gerettet.

Der Aufstieg an einem dornigen Hang, im Regen, mit Blutegeln an den Händen, auf dem Leib, im Gesicht. Zuerst habe ich mir das Hemd zerrissen, um die schwarzhäutige Zunge zu zerquetschen, die in meine Brust ritzte. Dann habe ich die Schulterpartien meines Hemdes und dann die Strümpfe zerrissen. Immer wieder rutschte ich ab, die Augen tränten, ich verrenkte mir die Finger und riß mir in der zerfetzten Hose die Knie auf.

Oben, auf dem eben verlassenen Plateau, begegneten uns neue Massen von Blutegeln. Ich blickte entsetzt zum Serdar. Und mein Gedanke spann willenlos zwischen Licht und Finsternis – Leben.

*

Was folgte dann, und wie entkam ich? Ich weiß es nicht. Die Flucht. Wir flohen wie Geister, wie Gespenster. Trotz aller Schreie und aller Peitschenschläge des Serdars haben die Träger das Gepäck fallengelassen und sind geflüchtet. Und wir flüchteten mit ihnen.

Das ist alles. Heute prangte der Himalaya in majestätischer Höhe, und die Blutegel waren winzig, winzig. Und der Mensch blickte befremdet auf sie herab und betete und fluchte in seiner Sprache.

Das ist alles.

Durga, Göttin der Orgien

Kalkutta, 3. Dezember 1929

... Die Göttin lebt in den Vindhya-Bergen. Von ihren Orgien des Fleisches, des Weines und des Blutes erfährt man aus jener Passage des Mahabharata, wo Durga, die jungfräuliche Göttin, Mahesha, den Dämon des Schreckens, tötet. Durga, Göttin mit schwarzem Leib – dem dunkelblauen Krishnas ähnlich –, mit einem Kollier aus fünfzig Schädeln um den Hals, die Stirn mit Pfauenfedern geschmückt, ein breites, strenges Lächeln im Gesicht, das tantrische Orgien ankündigt. Ich habe Wochen harter Arbeit darauf verwendet, ihre Verbreitung und ihren Triumph während der synkretistischen Strömungen im mittelalterlichen Bengalen nachzuzeichnen. Ihre Geschichte wird mit ehrerbietigem Enthusiasmus von jenen gelehrten Pandits erzählt, die es noch verstehen, sich nicht im Ozean der Manuskripte zu verlieren.

Ihre Aspekte sind zahlreich und widersprüchlich; hier noch Symbol der kosmischen Vernichtung, des makabren Tanzes auf dem leblosen Leib Shivas; dort wieder Ikone der fruchtbaren, gebärenden Mutter, in der die ekstatische Gefühlsmystik Bengalens ihre Gestalt findet. Die Dichter und Heiligen besingen sie, Göttin, deren wahres Antlitz verborgen bleibt, Göttin, die überall präsent ist, in der Begeisterung des Regens und in der erbarmungslosen Hitze, in den Blitzen und auf den Feldern, in der Wehmut der Seele und dem Überschwang der wilden Tempelorgien. Im Laufe der Jahrhunderte religiöser Überlieferung nahm Durga jede Form an: Sie war die Schwester Krishnas, die Gattin Shivas, war zuerst makellose Jungfrau, wurde Uma genannt, galt als Verkörperung der Veden und Brahmas – Indiens kostbarste Heiligtümer – und wurde später mit orgiastischen Neigungen ausgestattet.

Durga, Uma, Kali – die Göttin hat Dutzende Namen, Gesichter, Aspekte. Die fünfzig Schädel symbolisieren gleichzeitig die Grausamkeit ihrer Rituale und das mystische Alphabet ihrer geheimen Kulte. Sie wird auf furchteinflößende Weise dargestellt, fast nackt, blutbespritzt, mit dem Fuß auf den Dämon tretend und den Tanz des Todes und der Schöpfung tanzend, wobei das Kollier aus Schädeln an ihrem entfesselten Leib baumelt. Ihr Fest beginnt Mitte Herbst.

*

... Oktober. Es gab Stürme im Golf. Die Schiffe aus Java und Hongkong verspäten sich auf dem Fluß. Langanhaltende Regenfälle, wie mitten im Monsun. Und plötzlich der heitere tropische Himmel und der Wohlgeruch des Dschungels. Eine frische, aufwühlende Brise sucht die schmutzige Stadt kurz vor der Durga Puja auf.

Es ist eine reiche Woche gewesen; reich an Sankirtans, jenen mystischen, monotonen, klagenden oder anfachenden Chören, die Krishnas Namen preisen und in Tränen und unkontrollierbaren Ausschweifungen enden; reich an Einladungen in herrschaftliche Häuser, wo guterzogene Bengalesen dir einen Stuhl bringen, damit du dir die Schuhe ausziehen und dich in Strümpfen dem Bild Durgas nähern kannst, der juwelenschweren, von Pflanzenopfern berauschten Durga. Eine Woche, in der du, beneidenswerter Europäer, mit heißen, gepfefferten Singaras (Teigtaschen), gewürzten Dudpitas (Blätterteig) und mit Rasagullas verwöhnt wurdest, jenen phantastischen winzigen Klößchen aus zerstampftem, mit Honig versetztem Reis. Und dann der Tee mit Milch, den dir die junge Tochter ohne Scheu serviert, da sie weiß, daß du bei einer berühmten bengalischen Persönlichkeit in die Lehre gehst. Sie bietet dir Mangofrüchte oder rote Pfirsiche an und fragt dich höflich, ob du schon Bengalisch lesen kannst, und läßt sich ihrerseits Fragen stellen, auf die nur eine Kumari (Jungfrau) antworten kann, die englische Schulen besucht hat. Wenn du Glück hast, bringt das Mädchen Freundinnen mit, die auf Stühlen schaukeln, sich auf einem Diwan in der Ecke versammeln und in *chalitbhashya* (Umgangssprache) schwatzen. Währenddessen zeigt dir der Vater seine Sanskrit-Manuskripte, die du mühevoll mit dem Finger entzifferst, und ein reicher Onkel macht Andeutungen über politische Themen. Alle wirken verjüngt, trunken von der Puja, der Feier Durgas.

... In jener Oktobernacht hat mir die »Mutter« eine schwere Matte und frische Schals auf die Terrasse gelegt – mein Nachtlager. »Mutter« ist nicht nur ein höflicher Ausdruck, sondern das einzige Wort, das der Liebe und Güte gerecht wird, mit der – gemäß den heiligen Schriften – die Gattin des Lehrers den Schülern begegnet. Diese unerfahrenen und beflissenen jungen Leute leben im Haus oder im Garten des Meisters. Sie brauchen nichts zu zahlen, helfen aber im Haushalt mit. Dafür weiht sie der Guru in die Geheimnisse der Grammatik, Rhetorik und Metaphysik ein, und die »Mutter« trägt Sorge für sie und webt ihnen weiße Gewänder.

Es schläft sich gemütlich auf der Terrasse. Nur der Glanz einer weißen Moschee, der Umriß eines benachbarten Balkons und ein paar schlanke Palmen sind zu sehen. Irgendwann, wenn dich die vielen Erinnerungen ermüden, stimmst auch du ein Loblied auf dein Nachtlager an, denn nach der Metaphysik ist das Spezifischste an Indien eben das Nachtlager. Wo habe ich nicht schon überall geschlafen: in den Bungalows im Himalaya und im Dschungel, am Oberlauf des Ganges, wo es von Krokodilen wimmelt, und auf Plantagen voller Schakale. Unvergessen die Hysterie der Schakale und die unbekannten Dschungelgeräusche – jene phantastische Auferweckung des Geistes der Vegetation, der lachen und sich amüsieren kann, was den Aberglauben über seine angebliche Trägheit widerlegt.

Für jemanden, der nach winzigen, grotesken, flüchtigen Nuancen sucht, kommt das raschelnde Blätterwerk der Palmenwipfel einem ungeborgenen Schatz gleich. Du gewöhnst dich nur schwer daran. Zuerst weckt es dich aus dem Schlaf, verstummt aber wieder, sobald du die Augen öffnest. Es ist launenhaft: Nur wenn jemand auf der Terrasse schläft, fühlt es sich animiert, Geräusche von sich zu geben. Wer gerade aus einem Alptraum erwacht, wird von ihm empfangen. Man hört es kaum, und gerade deswegen wirkt es während des Pseudo-Deliriums, das man kurz vor dem Einschlafen hat, wie betäubend. Es ist monoton, aber sein Rhythmus läßt sich nicht erkennen. Manchmal hört es sich wie der Schrei eines verletzten Vogels an, den still fließendes Gewässer übertönt. Ein Schauspiel für sich, das dich berührt und verzaubert, obwohl es dir den Schlaf raubt und so viele Sehnsüchte in dir wachruft.

Wie nur schlafen? Wer die Stunde kennt, wenn die Gitana über die Liebe zwischen Krishna und Radha und über Krishnas Spiel mit den Jungfrauen aus Vrindavana ertönt ... wer die Orgel und die Winas (eine Art Gitarren), die Klänge der Ersajs und der Mridangas (länglichen Trommeln ähnlich) und den Raga *Ramavanasya* hört –, kann der das alles ignorieren und sich einfach dem Schlaf hingeben? ...

In der Morgenfrühe die ersten Anzeichen einer Erkältung. Armer Europäer, du hast dich in zu viele Schals gehüllt. Es bleibt noch eine Stunde. Noch vor sechs Uhr bist du im Garten, halbnackt, und wäschst dich mit dem Wasser, das du aus einem Steinbecken – schmal wie ein Sarg – schöpfst. Das ganze Viertel ist eine Badewanne, jeder Straßenbrunnen Wasserquelle für die zahlreichen Armen. Der Tee. Und wieder der Lärm der Mädchen und die Gebete der Strenggläubigen und die Spiele, überall Spiele, denn es ist Puja – Spiele, Gelächter und Opferungen.

Im Tempel des Kalighat, der in ganz Indien berühmt ist und der den bedeutendsten Altar Durgas besitzt, habe ich einen Freund aus jenem Brahmanen-Clan, der alles leitet und sich durch die Einkommen des Heiligtums bereichert. Er begleitet mich durch die endlose Menge der Pilger, von denen manche aus Orissa stammen – die Frauen dunkelhäutig, knochig, mit verschlagenen Blicken –, manche von der Grenze zu Nepal, manche wieder aus Assam. Dichte Reihen von Pilgern und armen Leuten, die mich anrempeln. Die Armen warten auf jene Tage, wenn sie Puja-Almosen auf einem großen Blatt gereicht bekommen. Shivas Altar mit dem heiligen Brunnen, den Frauen umschwärmen (ein aufmerksamer Blick erspäht in der Mitte das Lingam). Ehefrauen kommen und gießen Gangeswasser hinein, murmeln Mantras dabei und verehren mit erstaunlicher Hingabe den Gott, der den Schoß mit Fruchtbarkeit segnet. Man erlaubt mir, von oben auf den Altar zu schauen, und ich erblicke Frauen aus der Aristokratie Kalkuttas in schweren, seidenen Gewändern neben Bäuerinnen aus Oudh, neben frommen alten Frauen und barfüßigen jungen Mädchen mit gelösten Zöpfen. Ich erkenne bestimmte Gesichter wieder, und mir fallen dabei berühmte Namen ein, die ich auf Festivals gehört habe. Vom oberen Ende der Treppe aus – an meiner Seite der junge Brahmane – betrachte ich die Scharen von Gattinnen, deren Wunsch Shiva erfüllt hat, und ich begreife plötzlich die Bedeutung des Kaktus voller Eisenringe und Opfergaben neben dem Becken.

Immer wieder der gleiche Ausruf im Gedränge, das auf den Gassen entsteht, die zum Haupttempel führen: »Duurga! ... Duurga! ...« Die Menschen warten mit ihren Blumen- und Fettopfern in der glühenden Sonne, bis sie schließlich ins Heiligtum hineinströmen. Die zerdrückten Opfergaben türmen sich zu Füßen der Göttin, die ich jedoch in der Dunkelheit des überfüllten Tempels nicht erkennen kann. Man dringt nicht einmal bis zur Wand vor. Ich mache einen Umweg und gelange zum Portikus, wo Ziegenböcke geopfert werden, und zwar zweitausend am Tag, da ja Puja ist. Auch hier drängen sich Schaulustige und Gläubige. Ich bin der einzige Weiße, allerdings in Begleitung eines Brahmanen vom Kalighat. Viele, viele Ziegenböcke – und der Henker, der sein Handwerk äußerst geübt verrichtet. Das Blut spritzt in alle Richtungen auf. Die Köpfe und Gliedmaßen der Tiere werden von erfahrenen Gehilfen eingesammelt. Den geschlachteten, noch warmen Böcken wird zuerst das Fell abgezogen, dann werden sie entzweigeschnitten, von Innereien befreit und kleingehackt. Was anschließend passiert, kann ich nicht sehen, aber es weht Rauch über der Menge. Lange ist das nicht auszuhalten; die vor Angst wie benommenen Tiere werden in der Hand des Henkers völlig zahm, und die Dämpfe erregen, berauschen dich, bringen unbekannte Nerven zum Leben. Die Sonne brennt, die Menschen rempeln dich an und brüllen: »Duurga! ... Duurga! ...«

Auch ich gehe zum Fluß, denn kein Hindu beendet seinen Opfergang ohne eine Waschung im heiligen Ganges, der im übrigen unvorstellbar dreckig ist, voller Fett und Fäulnis. Jede Gassenbude fungiert auch als Altar, ob nun für Ganesha, Lakshmi, Krishna oder Shiva. Von Durga werden rote Idole und Bilder verkauft. Gepeinigte Bettler, unheilbare Leprakranke, betrügerische Brahmanen, Yogis und Fakire von Jahrmarktniveau bedrängen dich, Betrüger, die ihre Haare lang und mit Asche beschmiert tragen, wie die Sadhus. Am Wegesrand Scharlatane, die ihren Kopf im Sand eingegraben haben, während ihre Kumpanen den Frauen aus Oudh Kupfermünzen abknöpfen. Dann wieder falsche Fakire, die auf Nagelbrettern sitzen und ein Schwätzchen halten; oder Kühe mit verrenkten Gliedmaßen – und alle möglichen grotesken, widerwärtigen, abstoßenden Darbietungen, welche die Pilger bewundern und die Frauen mit Kupfermünzen belohnen.

Zuerst findet man dieses Spektakel amüsant, vor allem, wenn man begreift, daß es sich dabei um das Spektakel eines degenerierten Hinduismus handelt, der sogar zu Menschenopfern zu Ehren Durgas und zu heiliger Prostitution führt (von letzterer wissen nur wenige etwas, und sie ist schwer aufzudecken). Später kommt zum Gefühl der Übermüdung noch Ekel hinzu; eine Art ohnmächtiger Zorn gegen dieses Gemisch aus Frömmigkeit und Barbarei überkommt dich. Den einzigen Trost spenden die Frauen aus der höheren Gesellschaft, die, unberührt vom Gedränge, der Erregung, dem Blut und dem Geschrei, ihren Pflichten nachkommen. Ich flüchte auf die Allee, die entlang des Flusses zu jenem Ghat führt, wo Leichname verbrannt werden. Eine Mutter wartet auf Brennholz für ihr totes Kind. Eine andere »Grabstätte« hat gerade den Körper eines wohlbekannten Händlers von Shambasar verschlungen. Jemand aus der Familie stochert in den noch glimmenden Kohlen herum und entdeckt Knochen, die noch zur Hälfte weiß sind. Man sammelt trockene Zweige, Holz. Alles muß bis zur letzten Spur ausgelöscht werden. Als die Asche nicht mehr glüht, landet ein Rabe auf der Grabstätte, die noch den Geruch verbrannten Fleisches trägt. Er pickt verzweifelt in das Holz, findet aber nichts, rein gar nichts, denn der Körper ist jetzt in Durgas Himmel.

Vor dem Ghat ein Garten, der nach Zypressen duftet. Dort warten viele Freunde auf mich. Und jeder erzählt, wie ... Aber warum sollte ich hier ihre Worte wiedergeben? In Indien ist das Sublime mit Gräßlichkeiten, mit Ekligem und Abergläubischem verflochten. Gerade deswegen wirkt es nicht künstlich, sondern es fasziniert.

KUMBH MELA IN ALLAHABAD

[Januar 1930]

Mitten in Indien, zwischen brütend-heißen Wüsten und siechen Reisfeldern, am Schnittpunkt der heiligen Flüsse Ganges und Jumna, liegt Allahabad, die dreitausend Jahre alte Stadt. Die Hindus nennen sie Prayag, die Moslems Allahabad. Hier findet einmal alle zwölf Jahre die größte religiöse Feier Indiens statt, hier ist der Ort des heiligsten aller heiligen Feste, der Kumbh Mela, wenn täglich eine Million Pilger an der Stelle baden, wo die beiden Flüsse aufeinandertreffen. Die letzte Kumbh Mela in Allahabad wurde im Januar dieses Jahres gefeiert, die nächste wird 1942 sein. Einmal alle zwölf Jahre gerät ganz Indien in Aufruhr. In den Dörfern herrscht Unruhe, die Klöster werden verlassen, aus den Höhlen des Himalaya steigen nackte, mit Asche bestrichene Einsiedler herab; von der Malabarküste, dem Kap Komorin, dem Bengalischen Golf, aus dem Himalaya, den Vindhya-Bergen, der Bikaner-Wüste, von überallher strömen Konvois von Karren herbei, Scharen von Mönchen, Schwärme von Herumtreibern, Horden von Leprakranken, Suiten von Rajahs, Züge, überfüllt mit Händlern, Planwagen mit weißen Vorhängen voller Frauen. Eine beeindruckende Menschenmenge, die nach Heiligung dürstet: die Pilger der Kumbh Mela.

Schon zwei Wochen zuvor sind die Züge nach Allahabad zum Bersten voll. Auf Bahnhöfen warten Hunderte von Pilgern, die auf nackten Steinplatten schlafen, armselige Mahlzeiten zu sich nehmen und jedesmal in Unruhe geraten, wenn ein Zug vorbeifährt. Dann eilen sie mit ihren Habseligkeiten auf den Bahnsteig und fragen: *»Kider jaiga? Prayag jaiga?«* (»Wohin fährt er? Nach Allahabad?«). Es sind Züge mit dreißig Waggons der dritten Klasse, in denen Normalsterbliche und Heilige seit Tagen und Nächten eingequetscht sitzen. Und doch: Wenn diese Züge an einer Station halten, laufen zahllose Pilger zum Bahnhof, durchbrechen die Ketten der Wachposten und fallen mit der Fahrkarte in der Hand auf den Bahnsteig ein, wobei sie ständig *»Prayag! Prayag!«* rufen.

Ich werde niemals die Nacht zum 26. Januar vergessen, die mich von Kalkutta nach Allahabad führte. Hinter Benares war die Hitze unerträglich geworden. Es war mitten im Winter, aber wir reisten nach Zentralindien, und die zwei Ventilatoren reichten für das unvorstellbar volle Abteil bei weitem nicht aus. Niemand konnte auch nur einen Schritt tun. An der Tür hatte sich ein kräftiger Mann postiert, der an jeder dritten Station ausstieg und uns Wasser, Bananen und Orangen brachte. Die Menschen waren über die Fenster eingestiegen und auf die Gepäckträger geklettert oder hatten sich unter den Bänken zusammengekauert. Zwei Frauen und ein Kind wurden ohnmächtig, und in diesem Zustand kamen sie auch in Allahabad an, denn so sehr wir es auch gewünscht hätten, wir konnten nicht noch mehr zusammenrücken, um ihnen etwas Platz zu machen; auch konnten wir ihnen keine direkte Hilfeleistung geben. So fuhren wir Stunde um Stunde, von der Hitze benommen, in Fieberträumen versunken, in den Ohren immer wieder das gleiche Stöhnen, die gleichen Geräusche der Räder und die gleichen Schreie der auf Bahnsteigen eingequetschten Menschen. Dreißig Waggons von den insgesamt dreitausend Richtung Kumbh Mela ...

Am 29. Januar hatte die Kumbh Mela ihren Höhepunkt erreicht. Seit zwei Tagen waren der Bahnhof und die Stadt so sehr von den vier Millionen Pilgern überfüllt, daß die Züge eine Station vorher anhielten und die Leute von dort aus zu Fuß gingen, um im Morgengrauen, nach zehn Kilometern Marsch, mit dem Gepäck und den Dienern das Kumbh-Mela-Feld am Rande von Allahabad zu erreichen. Binnen weniger Stunden werden die Landstraßen zu eng für den irrwitzigen Exodus von Karren, Lastwagen, Autos und Fußreisenden. Phantastische, malerische Konvois setzen sich in Gang, die in allen Ecken der heiligen Stadt ihren Anfang nehmen, heiße Felder, Hügel und Reisplantagen passieren und durch Morast waten, Konvois, die gegen aufgewirbelten Sand und stickigen Staub ankämpfen und nur langsam vorankommen, mit Menschen, die in den Hunderten von Mundarten Indiens klagen, brüllen, Freudenschreie ausstoßen ...

Wer nicht in der Nacht auf den 29. Januar auf diesem Feld geschlafen hat, der kennt die Kumbh Mela nicht. Denn am zweiten Tag war die große und furchterregende Prozession der fünftausend Heiligen, Eremiten und Nonnen, deren vorgeschriebene Route vom Lager bis zum Gangesufer führte und zwischen zwei Mauern aus Zuschauern verlief. Schon am Abend zuvor waren unzählige Männer, Frauen und Kinder gekommen und hatten ihre Bündel am Rand der improvisierten Straße abgelegt. Sie schliefen dort, direkt neben den Absperrungen – dabei sind, je heißer die Tage, um so kühler die Nächte in dieser Stadt am Wüstenrand. Um zwei Uhr in der Frühe begann es im Lager zu rumoren. Die Kamele aus dem Prozessionszug brüllten beunruhigt. Zwischen den Zelten waren Umrisse von Elefanten zu erspähen. Flüsterlaute und Gebete in der Dunkelheit. Glühbirnen brannten nur auf den Wegen und bei den

Ein- und Ausgängen. Wer hätte schon sagen können, bis wohin sich dieses Lager von beängstigenden, alptraumhaften Ausmaßen erstreckte? Es gab Zelte, soweit das Auge reichte. Im Dunkel hinter den Baracken, den Ställen und Feldlazaretten machte man bizarre Entdeckungen. Dort sah man manchmal nackte, halluzinierende Asketen aufstehen, einige Augenblicke lang den bleichen Lichtkegel der Laternen durchschreiten und dann wieder in der Dunkelheit verschwinden. Oder man sah die furchteinflößenden Gesichter vereinzelter Eremiten oder räuberischer Fakire durch die Rauchschwaden von Lagerfeuern.

Wenn man nicht aufpaßte, trat man auf irgendeine in billige Decken eingehüllte Frau. Und wer konnte schon sagen, was sie war – eine Bettlerin, eine Leprakranke oder die Gattin eines Großgrundbesitzers? Denn hier ließ sich nichts erkennen; die Dunkelheit und der Staub, die Müdigkeit und die Aufregung, mit der alle den großen Tag der Prozession abwarteten – das alles verwischte die sozialen Differenzen, hob das Kastensystem auf und brachte alle unter dem demutsvollen Pilgerkleid zusammen.

*

Die Glühbirnen leuchten wie bleiche Sonnen in der kalten Finsternis des Lagers. Da! – Plötzlich gibt jemand das Weckzeichen. Vom Zelt aus, wo ich als Gast der Sekte Swami Vivekanandas schlafe, lausche ich den neuesten Gerüchten, warte und zittere wie die anderen vor Kälte und Wahnsinn. Ich wage erst aufzustehen, als mir mein Freund Swami Nilakananda auf die Schulter klopft. In die Schals aus Kamelhaar eingewickelt, die uns ein reicher Mann am Vortag geschenkt hat, treten wir hinaus und gehen zum Feuer, wo unser Tee gekocht wird. Ich erkenne keinen von meinen Freunden wieder, da sie mit Schals vermummt sind und prächtige Turbane tragen. Außerdem gibt die Dunkelheit ihre Körper nur in weichgezeichneten, unpersönlichen Konturen wieder, die sie wie Schatten aussehen lassen. Und doch: Am Feuer finden wir wieder zueinander. Hier Swami Omkar, redselig und scherzhaft wie er im Kloster von Belur schon lange nicht mehr war. Daneben Swami Krishnananda, mürrisch und vom vielen Fasten ausgelaugt, einer, von dem man nicht mehr weiß, als daß er aus den Bergen Afghanistans stammt und früher Rebellenführer war. Der Mönch mit dem schwarzen Bart ist mein Sanskrit-Lehrer. Der Koch, der uns die Teetassen austeilt, ist der berühmte Vedanta-Kommentator Swami Madhvananda.

Der Tee, den wir mit Milch trinken und zu dem wir Brot essen, hat uns einigermaßen erwärmt. Nun geht es zur Lagermitte, um einen guten Sitzplatz bei den Absperrungen zu erwischen, welche die Prozession eingrenzen. Wir setzen uns auf die Erde, die Beine gekreuzt, so wie die anderen, die hier seit Stunden sitzen und wohl noch viele Stunden sitzen werden. Im Morgengrauen sind die Gesichter besser zu erkennen, und so kommt man mit den Nachbarn ins Gespräch. Aber wie im Zug ist auch hier jede Bewegung unmöglich. Noch die kleinste Lücke ist besetzt, und niemand hat den Mut, durch dieses Meer von sitzenden Menschen zu steigen.

Erst um 8 Uhr morgens beginnt die Prozession. Ein Konvoi von Nagas, mit Asche bedeckt und diesmal völlig nackt, macht den Anfang. Sich durch Nacktheit zu demütigen ist ein Schwur dieser Sekte, und jeder Naga ist verpflichtet, mindestens einmal in seinem Leben völlig entblößt auf dem großen Fest von Kumbh Mela zu defilieren. Sie gehen in Viererreihen und halten sich an den Händen. Es sind vertrocknete, von der

Sonne verbrannte, vom Frost rissige Leiber voller Asche, mit langen, vorne zusammengeknoteten und lässig über den Schultern hängenden Haaren. Sie laufen zum Fluß und sind gleichgültig, von abweisender Kälte, wie die Gletscher, von denen sie herabgestiegen sind. Nichts kümmert sie, weder die sie betrachtenden Frauen noch die krankhafte und verkrüppelte Häßlichkeit der eigenen Körper. Sie wollen zeigen, daß der Körper vergänglich ist, die Schönheit ein Trug und daß der Zauber des Körpers eine von kostbaren Gewändern bloß verhüllte Illusion darstellt. Denn jeder Leib wird wieder zu Erde – was der Zug der Nagas zur Genüge beweist.

Es ist ein beeindruckendes und erschütterndes Schauspiel. Doch die Zuschauer zucken mit keiner Wimper, reagieren nicht. Sie kennen diese Lehren über die Vergänglichkeit. Und außerdem hat ein Naga darauf verzichtet, ein Mensch zu sein; er ist nur der nichtsnutzige Diener seines Gottes. Swami Nilakananda errät meine Gedanken und sagt: »Kennst du die alte Geschichte von der großen und heiligen Nonne Gargi Devi? Sie hatte sich dem König anläßlich einer Versammlung von Gelehrten und Eremiten nackt präsentiert. Der König und seine Ratgeber protestierten entrüstet gegen diese Unverfrorenheit. Da fragte sie Gargi Devi: ›Warum verliert ihr angesichts einer nackten Frau euren Verstand? Seid nicht auch ihr Frauen? Gibt es denn wirklich einen anderen Mann im Universum als Brahma, unseren Gott und Schöpfer?‹ Die Ratgeber wußten darauf keine Antwort. Dieses Beispiel der Nonne Gargi Devi macht dir verständlich, warum die Inder diesen Zug von Nackten bei ihrer größten religiösen Feier für nichts Unnatürliches halten.«

Nach den Erklärungen von Swami wende ich mich wieder der Prozession zu. Das Szenario hat wie durch ein Wunder gewechselt. Anstelle der Nagas schreiten nun gemächlich Elefanten in imperialer Größe mit purpurnen und goldenen Baldachinen auf dem Rükken, mit geschliffenen Stoßzähnen und geschmücktem Haupt vorüber.

Rund um die Elefanten sieht man Diener und Mönche – die ersten mit kostbaren Edelsteinen und Turbanen in bengalischen Farben, die zweiten nackt und schmutzig. Diese gehen betrübt und vollführen finstere Tänze, wobei sie direkt in die Sonne starren. Unter den Baldachinen, hinter silbergenähten Seidengardinen, auf Kissen wie von orientalischen Despoten, umgeben von Goldschmuck und Juwelen, mit phantastischen Fächern aus Pfauenfedern in der Hand – thronen die spirituellen Meister der verschiedenen hinduistischen Sekten, die Oberen der reichen Klöster, die Günstlinge der Maharadschas. Unter ihnen manch ein Verbrecher, manch ein Heiliger, doch alle mit demselben verachtenden Blick, der Menge unten ein müdes Lächeln zuwerfend und sich für den Applaus bedankend, indem sie lächerliche Verbeugungen mit dem Fächer vollziehen. Die Elefanten schreiten vorbei, die Sarabande geht weiter, außerhalb und innerhalb der Baldachine brüllt manchmal ein vom Ruhm seines Klosters Verzückter ein langes Lob, das die Zuschauer refrainartig begleiten – und dann wieder andere Elefanten, noch luxuriöser verziert, mit einer von Gauklerasketen berittenen Garde von Kamelen, und wieder werden berühmte Namen in der Menge geflüstert, neue Preisungen, neue Loblieder angestimmt. Plötzlich taucht zwischen zwei Elefantenformationen der Zug der Bettlernonnen auf. Auch sie fast nackt, die Haare gelöst und das Gesicht mit Asche übertüncht, mit entstellten, herben Leibern, so wie sie aus ihren Wüsteneien direkt zur Kumbh Mela kamen. Ein vollendetes Bild Indiens, dieser Wechsel von Luxus und Pracht zu Demut und Bedeutungslosigkeit, ein unglaubliches Bild dieses ständig zwischen Extremen hin- und hergerissenen Landes, eines Landes des Goldes, der Edelsteine und der Lepra.

Die Nonnen, alterslos unter der Maske aus Asche, verstecken ihre Blöße nur mit einem Fetzen oder mit einem Stück Antilopenleder. Kaum sind die letzten Reihen vorbei, schon sieht man über den Köpfen der Zuschauer hinweg neue Baldachine vorrücken. Da alles auf dem Boden sitzt, sieht es so aus, als würden die Elefanten zwischen Zwergen wandeln.

Vor mir ein Journalist, der Fotos macht und alles in ein Heft notiert, was ihm sein Führer erzählt, ein indischer Pfadfinder übrigens, einer von den Hunderten Pfadfindern, die zusammen mit nationalistischen Freiwilligen für Ordnung im Lager sorgen. Zwischen den orientalischen Pygmäen tauchen in der Ferne hochgemut, auf dem Rücken eines Elefanten sitzend, zwei Amerikaner auf, die das Gefolge fotografieren. Zu ihrer Rechten trägt ein anderer Elefant eine Familie sich amüsierender Weißer; die Damen rauchen und versuchen, geistreich zu sein, die Herren bemitleiden das arme, wilde Indien.

Die Prozessionszüge bewegen sich in Richtung des Ganges; hinter ihnen Pilger in dichten Scharen. Es ist 11 Uhr. »Wahrscheinlich hat eine halbe Million bis jetzt gebadet«, sagt Swami zu mir. Wir entschließen uns, mit der anderen halben Million zu baden und erheben uns. Beschwerden, Entschuldigungen – nur mit Mühe lösen wir uns aus der Zuschauermenge. Wir versammeln uns und gehen zum Fluß; dort wartet ein riesiges Boot auf uns, um uns zum Schnittpunkt beider Ströme zu bringen, wo die Wasser an diesem Tag ganz besonders heilig sein sollen. Am Ufer sind nur die fernen Masten der Kaiks, die Banner der Schiffe und die Kleider der Badenden zu sehen. Eine unvorstellbare Menschenmenge. Das gesamte Ufer ist voller Frauen und Männer, die gemeinsam baden und dort ins Wasser steigen, wo gerade Platz ist. Mit ihren nassen Haaren und Kleidern beten sie, schreien, wenn ihnen Kinder verlorengehen, lachen, wenn einer aus dem Boot geschubst wird und er zuerst weit hinaus schwimmt, dann umkehrt, sich am Ufer erneut schmutzig macht, zurückkommt und einen anderen im Spaß hineinstößt. Ein ganzes Meer weißer Egel – so wirken sie von der Flußmitte aus. Nirgends, nicht einmal mehrere Kilometer aufwärts und abwärts des Flusses, gibt es eine saubere Stelle mehr. Hier, wo starke Strömung herrscht, halten die reichen Kaiks an, und dann baden Frauen und junge Mädchen, indem sie sich mit der Hand am Bootsrand festhalten. Es sind so viele von ihnen, die sich in ihrer ganzen Blöße zeigen – kein europäisches Auge hat so etwas jemals gesehen. Man kann keine einzelne Gestalt ausmachen, kein Gesicht sich merken, denn Hunderte und Tausende von ihnen tauchen auf wunderbare Weise an irgendeiner Stelle auf und werden schon im nächsten Augenblick von anderen Hunderten und Tausenden ersetzt. Hier gibt es keinerlei Unterschied zwischen den Geschlechtern oder den Kasten. Mit oder ohne Kleider, das ist völlig gleichgültig, denn die Kumbh Mela bleibt genauso heilig, und der Ganges büßt nichts von seiner reinigenden Wirkung ein. Wir beenden unser Bad, bleiben aber im Schatten der Segel, um zuschauen zu können. Es ist der letzte Tag der Mela, und die Hitze wächst mit jeder Minute. Doch die große Masse kommt erst jetzt.

»Heute hat mehr als eine Million gebadet«, sagt mein Freund Swami.

In Rajputana

Amber, 2. Februar 1930

Von Jaipur nach Amber trockener Weg durch Kakteen und Dornengestrüpp, vorbei an Verteidigungstürmen, die auf Hügeln errichtet sind. Einige Kilometer Fahrt mit der Tonga, und auf einmal die alte Burg mit dem sich im See spiegelnden Palast, ausgedehnte Aussicht auf die Stadt, ein Panorama von sandigen Ebenen, durch die Karawanen ziehen. Auf der Straße rajputische Kameltreiber mit ihren Tieren. Esel, die auf dem Rücken Holzkannen und kleine Mädchen tragen. Mein Führer, der nie Ruhe gibt, erzählt mir die Genealogie des Maharadschas. Er hat hundert Frauen und dreißig Kinder gehabt, besaß aber bei seinem Tod keinen legitimen Sohn, so daß ihm sein Enkel brüderlicherseits auf den Thron folgte, der heute 22 Jahre alt ist und nur eine Gattin hat. Der gegenwärtige Maharadscha ist ein Herrscher, der mit der Zeit geht.

Nur in seinem Palast blühen noch Gärten aus Tausendundeiner Nacht, mit Pavillons ganz aus Blättern und Lianen, wo Wasser aus fünf Ecken quillt und den Äther erfrischt und parfümiert. Alle können den Palast besuchen, gesetzt, sie zahlen Bakschisch an jeder Tür.

Hier steht ein Observatorium aus weißem Marmor, dessen schneeweiße Zifferblätter, Konstellationen und Treppen geradezu blenden. Du glaubst dich auf einem Wüstenfriedhof oder in einem verlassenen Steinbruch. Nach dem Observatorium streife ich auf gut Glück durch einige kaiserliche Gemächer und sehe mir anschließend das Durvar, die Kaleschen des Rajahs und die Ställe an (wo die frechen Kutscher und Kameltreiber auf Hindi Witze über mich reißen). Wieder mit dem Führer an meiner Seite; in der Tonga versuche ich ihn zum Reden zu bringen, damit er mir sagt, was die Einwohner Jaipurs von den Engländern halten. Ich gebe ihm Zigaretten und lasse ihn zuerst von Frauen erzählen. Als ich ihn aber über die Engländer ausfrage, lächelt er geheimnistuerisch und sagt: »Hier Maharadscha! Hier Engländer nicht!« Und kommt wieder auf die Reize seiner dritten Frau, Radha, zu sprechen. Obwohl er Moslem ist, hat er zwei Hindu-Frauen geheiratet, zwei junge Inderinnen, die ihm zwei Rupien pro Tag zahlten. Beide waren Witwen, obwohl nur siebzehn Jahre alt, und weil sie im Rahmen des Hinduismus für lebendig begraben galten und nicht wieder verheiratet werden konnten, entschieden sie sich für einen moslemischen Gatten.

Ich muß daran denken, daß der humane, regenerierende Geist des Islam ebenfalls nur durch Panik und Gewalt, durch erzwungene, sexuell motivierte Konversionen verbreitet wurde.

Die Frauen meines Führers starben allerdings und hinterließen ihm Geld. Er trauert der ersten Frau nach, und sein Lob nimmt kein Ende: sie habe ihm eine hübsche Mitgift und fruchtbare Jungfräulichkeit eingebracht ...

Auch muß ich an die Brüderlichkeit zwischen den Hindus und den Moslems in den unabhängigen Staaten denken, eine Brüderlichkeit, die vor den Intrigen der britischen Verwaltung sicher ist. Freilich, es handelt sich um eine Brüderlichkeit im Luxus, im Ameisenhaufen. Man vergleiche damit die von Akbar erträumte Vereinigung oder die mystische Vision eines Kabir[19]. Heute statt dessen der Handel mit Witwen, die Verdoppelung der Gattinnen. Aber auch das ist nicht weniger eine Annäherung zwischen den Konfessionen.

Amber ist über alle Maßen schön, mit Elefanten, die langsam durch das Haupttor schreiten, und Kamelen, die Richtung Bikaner aufbrechen. Ein See mitten in der Stadt, von der Sonne erhitzt, von Mauern umschattet. Korridore, die umrahmt von Marmorfenstern in Serpentinen hinaufführen; und dann jener Raum mit dem Spiegelmosaik: Wohin du blickst, stößt du auf dein oval verformtes Gesicht. Beim Anzünden eines Streichholzes springen die gleichen Lichtfunken aus tausend verschiedenen Händen, nur etwas fahler und zittriger. Und bei jeder neuen Bewegung sieht es so aus, als ob eine magische Bühne ihre verschiedenen Dekorationen wechseln würde.

Von einem Turmfenster neben den Baderäumen des Sultans aus erblickt man unten den tristen See, über den eine Steinbrücke von einer Seite des Palastes zur anderen führt. (Woher die Tristesse des Sees? Liegt es an der Abenddämmerung oder daran, daß Amber den Ruhm, die Hauptstadt Rajasthans zu sein, an Jaipur abgeben mußte?) Durch das Tor schreitet gerade ein majestätischer und blasierter Elefant, der Heuballen trägt. Er hält eine Sekunde inne und läßt seinen Rüssel zwischen den Torwänden hin und her schaukeln. Der Besitzer scheint das träge Zögern des Tieres durchschaut zu haben und treibt es weiter. Wahrscheinlich muß man für Kothaufen am Haupttor der alten Stadt Strafe zahlen ...

---

19 *Akbar* (1542-1605): glorreicher Mogulherrscher, der sich durch Intelligenz, Toleranz, aber auch durch Expansionsdrang auszeichnete. *Kabir* (1440-1518): bedeutender Dichter und Philosoph, der Vishnu und Allah auf gleiche Stufe stellte und die Gleichheit aller Menschen behauptete.

Ich stehe noch immer oben am Fenster und versuche, mich an den Wundern der in der untergehenden Sonne violett leuchtenden Hügeln sattzusehen. Nordwärts im Hintergrund die rote Wüste, wo man nach Bikaner aufgebrochene Karawanen sehen kann. Jedes Gemach übertrifft auf seine Weise die anderen. Doch so viel Verwunderung und Freude macht schließlich müde.

Ich fühle mich auf einmal erschöpft, so erschöpft, daß mich jetzt nichts mehr berührt. Umsonst sage ich mir, daß ich nicht lange in Rajputana bleibe, daß ich möglichst viele Eindrücke sammeln muß, um genug Erinnerungen zu haben. Umsonst. Ich streichele mit der Hand über die Mauern, und obwohl ich zugeben muß, daß sie von unvergleichlicher Schönheit sind – sie ähneln den Innenräumen der Festung von Delhi –, rufen sie in mir nicht jene Lust aus den ersten Tagen in Agra und Fatehpur Sikri hervor. Eine seltsame, leise Trauer scheint mich zu überkommen; die Trauer, auch diese Mauern gesehen zu haben und die Welt noch ärmer an Überraschungen zu wissen ...

Ach, wie blödsinnig sind diese Gedanken. Ich war vielleicht nur müde. Im Baderaum der Prinzessinnen haben Besucher vor mir ein Fläschchen mit Atar-Duft zerbrochen. Das duftende Öl weckt sogar Steine auf. Die Frau hat den Flakon möglicherweise mit Absicht zerbrochen: um die Ödnis aus dem Feengemach mit den Säulengängen aus Achat zu vertreiben.

Ich trete auf den Balkon hinaus. Mir scheint, er ist nicht so herrlich wie die Balkons in Agra oder Delhi, aber als Schild und Leuchte des Palastes strahlt er mit seinen schwarzen Seitenflügeln mehr Lebendigkeit aus. Im Umkreis sind Türme auf den Hügeln zu sehen, und weiter weg, dort, wo schon Abend wurde, meint man die Wüstengrenze zu gewahren. Oder bilde ich mir das nur ein, weil ich mich nach ihr sehne?

Der Rückweg im Mondschein, auf dem Rücksitz der Droschke, lässig rauchend, meinem Begleiter zuhörend. Die sonst roten Mauern von Jaipur sind nun kremfarben wie Sand. Viele Lichter in den unteren Fenstern der Häuser; die oberen bleiben verschlossen. Unmerklich wird es kühler. Die Frauen, die man jetzt noch auf der Straße trifft, tragen alle Fußkettchen und goldfarbene Mieder, und ihre mit Atropin behandelten Augen glänzen feucht. Tänzerinnen.

Ajmer, 5. Februar [1930]

Ich komme kurz vor Mitternacht an. Der eisige Frost läßt mich so lange zittern, bis ich zum einzigen Hotel, »Rajputana«, gelange. Deprimierende Armut. Der anglo-indische Hotelier brüstet sich damit, Großeltern in Glasgow zu haben. Er hat eine höfliche Redeweise und die Pose des großen Machers, obwohl ich der einzige Gast bin und eines der beiden Zimmer des Hotels belege ... Das vordere Zimmer, das zur Straße geht, ist gut beleuchtet, der Tisch immer gedeckt. Aber die anderen Räume erbärmlich, dreckig, ohne Matratzen. Die Familie des Hoteliers schläft nebenan. Ihre vielen Kinder beäugen dich schon am frühen Morgen durch ein Fensterchen, wenn du noch im Bett liegst. Nachts ihre unruhigen Bewegungen unter dem Mükkennetz. Mücken, viele Mücken. Ein großer schwarzer Hund, der ständig aus dem Zimmer der Gastgeber herüberläuft und ständig von einer Frau zurückgepfiffen wird. Wie schrecklich deprimierend ist diese Stadt unter britischer Herrschaft. Nirgends habe ich soviel Elend und vermietertypische Redseligkeit angetroffen wie im Hotel »Rajputana«. Reisende verirren sich selten hierher. Der letzte kam und ging am 10. Januar ...

... Stadtbesichtigung in einer Tonga. Wie schade, daß Ajmer so wenig bekannt ist, wo doch hier ein orientalischer Rhythmus, ein kinematischer Puls ohnegleichen herrscht. Es ist eine Stadt reinen Stils. Die Häuser der Europäer befinden sich in der Nähe der Distriktverwaltung. Der Rest: weiße Häuser mit quadratischen Terrassen, große helle Blöcke, die man zwischen Zwergtannen und Kokospalmen durchschimmern sieht. Die Gassen werden zum Basar hin enger, die Farben schriller, die Kleider der Mädchen tendieren ins Gelbe. Diese Mädchen lauern nur darauf, dich auszulachen, deinen Blick mit einem noch verspielteren, noch verwunderteren zu erwidern. Im Basar Rosen- und Jasminduft. Bei einem Verkäufer von persischen Ölen wurden einige Phiolen geöffnet, was noch im Umkreis von hundert Metern benommen macht.

Akbars riesenhafte Moschee. Überall Gold und Silber. Ich betrachte sie aus dem Innenhof, wo sich auch die Schule befindet, auf deren Stufen Hunderte von Moslems ihre Kinderjahre verbringen. Ungläubige dürfen nicht hinein. Der Wärter ist ein achtzigjähriger Moslem, eine weißbärtige Schönheit wie Tagore. Er besitzt ein Album, in das berühmte Leute hineingeschrieben haben – Könige, Minister, Gelehrte, Künstler. Daneben stehen Porträts und Fotografien, die er aus aller Welt erhalten hat. Das ist sein kleiner Schatz, den er lieber als die Moschee jedem Neuankömmling zeigt. Sein Propheten- und Dichtergesicht fasziniert jeden Maler, der hier vorbeikommt. Ich frage ihn nach seinem Lieblingsporträt. Er lächelt wie im Scherz und zeigt mir das aus einer Zeitung ausgeschnittene Bild eines Ulemas. »Aber es ist nicht dein Bild«, sage ich. »Ein

Kind hat das aber gedacht und es mir geschenkt. In seinen Augen war ich der Heilige. Deswegen liebe ich dieses Bild, das gar nicht von mir ist.«

Ein Kilometer weiter der See mit Pavillons aus weißem Marmor und mit Steinbänken zwischen Zypressen. Ein See, der Ajmer einen unwirklichen Aspekt verleiht. Unbekannte Blumen und Schmetterlinge, unbekannte Düfte. Was ist schon mit nur einem Tag Aufenthalt getan? In diesen Park pflegte Shah Jahan[20] zu kommen, um sich auszuruhen. Auf jeder dieser Bänke wurden Gedichte verfaßt.

Ich verharre stundenlang, ohne auf etwas Bestimmtes zu schauen – von dem völlig windstillen See abgesehen, in dem sich die Pavillons mit ihren gezahnten Dächern spiegeln.

In Ajmer wirken die jungen Frauen noch verlockender. Du fühlst dich nicht mehr verlegen wegen deiner Hautfarbe, sondern kannst sie in Ruhe betrachten, ohne für unhöflich gehalten zu werden. Fast nackte Brüste.

Udaipur, 7. Februar [1930]

Die Stadt: Verteidigungsmauer, Brücken und Gärten, der Pichola-See (der schönste in Rajasthan). Ich habe die Reisestrapazen, die schreckliche Niedergeschlagenheit verdrängt, die jeden Herumstreunenden gelegentlich packt. Verdrängt habe ich auch die Tatsache, daß ich nur einige Tage in dieser Burg bleibe, die fast einer Filmphantasie zu entspringen scheint. Ab und zu setze ich mich auf eine Bank, und dann kommt es mir vor, als hätte ich ein farbiges Werbeplakat von Thomas Cook vor mir. »Visit India!« scheint mir

20 *Shah Jahan* (1592–1666): Mogulnherrscher.

»Cooks« Udaipur-Bild sagen zu wollen. Und es hat recht. Denn eine Reise durch Rajputana ist wirklich pittoresk. Es ist das Indien der Flitterwochen, das Indien der Erholung und Besinnung.

Nichts an diesen rajputischen Burgen, was dem finsteren Ernst oder der luxuriösen Architektur Süd- und Ostindiens entspräche.

Durch welches Tor soll ich zuerst eintreten? Ich wähle Chand Pol, »das Tor des Mondes«, das sich auf der Brücke über dem See befindet. Dahinter verbergen sich Parks und Terrassen, Burgzinnen, Boote mit weißem Segel und menschliche Gestalten, die wie Konfetti flimmern.

Ich gehe vom »Tor des Elefanten« (Hathi Pol) zum Jagannath-Tempel und steige die Steintreppe hoch. Elefanten begleiten mich. Ihr Ziel liegt irgendwo hinter dem Tempel. Sie werden im Palast des Maharadschas gehalten und schleppen üblicherweise Lasten auf den Hügel zur Stadt hoch, begleitet von ihren Führern und meistens auch von irgendwelchen Strolchen.

Den Maharana-Palast kann ich nicht besichtigen; ich hätte eine Erlaubnis benötigt. Also bleibe ich im Park, der den Tempel umgibt. Die Feste hier sind berühmt, mit Fackeln auf dem See, Orgien und Klagen, mit Lichtern auf den Booten und Feuerwerken. Alles trug in der Geschichte dazu bei, aus Udaipur eine Märchenstadt zu machen. Heute dient sie allerdings bloß als Filmstadt. Vor einigen Tagen ist ein indisches Team abgereist, das hier gerade zwei historische Streifen gedreht hat.

Claire de lune von weher, parfümierter Unmittelbarkeit. Als erlebte man nicht eine mondhelle Nacht, sondern wäre von einem magischen, verzauberten, fast fühlbaren Äther umgeben. Die Stadt zeigt an jeder

Straßenecke ein anderes Gesicht. Jetzt scheint sie erloschen, auf ewig erloschen. Jetzt wieder flackern unzählige Lichter. Und jetzt glimmt sie wie verhext, wie eine vor langer Zeit verzauberte Stadt.

Bikaner, 10. Februar [1930]

Ich möchte nur soviel sagen: Bikaner befindet sich am anderen Ende der Wüste, was zehn Stunden Eisenbahnfahrt erfordert – aus dem Abteilfenster erblickt man am Horizont Karawanen und wagemutige Reiter –, und alles, aber auch wirklich alles ist rot, der Sand, der felsige Berg, auf dem die Burg steht, die Häuser, die Terrassen.

Am Horizont, auf den du seit zehn Stunden zufährst, taucht mit einem Mal eine hochgelegene Burg auf. Zinnen ganz und gar aus Kupfer. Rosa, Purpur, alle Rotschattierungen: Bikaner ist der Zauberberg von Sindbad dem Seefahrer.

Nichts hat mir in Indien besser gefallen. Einzigartiges Wunder, unfaßbare Offenbarung. Über die Freuden, die ich empfand, soll es nur diese Zeilen hier geben.

Von Bikir werde ich niemandem erzählen. Niemals.

Benares

[Februar 1930]

Ankunft in Benares bei Sonnenaufgang. Der Zug rollt von Mogul Serai in die Flußebene hinab und nähert sich der Brücke just in dem Augenblick, als die Sonne die Reichtümer der Paläste zum Leben bringt: ihr Gold und Blut, ihre Gärten und Tempel. Sanft gleitet der Zug über die Brücke; darunter das blaue, kühle Wasser des Ganges, für einige Augenblicke von der Frische eines indischen Morgens verklärt. Stufen aus weißen Marmorplatten führen von jedem Ghat bis in die Tiefe des Flusses hinab. Ganz Benares scheint jetzt, in Licht getaucht, wie eine märchenhafte, unwirkliche, nostalgische Burg. Du betrachtest sie, schließt die Augen und hältst dieses Bild fest, um dich später daran erinnern zu können – denn dieser irreale Glanz dauert nur so lange, wie der Zug über die Dufferin-Brücke fährt, nur so lange, wie die Sonne nicht hinter den Dünen aufsteigt.

Am Bahnhof bietet Benares das übliche facettenreiche Bild einer kolonialisierten indischen Stadt. Nur daß hier größeres Gedränge herrscht und die Reisenden – von den unvermeidlichen amerikanischen Touristen abgesehen – alle Hindus sind. Kaum aus dem Zug gestiegen, bin ich schon von einer Menschenmenge eingekesselt, die einen Sadhu, einen heiligen Mann, empfangen will, der aus den Höhen des Himalaya, von Badri Narayan hierher gekommen ist, um im Wasser des Ganges zu baden. Die Gläubigen drängen sich vor dem Abteil und warten darauf, daß er aussteigt, damit sie ihn anbeten und ihm den Staub von den Füßen wischen können. Aus einem Abteil wird eine Frau auf einer Bahre hinuntergetragen. Ihr nahes Ende vorausahnend, hat die Kranke ihre Söhne gebeten, sie nach Benares zu bringen und nach ihrem Tod die Knochen und die Asche in den Ganges zu werfen.

Für die Hindus besitzen die Wasser des heiligen Flusses gerade bei Benares unglaubliche Heilkräfte. Vor jedem Feiertag sind die Felder und Straßen voll von Sterbenden, Leprösen, Alten und Bettlern, die kommen, um ihr erbarmungswürdiges Dasein auf den Marmortreppen eines Ghats zu beschließen. Diese weißen Treppen werden ständig von den Wellen des Flusses umspült. Man trifft hier auf die bunteste Menge des Orients. Frauen von faszinierender Schönheit, in Seidenschleier gehüllt, mit offenen Haaren und nackten Füßen voll schweren Schmucks, baden hier unter aller Augen. An den Ufern des heiligen Flusses sind alle Unterschiede aufgehoben, die das Geschlecht oder die Kaste, die Hautfarbe oder den Glauben betreffen. Hier werden alle zu Brüdern und Schwestern, zu Kindern der »Mutter Ganges«. Bevor man den Kopf ins Wasser taucht, wird die Beschwörungsformel zum Ruhm des Flusses ausgesprochen: *Ganga Mata ki jai!* (»Hoch lebe Mutter Ganga!«). Manchmal, wenn die Wassermassen bedrohlich ansteigen, rutscht ein Fuß von der Stufe aus, und der Körper wird von den gelblichen Strudeln erfaßt. Noch im selben Augenblick ist der Betreffende verschwunden, von den Wellen davongetragen. Wenn er noch Zeit hat, murmelt der Glückliche sein letztes Gebet. Denn der Tod in Benares ist ein den Göttern gefälliger Tod. Die Verwandten und Freunde am Ufer wagen es nicht einmal, den von »Mutter Ganges« Gerufenen zu beweinen. Manchmal zappelt ein kleines Mädchen in den Fluten, versucht zu schwimmen, doch sie ermüdet rasch, und einmal in der Flußmitte angekommen, nehmen sie die Krokodile in Empfang. Für ihre vom Leid der Existenz erlöste Seele werden neue Girlanden auf das Wasser des Ganges gestreut, rote Blumen mit feuchtem Tempelduft oder weiße Jasminblüten ...

Aus dem Durcheinander befreien mich einige Freunde vom Sanskrit-Kolleg. Ich lade mein Gepäck auf eine Tonga, eine seltsame Droschke mit Rädern groß wie Menschenleiber, und wir machen uns zu Fuß zum Zentrum der heiligen Stadt auf. Angesichts der herumfuchtelnden und sich drängelnden Menge könnte man diese Straße für den Weg zum Tor des Paradieses halten. Ich erreiche das hinduistische Viertel, das zwischen den Tempeln und den Palästen am Ufer und den Gebäuden an der Hauptstraße zusammengepfercht ist. Irgendwo auf dieser Straße befindet sich die Post, zu der es alle Pilger von Benares zieht.

Die Händler fassen mich bei der Hand, um mir kleine Messingtauben, Elefanten aus Elfenbein, auf länglichen Stücken aus Ebenholz aneinandergereiht, oder silberbestickte Seidenschals zu zeigen. Einer, der sich als Heiliger ausgibt, packt seine Schlangen brummend in den Schilfkorb; vielleicht ist er unzufrieden wegen der wenigen verdienten Kupfermünzen. Die erschöpften Schlangen rollen sich auf erstaunliche Weise zusammen. Der Verkehrsstrom gerät immer aufs neue in Bewegung, um nur einige Schritte weiter wieder abgewürgt zu werden – angesichts einer monströsen Kuh oder eines zwergenhaften Asketen. Manchmal muß ich auf kleine Stein- und Erdhaufen steigen, um einigen Frauen Platz zu machen, die sich an der Hand halten und mit gesenkten Blicken gehen.

Plötzlich die Schreie von Tonga-Kutschern – und die Frauen flüchten verschreckt in Scharen.

Gegen Abend werden die Sehenswürdigkeiten immer vielfältiger. Auf der einzigen Hauptstraße dieser heiligen Stadt beginnt nun das Spiel der Glöckchen und Gewürze, der Fackeln und Kerzen, der pfirsichfarbenen Schleier und Girlanden aus Glühbirnen.

Kaum hat man dich mit Tropenhelm und europäischer Kleidung bemerkt, schon hetzen dich unzuverlässige Führer, ignorante und freche Buben oder betrügerische Mönche. Sie verfolgen dich »Amerikaner« durch alle Gassen, bis in alle Ecken und wiederholen dabei die Namen indischer Götter in der Hoffnung, dich damit zu beeindrucken. Ich wimmle einige Möchtegern-Cicerones ab, die sich anbieten, mich zum Affentempel zu geleiten. Diesen kenne ich noch von meinem ersten Besuch in Benares: Es ist ein großangelegter einsamer Tempel, auf dessen Terrassen und Dächern sich eine ganze Affenherde tummelt. Jeder Besucher ist durch das ungeschriebene Gesetz des Tempels verpflichtet, einige Handvoll Pistazien zu kaufen und sie den heiligen Affen zuzuwerfen, die dich brüllend umzingeln und sie dir aus der Hand reißen.

Diesmal führt mich mein Weg geradewegs zum Goldenen Tempel nahe am Fluß, versteckt zwischen den Mauern und Dächern der benachbarten Häuser. Jede Gasse endet bei diesem Heiligtum, und jede ist verschlammt, da die Gläubigen mit nasser Kleidung von der zeremoniellen Waschung zurückkehren. Die Häuserreihen zu beiden Seiten stehen derart eng beieinander, daß kaum Licht in die Gassen fällt und das Gedränge unerträglich wird. Von hinten wirst du von denjenigen angerempelt, die es nicht erwarten können, ihre Opfergaben zum Tempel zu bringen; da sind Männer, die Stirn mit Asche oder Safran bestrichen; Frauen, die Lotossträuße und Blumenkränze tragen; junge Mädchen, die Tongefäße mit dem heiligen Gangeswasser füllen wollen; Kinder, nackt und ernst. Von vorne versperren dir die Pilger den Weg, die mit ihren noch feuchten Haaren und pitschnassen Kleidern von der Waschung zurückkehren.

An den Seiten stehen die Stände der Geldwechsler. Je mehr man sich dem Tempel nähert, um so zahlreicher werden sie. Ganze Haufen kleiner Kupfermünzen liegen auf Messingtellern, die die Pilger für Nikkel- und Silbergeld umtauschen, damit sie jedem Leprakranken, jeder alten Bettlerin und jedem Brahmanen auf dem Weg etwas spenden können. Überall Altäre, manche in die Außenwände der Paläste eingemeißelt, andere wieder in irgendeiner Bude improvisiert; und vor jedem Altar ein brahmanischer Priester, der Münzen einsammelt. Manchmal blenden dich bunte Banner, lange Streifen aus Stoff; es ist die Kleidung derjenigen, die gebadet haben und nun auf den Terrassen darauf warten, daß das einzige Gewand, das sie besitzen, trocknet.

Du kommst nur schwer voran, stößt dauernd mit jemandem zusammen und mußt mit den paar Brocken Hindi, die du beherrschst, ständig um Verzeihung bitten. Überall alte und junge Frauen mit Schüsseln voll roter Kränze und Blütenblätter von Rosen und Jasmin. Um dich dem Goldenen Tempel nähern zu dürfen, mußt du Girlanden kaufen und sie zusammen mit einer Silbermünze dem Priester reichen. Nur so wird dir erlaubt, Shiva im Garten zu betrachten, ein steinernes Idol, imposant, grotesk, furchteinflößend.

Ich steige vom Tempel zum Ghat hinab, zu einer jener in Form eines Amphitheaters angelegten Terrassen, wo die Toten eingeäschert werden und die Pilger baden. Die Waschung ist im vollen Gange, das Wasser voller Schlamm, von Blütenblättern und Kränzen bedeckt. Im Hintergrund erkennt man die herrliche, erhabene Moschee von Aurangzeb[21], die sich aus diesem Babylon dunkler Häuser erhebt und inmitten einer Stadt der hinduistischen Tempel den Halbmond zur Schau trägt. Und doch, so großartig und verführerisch die Aussicht hier auch sein mag – die Ghats und Tempel mit ihren Spiegelbildern im Wasser nehmen dich völlig gefangen –, ein Anflug von Ekel und Unbehagen läßt sich nicht vermeiden. Um dich herum werden nämlich Leichen verbrannt. Es ist völlig unmöglich, den furchtbaren Gestank verbrannten Fleisches zu beschreiben, den der Wind in alle Ecken und über das gesamte Ufer verbreitet. Vielleicht ist dies der Grund, warum die Hindus Vegetarier sind ...

Ich trete etwas näher, um der Zeremonie beizuwohnen. Der Verstorbene wird auf ein Holzbrett gelegt und in weiße Tücher gehüllt. Um ihn herum seine Kinder, Verwandten und die Priester. Keiner ist traurig. Sie schließen sich zu einer Gruppe, als ihnen der Fotograf bedeutet, sich um den Leichnam zu versammeln. Alle blicken starr, resigniert in die Kamera und warten. Gleich nachdem der Fotograf fertig ist und sich zur Mauer zurückzieht, nehmen die Leichenbestatter den Kadaver aus der Mitte seiner Nächsten und deponieren ihn auf einem Holzhaufen. Dann bedecken sie ihn mit Reisig, stapeln Holzplatten auf ihn, legen ihm einen Klotz auf die Beine und eine eine trockene Wurzel unter den Kopf. Anschließend verteilen sie vertrocknete Maiskolben, Kohlen, Holzscheite über den ganzen Körper.

Als er zu brennen beginnt, scheint sich der Tote vom Scheiterhaufen erheben zu wollen. Es prasselt, er

21 *Aurangzeb* (1618-1707): letzter großer Mogulnherrscher.

bewegt sich, doch die Flammen verschlingen ihn Stück für Stück – das alles unter den Augen derjenigen, denen er lieb gewesen ist. Höchstens, daß sich ein Mütterchen, eine Schwester oder eine Ehefrau mit schwachen Nerven verstohlen ein paar Tränen abwischt. Die anderen betrachten ihn und preisen ihn glücklich, daß sich das Schicksal seiner erbarmt und ihn aus diesem Jammertal geholt hat. Einige Raben warten mürrisch auf verkohlten Pfahlspitzen. Doch fast ahnen sie, daß ihnen nichts mehr zu picken übrigbleiben wird, weshalb sie sich, noch bevor die Feuerbestattung zu Ende ist, die Knochen und aschenen Reste oder gar ganze, noch nicht ausgebrannte Arme und Beine schnappen und sie in den Ganges fallen lassen.

Zwischen Blumen und vereinzelten Booten nehmen die verbrannten oder noch ganzen Leiber den Weg flußabwärts. Vielleicht werden sie auf einem Sandhaufen oder in einem toten Winkel der Strömung zum Stehen kommen, wo sie, falls sie der Gefräßigkeit der Krokodile entgehen, von Raben und Adlern zerhackt werden. Denn für die Hindus verdient der menschliche Leib kein anderes Schicksal ...

Voller Melancholie verlasse ich den Bestattungsghat. Oben auf den Marmortreppen wurde schon der nächste Leichnam niedergelegt; es wird wohl ein armer Teufel sein, vielleicht eine Frau, denn weder ein Fotograf noch besonders viel Holz sind vorhanden. Halb als Asche, halb als Menschenleib wird sie ihre Gangesreise antreten.

Ich gehe eine finstere Seitenstraße hoch, vorbei an Häusern, an Gärten mit weißen Mauern und an winzigen Tempeln, und erreiche den Asi Ghat an der südlichen Grenze von Benares. Der Ganges ist hier sauber und blau, und die Ufermauer versinkt in einem Meer von Blumen. Dieser Asi Ghat ist weder ein berühmter Ort der Waschung noch ein Bestattungsplatz. Doch von hier aus offenbart sich Benares in seiner barbarischen, uralten Schönheit. Mittag ist vorbei, und mein Bootsmann rudert mich gemächlich durch die Flußmitte, während ich in Ruhe die Terrassen betrachten kann, wo ununterbrochen Menschen baden und Tote verbrannt werden. Vor uns, in einem anderen Kahn, versucht ein amerikanisches Paar, das auf Hochzeitsreise ist, eine Filmkamera auf einem hohen Schemel zu montieren. Die pittoreske Familie eines Rajah badet nämlich gerade an einem privaten, auf drei Seiten abgesperrten Ghat. Doch der Bootsmann wendet ungeschickt und der Schemel fällt zusammen mit der Kamera um – zur großen Erheiterung der Menschen am Ufer und zum Bedauern der Frauen des Rajah.

Mit dem Nahen des Abends leeren sich die Ufer, und auf den Gassen rund um die Tempel normalisiert sich der Verkehr. In der Abenddämmerung dringt der Duft von Lotos und der Geruch von Asche bis zum Stadtzentrum vor.

Ich schlendere gemächlich umher. Mein Ziel ist das Sanskrit-Kolleg. Vorüber ist die Stunde der Versuchungen, die von den Scharen auf den Terrassen ausgingen – waren es Vögel oder Frauen? –, der Versuchungen in den Auslagen der Händler – mit ihren Kleinoden aus Messing –, der Versuchungen in der Luft und im Fleische, die man nicht in Worte fassen kann. In jedem Haus muß es ein Harmonium und mindestens eine Sopranistin geben. Wie soll man sich sonst die ständigen Litaneien erklären, welche die Straßen erfüllen? Nur in Benares versteht man den tief beunruhigenden Zauber jener monotonen Klagen und die trüben Adagios der indischen Orgeln. Zu dieser Stunde liegt eine unsagbare Versöhnung über der

Erde. Der Himmel, zuerst noch blutrot, wird immer bläulicher, dunkler, kälter. Es ist die Stunde der Besuche, die Stunde, da man sich unter Freunden trifft, vor allem aber auch eine von den Frauen geliebte Stunde, denn nun ziehen sie ihre teuersten Saris an, parfümieren ihre Haare mit Zimtöl, gehen auf die Terrassen hinaus und zupfen an Blumenknospen. Man kann sie dort oben, hinter den steinernen Balkongeländern, kaum erkennen, wenn sie mit wehenden Schleiern die Poeme des Tages singen oder rezitieren. Wenn es richtig kalt wird, erlischt auch das Leben auf den Terrassen. Höchstens eine Verliebte noch, die bis spät in die Nacht aufbleibt, stumm und resigniert. Aber solche vereinsamten Mädchen kommen hier erstaunlich selten vor, denn die Inderinnen leiden an keinem Liebeskummer. Ihre Liebe geht bruchlos von den Eltern zum Ehemann über und kennt keine künstlichen Hindernisse.

So ausgelassen und atemlos der Tag, so verschwiegen ist die Nacht. Man hat gar nicht den Eindruck, sich in einer schlafenden Stadt zu befinden, eher in einer riesigen Gemeinschaft, die Geheimnisse raunt, Wache hält oder betet. Hier ein beleuchtetes Fenster, dort ein Ruf, dann wieder ein Rascheln, wo du niemanden vermutet hättest. All das gibt dir zu verstehen, daß das Leben nicht erloschen ist, sondern sich nur neu gefaßt hat, und daß in jedem Haus dasselbe uralte Familienleben, das übliche nächtliche Treiben vor sich geht.

Ein nie gekanntes Gefühl: Die Stadt schweigt einen Augenblick lang – in Gedanken schon an den morgigen Sonnenaufgang – und schläft schließlich ein. Dasselbe Rätsel orientalischer Nacht, das, wie alle Rätsel, jeder Nacht neu entspringt.

Noch einmal Benares [Fragment]

[24. Februar 1930]

Ein Engländer hat einmal gesagt, Benares sei nur in seinen Kinos schön. Ich selbst glaube nicht, daß die zivilisatorische Bedeutung, die man dem Film in den Kolonien beimißt, verkehrt ist. Man sollte sie aber auch nicht überschätzen. Der Aberglaube von der Überlegenheit des Okzidents verschwand in Indien gerade mit der Einführung des Kinos, wo jeder Einheimische die »Ethik« der Seitensprünge und aller anderen Dinge, die in einem europäischem Film gezeigt werden, sehen konnte. Die blonde Rasse meint, daß die Inder die Kinosäle frequentieren, weil sie zivilisiert wurden, während diese sich dort nur versammeln, um das Intimleben ihrer Herren besser kennenzulernen und über die hochnäsigen Misses zu lästern, von denen sie sich im Basar beleidigen lassen müssen. Der Krieg und die Filme haben mehr zum Selbstbewußtsein der Inder beigetragen als Mahatma Gandhi. Aber darüber ein anderes Mal. Ich habe die Behauptung jenes Engländers nur erwähnt, damit verständlich wird, warum ich an einem Nachmittag, als ich gerade aus Mogul Serai angekommen war, nicht zuerst zum Affentempel oder zu den Plätzen der heiligen Waschungen lief, sondern mich vielmehr auf die Suche nach dem Kino machte. Ich wollte Benares doch zu gern von seiner »schönen, aparten, rätselhaften Seite« sehen ...

Noch etwas möchte ich anmerken, was diese meine Reisechroniken betrifft. Es geht um meine Einstellung zu Autoren exotischer Reiseberichte. Dies sind gewöhnlich wohlhabende, ambitionierte Leute, die sich fürchterlich in ihren Hotels langweilen und dann ebenfalls fürchterlich langweilige Bücher schreiben, die wiederum nur langweilige Menschen lesen können, meistens alte Frauen, politische Gefangene, Kranke und Gymnasiasten. Meine bescheidene, aber definitive Meinung ist, daß die Gattung der Reiseliteratur ein Ding der Unmöglichkeit darstellt, und zwar aus dem einfachen Grund, weil man einen Ort, an dem man selbst aus dem Rahmen fällt, nicht verstehen kann. Ein Tourist in Asien ist bekanntlich eine lächerliche Erscheinung, und nur wer nicht feinfühlig genug ist, bleibt von dieser großen Lächerlichkeit unberührt. Jeder Reisende mit gutem Geschmack fühlt sich gehemmt, eine Landschaft oder ein Erlebnis in Asien zu genießen. Der Grund ist seine Anwesenheit selbst. Es bleibt dann nur jene andere, bequemere und bescheidenere Möglichkeit übrig: Der Mensch zieht sich einsam in sein Hotel zurück und komponiert aus der Phantasie und mit Hilfe von Reiseführern »Texte«. Das Ergebnis eines solchen »Seitensprungs« ist von deprimierender Mittelmäßigkeit, was im übrigen immer gilt, wenn man »Unmittelbarkeit« vorspiegeln möchte. Auf diese Weise erfahren wir, wie schön die Paläste sind, die nicht gesehen wurden, erfahren von Gärten, von denen nur die Namen zauberhaft klingen, und von Abenteuern, an die nicht einmal der Alltag heranreicht. Ich für meinen Teil muß gestehen, daß, obwohl ich eine Vielzahl von Zeitungsberichten und Erinnerungen über dieses Land gelesen habe, noch keine Bestätigung für ein Bonmot oder Urteil von fremder Hand über mein Reiseziel finden konnte. Nicht Indien gebricht es an Zauber. Schuld ist vielmehr der Berichterstatter, der gelogen und sich gelangweilt hat, da er unfähig war, seine Lächerlichkeit in diesen Gegenden zu überwinden.

Es gibt ein sicheres Mittel, einer Landschaft oder einem Erlebnis in Asien gerecht zu werden: nämlich nichts Bestimmtes zu suchen. Wenn du Glück hast, wirst du völlig Unerwartetes treffen – wenn nicht, so versuche es woanders. Keinesfalls aber besteht die Aussicht, irgend etwas Außergewöhnliches zu erleben und ein echtes Verständnis der Phänomene zu gewinnen, wenn man davon ausgeht, man werde alles finden, was man sucht. Der Grund ist einfach: Der Mensch erfährt nichts selbständig, alles wird ihm offenbart.

Ich hielt diese Bemerkung für notwendig, denn die vorliegenden Seiten erheben nicht den Anspruch, Reiseliteratur zu sein; vielmehr sind es einfach die Aufzeichnungen eines Menschen, der den üblichen Beschäftigungen nachging und nur in seiner freien Zeit zufällig auch anderes gesehen hat. Was hier steht, ist nicht mit der Absicht geschrieben worden, zu gefallen oder Vollständigkeit zu erreichen, denn der Autor hatte keine Zeit, sich zu langweilen.

*

Ich weiß nicht, ob ich deutlich genug war hinsichtlich meiner Suche nach einem »schönen« Platz in Benares. Ein gewitzter Leser könnte meinen, es hätte sich um eine Parabel gehandelt. Die Wahrheit ist eine andere: Ich suchte das Kino, weil sich im selben Hof auch das indische Hotel befand, in dem ich übernachten wollte. Jemand hatte mir in Mogul Serai von diesem wunderbaren Hotel erzählt, dem einzigen im indischen Viertel, und gleichzeitig das benachbarte Kino erwähnt. Den Namen des Hotels vergaß ich, nicht aber die Sache mit dem Kino. Sowie ich meine dringenden, obligatorischen Besuche bei einigen Pandits und Gelehrten abgeschlossen hatte, machte ich mich auf die Suche nach meiner neuen Herberge, wobei mir eine Tonga mit meinen Gepäckstücken folgte.

Die Europäer kehren üblicherweise im anderen Teil von Benares ein, wo es Hotels und Bars gibt und wo die Militärverwaltung ihren Sitz hat. Um die Stadt zu besichtigen, mieten sie ein Taxi, mit dem sie alle Plätze von morgens bis mittags abklappern, die im Stadtführer aufgeführt sind. Dann nehmen sie das Boot am Asi Ghat und kommen bis zur eisernen Hauptbrücke. Auf dem Weg dorthin sehen sie die heiligen Badeplätze und die Tempel an den Kais. Diese Methode ist korrekt und sehr, sehr empfehlenswert, vor allem, weil sie die Eindrücke aller Reisenden gleichschaltet.

*

Es war bereits spät in der Nacht, als ich mein Hotel entdeckte. Zweimal schon war ich ahnungslos an der Passage vorbeigegangen. Das Kino lag im Innenhof versteckt. Als ich es schließlich fand, bestätigte sich der Spruch des Engländers. Am Ende des Gangs lockten Musikanten mit Trommeln und Schalmei das Volk ins Kino. In ihrer Mitte drehte ein seltsamer Kerl an einem Rad, um das sich Dutzende von Neugierigen drängten. Die Passage war völlig blockiert. Sich mit ihnen zu unterhalten war unmöglich – denn diese Show warb für einen Film mit Douglas Fairbanks, dem populärsten Mann in Indien nach Gandhi.

Ich fand ein Zimmer neben einer Familie von Purjalis, die ihre Pyjamas gewaschen und gut die Hälfte der Terrasse mit ihrer Wäsche belegt hatten, die im Abendwind zum Trocknen aufgehängt war. Sie waren zahlreich, redselig und stiegen ständig die Treppen hinauf und hinab, ohne daß jemand wußte, wer sie waren und warum sie soviel Aufhebens machten.

Der Hotelier hatte die geniale Idee gehabt, auf der anderen Straßenseite ein Restaurant mit demselben Namen – ›Café Royal‹ – zu eröffnen, und das verkomplizierte den Betrieb auf amüsante Weise, denn der Koch von der gegenüberliegenden Terrasse und der Hauswirt im Geschoß darunter mußten über den Lärm der Straße hinweg mit meinem Zimmerjungen kommunizieren, um meine Bestellung aufzunehmen. Das heißt, damit ein Gast das Abendessen einnehmen konnte, mußten drei Bedienstete zusammenarbeiten, die sich nie zur gleichen Zeit im Café Royal treffen können …

Jaipur

[Frühling 1930]

Der Waggon des Zugs nach Ahmedabad wurde um 3 Uhr frühmorgens abgekoppelt. Als ich aufwachte, streckten gerade buschige, blaue Pfauen ihre Flügel unmittelbar vor dem Abteilfenster aus. Ihr lichtes Blau, ihr schrilles Glucksen hatte mich geweckt. Ich war allein im Abteil und mußte lange überlegen, um herauszufinden, wo ich mich befand. ›Vielleicht in Gwalior, vielleicht in Ujain, vielleicht in Ahmedabad ...‹, dachte ich, glücklich und faul.

Seit einigen Wochen zog ich ohne feste Reiseroute in Zentralindien und Rajputana umher. Am Abend zuvor war ich von Fatehpur Sikri, der großartigen, verlassenen und ausgestorbenen Burg Akbars am Rande von Agra, zurückgekehrt. Wie konnte ich wissen, daß ich diese nostalgischste und faszinierendste Burg des mogulischen Indien zum letzten Mal sehen würde. Ich verließ Fatehpur Sikri mit der Absicht, am Morgen des folgenden Tages auf demselben von Affen und blühenden Heckenrosen umgebenen Weg zurückzukehren, mich unter denselben verwahrlosten Oleandern wieder auszuruhen und im Vorübergehen dieselben brachliegenden Brunnen wieder zu liebkosen. Der Weg von Agra nach Fatehpur Sikri ist mit so vielen Ruinen übersät, wie man es sonst nur noch in der Umgebung der sieben Burgen von Delhi finden kann. Doch ich habe schließlich meine Hotelrechnung bezahlt und bin ohne festen Plan und ohne Ziel zum Bahnhof gegangen.

Nur abreisen, das war mein Gedanke. Meine Wahl fiel beinahe zufällig auf Jaipur, die Stadt an der Grenze zur Wüste. In jener Nacht habe ich von einer grotesken Romanze, einer halluzinierten Tragödie geträumt, ein Traum, den wohl jeder hat, der längere Zeit durch Zentralindien reist. Ich habe diesen Traum inzwischen vergessen. Aber ich kann mich noch erinnern, für wie selbstverständlich ich beim Aufwachen die im hellen Blau der Pfauen leuchtenden Dinge und die seltsame Stille auf jenem unbekannten indischen Bahnhof hielt. Als ob ich gar nicht anwesend war.

Ganz allmählich begann die Sonne zu scheinen, die Pfauen flüchteten sich in den Schatten der Mangobäume, und mir fiel wieder ein, daß ich ja in Jaipur war. Wie seltsam – niemand kam, um mich zu wekken. Der Waggon war auf einem Gleis hinter dem Bahnhof abgekoppelt worden und die Leute hatten ihn dort vergessen. Ich streckte meinen Kopf aus dem Fenster, um irgendeinen der Tee anbietenden Chaprasis herbeizurufen. Aber es kamen nur Gepäckträger, wenn auch schönere und grimmigere als die in den anderen Städten, die ich besucht hatte. Einer von ihnen bot sich auch als Führer an. Und während ich mich anzog, skizzierte er mir halb auf Hindi, halb auf Urdu die Wunder der Stadt.

»Bei uns, Sahib, Engländer nicht, teuer nicht. Hier Mädchen, Tänze, Museum von Maharadscha gebaut. Haben Armee, Briefmarken, Zoo.«

»Komm mit mir, Sahib! ...«

Und ich ging mit ihm, aber diesmal ohne es zu bedauern. Denn mein Führer zeigte mir die feinsten Schals und die farbigsten Taschentücher von Jaipur, er zeigte mir Schüsseln und Statuen aus Stein, deren Herstellung ich in den Ateliers unter der Roten Pforte verfolgen konnte, und er zeigte mir Plätze in der

Stadt, die kein Tourist sieht – denn Touristen sind hochnäsig.

Auch trägt er mein Gepäck! Wir steigen in eine Tonga und fahren auf der staubigen, von Mangobäumen und Shivavrikshus umgrenzten Landstraße. Die Droschke fährt in einen Garten, in dem es von Chaprasis mit glänzenden Turbanen und weißen Gewändern wimmelt. Ein furchtbares Gebäude halb amerikanischen, halb rajputischen Stils.

»Was ist das, Chokra?«

»Hotel, Sahib.«

»Was kostet es?«

»20 Rupien, Sahib.«

»Umkehren ...«

Damit er nicht etwa denkt, ich hätte nicht einmal Geld für seine kleinen Dienste, flüstere ich ihm mit einer geheimnisvollen und vertraulichen Miene, die ihn fasziniert, folgendes zu:

»Ich habe diese Hotels satt, Chokra! Heute Nacht schlafe ich in der Stadt, irgendwo in Jaipur.«

»Very well, Sir!« gibt er auf Englisch von sich, damit ihn der Tongafahrer hört.

Und so erreichen wir wieder Jaipur, wo die Glokken der Tonga vor jedem Ochsenkarren bimmeln, der zu lange in der Mitte der Straße auf sich warten läßt, aber auch vor jedem Kamel und jeder rajputischen Familie, die noch nicht gelernt hat, eine moderne Straße zu überqueren.

»Chalo babu, chalo ma!« ruft der Kutscher jedesmal triumphierend aus, wenn ihm ein Bauer mit einem vollen Sack auf dem Rücken oder eine Rajputin mit einem Tongefäß auf den Schultern in die Quere kommt. In der Nähe des Basars werden wir langsamer.

Was beim Betreten der Stadt überwältigt, ist ihre jugendhafte Schönheit. Eine Burg ganz aus rotem

Stein, mit Zinnen im rajputischen Stil und breiten, sonnigen Hauptstraßen, auf denen eine höchst lebendige und kuriose Masse dahinströmt; die Männer mit Schals aus Kamelhaar auf den Schultern, stolze Bürger eines freien, von einem Maharadscha verwalteten Staates, wo es keine Engländer gibt; die Frauen mit Fußkettchen aus schwarzem Silber, mit länglichem arischem Profil, die Haare gelöst, die Ohren frei, behängt mit großen, nein, mit riesigen Ohrringen, die beim Gehen gegen die Wange schlenkern. Je ärmer sie sind, um so eleganter der Gang, um so spärlicher ihre Kleidung; auf den Straßen am Stadtrand sieht man sie schließlich mit entblößten Brüsten und nur noch mit einem kirschroten Stoffetzen um die Schenkel gebunden.

Selten eine Frau, die nichts auf dem Kopf trägt. Wegen dieser Last, die sie durch das Gewimmel des Basars und durch die Gluthitze der Felder balancieren müssen, erreicht ihr Gang einen solchen Rhythmus, eine solche Harmonie und Innigkeit, daß man das Gefühl hat, er sei ein Tanz. Bei jedem Schritt spannen die Knie den Stoff und enthüllen nackte Rundungen, immer neue, weitere. Den Kopf halten sie stolz erhoben, während die Arme girlandenartig das Gefäß auf der Schulter oder auf dem Haupt umfassen und die Schenkel sich im rhythmischen Takt bewegen. Wie einmalig, wie unfaßbar und geheimnisvoll ist das Rasseln ihrer Arm- und Fußkettchen – eine urtümliche, primitive Musik.

Die Verteidigungsmauer der Stadt ist von jeder Straße aus zu sehen. Sie verläuft auf felsigen Hügeln und umringt die auf dem Kamm liegende Festung. Hier und da schöne, schlichte rote Tore, durch die gravitätisch Kamele schreiten und flinke Tongas rollen, die von mit Glöckchen und Quasten geschmückten

Pferden gezogen werden. Der Basar beginnt genau im Herzen der Stadt, auf der Straße, die zum Palast des Maharadschas führt, und er setzt sich in voller Pracht auf den gewundenen Gassen in Richtung des nördlichen Stadttores fort.

Wenn du deinen geruhsamen Spaziergang durch diese Schätze und Wunder beginnst, gibst du schon bald den ersten Versuchungen nach und trittst bei einem Antiquar ein, der rajputische Manuskripte und Schriftrollen aus Bagdad hat, bei einem Sammler von Säbeln mit vergoldeten, versilberten oder mit Edelsteinen besetzten Griffen oder bei einem der vielen Lampenverkäufer. Hier Gold- und Silberschmiede, auf deren Theken mit Pfriemen bearbeitete Schnallen und für teure Öle bestimmte Lampen feilgeboten werden, Armspangen, die um Elfenbeinhörner geführt sind, goldbeschlagene Becher, türkisbesetzte Tabakdosen, dicke, schwere Fingerringe, deren Preis nach Gramm bemessen wird. Da Juweliere, die ihre Edelsteine in Schalen aus Ebenholz darbieten, Edelsteine, so viele in Asien und an der malaiischen Küste bekannt sind: haufenweise Türkise, groß wie Granatäpfel, Figuren aus Jade und Achat, Kassetten aus Elfenbein, randvoll mit Perlen, fingernagelgroße Saphire, Flakons aus Jade und Alabaster mit Rosenwasser und Jasminöl, Götterstatuetten aus Opal, Elefanten aus Elfenbein und Affen aus Ebenholz: Alle Wunder und Arabesken des moslemischen Indien findet man in den Auslagen und Regalen der Juweliere von Jaipur. Hier werden die Geschenke der Maharadschas und Zamindars[22] bestellt, hier kauft ganz Persien und der Malabar ein, mit den Edelsteinen und Schals von Jaipur werden die Bewohnerinnen der Wüste angelockt.

22 *Zamindar*: steuerpflichtiger Grundbesitzer.

Ich schlendere von Geschäft zu Geschäft, gefesselt von der Pracht, benommen von Atar-Duft, erschauernd bei der Berührung jener Seidenschals, die fein gewirkt sind wie Spinnennetze, und jener Teppiche aus Kamelhaar, die mit Silberfäden gewoben und von diskreten Schattenwürfen umrandet sind.

Mein Führer bringt mich zu einer Werkstatt, wo ich eine Stunde lang dem nahezu übermenschlichen, göttlichen Vorgang der Färbung eines Batist-Schals beiwohne. Dutzende von Mädchen arbeiten stumm und aufmerksam, halten die Seide in der Hand und tauchen sie Stück für Stück in jeweils andere Farbtöpfe, die an der Wand entlang aufgestellt sind. Der Schal geht von Hand zu Hand, bis aus dem faden, groben, wie ein Brautkleid glänzenden Stoff ein Wunder von einem Schmetterlingsflügel entsteht – elastisch, von frivoler Transparenz, mit eindringlichen, kräftigen Nuancen.

Und dann die Ateliers, in denen mit einer volkstümlichen, robusten Technik Marmor bearbeitet wird, einer Technik, die aus dem Kanon der indischen Folklore erwachsen ist und mit deren Hilfe groteske Idole aus weißem Marmor mit bunt bemalten Gesichtern, Krishna-Statuen aus schwarzem Marmor und Duftlampen entstehen. Hat man einmal ein Atelier betreten, wird man nicht wieder in Ruhe gelassen, bis man nicht einige Dutzend andere ebenfalls besucht hat. Andere Handwerksmeister und Händler warten draußen auf dich, und sowie du herauskommst, nehmen sie dich höflich in Empfang, reichen dir ihre Visitenkarte, so groß wie ein Briefumschlag und vollgekritzelt wie ein Werbeplakat, schleppen dich zu ihrem Geschäft, reden pausenlos auf dich ein, unberührt von allen Protesten, Grobheiten oder Sarkasmen, deren du fähig bist, überhäufen dich mit höflichen Floskeln, bitten dich um die Ehre, nur »zwei Minuten« ihre Schätzesammlung zu besichtigen, und lassen dich schließlich in ihre Werkstatt eintreten, nachdem sie dir triumphierend mit einem sachten Ruck nachgeholfen haben. Dort bringen sie dir einen Stuhl, bieten dir Zigaretten und Betel an, knien sich vor dir hin und durchstöbern ganze Stapel von Schals, Teppichen und Tüchern. Ein Europäer kann da kaum widerstehen. Schon aus Höflichkeit muß man ein seidenes Batisttuch kaufen ...

Verwirrt von der Pracht des Basars steige ich wieder in die Tonga und lasse mich zum Stadtpark und zum Museum fahren. Beide sind Resultate der europäischen Erziehung des Maharadschas. Der Park typisch indisch: ein Ort der Besinnung, des Müßiggangs, der Männerversammlungen. Frauen kommen, wenn überhaupt, nur in geschlossenen Gruppen. Der Stadtpark ist gleichzeitig Zoo und Museumsgarten. Es gibt einige Dutzende Käfige mit einheimischen Tigern, Löwen, Leoparden und Bären. Die Affen leben in freier Natur, sind allerdings an Bäumen angekettet, und sie vertreiben sich die Zeit damit, daß sie Hunde und Eichhörnchen necken. Die Hunde wissen sich zu wehren, denn immer wenn sie zu bellen anfangen, springen die Affen wieder auf den Baum. Aber die Eichhörnchen werden von Ast zu Ast verfolgt, und dieses Schauspiel belustigt die Menschen.

Das Museum besitzt die wahrscheinlich wertvollste Sammlung von rajputischen Vasen und Statuetten, doch besonders einmalig ist die in Wachs geschnitzte Illustration aller möglichen Positionen indischer Asketen und jeder erdenklichen Form der Selbstquälerei. Es gibt hier Asketen, die an den Beinen über einem Feuer aufgehängt sind, mit dem Lehrling daneben, welcher dafür sorgt, daß das Feuer nie erlischt. Oder man sieht einen Asketen, der mit seinen Haaren an einem Baum hängt, oder einen anderen, der seit zwölf Jahren die Hand hochgestreckt hält, die Hand eines Leichnams. Alle Übertreibungen, Betrügereien und Stumpfsinnigkeiten des volkstümlichen indischen Asketismus sind hier objektiv und mit viel Geschick dargestellt.

Beim Verlassen des Museums die ersten Anzeichen von Müdigkeit. Mittag ist bereits vorbei, und ich beginne erst zu entdecken, was dieses bestaunenswerte Jaipur alles zu bieten hat. Die Leute im Stadtpark ziehen sich allmählich an schattigere Plätze zurück. Ihrer Haltung, ihren Blicken, ihrer Art und Weise, einen Weißen anzureden, siehst du im übrigen an, daß sie keine Sklaven mehr sind. Der Stolz, mit dem dir auf der Straße erklärt wird: »Wir haben einen König, wir sind ein unabhängiger Staat, bei uns ist es nicht wie in British India.« Vielleicht sind sie frecher, räuberischer, grausamer als ihre Brüder im restlichen Indien, aber ich mag sie lieber.

Überall in Jaipur stolzieren diese Pfauen herum, deren himmlisch blaue, erhabene Schönheit mir schon am Bahnhof begegnet war. Im Stadtpark gibt es Hunderte von ihnen, auf allen Mauervorsprüngen, in allen Büschen, auf der Wiese, einfach überall. Die Stunden bis zum Abend verbringe ich schließlich damit, sie gelassen zu betrachten. Man lebt sich schnell in Jaipur ein. Unter deinen Augen nimmt das Straßenleben in weniger als einer halben Stunde eine andere Gestalt an. Die Straße zum Palast ist nun beleuchtet – wobei die Lichter jeder orientalischen Stadt an bengalische Feuer erinnern. Und dann die Schatten der kubischen Häuser mit ihren geheimnisvollen Terrassen ...

*

Wenn du nun schon mehrere Tage in Jaipur weilst, hast du sicher schon von den Adressen der berühmten Tanzhäuser erfahren, jener würdevollen und doch diskreten Gebäude, wo du nur mit deinem Führer eintreten darfst und dich am Morgen vor der Darbietung vorstellen mußt. Denn um dich für die Tanzvorführung zu entscheiden, die du in der Nacht sehen möchtest, mußt du den Besitzer noch am Tag aufsuchen. Er bittet dich in ein Zimmer mit vielen Teppichen, reicht dir Betel und Gold-Flake-Zigarren und fragt dich – nach unvermeidbaren Streifzügen durch dein Privatleben –, welche Tänze du zu sehen wünschst und wieviel du für die Tänzerinnen zu zahlen gewillt bist.

Der Preis geht bis zu 7000 Lei (100 Rupien) für drei Stunden Musik, Tanz und acht Tänzerinnen. In Jaipur gehören die Tänzerinnen zu einer besonderen Kaste und genießen von klein auf eine spezielle Erziehung: Sie sprechen fließend Englisch, können mehrere Instrumente spielen, verstehen es, einen alten Stoff einzuschätzen, ein Kunstwerk zu beurteilen, und beherrschen den Umgang mit den Angehörigen jeder Kaste. Allein die Verhaltensregeln und den gesitteten Gang zu erlernen, nimmt einige Jahre in Anspruch. Das ist der Grund, warum der Besitzer nicht jeden als Zuschauer akzeptiert.

Am besagten Morgen zeigt er dir die verschiedenen, auf speziellen Bänken ausgebreiteten Kostüme, welche die Tänzerinnen an- und ausziehen werden. Er erklärt dir die Melodien, die Instrumente des Orchesters, und wenn du etwas Kenntnisse in indischer Musik hast, fragt er dich nach dem Raga, in dem die Melodie dieses und jenes berühmten Tanzes gespielt werden soll.

Am Abend muß man sich zur vereinbarten Stunde einfinden, und das Geld wird sofort vom Besitzer in Empfang genommen. Alles, was konsumiert wird, muß im voraus bezahlt werden. Auf Zigaretten wird kein Wechselgeld herausgegeben, da jeder Rest als Bakschisch gilt. Man führt dich zum Tanzraum.

Du bist allein. Das Orchester sitzt hinter einem Vorhang; zwei Geigen, ein Wina und ein kleines Becken. Die Tänzerinnen erscheinen alle auf einmal und sind schüchterner als sonst, weil du Europäer bist. Sie halten sich an der Hand und defilieren langsam durch das Zimmer, um ihre Kostüme bewundern zu lassen.

Einige Kostüme sind wahre Wunderwerke und unglaublich teuer; sie können einen Wert von bis zu einer halben Million Lei (7000 Rupien) haben. Der Schnitt, die Seide sind unübertroffen, voller Kolliers und Edelsteine. Nachdem dir die Tänzerinnen Zigaretten und Getränke angeboten haben, klatschen sie in die Hände, und die Musik beginnt. Zuerst lehnen sie sich an die Wand und summen die Melodie, während der Fuß fast unmerklich den Takt schlägt. Zwei von ihnen lösen sich aus der Gruppe und kommen zur Mitte des Zimmers, wobei sie wellenförmige Bewegungen mit den Armen vollführen, so als würden sie einen unsichtbaren Säugling wiegen. Sie schlagen so sachte mit dem Fuß, daß man das metallene Geräusch ihrer silbernen Schellen gerade noch hört. Der traditionelle rajputische Tanz beginnt. Aus diesem Grund sind die beiden Mädchen in einer besonderen Tracht erschienen: Sie besteht aus einem Sari aus gelber Seide, einem enganliegenden dunklen Mieder und einem roten Schal. Die Haare sind zu Zöpfchen geflochten. Sie eröffnen den Tanz, indem sie die Leiber plötzlich nach links beugen, als ob sie umkippen würden – und als die Hände fast den Boden erreichen, klatschen sie und schnellen zurück. Die Bewegung wird wiederholt, während die Mädchen in entgegengesetzten Richtungen auf zwei sich überschneidenden Kreisen schreiten, und der Rhythmus allmählich schneller wird, bis das Auf- und Niederbeugen wie die Explosionen und Implosionen einer rätselhaften Harmonie wirkt.

Es ist völlig unmöglich, diesen Tanz, ganz Rhythmus, ganz Suggestion, wiederzugeben. Die Musik verstummt plötzlich, ohne Ankündigung und Echo, und die Mädchen halten genauso unvermutet mitten im Zimmer ein, mit dem Körper und den Armen in der ursprünglichen Anfangsposition. Wie könnte man einen rajputischen Tanz beschreiben, jene einer schläfrigen Kobra ähnelnden Bewegungen, Bewegungen wie von länglichen Muskeln, die mehr Absicht als Ausführung sind und die von den wütenden Zuckungen eines wie durch Hexerei beseelten Idols unterbrochen werden, von Zuckungen, die nur das Bewußtsein in Zaum hält? Mit jedem Tanz entdeckst du neue Rhythmen, andere Wunder der Grazie, andere verlockende, tödliche, aufrührerische, gebieterische Wellenbewegungen.

Das Programm ist derart gewählt, daß die am einfachsten und spärlichsten bekleideten Tänzerinnen zum Schluß kommen. Hier der Reigen rajputischer Bäuerinnen, eine Gruppe von sechs Mädchen, die wie einfache Frauen vom Lande gekleidet sind und sich rund um ein unsichtbares Feuer im Kreise drehen und dabei klatschen. Und dann der letzte Tanz, der Tanz der Nackten, von unerwarteter, fast königlicher Pracht. Die Tänzerinnen tragen nur noch den Schmuck und die silbernen Fußkettchen. Auf ihren messingfarbenen Leibern glänzt das Silber wie eine Patina aus Eis. So wie sie zuerst mit ihren vom schweren Edelmetall geschmückten Füßen angewurzelt dastehen, könnte man meinen, sie wären der Erde entsprossen. Sie gleichen Idolen mit traumwandlerischem Gang oder jenen Apsaras, den himmlischen Nymphen, die das ewige Leben der Götter mit Musik und Tanz versüßen.

Nie hättest du gedacht, daß solche Bewegungen von einem menschlichen Körper ausgeführt werden können: scheu angedeutete Gesten, Wellen des Schauers und ein Rhythmus, der immer stärker verinnerlicht wird, bis er sich zuletzt in einem einzigen Zentrum sammelt und von dort ausstrahlt. Und wenn das Orchester endet, erstarren auch sie in der Anfangsposition und kommen dir plötzlich nackt und abwesend vor – als wären sie nur sechs von Feen beseelte Statuen gewesen, die wieder zu Stein wurden, als die Feen davonflogen, als alles schwieg.

Zu Besuch bei Tagore

[September 1929]

Ankunft in Shantiniketan gegen Abend. Wir warten am Bahnhof auf den Wagen, den Tagore uns geschickt hat. Nichts Außergewöhnliches zu sehen, von Feldern, Palmen und einigen Dörfern mit rauchenden Öfen abgesehen. In der Ferne undeutlich der Park. Aufgeregt schlendere ich auf dem Bahnsteig hin und her und muß mich gegen die Mücken wehren. So vieles geht mir durch den Kopf; zum Beispiel wie ich das erste Mal von Shantiniketan gehört habe, dann die Fotografien aus *La Science et la Vie* und meine ersten Tagore-Bücher ... Doch ich muß gestehen, daß ich nicht so aufgeregt bin, wie ich es erwartet habe.

Zwei, drei Kilometer mit dem Wagen. Keiner spricht. Die Landstraße ist in gutem Zustand. Wir halten vor dem »Guest House«. Ein unvergleichlicher Duft von weißen Blüten, die entlang der Mauer wachsen. Ich überquere einen breiten Hof, der so stark in Schatten getaucht ist, daß ich nicht sehen kann, wo ich hintrete. Mein Bettzeug und meine Aktentasche trage ich selbst. Der Diener führt mich zu meinem Zimmer, das an der Terrasse liegt, und bringt mir eine schöne, sehr helle Lampe.

»Warum habt ihr kein elektrisches Licht?« frage ich den Studenten, der mich begleitet hat.

»Niemand bleibt hier so lange auf, daß er Licht benötigte. Wir stehen immer sehr früh auf.«

Dasgupta ist weitergefahren, zu Tagores Haus. Heute abend werden sie zusammen speisen. Mir wird das Essen im »Guest House« serviert. Eier sind nicht erlaubt, nur vegetarische Kost und Milch.

Nun, da ich schreibe, versuche ich, mir über die Aufregung klarzuwerden, die mich beherrscht. Schlafen kann ich nicht – die Brise ist so angenehm. Ich möchte so viele Dinge tun ... Hätte so viele Dinge tun müssen ... Ständig erhebe ich mich vom Tisch, um auf die Terrasse zu gehen. Millionen von Grillen, und doch herrscht eine vollkommene Stille in diesem Park. Und sein Duft! Dieser Himmel bringt einen wirklich um den Verstand. Kein Europäer könnte hier arbeiten; man würde sich einfach nur in Gedankenflucht verlieren.

Morgen werde ich Tagore sehen. Diese Tatsache erscheint mir als so unwirklich, so künstlich. Als ob ich wie im Traum *mich sehen* könnte, so als würde ich etwas tun und sagen, wozu ich sonst gar nicht in der Lage bin. Und doch kann ich nicht schlafen. Zehnmal habe ich dieses Heft aufgeschlagen. Ich möchte ein klares, deutliches Bewußtsein haben, damit ich merke, wie *außergewöhnlich* alles ist, was hier geschieht.

Das Dorf, durch welches wir fuhren, hieß Bolpur. Ich sagte mir auf der Fahrt: »Warum habe ich soviel Zeit mit *european things* verloren?«

*

Morgens. Ich schlage dieses Heft auf und will nur eines sagen: Ich atme das Gute, ich atme die Liebe ein. Die wahrhaftigste Erfahrung der Glückseligkeit. Das ist es. Überflüssig, weitere Eindrücke zu notieren.

Dasgupta kommt, um mich durch den Park und die Universität zu führen. Alle Mädchen in den Kursen sind wunderschön. Sie sitzen jetzt am Eingang, die Zöpfe entflochten; wahrscheinlich haben sie ihre Haare in Kokosnußöl getaucht. Ein schwerer Duft, der überallhin dringt. Ein wahres Wunder.

Die erste Überraschung: die Bibliothek. Sehr groß, sehr wertvoll. Auf Bitten Rabindranaths habe die französische Regierung viele wissenschaftliche und philosophische Werke sowie historisch-kritische Ausgaben gestiftet. Im Vorübergehen bemerke ich eine Renan-Gesamtausgabe, deren Seiten noch nicht aufgeschnitten sind.

»Er ist ein atheistischer Christ«, sagt mir der Student. »Mich interessieren aber mehr die Christen, die christlich bleiben ...«

Ich frage nach bestimmten Büchern.

»Shastri weiß es«, versichert mir der Student.

Shastri weiß alles. »Er ist eine ganze *Industrie*«, sagt Dasgupta, der diese Redewendung von Tagore gehört hat (was mir eine seltsame Genugtuung verschafft; ausgerechnet Dasgupta sagt das, der sonst meint, Tagore sei ein Naivling, der es gerade noch verdiene, gelesen zu werden ...).

Shastri: ein nervöses, kurzes Lachen, ob er dir nun »Guten Morgen« wünscht oder einer deiner Bemerkungen zustimmt. Ich muß ihn dauernd ansehen; schließlich ist er der größte Philologe Bengalens. Auf einer Matte neben ihm arbeitet ein tibetischer Lama, der hier Sanskrit und Pali lernt. Ich gehe etwas näher hin, um zu sehen, was er genau macht; ruhig und aufmerksam überträgt er ein tibetisches Manuskript auf große Blätter.

Ich sage Shastri, daß ich ein anderes Mal herkommen, lange bleiben und viel arbeiten werde.

»Das sagen alle«, meint Shastri lächelnd. »Alle, die hierherkamen, haben sich in Shantiniketan verliebt und geschworen, sie würden zurückkehren. Aber ich weiß nicht, ob es zwei, drei gab, die ihr Wort gehalten haben. Siehst du, keiner will zugeben, daß er hier das höchste Glück erfahren hat und bleiben möchte.

Sie sagen, dieser Ort sei der schönste auf der Welt und sie würden zurückkehren – doch ziehen sie weiter und suchen andere Orte auf ...«

(Ich bin extra in mein Zimmer gekommen, um diese Worte Shastris aufzuzeichnen, die mich tief bewegt haben. Als nächstes steht ein Besuch der Schule für Malerei und der Ateliers auf dem Programm.)

Erschöpfung. Kaum Motivation, etwas von dem aufzuschreiben, was ich gesehen habe. Was für herrliche, saubere Räume, wahre Altäre. Und die Mädchen, die dort malten, barfüßige Mädchen mit schulterlangem Haar. Und ich – wie lächerlich, in Strümpfen – die Schuhe hatte ich im Garten gelassen –, mit dem Helm in der Hand, versuchte, ihnen zu sagen, wie schön ihre Bilder sind und wie gut sie mir gefallen ...

Dasgupta sagt mir, daß Tagore heute etwas krank ist. Der Besuch wird verschoben.

Wieder schlage ich mein Heft auf. Heute nachmittag ein langes Gespräch mit Dasgupta in meinem Zimmer. Er sagte mir: »Ich weiß nicht genau, ob ihr Europäer überhaupt die Natur versteht. Als ich zum Beispiel das letzte Mal in Shantiniketan war, lobte mir ein deutscher Professor den Park. Ich fragte ihn, was ihm daran gefalle. ›Mir gefällt der *Rahmen*, in den sich die Farben und Formen der Bäume einfügen‹, antwortete er. Ich habe lange Zeit nicht verstanden, was er damit sagen wollte. Ich hatte nie bemerkt, daß es da einen ›Rahmen‹, eine Art – wie soll ich sagen – Begrenzung der Natur um mich herum geben soll. Was fühlst denn du dabei, wenn du das Wort *Natur* aussprichst?«

Ich versuchte, es ihm zu erklären, aber er schien unzufrieden.

»In einem Jahr werde ich dich wieder fragen«, fügte er hinzu.

Nachts. Ich stelle verwundert fest, daß ich heute überhaupt nicht geraucht habe. Nicht einmal jetzt, nach dem Abendessen, verspüre ich den Drang zu rauchen.

Wie geschmacklos! Was bin ich für eine komische Figur, daß ich diese so unwesentliche Tatsache *hier*, in Shantiniketan, notiere! ... Und doch kann ich nicht schlafen. Die Stille erschöpft mich völlig. Ob es überhaupt vernünftig ist, hier für längere Zeit zu bleiben?

*

Sehr reichhaltiger Tag. Unmöglich, über ihn zu schreiben. Tagore ist immer noch krank. Ich werde ihn erst morgen sehen.

Ich fühle mich immer fremdartiger, immer weniger ich selbst. Gibt es dieses Ding etwa wirklich: den *Einfluß*? Kann sich ein Mensch allein durch das Dekor verändern? Gerne würde ich einige Freunde nach Shantiniketan bringen, um diesen faszinierenden Einfluß des Dekors zu überprüfen.

Dasgupta war die ganze Zeit bei Tagore, während ich mich im Park und in der Bibliothek herumtrieb. Ich habe ziemlich interessante Details über Tucci und Stella Kramrisch[23] erfahren ...

Mehrere hiesige Studenten kommen zu mir ins Zimmer und stellen mir seltsame Fragen. Zum Beispiel: Wie ist die Haltung der europäischen Studenten gegenüber der Bibel? Gibt es eine Beziehung zwischen Gandhi und Christus? Haben wir Europäer

---

23 *Giuseppe Tucci* (1894-1984): bedeutender italienischer Orientalist. *Stella Kramrisch* (geb. 1898 in Meran): jüdische Orientalistin und Spezialistin asiatischer Kunst. Beide waren in Indien mit Eliade befreundet.

Angst vor dem Leid? Für was halten wir im Westen das Böse in der Welt, für ein real Existierendes oder für eine Einbildung unseres Geistes? ...

Nach dem Weggang der Studenten, mußte ich darüber grübeln, was mich hier eigentlich so heiter-gelassen macht. Später Spaziergang auf der Terrasse, ohne an etwas zu denken, nur mit dieser unaussprechlichen Empfindung, der stillen Liebe für die Menschen, die Schöpfung, für jedes Wesen. Irgendwann muß ich einen Aufsatz schreiben: *Der franziskanische Geist in Asien.*

*

Endlich der erste Besuch bei Tagore. Ich habe mir das Gespräch sofort in einem speziell dafür in Kalkutta gekauften Heft notiert, wo ich auch alles andere aufschrieb, was ich bisher hier über den Dichter hörte. Wieder meine anfängliche Aufregung. Ich habe vielleicht etwas zu ehrfürchtig den Reichtum der Vorhalle, die Pracht der Teppiche, der Ventilatoren bestaunt.

»Ein notwendiger Komfort für einen alten, kranken Dichter«, sagte mir Tagore.

Er spricht sehr langsam, hustet trocken, affektiert und knabbert pausenlos an einem Granatapfel. Neben uns ein kleiner, mit Kupfer überzogener Tisch und eine Fruchtschale mit Bananen und Mangos. Er bittet mich zuzugreifen. Ich stelle ihm meine Fragen, die ich mir schon vorher überlegt habe, und er antwortet sehr geziert, in perfektem Englisch (etwas *swanky*). Während ich ihm zuhöre, versuche ich, mich in die Freude hineinzuversetzen, die ich eigentlich fühlen müßte; schließlich befinde ich mich vor Tagore ...

Dasgupta sieht irgendwie verlegen aus. Er tut so, als würde ihn das, was Tagore sagt, nicht interessieren, denn für ihn sind es ja nur »Sentimentalismen«, »emotional stuff«. Er blickt immer wieder woanders hin, während der Dichter spricht, was diesen sicher aus der Fassung bringt. Im übrigen meint er auch:

»Aber warum fragst du mich das alles, wo mein Freund Suren es dir doch besser erklären könnte?!«

Dasgupta lächelt geschmeichelt.

»Eliade möchte auch die Meinung des großen Dichters hören«, sagt er scherzhaft. »Deswegen ist er doch hergekommen.«

Die Situation ist ziemlich peinlich. Wir lächeln alle drei verlegen. Tagore hustet leicht nach jedem Satz. Er sitzt in einem Sessel, die rechte Hand auf dem Knie, während die linke faszinierende Gesten von wunderbarer Eleganz vollführt. Auch die Stimme wirkt faszinierend. In seine Augen kann man nur schwer blicken, obwohl sie sehr milde sind. Die Haare duften nach einem stark orientalischen Parfüm.

Während er sprach, sagte ich mir: »Warum kann ich nur in diesem bedeutsamen Augenblick meines Lebens nicht konzentrierter sein?«

Nebenan in der Vorhalle waren viele Frauen. Ich ertappte eine dabei, wie sie uns durchs Fenster beobachtete. Das Gespräch dauerte mehr als eine Stunde. Morgen bin ich zum Essen eingeladen. Er steht nur schwer vom Stuhl auf.

»Wäre ich nicht dabeigewesen, hätte er dir viel interessantere Dinge erzählt«, sagt mir Dasgupta auf dem Rückweg. »Vor einem Philosophen traut er sich nicht so recht.«

Ich bin schnell in mein Zimmer hinein, um mir die Unterhaltung zu notieren. Etwas enttäuscht.

*

Frühstück mit Tagore. Unmöglich, das Ritual wiederzugeben, nach welchem das Essen serviert wurde. Seine unfaßbar großartige, weise Unterhaltung, das Lachen und der Husten, der dich zwang, ihn zu bewundern, für seine angeschlagene Gesundheit zu zittern, für die nicht wiedergutzumachende Katastrophe, die sein Zusammenbruch bedeutet hätte. Ich glaube, Tagores Geheimnis besteht in der Kunst, mit der es ihm gelingt, jedem Menschen als unentbehrlich, unersetzlich zu erscheinen. Nach zehn Minuten in der Anwesenheit des Dichters bist du überzeugt, daß die Welt nach seinem Tod unendlich ärmer, stupider und trauriger sein wird. Er besitzt das völlig einmalige Talent, dich dahinzubringen, daß du die Größe seines Lebens und seiner Seele spürst. Seine Bücher kommen dir mit einem Mal noch schöner vor, und du hältst seine Weisheit für einen Gipfelpunkt der menschlichen Spezies. Alle Menschen – und vor allem alle Frauen –, die ihn lieben, sind vom Gedanken an seinen Tod besessen. Für sie ist die Welt ohne seine herrliche Gegenwart undenkbar. Tagore erfüllt so sehr und so definitiv diese Welt, daß nach ihm alles wie im Chaos erscheinen muß, wie in Finsternis und Bestialität gestürzt. Insofern ist seine Größe ein echtes Unheil für Bengalen. Nach seinem Tod werden sich diese Menschen einsamer und mutloser fühlen, als sie in Wirklichkeit sind.

*

Wieder in der Bibliothek, wo ich mit Shastri ein langes Gespräch über den Dichter führe.

»Vergiß nicht, daß sich Tagore auch in modernen Anbaumethoden ziemlich gut auskennt«, sagt er. »Außerdem hat er die wohl schönsten ABC-Bücher verfaßt«.

»Und darüber hinaus ist er der Schöpfer dieser Universität, welche die berühmtesten Professoren der Erde bewundert haben«, setzt er etwas ironisch hinzu.

Wir gehen zu den Apartments der europäischen Professoren. Er zeigt mir Tuccis Wohnung.

»Mit seinem Wissen hat er uns absolut in Erstaunen versetzt«, meint Shastri lachend. »Wenn er nicht stirbt, wird er bald der größte Buddha-Kenner sein ...«

Von einem Studenten erfahre ich einige pikante Details über ein schönes Mädchen, das in Tucci verliebt ist.

*

Eines der »Bonmots« von Tagore, das ich behalten habe:

»Du wirst merken, daß in der Literatur des Orients kein *Einfluß* festzustellen ist. Und doch hat sich diese Literatur, vor allem in ihrer indischen Form, in starkem Maße von der europäischen Literatur inspirieren lassen. Wie läßt sich dieses Wunder erklären? Für mich ist die Erklärung einfach: Ein Orientale, ein Morgenländer kann nur er selbst bleiben, sosehr er die anderen auch kopieren mag ...«

(Ich habe viele Erinnerungen von diesem ersten Besuch in Shantiniketan. Doch sie gehören zu einer Reihe von Erlebnissen, die zu sehr mit Stella Kramrisch, Dasgupta und noch einer dritten Person verbunden sind, als daß ich allzu viele Passagen an dieser Stelle wiedergeben könnte. Was Rabindranath Tagore angeht, so habe ich die Gespräche, die ich später noch mit ihm führte, in einem Extraheft notiert, wo ich auch alle Legenden, Verleumdungen und Gerüchte aufgeschrieben habe, die rund um den Dichter kursieren. Die erotische Karriere dieses Dichters übertrifft sogar die von D'Annunzio. Deswegen werde ich alle meine Erinnerungen erst in vielen Jahren veröffentlichen können, wenn diese in Indien heute berühmten Menschen nicht mehr sein werden ... Sicher ist nur, daß Tagore heute der unbekannteste »ganz große« Mann ist, den die Welt besitzt. Weit davon entfernt, nur ein Dichter und Weiser zu sein, ist er vielmehr ein Mann der *Renaissance*, ein Don Juan und ein Organisator, ein Mann mit einem bewundernswerten Sinn für das Praktische, der dennoch jeder Form von Mystik gegenüber offen ist. Obwohl in gewisser Weise ein Schauspieler – seine unglaublichen Fähigkeiten haben ihn dazu gemacht –, ist er trotz allem einer derjenigen Männer, die das moderne Indien aufgebaut und mehr als eine Revolution initiiert haben.)

Shantiniketan und der Frühling in Bengalen

März 1930

Einige Zugstunden westlich von Kalkutta gibt es einen unscheinbaren Bahnhof, Bolpur. Der Nachmittagszug kommt hier gegen Abend an. Es herrscht die typische Stille eines indischen Dorfes; endlose Reisplantagen, Palmen am Straßenrand, die Hütten bewacht von Mangobäumen. Niemand würde vermuten, daß, wenn man den Bahnhof verläßt und die Landstraße einschlägt, sich einige Kilometer weiter mitten in dieser melancholischen Weite ein unvergleichlicher Park befindet: Shantiniketan.

Rabindranath Tagore wurde hier geboren. Sein Vater und sein Großvater kamen hier ebenfalls zur Welt. Früher war die gesamte Region ein Latifundium der Tagore-Familie, eines Prinzengeschlechtes. Hier im Herzen Bengalens gelang es Rabindranath, seinen Jugendtraum zu verwirklichen: Schulen zu errichten, wo keine Kinder gequält werden, und Kultur zu schaffen, die mit der Harmonie der Natur in Einklang steht. Der Name des Ortes, *Shantiniketan* (»Gelaß des Friedens«), stammt von ihm. Der Name der hiesigen Universität ist *Vishvabharati* und bedeutet »aus ganz Indien«. Tagore wollte seine eigene Schule aufbauen, wo Kinder vom sechsten bis zum fünfundzwanzigsten Lebensjahr Unterricht erhalten. Es mußte eine Institution sein, die das Bewußtsein der Einheit Indiens wecken, die vor allem aber ein Zentrum der Moralität und Spiritualität für die junge indische Generation sein sollte. Sein Ziel war, eine durch Disziplin geprägte Pädagogik durch eine Pädagogik der Freiheit und der persönlichen Initiative zu ersetzen; aus den dunklen und schmerzlichen Schuljahren der Kinder wollte er ihre glücklichsten Jahre machen. Aus dem Wissen heraus, daß wahre Arbeit eine Freude und nicht eine dem Menschen auferlegte Strafe ist, hat er die mutigsten Reformen gewagt, um die Erziehung zu einem Spiel und das Lernen zu einer lustvollen Tätigkeit umzugestalten.

Hier gibt es für gewöhnlich keine Klassenzimmer, auch kein Lehrerpult; vielmehr stellt jeder beliebige Baum im Park das Klassenzimmer dar. Die Kinder kommen und setzen sich mit den Schreibtafeln auf den Knien im Schneidersitz um den Baum herum, an den sich der Lehrer gelehnt hält. Der Unterricht wird im Weihraucharoma der unzähligen weißen Blüten abgehalten. Der Park – ein einziger großer Vorlesungssaal – ist von Hunderten von Kindern erfüllt, die umgeben vom Duft der vielen Blumen, unter dem freien und klaren Himmel lernen, hier, wo die Bäume den einzigen Schatten spenden. Sie kommen in ihren langen und bequemen weißen Gewändern, barfüßig oder in Sandalen, und die Mädchen tragen Zöpfe, in welche Blüten eingeflochten sind.

Nur während der Regenzeit findet der Unterricht in Klassenzimmern statt. Aber es sind große, terassenähnliche Räume, mit besonders weiten Fenstern. Die indischen Schüler können sich derart gut konzentrieren, daß ich einmal miterlebte, wie vier Klassen ihre Stunden auf der gleichen Terrasse abhielten, ohne daß sie sich gegenseitig störten.

Tagore schreibt irgendwo in seinen Erinnerungen, daß er in der Kindheit, als er täglich mit einem sehr patzigen Nachhilfelehrer seine Hausaufgaben machen mußte, so viel zu leiden hatte, daß er den ganzen Morgen hindurch nach trüben Wolken Ausschau hielt und den Himmel anflehte, es solle kübelweise regnen, damit der Lehrer nicht mehr komme. Mehrmals wollte er wegen des Schulunterrichts von Zuhause ausreißen. Da kam ihm der Gedanke, daß Tausende von Kindern in ganz Indien wie er zu leiden hätten, und er fragte sich, ob es nicht vielleicht ein Mittel gebe, diese barbarische, die schönsten Jahre vergiftende Institution zu reformieren. Tagore, der Kinder dermaßen liebt, daß er – von zahllosen selbstverfaßten Märchenbüchern, Wiegenliedern, Spielen und Tänzen abgesehen – vor kurzem zwei ABC-Bücher mit Versen und Illustrationen nach seinen Holzschnitten für die Kinder Bengalens schrieb: Er, Tagore, tat alles, was in seiner Macht stand, und es gelang ihm, dieses »Gelaß des Friedens«, Shantiniketan, zu errichten.

Auf dem Weg vom Bahnhof zum College passiert man zuerst das Dorf Bolpur, das sich insofern von anderen bengalischen Dörfern unterscheidet, als hier die von Rabindranath Tagore eingeführten Arbeitsmethoden und Hygienemaßnahmen angewandt werden. Danach kommt der Park, der das von Tagores Onkel gebaute »Guest House« umgibt, wo jeder Reisende, gleichgültig von welcher Nationalität und Religion, umsonst übernachten kann, unter der einzigen Bedingung, kein Fleisch mitzubringen oder zu verzehren.

Riesenhafte Akazien, Mangobäume und Kokospalmen wachsen im Park, wo auch das Gebetshaus des Onkels steht, heute ein Mausoleum mit bemalten Fenstern und Marmorstufen. Daneben ein Koloß von einem Baum mit tief wachsendem, wie ein birmanischer Regenschirm verflochtenem Gezweig, dessen Blüten wie ein künstlicher Regen zu Boden schweben. Hier hielt der Onkel seine Meditation jeweils vor Sonnenaufgang und -untergang. Dieser Ort wirkt sehr seltsam; man könnte meinen, alle guten und lauteren Gedanken hätten sich in der Nähe der Zweige und Blumen niedergelassen. Du spürst, wie dich Glück und Güte überkommen, und fast mußt du dich ärgern, daß du so viele Jahre in Unrast mit wissenschaftlichen Untersuchungen vergeudet hast, um hier schließlich zu entdecken, wie einfach und natürlich Erfüllung zu finden ist.

Hinter dem »Gästehaus« wirkt der Park nicht mehr so edel. Die Bäume wachsen dichter beieinander, verflechten sich. Gras und Blumen sprießen wild umher, auf Steintreppen, Terrassen, in Zimmerecken. Es folgen die neueren Gebäude: die Bibliothek, die Post, die Schlafräume, die Werkstätten, die Wohnungen der europäischen Professoren, das Museum. Alles weiß leuchtende Gebäude aus Marmor, mit einer Terrasse als Dach, mit breiten, niedrigen Fenstern und Rollos aus Bambus für die Zeit der größten Hitze. Die Vegetation wächst so dicht und es herrscht so viel Stille in diesem Park, daß man mit jeder weiteren Entdeckung eines Hauses erstaunt ist, überhaupt menschliche Zeugnisse an diesem verschwiegenen Ort anzutreffen. Und so betritt man die Häuser mit der gleichen Ergriffenheit und Feierlichkeit, mit der man in einen Tempel eintritt.

Hier zum Beispiel das Atelier für Malerei. Ein Haus, das die Sonne im Laufe des Tages von allen Seiten bescheint. Das Schuhzeug wird am Eingang abgegeben, denn die Korridore und Räume sind so sauber, daß niemand es wagen würde, anders als barfüßig einzutreten. Bei den Fenstern sitzen Mädchen im Schneidersitz, und auf den Teppichen vor ihnen liegen Töpfe mit Farben und Pinseln bereit. Sie malen mit orientalischer Sorgfalt Porträts von Kriegsgöttern oder von bleichen Schönheiten mit Mandelaugen und sinnlichen Lippen. Ein Atelier wie ein Heiligtum. Die

Kunst hat ihre Götter und Kanons, und der Künstler ist hier vor allem ein Priester. Die indischen Künstler kennen keine Frivolität oder Perversion.

Das Licht dringt in alle Ecken – wo meistens Bilder und Rollen abgestellt sind – und erhellt das gesamte Haus. Am Nachmittag kommt der Meister selbst vorbei, Abanindranath Tagore, der Bruder des Dichters, und inspiziert die Lehrlinge, indem er von Zimmer zu Zimmer geht und mit Scherzen und Bonmots ihre Ungeschicklichkeiten, Fehler oder zu offensichtlichen Imitationen tadelt.

Die Bibliothek ist in ganz Indien berühmt, und der Bibliothekar, der Pandit Vidushekhar Shastri, gilt als einer der gelehrtesten Orientalisten der Gegenwart. Sein Debüt machte er mit vedischen und avestischen Studien, widmete sich dann dem Buddhismus und wurde zu einem ausgezeichneten Kenner des Tibetischen. Inzwischen hat er während eines mehrjährigen Aufenthaltes in Shantiniketan bei Professor Sylvain Lévi auch Chinesisch gelernt. Im zweiten Stock des Bibliotheksgebäudes befinden sich die tibetischen Manuskripte und Bücher, mit denen Shastri arbeitet. Ein tibetischer Lama und einige Gehilfen himalayischer Herkunft sind hier ständig damit beschäftigt, die buddhistischen Texte wieder zurück ins Sanskrit zu übersetzen. Eine angespannte und doch heitere Atmosphäre hingebungsvoller Arbeit herrscht hier, wie in einem Tempel und Labor zugleich.

Aus den Erfahrungen Tagores in Shantiniketan folgt im übrigen etwas Wichtiges für Pädagogik und Kultur insgesamt: Man arbeitet hier genauso effektiv wie in jeder anderen Schule, aber ohne daß die Schüler die Lust verlieren. Auch reine Wissenschaft wird hier betrieben, vor allem Orientalistik. Studenten mit einem Abschluß in Vishvabharati werden überall geschätzt. Die Universität gibt eine vielgelesene moderne Zeitschrift heraus, *Vishvabharati Quarterly*, und außerdem eine endlose Reihe von Büchern Tagores im Original oder in der Übersetzung sowie eine repräsentative Zahl an Monographien. Fast jedes Jahr kommen europäische Wissenschaftler hierher, um zu forschen und zu lehren. Manchmal trifft man hier die renommiertesten Fachleute für Orientalistik. Einige Lehrer stammen sogar aus Europa und wohnen in besonderen Anlagen neben dem Park.

Die Arbeitsatmosphäre von Shantiniketan, die Eigeninitiative und Reformfreudigkeit fördert, macht sich auch außerhalb des Colleges bemerkbar. Im ganzen Distrikt betreibt man Landwirtschaft nach dem Modell der von Tagore konzipierten Farm. Die Dorfbewohner kennen nicht nur die Lieder des »Dichters«, sondern haben auch gelernt, die Produktion zu steigern und die Malaria zu bekämpfen.

In der Nacht scheint der Park von Shantiniketan wie verzaubert. Das liegt an der unwirklichen Stille, der Aura jener Pfade, die durch Haine voller nach parfümierten Ölen duftender Blumen führen. Kokospalmen, auf die mondener Reif fällt. Eine lunare Nacht, ängstlich der Mond, hypnotisiert, das zitternde Glück einer Seele im heidnischen Paradies suggerierend – und das Zischen, das Rascheln, die seltsamen Schatten, all das, was den Unterschied zwischen einem Land der Schlangen und einem der Grillen ausmacht. Alle gehen hier früh zu Bett, da sie noch vor Sonnenaufgang aufstehen, um die für die Meditation günstige Stunde zu nutzen. Die Lichter erlöschen um neun Uhr. Wer mit der Nachtwache an der Reihe ist, zündet eine weiße Kerze an, die einsam in der Brise flackert . . .

*

Im Monat Phalgun, zu Frühlingsanfang zwischen März und April, feiert Indien ausschweifend und zügellos den Sieg der Sonne. Da sie alles aufwühlt und vernichtet, Gottheit und Glut ist, Leben spendet und dann tötet – kann die Sonne nur in Form frenetischer Verausgabung und sinnlichen Entspannens, durch Tänze und vorgespielte Ängste gefeiert werden. In diesem Monat Phalgun steht der Triumph der Vegetation im Mittelpunkt – gleichzeitig damit aber auch die stille Ahnung von ihrem nahenden Ende durch die kommende Gluthitze. Der Sieg der Sonne wird durch die Farbe Rot verkündet. Das Fest selbst – es ist das bedeutendste Indiens, beginnt und endet mit ungestümen Tänzen, bei denen die Farbe Rot vorherrscht. *Holi* oder *Hutashani* wird dieses Fest des Frühlings genannt, das bei Vollmond beginnt.

Alle weißen Gewänder, alle Mauern werden dann mit blutrot gefärbtem Wasser bespritzt oder mit violettem, ziegelrotem, rosa oder braunem Pulver beschmiert, das man mit der Hand ausstreut. In wenigen Stunden wechselt die Stadt ihr Aussehen von Grund auf. Aus dem Nichts aufgetauchte dionysische Prozessionen locken auch dich aus deinem Versteck hervor. Überall defilieren Gruppen mit gefärbten Kleidern, und an jeder Straßenecke werden Kämpfe in rotem Gewölk ausgetragen. Von Balkons und Terrassen herab werden dauernd flüssige Farben verspritzt. Menschen mit verschmierten Wangen, mit grotesken, violetten oder orangefarbenen Masken tauchen auf. Je mehr eine Person verehrt oder geliebt wird, um so heftiger fällt die Explosion der blutroten Farbenfreude aus, die sie über sich ergehen lassen muß.

In einem reichen Haus geht folgendes vor sich: Gleich in der Frühe laufen die Kinder in die obere Etage und beschmieren mit rotem Pulver die Füße der Eltern. Diese reiben ihrerseits die Gesichter der Kinder ein. Dann gehen die Kinder zu Onkeln, Tanten, Lehrern und verteilen auch bei ihnen schüchtern ihre Farben. Doch wenn sie mit den Alten fertig sind, hat die Scheu ein Ende, und die Jagd auf die jungen Verwandten, auf die Freundinnen und Freunde beginnt. Es ertönt ein schlagartiger Lärm wie er für ein orientalisches Haus typisch ist. Beutezüge auf der Treppe, Handgemenge und viel ins Gesicht geworfenes Pulver, Verfolgungen auf den Terrassen, hastig gefüllte Spritzen, die hinter Türflügeln und Fenstern auf Opfer lauern, Wände, von oben bis unten vollgeschmiert, umgekipptes Mobiliar, Tränen und schließlich – die Kapitulation. Wenn sie sich gegenseitig ganz mit Farbe eingerieben haben, vertragen sich die Kinder und greifen gemeinsam das Nachbarhaus an, wo sich die Zeremonie wiederholt, mit lauten Verfolgungsjagden und dem üblichen Gemenge zwischen jungen Menschen zum Schluß ... Keiner entkommt. Ein weißes, unbeflecktes Gewand wäre an diesem wilden Freudentag ein schlechtes Omen und eine Beleidigung für das Hutashani-Fest. Noch Wochen später kann man Kostüme mit großen violettfarbenen Flecken erblicken, denn es gibt viele Leute, die nur ein Kleidungsstück besitzen, und die Farben gehen nur schwer ab.

Früher waren die »roten« Prozessionen von wahren Bacchanalien begleitet. Aber das heutige, das erwachende Indien begnügt sich mit Spielen, Tänzen und Musik und hat seine sinnliche Zügellosigkeit und Offenherzigkeit eingeschränkt. Die Freude und die Sensualität, der Ausbruch eines reinen, triumphalen Primitivismus konnten sämtlicher Propaganda der Brahmo Samaj und Arya Samaj[24] zum Trotz nicht be-

24 *Brahmo Samaj* und *Arya Samaj*: im 19. Jahrhundert entstandene, streng hinduistische Reformbewegungen.

seitigt werden. Die Holi-Feier verrät mit jedem Tanz und jedem Lied ihren dionysischen Ursprung. Aber es verhält sich nicht mehr wie vor zwanzig oder dreißig Jahren, als eine rote Prozession nicht nur von farbigem Pulver und Liedern begleitet war, sondern von echten bhaktischen Maskeraden, in deren Verlauf das pornographische Vokabular dominierte und sexuelle Handlungen vor den Augen der Frauen gemimt wurden. Ähnlich wie bei den Saturnalien durften sich die Frauen während der Hutashani Freiheiten herausnehmen, die ihnen sonst an keinem Tag des Jahres gestattet waren. Auch heute noch kann man Menschen treffen, die gar nicht so alt sind und die von Straßen und Balkons voller Frauen erzählen, Frauen, von denen keine ihr Gesicht bedeckte, wenn der Festzug mit den obszönen Mimen vorbeikam, und die sich prächtig amüsierten, wenn sie den inszenierten Dialogen zuhörten, die von einer wahrlich orientalischen Pornographie zeugten. Richtig verstehen kann man das allerdings nur, wenn man sich die ansonsten beispielhafte Treue der asiatischen Frauen vor Augen hält, ihre große Zahl auf den Festen und den völlig karnevalistischen Charakter der Prozessionen.

Doch heute, vor allem nach dem Großen Krieg und seit Beginn des Unabhängigkeitskampfes, geht es nicht mehr so zu. Holi ist aufgrund der Überschwenglichkeit, des Reichtums an Farben und Gesten, vor allem aber aufgrund der ungebändigten Freude und Spontaneität ein primitives und wildes Fest geblieben – doch Indien hat, soweit es ging, seine vormals obszönen Seiten und seine allzu freizügigen Darbietungen abgeschafft. In den Dörfern ist Holi heute ein herrliches Bauernfest mit Feuern, die bis tief in die Nacht brennen, mit Magie – vor allem aber mit viel guter Laune, mit Tänzen, inszenierten Dialogen und

Liedern, in denen der Liebe zu Krishna gehuldigt wird.

Dieses Frühlingsfest ist auf höchst bemerkenswerte Weise dazu angetan, die Seelen der Menschen zu öffnen, sie beinahe zu verklären. Denn Krishna ist mehr als nur der Gott der pastoralen Liebe. Er symbolisiert den mutigen Schritt zur mystischen Liebe, die zugegebenermaßen zu Verwirrungen und kopflosen Leidenschaften führen kann, gleichzeitig aber auch den Weg zu einer übernatürlichen Glückseligkeit weist. Bewundernswert ist auch diese gegenseitige Durchdringung zwischen einem Fest der Natur, das aus irdischen Freuden entstanden ist und von reiner Sinnlichkeit gesteigert wird – und dem Symbol der mystischen Liebe, welche die menschliche Seele (Radha) für Krishna hegt.

In den vaishnavistischen Gegenden, wo Krishna noch verehrt wird und die Gläubigen sich ihm nahe fühlen, ist Holi Anlaß für ein doppeltes Fest: für das Fest des Frühlings draußen und für die Hoffnung auf die innere Wiedergeburt; ein Fest der Freude darüber, daß die Natur durch die Flöte Krishnas zum Leben erwacht, und der Freude darüber, daß die Seele Erkenntnis und Gelassenheit erlangen wird. Es ist ein und derselbe Prozeß der Osmose, der Vereinigung der Seele mit dem Schweigen der Natur bzw. mit ihrer triumphalen Entfaltung – ein Prozeß, der in Indien von so großer Bedeutung ist. Der Mensch solidarisiert sich mit dem Triumph und mit der Agonie der Natur. Und den Sieg der Sonne in jedem Frühling nimmt er zum Anlaß für seine innere Wiedergeburt.

Das eben ist der Grund, warum das Frühlingsfest in Shantiniketan so faszinierend wirkt. Tagore hat es verstanden, den Frühlingsanfang mit der Natur der menschlichen Freude zu verbinden und die Seele solange mit Lichtern und Tänzen zu berauschen, bis sie zu einer knetbaren Masse wird, die eine unsichtbare Hand formt. All dies geschieht ohne irgendwelche didaktischen Ziele. In Shantiniketan erhält Holi unerwartete folkloristische Nuancen, das Fest wirkt noch echter als anderswo und bietet sich wie ein selbstloses Frühlingsopfer dar. Die Tänze und Feiern der Studenten zelebrieren das Erlangen von Moralität durch Glückseligkeit, was ja der Auffassung Rabindranath Tagores entspricht.

Für sie alle ist Holi in erster Linie ein Fest mit Tänzen, Liedern und Dramen aus der Hand des Dichters. Die viertausend Lieder Tagores wurden hier uraufgeführt und zum Teil eigens für diese Feste verfaßt. Schon viele Tage vorher werden die Lieder und die Dramen einstudiert. Den neuesten Tanz führt zuerst der Dichter selbst vor, danach einige geübte Mädchen. Die Vorbereitungen haben nichts Offizielles oder Didaktisches an sich. Die Kinder lernen, noch mehr Freude am Frühling zu empfinden, um einen weiteren Grund zum Spielen zu haben. Die Feierlichkeiten belustigen sie mehr als die täglichen Späße. Denn das Tanzen und Singen ist vor allem ein Spiel für sie, ein Spiel, dem sie sich mit größter Leidenschaft widmen.

Am Morgen verläßt der Dichter sein Haus, dessen Terrassen in Richtung Sonnenaufgang zeigen. Im Park trifft er auf die ersten heiteren Zeremonien mit Salven und Spritzern roter Farbe. Dort, im wunderbaren, von heftigen Düften durchwehten Park, werden die Lieder zum Lob des Frühlings angestimmt. Rabindranath steht inmitten der Kinder und dirigiert ihren Gesang. Sein weißes Gewand leuchtet bald in jugendlichem Purpur. In seinem Haar schimmern einige blutrote Strähnen. An jeder Hand hält er ein Kind, und der Tanz beginnt mit rotem Gewölk, mit Gesang und Geschrei. Der Park, das satte Grün des Frühlings und der klare Himmel liefern einen wunderbaren Hintergrund für die Tänze. Einige hundert Schülerinnen und Schüler tanzen in großen und kleinen Kreisen, während die Kapellen des College mit ihren Winas, Mridangas und Damarus (Geigen, Trommeln, Tambourins) den Rhythmus des Spiels angeben und es untermalen.

Man ist versucht, diese endlose Begeisterung für eine Vision oder ein unwirkliches Schauspiel zu halten, in dem viele Formen der Freude, überhaupt viele verschiedene Dimensionen eine Rolle spielen. Es ist nicht einfach ein chaotisches Frühlingsfest, aber auch keine streng künstlerische Darbietung. Das Spiel erfaßt alle, führt aber nicht zu Raserei, denn der Gesang und der Rhythmus verraten die Handschrift des dichterischen Genius. Seine Heiterkeit und Begeisterung gehen nie so weit, daß sie zu einem atemlosen Herumgehopse oder zu träger Verlegenheit führen würden.

Wie durch Zufall erkennt man in dieser Frühlingsfeier das Fest jenes anderen Frühlings, dem der Seele. Die Seele faßt neue Kräfte, nimmt neue Gestalten an – und das nur durch die Glut des Himmels, den Ruf der Flöte, die Worte der Dichtung.

Stundenlang währt diese Hatz durch den Park. Lichtreflexe purpurn befleckter Gewänder blinken auf. Die Altersgrenzen scheinen aufgehoben zu sein, denn die Lehrer wurden von derselben sorglosen Spontaneität angesteckt. Nur sind die Schüler behender, beherzter und letztlich auch besser. Niemand kann von diesem Reichtum an Genius, Poesie, Tanz und Licht unberührt bleiben. Alle Enttäuschungen und Schicksalsschläge werden vertrieben. Das Holi-Fest durchfährt dich, dringt wie eine rätselhafte Erregung in dich ein, atomisiert dich und baut dich wieder zu einem Ganzen zusammen. Alles, was an Finsternis und Unglück, an Ekel und Entmutigung erinnert, wird vom Frühlingstanz ausgelöscht, von den Liedern und Spielen zerstreut. Hier wird eine wahre Palingenese vorgeführt, die wunderbare Tugend, aus jedem Menschen einen Phönix zu machen; denn jeder wird aus sich selbst neu geboren, aus all dem, was im purpurnen Zauber dieser Feier verbrannt und geläutert wird.

Wenn das von den Jugendlichen im Park aufgeführte Drama endet, bist du von soviel entfesseltem Menschentum völlig aufgewühlt, benommen von so vielen Freuden an einem einzigen Tag, die wie in einem Kelch gesammelt aus der Hand Tagores deinen Lippen dargereicht wurden. Als wäre es kein normales, von einem zeitgenössischen Dichter verfaßtes Drama, sondern ein Mysterium voller erschreckend schlichter Offenbarungen, die ein einziges Gebot und eine einfache Moral zum Ausdruck bringen: daß allein die Freude – in ihrer vollsten, größten, vielfältigsten Gestalt – das Gute rechtfertigt und verwirklicht. Du hast nur eine einzige Pflicht: Glückseligkeit zu erlangen ...

Es spricht Rabindranath Tagore

März 1930

»... Und dann werden die Pflichten ohne Widerstände, direkt von der Seele verstanden und aufgenommen. Die Pflicht, die man sich selbst gegenüber hat, ist scheinbar eine egoistische, in Wirklichkeit jedoch eine ergreifend altruistische. Je mehr Tiefe du erlangst und je mehr du dich dem Wunder der Meditation und der Kontemplation öffnest – einer so natürlichen Übung für uns Inder, die euch Europäern so ungewöhnlich vorkommt und so schwerfällt –, um so mehr wird die Seele die Liebe zur Welt bei sich entdecken und sie in sich nähren; die Liebe für diese Schöpfung, die aus nichts anderem besteht als nur aus verschiedenen Aspekten unserer selbst.

Du fragtest, ob ich mich noch an Bukarest erinnere, und wenn ja, dann woran genau? Ich pflege keine Erinnerungen, habe zwar Freuden, Schmerzen, Träume und was weiß ich noch alles, aber keine Erinnerungen. Und warum nicht? Weil ich mich mit meiner ganzen Kraft dem Tod widersetze, all dem, was einmal lebendig und frei war und nun abgeschlossen unter dem Leichentuch der Geschichte liegt, woher man es nur unter der Gefahr eines Sakrilegs wieder hervorholen kann. In meiner Seele hege ich eine große Angst vor Stagnation, vor dem Tod, vor dem System als solchem. Bitte entschuldige mich, ich bin zwar kein Philosoph wie mein Freund Surendranath[25], aber das

25 Gemeint ist Surendranath Dasgupta, der größte Philosophiehistoriker Indiens und einer der profundesten Denker, den Asien hat - M.E.

Gedächtnis, die gelegentliche Erinnerung an etwas, was einmal war, und somit die Distanzierung von diesem Gewesenem, ist eine Form des Todes ... Du fragtest mich also nach Bukarest. Nun, ihr wart alle so gut zu mir, habt so unvoreingenommen und spontan auf mein Werk reagiert, und der arme König Ferdinand und die Königin Maria haben mir die Ehre erwiesen, mich in den Palast einzuladen, wo das Essen in so familiärem Rahmen verlief, ähnlich wie hier im Orient, wo der Dichter früher Tröster und Ratgeber des Königs war ... Ich bringe aus Rumänien, wie im übrigen aus ganz Europa, Freude mit ...

Nun, hast du unsere Leuchtkäfer im Sommer hier in Bengalen gesehen? Sie hängen wie Weintrauben aus Saphir von den Bäumen herab, fliegen wie Funken auf und landen auf deinen Händen und Schultern. Welche Freude fühlt man doch, wenn der Zufall dir einen dieser lebendigen Edelsteine, dieser kleinen Lichterchen, dieser beflügelten Lampions schenkt. Und du fragst dich: Warum schenkt Gott mir, dem Nichtsnutz, soviel Freude?! Warum überschüttet er mich mit der Ekstase seiner Wunder, die ich Ignorant, ich Blinder nicht verstehen und sehen kann? Du beginnst rein aus Freude zu beten und grundlos zu weinen. Soviel Leben, soviel Sehnsucht, so viele Tänze und Hymnen rund um uns herum. Verstehst du? Vielleicht verstehst du es nicht.

Gestern abend fragtest du mich: ›Was kann der Westen von Indien lernen?‹ Ich gab dir eine Antwort darauf, obwohl ich es gar nicht wollte. Mein Freund Suren, der dein Professor ist und ein großer bengalischer Philosoph, könnte es dir besser erläutern. Warum hast du denn mich gefragt? Mein Freund, ich bin bloß ein Dichter, wenn auch ein indischer. Ich kann dir weder ein System noch Analysen bieten. Wie soll ich über etwas sprechen, was nicht einmal die Philosophen erklären können, nämlich wie man leben und sich dem Tod, der Leere des Dogmatischen und Definitiven, der Rigidität des Geistes widersetzen soll? All das sind Aspekte des Todes, des am weitesten verbreiteten Todes: des Todes des Intellekts und des inneren Lebens. Und das kann Indien deinen herrlichen und leichenhaften Westen lehren. Indien kann Europa keine Wahrheit, sondern nur einen Weg nahelegen, einen Weg, den Indien selbst seit viertausend Jahren geht. Indien kann lehren, daß das spirituelle Leben – ach! wie farblos und verräterisch ist dieses Wort! aber du verstehst schon, was wir mit ›spirituellem Leben‹ meinen –, daß dieses Leben Freude, Lust und Tanz ist, daß es manchmal stürmisch und wild ist wie die Regenfälle Bengalens, manchmal gelassen und erhaben wie die Höhen des Himalaya. Das spirituelle Leben ist ein reines und freies, ein Drama, eine Ekstase. Ach, Worte, Worte ... Doch sieh nur, wieviel wir aus diesen Worten machen. Unser Tanz ist kein ästhetischer, und wer weiß, vielleicht nicht einmal schön, aber hast du nicht seinen Rhythmus gespürt, den Schauer der kosmischen Harmonie empfunden, die der in Ekstase versetzte Tänzer mit gewissen Bewegungen nachahmt, deren Geheimnis zwar im verborgenen bleibt, aber unser Leben im höchsten Maße beeinflußt? So verhält es sich auch mit unserem spirituellen Leben. Wir sagen immer: ›Diese und jene Idee *verwirklichen*‹. Wie ich sehe, kennt auch ihr diese Redensart. Aber auch nicht mehr. Denn bei Gott, wie kann man ein inneres Leben mit eurer philosophischen Unruhe und mit euren industrialisierten, mechanisierten und automatisierten Städten verwirklichen? Ihr könnt höchstens Bücher schreiben, Kongresse abhalten und neue Universitäten gründen. Das Christentum eines heiligen Franziskus oder eines Neumann pulsiert nicht mehr durch das Leben Europas. Es handelt sich höchstens noch um die Nostalgie einer Klasse von Menschen mit guten Absichten, die aber nicht verwirklicht werden. Versteh mich recht: Indien achtet vor allem auf die Verwirklichung, auf das Leben, den Grad der spirituellen Vervollkommnung und geistigen Freude, welche die Leute erreichen, die sich für die Anhänger einer bestimmten Lehre halten. Die Lehren selbst sind nicht von Interesse bzw. interessieren nur die Spezialisten, eine Kategorie, die ihr uns bedauerlicherweise durch eure akademische Erziehung übermittelt habt. Ihr habt uns gezwungen, nach europäischem Muster zu studieren, uns den Kopf mit englischer Geschichte vollzustopfen – was wir demütigend finden – und verschiedene nutzlose Wissenschaften zu studieren, die sogar schädlich sind, wenn sie nicht freiwillig, sondern unter Zwang angeeignet werden. Und ihr habt uns genötigt, all das zu tun, weil sonst ein indischer Student angeblich vor Hunger sterben würde ...

Ich behaupte nicht, daß Indien ein perfektes, tugendhaftes und über alles erhabenes Land ist. Indien ist ein unglücklicher, sündiger, chaotischer, von der Geschichte benachteiligter und von den Historikern nicht beachteter Erdteil, der mich anekelt – deswegen reise ich ja so oft nach Europa –, aber um dessen Genius es mir leid tut, da er auf eine jahrtausendelange Tradition, auf eine lebendige, ununterbrochene Überlieferung zurückschauen kann. Du konntest dich während deiner Jahre in Indien selbst davon überzeugen, wie organisch und authentisch die indische Erziehung ist. Ich selbst habe in Shantiniketan versucht, etwas anderes, etwas Konkreteres und Gesegneteres zu erreichen – nämlich die großen Pflichten des Menschen in die Schulerziehung einfließen zu lassen: die

Erkenntnis seiner selbst und die Liebe zur Natur. Diese beiden Instinkte, die für mich zu den großen Pflichten eines erfüllten Lebens gehören, werden von der europäischen Erziehung völlig ignoriert. Ihr versucht, die Natur zu verstehen, nachdem ihr sie abgetötet, in Museen eingesperrt und in Reagenzgläsern sterilisiert habt. Was die Selbsterkenntnis angeht, so hast du mir etwas gesagt, wovon ich mich schon vor Jahren überzeugt habe: daß der Sinn und die Substanz dieses mystischen Prozesses in Europa völlig entwertet und pervertiert sind. Und du sprachst nur von der Elite. Wie steht es aber mit den weniger gebildeten Europäern, den Fabrik- und Landarbeitern? Welches ist ihr unmittelbarer Kontakt mit der Seele, mit den seelischen Dimensionen, der Freude der Meditation? Du hast gesehen, wie weitverbreitet das meditative Leben unter den Indern ist. Hast Gepäckträger gesehen, die nachts in Kalkutta unter dem Licht der Straßenlaternen das Ramayana lasen. Das Lesen ist nichts Äußerliches und Frivoles, wie etwa für den Durchschnittseuropäer. Die Lektüre eines heiligen Buches – und davon gibt es nur wenige in Indien, so daß man andere Bücher gar nicht kennt, dafür aber diese sehr gut – ist ein dramatisches Exerzitium, das in der Seele des Lesers durch die Aktivität seiner Einbildungskraft – um einen philosophischen Terminus zu verwenden – abläuft. Der Leser fühlt sich von der religiösen Epik und Dramatik, der er beiwohnt, hypnotisiert, was ihn mit jeder neuen Lektüre ergriffen macht, ihn als Menschen transzendiert und auf eine höhere geistige Stufe erhebt ...

Deine Bemerkung über die Inexistenz der Idolatrie in Indien – über die totemistischen Stämme will ich mich nicht äußern – war derart zutreffend, daß sie mich nötigte, dir etwas von meinen eigenen Auffassungen zu erzählen, die ich zwar in meinem etwas älteren Roman *Gora* schon dargestellt, aber noch nicht hinreichend präzisiert habe. Du hast recht, in Indien gibt es keine Idolatrie, wohl aber in Europa, und zwar welche in Hülle und Fülle. Es gibt hier keine Idolatrien, weil kein Gläubiger das Bild der Gottheit anbetet, sondern das Bild nimmt, so lange darüber meditiert, bis er es verinnerlicht hat, und der Gottheit dann das entsprechende Opfer darbringt oder den notwendigen Ritus praktiziert. Das Bild fungiert nur als inneres Instrument, das der Gläubige *beseelt* und ins *Dramatische* steigert. Auch hier der Prozeß der Verinnerlichung, der Aktivität der Einbildungskraft, an die ich erinnert habe, als wir über das Ramayana sprachen. Aber warum erzähle ich dir von Dingen, die du schon kennst? Ich bin sehr erfreut, daß du sie kennst, wenn du sie auch nicht durch deine Bücher erfahren hast, sondern durch das Privileg, das du hast, unter den Bengalen zu leben, zu fühlen und zu denken. Wir Bengalen sind die Mediterranäer Indiens: von exzessiver Sentimentalität, bewandert in der Dialektik, tief in der Mystik verwurzelt, aber unorganisiert und vor allem ohne den Geist der Solidarität. Dennoch repräsentiert Bengalen das Lebendigste, Wertvollste und Originellste, was der indische Geist heute zu bieten hat.

... Ach! Europa, mit seinen Fabriken, mit dem Moloch seiner Zivilisation. Jeder von euch Europäern stellt eine Fabrik dar. Hier in Shantiniketan gibt es zum Beispiel einen jungen Deutschen, der Sanskrit studiert und Paninis[26] Grammatik übersetzt. Nun, er ist eine ganze Industrieanlage. Für ihn hat der Frühling nicht

26 *Panini* (4.–5. Jahrh.): bedeutender indischer Logiker und Grammatiker.

jene berauschende Bedeutung, stellt keinen spielerischen, lustvollen, kreativen Wahnsinn dar – was der bengalische Frühling ja ist, wie du selbst weißt. Oder womöglich weißt du es doch nicht. Sei nicht beleidigt. Ich liebe euch alle, euch Kinder, die ihr mit einer erstaunlichen Verbissenheit und Kraft arbeitet. Aber warum seid ihr nur so grimmig? Warum seid ihr kahlköpfig und bekommt Stirnfalten? Siehst du, mein Freund, für euch scheint die Arbeit eine Art Verdammnis zu sein. Für uns ist sie Freude, Freiheit, das heißt Kreation. Das solltet ihr von uns lernen: daß die Arbeit zur reinsten Form der Empfindung gehört, da sie wie ein großer Tanz ist, bei dem du mit jedem Arm zwei schöne Mädchen umfaßt und mit ihnen spielst, um das Leben, Gott, dich selbst und deine Liebe zu rühmen. Davon weiß man in Europa noch nichts. Dort erdrückt einen die Arbeit und bereitet große Schmerzen. Ich bin siebzig Jahre alt und schlafe drei bis vier Stunden in der Nacht, stehe vor dem Sonnenaufgang auf und gehe auf die Terrasse. Dort meditiere ich in Erwartung der Morgenstunden, meditiere, bete, singe. Und dann beginnt die Arbeit. Ich habe an die zweihundert Bücher geschrieben. Und jede Zeile war eine Wonne. Denn die größte Sünde besteht darin, sich der Freude, dem dir, deiner Seele von Gott geschenkten Leben zu widersetzen. Ich habe an die viertausend Lieder geschrieben und so viele Tänze erfunden. Einen davon hast du hier erlebt, und ich habe gehört, daß du nun auch Lieder von mir einstudieren möchtest. Paß aber auf, daß deine Professoren zu Hause nichts davon erfahren. Ich weiß nur zu gut, wie sie sind, denn so ist ja eure gesamte Wissenschaft und Philosophie. Ihr glaubt immer, daß die Wahrheit etwas Nüchternes ist und die Freude etwas Frivoles und daß Tanz und Lied nicht zu einer wissenschaftlichen Erziehung passen. Puritanische Irrtümer eben, die auch noch nach dem Verschwinden des Puritanismus wirksam blieben. Für mich gehören all diese Aspekte zusammen, denn jeder von ihnen drückt den Rhythmus und die Begeisterung des Lebens aus, die Göttin, die in jedem Tautropfen, in jedem Grashalm, in jeder unserer Ideen und Taten singt und weint. Das kann Indien die Menschheit lehren: daß die erste und letzte Pflicht die Selbstverwirklichung ist. Und diese besteht aus Freude, Tanz und Ekstase.

Doch stell mir keine weiteren Fragen. Es ist bereits Abend, und ich habe noch so viele Freunde zu sehen. Komm morgen wieder. Und eines Tages werde ich dir ein richtiges Interview für deine Leser geben, denn ich bin auf meine Art kein Philosoph, und auf die schweren Fragen kann ich nur schrittweise antworten. Aber weißt du, was du machen kannst? Du schickst mir deine Fragen am Tag zuvor, ich denke über sie nach, und wenn du kommst, gehen wir sie gemeinsam durch. Auch Suren wird da sein, da er sich in der Philosophie auskennt.

Aber sag doch, findest du diesen Abend nicht wunderbar? Ist das nicht ein Abend, so wie du ihn im ehrwürdigen Europa nicht antreffen kannst? Eine Stille und ein kontemplativer Frieden herrscht hier, als ob irgendwo die mystische Flamme von Mutter Indien brennen würde. Fühlst du sie nicht? Deswegen kehre ich doch immer wieder nach Indien zurück, obwohl ich es allmählich hasse, weil es von der Politik besessen ist. Du darfst Indien nicht danach beurteilen, wie du es in diesem Jahr vorfindest. Es ist bloß eine Krise, die mein Land durchmacht. Und die größte Niederlage bestünde nicht im Rückfall in die politische Knechtschaft, sondern im Verlust seiner großen spirituellen Werte, die nun vorübergehend nicht mehr die seit Tausenden von Jahren gefestigte Priorität besitzen. Ja, ich hasse Indien dort, wo es begonnen hat, finstere Leidenschaften zu hegen – aber jedes Mal, wenn ich zurückkehre, begegne ich diesem Land mit ungebrochener Freude. Denn sieh nur, hier allein scheine ich frei schaffen zu können, frei wie die Gewässer fließen, wie die Pflanzen wachsen. Und nur durch Indien, nur durch mein indisches Bewußtsein, das ich seit sechzig Jahren vertiefe und erforsche, kann ich zur Einheit, zum Menschen, zum Leben, zu Gott finden. Und wenn die Liebe zu den Menschen mich erdrückt, ziehe ich in die Welt hinaus. So lebe ich eben: zwischen zwei Lieben ...«

Es spricht Srimati Devi

[nicht datierbar]

In Indien ist jede Frau eine Devi, das heißt eine Göttin. Man redet eine Frau – gleichgültig welchen Alters und welcher sozialen Stellung zugehörig – nicht mit dem Familiennamen an, sondern fügt »Devi« zu ihrem Vornamen hinzu. Eine Missis Indira Sen wird so zu Indira Devi und eine Miss Kamala Chatterji wird zu Kamala Devi.

Das ist nicht unwichtig. Indien sieht in der Frau nicht die Jungfrau oder die Geliebte, sondern ausschließlich die Göttin, das gebärende Opfer, die Mutter. Jede andere weibliche Tugend verblaßt neben dieser. Jede Frau wird verehrt, insofern sie eine zukünftige Mutter ist. Deswegen spricht man eine Frau, die man schon zu lange kennt, um zu ihr noch »Devi« sagen zu können, mit »Mutter« an, und zwar selbst dann, wenn sie ein Mädchen vom Lande oder eine Collegeschülerin ist.

Über die asiatische Frau, insbesondere über die indische, wurde eine Menge ungereimtes Zeug geschrieben, das wir zivilisierte Europäer gerne akzeptieren, weil es unseren pittoresken Vorstellungen und Vorurteilen schmeichelt. Hören wir, was eine Inderin dazu zu sagen hat. Ich gebe hier einige Bruchstücke von dem wieder, was ich an einem Februarabend auf einer Terrasse in Bhowanipore gehört habe:

»Unsere Schwestern aus Europa und Amerika bedauern uns für gewöhnlich. Sie meinen, daß die indischen Frauen in Harems unterdrückt werden, daß ihnen jede Form von Unterhaltung und Autonomie fehlt und daß sie sich nach Befreiung sehnen. Zwar gibt es auch solche

Fälle, doch gehören sie nicht zur Normalität der indischen Gesellschaft. Im Grunde halten die Europäerinnen unser Leben für ein Dasein ohne Romantik und unvorhergesehene Abenteuer. Daher die Schlußfolgerung, wir seien unglücklich, betrübt und geknechtet. Unglücklich wären wir aber nur, wenn wir ein Leben führen müßten wie sie dort, wo die Freiheit der Instinkte und das gesellschaftliche Chaos herrschen. Zuerst einmal interessiert uns die individuelle Freiheit nicht. Sie ist eine Illusion, die früher oder später alle ablegen werden. Unser Leben wird vom Schicksal, vom Karma bestimmt, und jeder Ausbruchsversuch führt nur dazu, daß sich die Kette des Schicksals noch fester um dich schließt. Darüber hinaus halten wir die Romantik nicht für unverzichtbar für das Glücklichsein. Für uns ist das Glück nichts, was aus Launen entspringt, das heißt, es ist kein flüchtiger, zügelloser Augenblick, keine bloß leidenschaftliche oder sentimentale Illusion. Wir nennen solche Passionen *moha*, aber das ist nicht mit Glück gleichzusetzen. Ich weiß nicht, inwiefern du das verstehen wirst, aber für eine Inderin liegt das Glück nicht in der Eigeninitiative, sondern in der Institution, das meint, in der vollständigen Überantwortung seiner selbst einem Jahrtausende alten Ideal, dem Ideal der Familie und der Erziehung der Kinder. Glückseligkeit und Erlösung gibt es nur, wenn wir auf die persönlichen, vergänglichen Launen verzichten, die bloße Verwirrungen sind – und die Vollkommenheit unserer Mütter nachzuahmen versuchen.

Im übrigen stehen wir damit nicht allein da; die uralte Erfahrung der Keuschheit, des Mutterstolzes, der Würde, des Heldentums leitet uns. In jedem religiösen Ritual kommunizieren wir im Geiste mit unseren Vorgängerinnen. Wir nehmen nie Abschied von den Müttern . . .

Unsere Schwestern in Europa meinen, daß wir ein monotones Leben führen würden und Sklavinnen seien. Du hast nun genug Zeit gehabt, um dich selbst zu überzeugen, daß von Sklaverei keine Rede sein kann. Die Ehefrau ist die Hausherrin (wenn die Schwiegermutter nicht lebt). Sie verwaltet das Geld, macht die Einkäufe und leitet alles. Wenn du keine Frauen auf der Straße siehst, so bedeutet dies keineswegs, daß sie nicht herausgehen dürfen, sondern daß sie es nicht wollen, daß die Straße sie *nicht interessiert*, da sie ihre Zeit nicht sinnlos verlieren möchten. Du hast gesehen, daß sich ein indischer Haushalt von anderen Haushalten völlig unterscheidet. Zuerst ist zu beachten, daß zu jedem Haus in Indien zehn bis dreißig Familienmitglieder gehören. Außerdem liegt die Verantwortung und der reibungslose Ablauf des Haushaltes in der Hand der Gattin. Die größte Gunst, die du einer Inderin erweisen kannst, besteht darin, daß du sie bittest, sie solle sich um dich kümmern, sie solle dir zu essen geben, dir etwas flicken, die Milch warm machen, das Zimmer aufräumen. Wir huldigen nicht der Aristokratie der Faulheit, sondern sind glücklich, wenn wir ein ganzes Haus reinigen und aufräumen können. Seva, der Dienst, ist das Ideal jeder Inderin. Doch wie gesagt: Uns gefallen diese Dinge, sie werden uns nicht angeordnet. Wir haben so viele Diener; wenn uns die Arbeit nicht gefallen würde, könnten wir uns auf die faule Haut legen, und das Haus wäre trotzdem sauber.

Das Leben unserer Schwestern in Europa begeistert uns nur, wenn wir es im Kino verfolgen. Deswegen trifft man so viele Inderinnen in den Lichtspielhäusern. Ich finde, eine Europäerin ist unglaublich komisch, da sie Dinge verrichtet, die sonst nur ein Mann macht. Zuhause amüsieren wir uns, indem wir die

Männer nachahmen und ihre eingebildete Überlegenheit nachäffen. Aber seit die Kinos aufkamen, amüsieren wir uns noch mehr, wenn wir den weißen Schauspielerinnen zuschauen.

Manchmal platzen wir fast vor Lachen, aber es kommt auch vor, daß wir lachen müssen, wenn eine Tragödie auf der Leinwand aufgeführt wird, und dann tadeln uns unsere Gatten. Ich finde es bewundernswert, eine Europäerin zu sein, aber wie halten sie nur diese Komik aus, die sich so sehr in die Länge zieht? Wir würden dabei vor Langeweile sterben. Sie treffen so viele Menschen, daß sie gar keine Zeit haben, über sich selbst nachzudenken und zu lernen und sich vor den anderen in acht zu nehmen. Sie führen ein äußerst monotones Leben. Einmal war ich auf einer *garden party* und hörte Jazz: Nie ist mir etwas Eintönigeres und Geräuschvolleres begegnet als diese Musik. Wie ich höre, sind die weißen Frauen vom Jazz begeistert. Seltsam.

... Du weißt, wie pittoresk das Leben einer indischen Ehefrau ist; vor allem, wie erfüllt. Wir sehen selten unsere Männer, aber bei allem, was wir tun, sind wir in Gedanken bei ihnen. Deswegen hört man uns ständig singen. Wir ermüden unseren Gatten niemals mit unserer Gegenwart, sondern lassen ihn kommen. Schau, wir heiraten nicht aus Liebe, sondern lieben, nachdem wir geheiratet haben. Wir lieben unseren Mann, weil er uns vom Schicksal bestimmt ist. Im Grunde sind die drei wichtigsten Augenblicke im Leben eines Menschen die Geburt, die Heirat und der Tod. Wir werden geboren, heiraten und sterben gemäß dem Karma. Deswegen ist unser Gatte wahrhaft der Unsrige, und zwar seit Jahrtausenden, durch all die vielen Seelenwanderungen hindurch. Wir experimentieren nicht mit dieser fundamentalen Sache.

Deswegen gibt es so wenige unglückliche Ehen und fast keine Scheidungen in Indien.

... Jede Inderin strebt danach, eine der Heldinnen aus dem Mahabharata oder Ramayana nachzuahmen. Jede wünscht, eine Göttin zu werden. Was wüßten wir angesichts solch erhabener Ideale mit der kapriziösen Freiheit unserer europäischen Schwestern anzufangen? Wir würden diese Freiheit wie Lotosblätter auf dem Fluß verstreuen, doch selbst beim Altar am Ufer bleiben. Denn, siehst du, vergängliches Glück ist keines, Glückseligkeit gibt es nur in der Ewigkeit. Der Rest ist Kino und Jazz ...«

Eine bengalische Hochzeit

[nicht datierbar]

Für die Inder sind Geburt, Hochzeit und Tod vom Schicksal bestimmte Ereignisse. Niemand kann sich den Ort und Zeitpunkt seiner Geburt aussuchen, und niemand kann den eigenen Tod verhindern, der mit schicksalsgewisser Gelassenheit an einem bestimmten Tag und einem bestimmten Ort eintritt. Auf gleiche Weise ist auch die Hochzeit eine vorherbestimmte Tatsache, die der Mensch weder ändern noch überwinden kann. Keiner kann sich seine Braut aussuchen, denn sie gehört schon lange zu seinem Schicksalsweg; sie ist die Verkörperung jener Braut, die er im vorigen Leben hatte; in diesem Leben wird er nur seine Gattin wiedertreffen, von der ihn der Tod im vorigen Leben trennte.

Da sie der Bestimmung vertrauen, die den verlorenen Gatten zurückbringt, ergreifen die indischen Mädchen nicht die geringste Initiative in Heiratsdingen. Sie werden auch nicht gefragt, ob sie nicht lieber in eine andere, vom Geist der europäischen Kultur beeinflußte Familie einheiraten wollen. In einer traditionellen Familie erfährt das Mädchen nur einige Tage vor der Hochzeit von dem bevorstehenden Ereignis, und der Bräutigam bekommt sie erst während der Feierlichkeiten zu Gesicht, das heißt, nachdem die Hochzeit schon begonnen hat und »offiziell« beglaubigt ist.

Meistens erhalten jedoch Braut und Bräutigam schon vorher Nachricht voneinander, nämlich durch den Austausch von Fotografien, die manchmal sogar von den Eltern des Mädchens überbracht, gewöhnlicherweise aber von jenen Verwandten besorgt werden, welche die Heirat in die Wege geleitet haben. Das Mädchen läßt sich in voller Statur ablichten und legt oft ihren entblößten Arm auf eine Stuhllehne, damit der Mann anhand eines Vergleichs mit dem Holz ihre Hautfarbe erraten kann. Die Eltern haben schon alles geregelt, noch bevor die jungen Leute gefragt werden, ob die Verhandlungen beginnen sollen. Bei einer indischen Heirat spielt die Romantik so gut wie keine Rolle – wenn wir unter »Romantik« die sentimentalen oder gar wirklichen Abenteuer verstehen, die aus der Initiative eines Jugendlichen erwachsen könnten. Doch weder die Braut noch der Bräutigam protestieren gegen diesen Brauch, denn beide wissen, daß die Verhandlungen nur gelingen, wenn es ihnen so vorherbestimmt ist und das Schicksal ihnen den Gefährten aus dem vorigen Leben zurückschenkt. Scheitern aber die Verhandlungen, so bedeutet dies, daß alles ein Irrtum, eine Täuschung war, welches das Schicksal zum Glück abgewendet hat. Für die Inder stellt die Heirat eine zu ernste Angelegenheit dar, als daß die jungen Leuten sie improvisieren dürften. »Denn was wissen schon die jungen Leute vom Leben?« fragt sich der Inder. Wenn man sie ihrem Gutdünken überläßt, suchen sie sich Gefährten und Gefährtinnen, mit denen sich gut Blumen pflücken und Spaß haben läßt, die aber keine Partner sind, die sich zur Ehe eignen, denn dies verlangt eine besonnene Entscheidung. Ein Inder vergißt nie, daß der Zweck der Heirat nicht das Glück der Gatten ist, sondern die Zeugung und das Aufziehen der Kinder. Ein Mädchen ist nur vorübergehend Ehefrau. Ihr Ziel und Glück besteht darin, Mutter zu werden.

Angesichts dieser Ideale von Heirat versteht sich von selbst, daß sentimentale Abenteuer und Romanzen –

diese flüchtigen Intoxikationen, die von den Indern niemals mit Liebe verwechselt werden – so weit wie möglich von den Motiven einer Heirat ausgeschlossen werden. In Indien beginnt die Liebe nach der Hochzeit. Anstatt daß diese wie in Europa das letzte und glücklichste Kapitel in einer von so vielen Begebenheiten und Krisen begleiteten Romanze darstellt, ist die Hochzeit nur der erste Schritt auf dem Weg zur wahren, lauteren Liebe, außerhalb von jugendlicher Willkür und romantischen Anwandlungen. Was die Inder »Liebe« nennen, ist etwas Tieferes und Unsagbareres als das, was wir darunter verstehen. Die wahre Liebe beginnt in jenem Augenblick, da sich die Bestimmung erfüllt, das heißt also im Augenblick der Trauung. Sie entfaltet sich allmählich im Verlauf der Jahre, ohne leidenschaftliche Ausbrüche, ohne romantische Sentimentalitäten. Denn die Inder nennen letztere nicht »Liebe« – obwohl auch sie solche Empfindungen kennen, und zwar aus der Lektüre europäischer Romane –, sondern halten sie für überspannte gefühlsmäßige Einbildungen, plötzliche Verblendungen, flüchtige Anwandlungen. Schließlich entsprechen diese Empfindungen nicht dem vorherbestimmten Los und sind nicht Jahrtausende alt wie die Liebe, die zum Leben wiedererwacht bei einer Heirat zwischen zwei Ehegatten, die sich auf dieser Erde wiederfinden, einer Erde, die sie in der Vergangenheit schon so oft gemeinsam besucht haben und in ihren künftigen Leben auch weiterhin gemeinsam besuchen werden ...

Ich mußte diese Betrachtungen vorausschicken, damit man begreift, warum die jungen Inder einwilligen, von den Eltern verheiratet zu werden, und keine Eigeninitiative ergreifen.

Den ersten Schritt macht die Familie des Mädchens, die um den Jungen freit, und zwar zuerst über einen

Vermittler, dann direkt über einen Verwandten. Die Braut muß viele Bedingungen erfüllen: So muß sie zum Beispiel aus der gleichen Kaste wie der Junge stammen, darf nicht zu dunkelhäutig und nicht zu arm sein, soll Englisch sprechen, gut erzogen und im Haushalt geschickt sein und seit sieben Generationen keinen Dieb, Mörder oder Herumtreiber in der Familie gehabt haben. Falls diese Bedingungen erfüllt sind, kann die Heirat als vollzogen betrachtet werden, denn was folgt, ist nur die Zeremonie, welche diese Entscheidung konkretisiert und beglaubigt. Nun erfüllt sich das Schicksal; der Bräutigam hat zu seiner Braut und die Braut zu ihrem Bräutigam gefunden. Jetzt beginnen jene so bezaubernden Feierlichkeiten, beginnt jene wahrhaft faszinierende Verflechtung von Traum und Wirklichkeit, jene ungekünstelte, ergreifende Inszenierung, die prachtvoller ist als eine adlige Märchenphantasie mit Helden und Prinzessinnen. In Bengalen ist die eigentliche Hochzeit fast ein heiliges Drama, mit Blumen und Liedern, als ob man an einem Zauberreigen teilnimmt, bei dem man nie genau weiß, wo die Grenzen der Wirklichkeit aufhören und die der Phantasie beginnen.

Auf einer eigens für die Zeremonie gemieteten Terrasse oder in einem hohen Saal werden rund herum dicke Teppiche ausgebreitet und in der Mitte eine Art heiliger Baldachin aufgestellt, unter den sich nur das Brautpaar und die Priester stellen dürfen. All das, wie auch das nachfolgende Festessen, wird von der Familie des Mädchens organisiert. Die ersten Gäste treffen am frühen Abend ein und werden an der Tür von zwei Jungen oder zwei Mädchen aus der Familie der Braut empfangen, die ihnen Jasmingirlanden um den Hals legen, die Stirn mit dem zuvor in eine parfümierte Paste getauchten Finger salben und ihnen eine weiße Lotosknospe überreichen. Die Treppe zur Terrasse ist alsbald in Wohlgerüche gehüllt, und je höher man steigt, um so stärker duftet das Parfüm, denn jede Stufe wurde mit Ölen von Atar, Amber und Isfahan-Rosen besprenkelt. Du setzt dich auf den Teppich und wartest. Um dich herum hocken Bengalesen in Dhotis aus weißem Leinen. Auf der anderen Seite der Terrasse setzen sich die Frauen auf Teppiche nieder, die kostbarer und noch üppiger mit Blumen bestreut sind. Sie sind in ihren schönsten Gewändern gekommen, in Saris aus blauer oder blaßrosa, aus hellgelber oder silbergrauer Seide. Es sind Nuancen, die das europäische Auge kaum fassen kann, wobei Rot allerdings fehlt, denn der einzige rote Sari an diesem Abend gehört der Braut. Sie sind mit schweren Ohrringen und silbernen Fußkettchen geschmückt und haben ihre Haare mit schwer duftenden Ölen parfümiert, und ihre schwarzen, langen, schlangenähnlichen Frisuren schimmern unter den dünnen Schleiern hindurch. Nur das Gesicht und die Arme sind unverhüllt. Sie haben ihre Wangen mit dem Pollen einer wildwachsenden Blume gepudert – ihrem einzigen Puder –, und ihre Lippen leuchten rot, weil sie Betelblätter gekaut haben. Die Augen wirken noch größer, strahlen noch dunkler, da sie sie mit Khajal umrandet haben. Die Schuhe aus Seide werden am Teppichrand ausgezogen. Wenn eine der Frauen aufsteht, kann man die in blutrote Tinte getauchten Sohlen und Nägel erblicken. Sie alle haben sich für die Feier hergerichtet. Selten sprechen sie mit einem Mann, und wenn, dann nur, um einige Worte auszutauschen, um sich vorzustellen und sich sogleich mit einem Gruß zu verabschieden: Sie falten die Hände vor der Stirn und verbeugen sich.

Der Bräutigam erscheint als erster, ganz in Weiß, mit einem Helm aus silbernem Karton auf dem

Haupt, und tritt neben den Priester unter den Baldachin. Die Braut wird durch einen Ruf angekündigt, der aus Kaurimuscheln erschallt. Denn damit der Prozessionsgang der Braut Glück bringt, muß er von diesen Segen und Fruchtbarkeit verheißenden Klängen begleitet werden. Die Braut wird von vier jungen Leuten aus ihrer Familie auf einem Hocker getragen. Zuerst sieht man nur eine weibliche Gestalt, die ganz in Rot gekleidet ist, einem intensiven, sonnenhaft triumphierenden Rot. Sie ist von oben bis unten in dicke Schleier gehüllt und hält den Kopf in ihrem Schoß. Von Lauten aus der Kaurimuschel begleitet wird sie hereingeführt und an die Seite des Bräutigams gestellt, der sie überhaupt nicht kennt und der allerhöchstens ihre Fotografie gesehen hat. Jetzt vollzieht sich die eigentliche Trauungszeremonie: Der Priester tauscht die Ringe aus, bindet die Arme der beiden mit einem Kränzchen zusammen und spricht, nachdem das Paar sieben Mal den unter dem Baldachin improvisierten Altar umrundet hat, die heilige Formel, das Mantra, das sie zu Mann und Frau erklärt. Erst jetzt darf der Bräutigam seine Braut anschauen, doch nun er allein. Er lüftet den Schleier, hält ihn so, daß niemand etwas sehen kann, und erblickt, zum ersten Mal überhaupt, seine Frau.

Damit ist die Trauung beendet, doch die Feierlichkeiten dauern noch zwei Tage an, und während dieser Zeit bleibt der Bräutigam keinen Augenblick mit seiner Braut allein.

Sobald er ihr Gesicht gesehen hat, treten beide unter dem Baldachin hervor und verneigen sich vor den Alten. Nun stehen auch die Gäste von den Teppichen auf und nähern sich, um die Braut zu betrachten und die in einem Nebenzimmer ausgestellten Hochzeitsgeschenke zu bewundern. Die Terrasse wird bald zum

Schauplatz eines ständigen Kommens und Gehens parfümierter und luxuriös gekleideter Menschen. Frauen, die sich Heimlichkeiten ins Ohr flüstern, Kinder, die von vielen Blumenkränzen fast erdrückt werden. Dann verkündet der Gastgeber den Beginn des Festessens, denn mittlerweile ist es später Abend, und auf der Terrasse haben die Köche gegarten Reis auf Palmenblättern sowie Gewürze, Fisch, Obst und Gemüse bereitgestellt. Jeder geht hinunter, wäscht sich die Hände, setzt sich mit gekreuzten Beinen vor ein Palmenblatt und beginnt mit den Händen zu essen, wie es in Indien Brauch ist. Die Frauen essen im zweiten Gang. Der Bräutigam ißt bis zum Morgen nichts und verbringt seine Nacht im Gemach der Braut, allerdings umgeben von Frauen, die ihnen Lieder vorsingen, herumalbern oder ihnen von Liebschaften in den alten Mythen und Heldensagen erzählen. Bis zum Morgengrauen lassen sie den Bräutigam nicht gehen, und er bekommt solange nichts zu essen, bis er in der Frühe etwas von zu Hause erhält; denn nach dem Brauch darf er vor dem dritten Hochzeitstag nichts aus dem Hause seines Schwiegervaters zu sich nehmen.

In der Zwischenzeit zieht sich das Festessen auf den Terrassen bis spät in die Nacht hin, begleitet von einem indischen Orchester unter freiem Sternenhimmel.

Am nächsten Tag, kurz vor dem Mittagessen, kehrt der Bräutigam allein nach Hause zurück. Dieser Tag ist von großer Trauer für ihn, denn es ist der erste Tag in der Einsamkeit. Erst am zweiten oder dritten Tag nach der Hochzeit wird die Braut vor Sonnenuntergang zu seinem Haus gebracht. Früher wurde sie mit viel Pomp von einem Festzug begleitet, wobei sie ganz in rote Seide gehüllt in einem Karren saß und laut klagte – heute kommt sie im Taxi. Sie wird von den Mädchen und den glückbringenden Lauten der Kaurimuschel willkommen geheißen. Das Haus ist genauso parfümiert und für das Fest vorbereitet wie das Haus des Mädchens. Bevor die Braut eintritt, muß sie zusammen mit dem Bräutigam die Füße in eine Wasserschale halten, wobei die Mutter oder die Tante des Bräutigams einige Mantras spricht. Danach zieht die junge Ehefrau sich in das hochzeitliche Schlafgemach zurück, vertauscht ihren Sari mit einem anderen, ebenfalls roten Kostüm und bereitet sich darauf vor, beim Festmahl zu servieren. Denn bei diesem Mahl, mit dem die gesamten Feierlichkeiten ein Ende nehmen, werden alle Leute ihr Essen aus der Hand der Braut empfangen. Sie wird es sein, die den Reis zu den Palmenblättern trägt und jedem Gast selbstgebakkene Kuchen und Fladen reicht.

Diesmal zieht sich das Essen nicht in die Länge. Kurz vor Mitternacht sind nur noch die Familie des Bräutigams und die Freundinnen des Mädchens übriggeblieben. Abgesehen von den ganz jungen Burschen ziehen sich alle Männer auf ihre Zimmer zurück – und die Mädchen begleiten das Paar in das hochzeitliche Schlafgemach. Hier besteht der Teppich nicht aus Filz, sondern aus Jasmin, drei Hände breit und geschmückt mit Lotos und Rosen. Das Zimmer ist das reichste Blumen- und Blütenmeer, und nur ein schmaler Pfad ist freigehalten, der bis vor die Tür führt, wo sich die Mutter des Jungen hinsetzt. Und hier vollzieht sich nun die letzte Zeremonie: Die beiden jungen Leute tauschen ihre Girlanden aus, die Braut gießt parfümiertes Wasser auf den nackten Fuß des Bräutigams und trocknet ihn mit ihren Haaren. Von der Terrasse hat jemand ein Zeichen gegeben. Plötzlich erlöschen alle Lichter, die Mädchen verriegeln lachend die Fenster, von irgendwoher erklingt eine traumwandlerische Musik, und die Mutter zieht sich zurück, indem sie die Tür schließt. Damit hat *subha ratri* begonnen, »die Nacht der Honigfreude«.

Doch manchmal kommt es vor, daß kleine grüne Schlangen in den Blumenkronen des Lotos oder im Jasmin des Hochzeitsbettes versteckt sind. Winzige, bösartige Schlangen. Dann finden die Mädchen am folgenden Morgen in dem von schweren Düften vergifteten Zimmer das Paar engumschlungen tot daliegen. Sollte das passieren, werden die beiden verbrannt, zusammen mit den Blumen aus der »Nacht der Honigfreude« . . .

Im Gespräch mit einem indischen Nationalisten

Am 22. April 1930 habe ich etwas erlebt, was ich hier erzählen möchte, nicht weil es etwa zum Einzigartigsten und Grausamsten in der indischen Revolution gehören könnte, sondern schlicht und einfach, weil es *mir* passierte. Die zahlreichen grausamen und schlimmen Ereignisse kenne auch ich wie jeder meiner Leser vom Hörensagen, aus Zeitschriften oder Büchern. Doch folgendes:

Ich befand mich in der gut bestückten Sanskrit-Buchhandlung am College Square Nr. 4, die gleich neben einem Park mit einem See lag (wovon es hier in Kalkutta mindestens zwei Dutzend gibt). Ich war glücklich, weil ich in den teueren Büchern herumblättern durfte und war hochmütig wie jeder Weiße, der die indische Philosophie studiert in der Hoffnung, es eines Tages zum großen Gelehrten zu bringen.

Ich hatte die Menschenmenge, die mir mit Messern bewaffnet im Park und auf der Straße begegnet war, nicht weiter beachtet. Wohl wieder eine politische Versammlung; man würde die gleichen Ansprachen halten, und es würden sich wieder neue Gruppen von Studenten und Studentinnen bilden, welche die englischen Waren boykottieren. Wir befanden uns mitten in der Kampagne des zivilen Ungehorsams, was für mich nichts Neues war. Ich hatte schon so vielen Verhaftungen beigewohnt und kannte als Weißer die Blicke jener Inder, die sich gerade noch zurückhielten, mich nicht anzuspucken – die Blicke meiner bengalischen Freunde. »So sei's denn«, hatte ich mir gesagt und meinen Weg zur Buchhandlung fortgesetzt.

Man darf nicht vergessen: Wir schrieben den 22. April; ein bedrückender, heißer und sinnentleerter Monat. In dieser Hitze kann der Mensch nicht denken. Das geht nur in Isolation, unter dem kühlen Gebläse des Ventilators. Draußen eine hoffnungslose Öde, Geräusche und Hupkonzerte, eine Wüste, ein Niemandsland, obwohl dich Menschen von allen Seiten anrempeln. Sobald du dir den Korkhut aufgesetzt hast und die Treppen hinuntergestiegen bist, kennst du nur noch die Nummer der Straßenbahnlinie und die Station, an der du aussteigen mußt. Von Bhowanipore, wo ich damals wohnte, muß man die halbe Stadt durchqueren, um zum College Square zu gelangen, und mit der Straßenbahn braucht man dafür eine Stunde, Umsteigen und Warterei mitgerechnet. Du kannst dich gerade noch daran erinnern, wer du bist, aber der Verstand ist zu keiner größeren Anstrengung fähig als der des Erinnerns. Und von einem bestimmten Zeitpunkt an nicht einmal dazu; da bleibt nur noch die kaum spürbare körperliche Müdigkeit, die Vorfreude auf die Entspannung und die guterzogene Bestie in dir – mit festem Wohnsitz und einer Brille mit schwarzem Rahmen –, die sich träge ihren Weg durch eine erhitzte Masse bahnt.

Ich war schon länger als geplant in der Buchhandlung geblieben, ganz entzückt von meiner Intelligenz und meiner Belesenheit – da wurde der Lärm aus dem Park lauter und klang plötzlich unnatürlich entstellt. Getrappel kam vom Ende der Straße her, dann Rufe und Schreie. Auf einmal ein Getümmel, die Leute aus dem Park gedrängt, eine Hundertschaft bewaffnet mit Lathis (jenen langen und abscheulichen Stöcken der indischen Polizei), dann wieder Schreie, wieder Getümmel. Alles war mit alptraumhafter Plötzlichkeit geschehen. Ich hatte gerade noch Zeit gehabt, die Bücher ins Regal zurückzustellen und zur Tür zu laufen. Von da aus konnte ich die berittene Polizei – die »glorreiche« *Mounted Police* – dabei beobachten, wie sie den Zug der Demonstranten – Studenten und Bürger – in die Nebenstraßen abdrängte. Die Ketten der bengalischen Studentinnen wurden von der Kavallerie durchbrochen, und schon prasselten die Stockhiebe mit ungeheurer Brutalität rücksichtslos auf jeden nieder. Geborstene Schädel und gebrochene Glieder – das sieht man überall. Aber was man nur in British India sieht: von Pferden zertretene, von Huf- und Stockschlägen blutende Kinder.

Die ersten Verwundeten wurden sogar in die Buchhandlung getragen. Es waren ausnahmslos Kinder. Einige von ihnen waren noch im Vorschulalter. Sie hatten gefaltete Sternchen aus dreifarbigem Papier zur Demonstration gebracht, waren völlig ahnungslos gekommen, nur so, um *»Bande Mataram!«* zu rufen, oder andere Demonstranten hatten sie mitgenommen und darauf spekuliert, die berittene Polizei werde nicht zu Sturmangriffen gegen Kinder ansetzen.

Einige von ihnen waren ohnmächtig geworden. Einem war das Auge herausgestochen, das nun wie ein rohes, blutiges Ei herabhing. Auf dem Hals eine staubige Blutspur. Ein anderer stieß stumme Schreie aus; Laute, die man nur an den Mundbewegungen erraten kann und die sich in ein ohnmächtiges Röcheln verwandeln, ohne artikuliert werden zu können. Den meisten waren die Schädel mit Stöcken eingeschlagen worden, und sie weinten, ein unterdrücktes Weinen, so wie es die Kinder im Orient tun, wenn sie nicht wissen, was sie schmerzt. Wieder andere ...

Die Buchhandlung war erfüllt mit Blut, Geschrei und Wasser – ein Krankenhaus im kleinen, so wie es – nach den Worten eines Swarajisten – das Haus eines jeden Inders sein soll. Vielleicht schaute auch ich gedemütigt auf die Hautfarbe meiner Hände, erzürnt und ohnmächtig, unentschlossen, ob ich gehen, Trost spenden oder die Engländer beschimpfen sollte. Jedenfalls kam in diesem Augenblick ein junger Student in einem Khaddar-dhoti herausfordernd auf mich zu:

»Sie sind doch Engländer?«

»Nein, Gott sei Dank.«

»Belustigt Sie das?«

Ich hatte keine Lust zu diskutieren. Aber der Unbekannte fuhr fort, als ob er den Drang verspürte, den Angriff auf die weiße Rasse am erstbesten Weißen auszuführen.

»Und doch ist es sinnlos, was sie gemacht haben. Sie können sogar noch mehr anstellen. Sie können uns alle ins Gefängnis werfen. Aber wir sind viele Millionen. Die haben nicht einmal für den tausendsten Teil von uns Platz in ihren Zellen. Die gesamte britische Verwaltung wird aus den Angeln gehoben, wenn sie eine halbe Million Freiwillige einsperrt ... Und unsere Mütter, unsere Frauen? Wissen Sie, was man mit ihnen 1919 in Amritsar gemacht hat? Sie haben sie mit Stöcken vergewaltigt. Ja, lesen Sie den Bericht des Kongresses. Aber Sie wissen das ohnehin. Gehen Sie in die Dörfer, um zu erfahren, wie die Polizei dort vorgeht. Doch was haben sie schon erreicht? Können sie wirklich gegen Kinder kämpfen? Es ist lächerlich, was sie jetzt tun, aber sie sind eben in Panik geraten; sie agieren wie jemand, der weiß, daß er die letzte Karte ausspielt ... Die armen Christen! Auch Sie sind sicherlich ein Christ. Wie entschuldigen Sie diese Verbrechen?«

»Niemand entschuldigt sie«, sagte ich, als ich erkannte, daß der Unbekannte insistierte. »Sie sind nur am Sonntag Christen, so wie ganz Europa. Sie reden bloß vom Christentum, mehr nicht. Bitte verurteilen Sie keine Religion aufgrund der Taten ihrer sogenannten Anhänger.«

»Aber das ist absurd, was Sie da sagen, Sahib.« (Diese Anrede ist spöttisch gemeint, wenn sie ein Student gebraucht.) »Denn wenn eure Religion euch innerhalb von 2000 Jahren nicht besser gemacht hat, müßt ihr sie wegwerfen und eine bessere finden. Aber ihr schickt Missionare hierher, zu uns nach Indien. Warum beginnen sie nicht lieber zu Hause damit?«

»Ich verstehe nicht, warum Sie mich mit einem Engländer verwechseln«, antwortete ich, unangenehm berührt von der Tatsache, daß sich Zuhörer um uns zu scharen begannen.

»Aber auch Sie sind ein Europäer. Und da Sie keine Scham darüber empfinden, was Ihre Brüder in Indien anrichten, interessiert es Sie auch nicht, und somit sind Sie beschränkt, oder Sie haben Angst, und dann sind Sie feige.

Aber wahrscheinlich interessieren Sie sich nur für Europa. Ihr seid die glorreichen, zivilisierten, unfehlbaren Völker. Ihr seid die Weißen. Gestattet uns, euch zu verachten, ja zu hassen. Und doch sind wir euch überlegen, soviel ihr auch mit euren Büchern und Philosophen angeben mögt, an die niemand glaubt. Wir sind euch überlegen, weil wir alles über Europa wissen, ihr aber nichts über Indien. Warum sind Sie beispielsweise nach Indien gekommen?«

»Ich persönlich? Um die indische Sprache und Philosophie zu studieren.«

»Und empfinden Sie keine Scham darüber, was Sie seit einem Jahr hier sehen?«

»Ich solidarisiere mich mit niemandem«, sagte ich auf die nachdrückliche Frage hin. »Ich bin apolitisch.

Ich werde nur einige Jahre in Indien bleiben und habe daher keine Zeit, mich mit etwas anderem als meinen Studiengebieten zu beschäftigen. Was wollen Sie denn? Sie sind privilegiert: Sie sind in Indien geboren und haben daher Zeit für die Politik. Ich aber werde in mein Land zurückkehren.«

»Aber Politik ist in Indien nicht bloße Politik. Unser Unabhängigkeitskampf, Swaraj, ist eine notwendige Konsequenz unserer Metaphysik. Die Politik ist eine Disziplin, die das fundamentale Prinzip der indischen Mystik und Metaphysik enthält: Daß sich niemand über einen Dritten erlösen kann, daß niemand seinen Weg, die Wahrheit, die Freiheit über einen Dritten erreichen kann. Unser Kampf geht konform mit dem Grundgedanken unserer philosophischen Erkenntnis: Genauso wie die Seele nur durch eigene Anstrengung *mukta* werden kann, kann sich auch ganz Indien nur aus eigener Kraft befreien. Es akzeptiert keine Hilfe von außen. Diese Hilfe kann uns keiner geben. Niemand kann auf das Schicksal eines anderen einwirken. Nicht nur, daß er kein Recht dazu hat, sondern er vermag es auch nicht. Sie kennen das aus unserer Philosophie. Aber wie kann England dann denken, es könnte sich in das Schicksal Indiens einmischen, ohne bestimmte Gesetze zu verletzen, und damit fatale Konsequenzen heraufzubeschwören?«

»Großbritannien stellt sich solche Fragen erst gar nicht.«

»Um so schlimmer für dieses Land. Weil es wohl seine Vorherrschaft für eine göttliche Tat hält.«

»Aber haben Sie nicht zumindest eine gute Verwaltung erhalten?«

»Sicher, Sahib, aber das hat nichts mit Indien zu tun. Wir haben keine ausgezeichnete Verwaltung verlangt. Wir verlangen eine eigene Verwaltung. Ich weiß, daß sie schlechter, weniger entschieden, voller Mängel und Mißbrauch sein wird. Aber sie wird die unsrige sein. Die britische Verwaltung kastriert uns, erzieht uns ein Sklavenbewußtsein an, macht aus uns Feiglinge. Nach hundert Jahren englischer Herrschaft ist das indische Volk trotz aller von den Briten gebauten Eisenbahnen, Industrieanlagen und modernen Städte dabei, vollends zu degenerieren. Wohlstand bedeutet einem geknechteten Volk nichts. Wer anders denkt, ist bereits geknechtet.«

»Aber Indien«, unterbreche ich ihn, »Indien besitzt kein nationales Bewußtsein.«

»Bei uns stellt sich die nationale Frage gar nicht, so wie bei euch in Europa. Indien ist für die Inder kein Land und keine Nation. Es gibt hier so viele Rassen, Religionen, Kasten. Ein Europäer verliert sich in diesem Chaos und fragt: Worin besteht Indien? Nun denn, Sahib, Indien ist für uns *Die Mutter!* Sogar unser revolutionärer Ruf und unsere Hymne beginnen mit ›*Bande Mataram!*‹ – ›Beuge dich vor der Mutter!‹ Fragen Sie jeden Bettler an der Ecke, was er unter Indien versteht, und er wird antworten: die Mutter. Unser Kampf ist nicht abstrakt, handelt nicht von Prinzipien und ist auch nicht auf bestimmte Ansprüche beschränkt. Unser Kampf ist ein Kreuzzug für die Befreiung der Mutter. Deswegen handelt es sich dabei um keinen politischen Kampf, sondern um Mystik: Wir erreichen die Freiheit durch Läuterung, wie Mahatma sagt, durch Verzicht auf das Ego, durch Gewaltlosigkeit, durch Agonie.

Unsere Politik ist eine asketische Lehre. Unsere Politiker beginnen ihre Karriere damit, daß sie auf Stellung, Reichtum, Ruhm, auf jeden irdischen Besitz radikal verzichten. Unsere Führer sind ärmer als wir.

Wir brauchen weder politische Genies noch politische Taktik. Der Mahatma ist kein Genie, er ist ein Heiliger. Er besitzt keine methodische Taktik, sondern handelt in Aufrichtigkeit. Das haben sogar seine erbittertsten Feinde zugegeben. Er ist der einzige Mensch, dem es gelungen ist, Aufrichtigkeit in den politischen Kampf einzuführen.«

»Und dennoch: Wenn er euer Ziel nicht durchsetzen kann? Werdet ihr dann andere Methoden ausprobieren, zum Beispiel europäische?«

»Auch wir haben unsere extreme Linke, die terroristischen Zellen. Wir werden auf Terror zurückgreifen, wenn der Mahatma abtritt. Aber solange sind wir an das Wort gebunden, das wir Gandhi gegeben haben: auf Gewalt zu verzichten.«

»Aber der Terrorismus ist doch eine eindeutig europäische Methode.«

»Keineswegs, er paßt perfekt in den Rahmen unserer Philosophie und Politik. Man findet ihn auch im *Arthashastra*, der Abhandlung über politische Theorie, geschrieben drei Jahrhunderte vor dem Beginn des Christentums. Die Gewaltlosigkeit gehört zur sattvischen Ebene, der Terror zur rajasischen; erstere wird durch Kontemplation, zweitere durch Ausbrüche von Energie erreicht. Doch beides ist Teil der indischen Mentalität.«

»Aber wenn ihr selbst durch Terror nichts erreichen könnt?«

»Dann bleibt es diesen da überlassen« – er zeigt auf die verwundeten Kinder –, »etwas anderes zu versuchen oder wieder zur Gewaltlosigkeit zu finden. Sehen Sie, das ist kein Kampf, der Jahre währt, sondern Generationen. Indien vermag zu warten, denn Indien vergißt nicht. Diese Kinder werden die zweite Kampagne des zivilen Ungehorsams nicht verpassen. Selbst wenn wir heute niedergeschlagen werden, wird man es in zwanzig Jahren schwerer mit ihnen haben ...«

Peinliche Stille. Ich hole meine Zigaretten heraus und biete ihm eine an.

»Danke, Sahib, aber mein Bruder ist im Gefängnis gestorben, weil er bei einer Boykottaktion gegen englische Zigaretten mitgemacht hat ...«

Er sieht mich lächelnd an, als ich auf das Rauchen verzichte.

»Wenn das, was ich gesagt habe, Ihnen zu denken gegeben hat, versuchen Sie keine englischen Zigaretten mehr zu rauchen ... Guten Tag, Sahib ...«

Er verabschiedet sich mit einem Gruß und verläßt die volle Buchhandlung, in der absolute Stille herrscht. An jenem 22. April habe ich nichts mehr in mein Heft notiert.

Fragmente aus der indischen Revolution

April-Mai 1930

Gopal Chaudduri, Medizinstudent, zwanzig Jahre alt. Er ist hochgewachsen, dunkelhäutig, gutaussehend. Die linke Hand ist gelähmt, das linke Bein zittert. Er wurde von Montag nacht bis Mittwoch früh – vorgestern – geschlagen. Er sagt zu mir:

»Schreiben Sie, mein Herr, schreiben Sie es auf Französisch, damit es die ganze Welt erfährt ... Wir haben uns auf die Straße gelegt; keiner hat die Hand erhoben. Gandhi weiß, daß keiner von uns die Hand erheben *könnte*. Sie haben uns zuerst auf dem Boden geschlagen, bis zwölf oder dreizehn von uns fünfzig Leuten ohnmächtig wurden. Als ich zu mir kam, war ich im Gefängnis. Als sie mich zum zweiten Mal verprügelten, wurde ich wieder ohnmächtig. Es war ein moslemischer Polizist, und er schlug uns mit einer kupfernen Dolchscheide. Von da an kann ich mich an nichts mehr erinnern. Wir traten alle in den Hungerstreik, ohne es jemandem zu sagen. Als ich das letzte Mal aufwachte, war mein Körper voller Fliegen. Ich hatte die ganze Nacht Blut erbrochen ...«

*

Benoy Naberjee, Schüler, Sohn eines reichen Händlers aus Dacca. Er ist heimlich nach Kalkutta gekommen, um in der Hauptstadt über die Greueltaten der Moslems zu berichten. In der Frühe stieß er am Bahnhof auf eine Demonstration. Die Gruppe, in der er sich befand, flüchtete in eine Seitenstraße, als die berittene Garde anrückte. Er weiß nicht mehr, durch welchen Zufall er ganz allein von einer moslemischen Horde erwischt wurde. Er wurde beschnitten. Die Wunde infizierte sich sofort. Nun phantasiert er. Sein Nachbar erzählt mir:

»In Dacca fingen die Moslems den Aufstand mit Hilfe der Polizei an. Sie griffen Hindu-Häuser an, vergewaltigten Frauen und erschossen diejenigen, die Widerstand leisteten. Sie brannten unter den Augen der Polizei ganze Viertel nieder. Die Polizisten griffen nur ein, wenn ein Hindu sich mit der Waffe verteidigte. Sie drangen ins Haus ein, beschlagnahmten sofort die Waffen und verhafteten die Männer. Die Moslems waren bewaffnet; *sie* durften es sein. Alle Versuche des Kongresses, sie zu beruhigen, schlugen fehl.«

»Wie kam es zu den Kämpfen in Dacca?« frage ich.

»Man weiß es nicht. Wahrscheinlich so wie immer. Die Polizei hat ein paar Nichtsnutze bezahlt, damit diese nachts ein aufgeschlitztes Schwein in den Garten einer Moschee werfen. Das genügt immer, um ein Feuer zu entfachen, das niemand mehr löschen kann ...«

*

Shakuntala Das, Studentin der Physiochemie. Sie befand sich in der Gruppe der Boykotteure von Bow Basar. Alle hatten die Anordnung, sich an den Händen zu halten und niemanden in die Geschäfte mit englischen Waren eintreten zu lassen. Um elf Uhr wurde die Menschenkette von einem mit Lathis bewaffneten Reiterschwadron massiv angegriffen. Shakuntala kann sich noch daran erinnern, wie die Hufen sie zwischen den Brüsten trafen. Dann wurde sie ohnmächtig. Sie wurde so stark verprügelt, daß sie sich kaum noch bewegen kann. Was sonst mit ihr geschah, weiß sie nicht. (Unter vier Augen erfahre ich vom Arzt: mehrfache Vergewaltigung, Quetschungen im Unterleib, Schläge im Genitalbereich.)

*

Hellen Majumdar, Pharmazeutikstudentin, Christin durch beide Eltern, wohnhaft in Howrah. Sie hat an der boykottierenden Menschenkette in der College Street teilgenommen. Sie hört nichts. Beide Trommelfelle sind geplatzt. Ihre untere Lippe ist aufgerissen, der Mund voller Blut. Sie hält in der rechten Hand ein Kruzifix.

*

Indira Chakravarti, Philosophiestudentin. Der Bruder 1928 erschossen, der Vater im selben Jahr zu zehn Jahren Haft verurteilt. Während der Angriffe am Morgen hielt sie sich im Büro der Universität auf, mit der Anordnung, die Verletzten auszumachen und dann mit dem Krankenhaus des Kongresses in Verbindung zu treten. Sie wurden im Haus überrascht. Niemand leistete Widerstand. Das Büro wurde völlig verwüstet, alle Mädchen verhaftet und geschlagen. Mehr will sie nicht erzählen ...

*

Zufällig erlebe ich die Verwüstung des Sikh-Viertels in Bhowanipore mit. Der Vorwand soll folgender sein: Eine Miss anglo-indischer Herkunft, die gestern abend mit dem Motorrad auf der Asutosh Mookerji fuhr, wurde von ein paar Sikhs angehalten. Heute nacht begannen die Verhaftungen, die Prügeleien. Am Morgen weckt mich fürchterlicher Lärm: Pferde, Schreie, Gejammer. Ich steige auf die Terrasse hoch, um besser zu sehen, was vor sich geht. Die allseits bekannte Methode der Polizei: gewalttätiges Bestürmen der Häuser, auf alles einschlagen, was sich bewegt, Provokation, Zerstörung. Den Sikhs fällt es schwer, Gewaltlosigkeit zu praktizieren. Ich bin sicher, daß nicht wenige Polizisten für diese sinnlose Verwüstung bestraft wurden. Dennoch frage ich mich, wie diese kräftigen und mutigen Männer der Versuchung widerstehen können, die Anordnungen Gandhis zu ignorieren und auf Gewalt mit Gewalt zu antworten. Wie einfach wäre es gewesen, die Polizeitruppen zu massakrieren. Sicher, Repressalien wären die Folge gewesen. Maschinengewehre hätten geknattert, Häuser wären in Flammen aufgegangen. Wie lange schon lauern die Herren Indiens auf ein echtes Massaker, damit sie ein zweites Jallianwalla rechtfertigen können[27]. Mit welcher Ungeduld lauern sie darauf, die »weißen« Regimente zu mobilisieren, Panzer auf die Straßen Kalkuttas zu schicken.

*

Gespräch mit Dasgupta. Ich beiße mir aufgebracht in die Faust. Erzähle ihm von den Barbareien, denen ich ohnmächtig zusehen mußte. Ich gestehe ihm, wie sehr ich mich für meine weiße Haut, für meinen Kontinent schäme.

Dasgupta ist gelassen, spricht mit selbstsicherem und abfälligem Ton. »Die Aufregung nützt dir nichts«, sagt er. »Warum hast du den Barbareien zugeschaut, wenn du wußtest, daß du nichts tun konntest und daß du sie nicht vergessen würdest? Indien wird einmal die Freiheit erlangen, aber nicht durch Gewaltlosig-

---

27 *Jallianwalla*: von Mauern umschlossener Platz in Amritsar, auf dem der britische General R. E. Dyer am 13. April 1919 ein Massaker gegen friedliche einheimische Demonstranten anrichtete.

keit. Diese Agonie, die sich endlos hinzieht, nützt niemandem.«

*

Die Zeitungen berichten heute auf der ersten Seite: 50 000 Menschen liegen im Gefängnis. Der Kongreß gibt sogar eine noch größere Zahl an. Jedenfalls greift die Revolution wie ein Flächenbrand um sich. Sen, den ich kurz vor Mittag sehe, erzählt mir freudig:

»In einer Woche werden es nochmals 30 000 – 40 000 Verurteilungen sein. Wenn die Revolution einen Monat lang dauert, muß die Regierung darauf verzichten, die Menschen einzusperren. Es würde zu teuer sein, und es gäbe auch keinen Platz mehr. Schon jetzt müssen Grundschulen und alte Verwaltungsgebäude als Zuchthäuser herhalten. Finden wir eine Million Freiwillige in diesem Land mit 350 Millionen Einwohnern – und die britische Oberherrschaft zerplatzt wie ein Ballon.«

*

Sen bringt mich nach Alipore, damit ich dem Protestmeeting der 4000 Frauen – die meisten aus höheren Gesellschaftsschichten – beiwohnen kann. Die Frauen sind in großer Zahl zum Gefängnis von Alipore aufgebrochen und fordern, daß man sie ebenso wie die Nationalisten einsperrt. Geschlossene Gruppen, viele von ihnen angeführt von Studentinnen, oder von jenen männlichen Freiwilligen, die noch der Haft entkommen sind. Zwei Kilometer vor dem Gefängnis werden wir angehalten. Ein Regiment von Gurkhas[28] und einige britische Abteilungen vom Fort Williams. So weit das Auge reicht nur Frauen. Ich weiß nicht, was vor sich geht. Die Frauen setzen sich auf den Bo-

28 *Gurkas*: Angehörige eines kriegerischen Stammes aus dem Himalaya.

den. Wie ich höre, wollen sie so lange auf der Landstraße und dem Feld sitzenbleiben, bis die Obrigkeit sich entschließt, sie zu verhaften. Die Truppen bilden, soweit ich das sehe, nur eine Kette; sie greifen nicht an, schlagen nicht zu. Eine Delegation verhandelt mit einem englischen Offizier. Vielleicht haben sich auch die Engländer entschlossen, Gewaltlosigkeit zu praktizieren. Die Gurkha-Soldaten stehen dicht beieinander, mit den Gewehren auf dem Rücken.

Ich muß mich hinter Sen verstecken, um nicht gesehen zu werden. Die Leute um uns herum blicken mich ohnehin schon argwöhnisch an. Sen erzählt ihnen, ich sei ein französischer Journalist mit dem Auftrag, über den Unabhängigkeitskampf zu schreiben. Er muß das jeder neuen Gruppe sagen, die sich um mich versammelt. Aus dem Nichts tauchen drei freiwillige Studenten auf, die sich anbieten, mich während meines gesamten Aufenthalts zu begleiten. Doch meine Tour scheint schon hier ihr Ende zu erreichen. Es ist mir unmöglich, mir einen Weg durch die Dutzenden von Frauen zu bahnen, die ruhig auf dem Boden liegen, sich im Flüsterton unterhalten, Paan kauen oder ihre Kinder stillen. Sie sind wie bei einem klassischen Meeting vorgegangen: Es kamen sehr viele Frauen mit Säuglingen, die sich im Falle eines Angriffs von der berittenen Polizei in die erste Reihe postieren würden. Seit einiger Zeit hat diese Taktik bei der Polizei allerdings keinen Erfolg mehr. Die Polizisten haben den Befehl erhalten, in jedem Fall anzugreifen und sich auch über Kinder und Frauen hinwegzusetzen. Heute scheinen die Truppen allerdings die Methode der Revolutionäre nachzuahmen: Sie stehen friedlich vor ihnen und versperren nur mit ihren Körpern den Weg zum Gefängnis von Alipore.

*

Dasgupta schilt mich heftig, als er erfährt, wie ich meinen Tag verbracht habe. Ich merke jetzt erst, wie sehr er sich für mich verantwortlich fühlt: Faßte mich die Polizei, würde ich von der Universität ausgeschlossen werden und sein Ruf hätte auch darunter zu leiden, denn er hat »Seiner Majestät, dem König von Indien« Gehorsam geschworen und darf keine Politik machen. Auf der anderen Seite weiß er, was mir, wenn ich mich alleine unter den Indern aufhalte, zustoßen könnte: Sie könnten mich für einen Engländer halten und mich zu Tode prügeln.

»Du bist hergekommen, um zu studieren und solltest nur Bücher im Sinn haben. Nachdem du deine Studien beendet hast, kannst du dich auch mit politischer Berichterstattung beschäftigen, wenn du unbedingt denkst, daß es *das* ist, was dich Indien lehren kann. Wenn dich das Leid auf der Erde und insbesondere jenes in Indien beschäftigt, will ich dich darauf hinweisen, daß Sanskrit und Philosophie nicht nötig sind, um es zu lindern ...«

*

Vor einigen Tagen wurden der Bürgermeister von Kalkutta und der Pandit Jawaharlal Nehru, der Vorsitzende des Kongresses, zu sechs Monaten Haft verurteilt. Die Nachricht hat zum Hartal (Schließung der Geschäfte, Einstellung der Arbeit) und blutig niedergeschlagenen Meetings geführt.

Allmählich erfahre ich sensationelle Einzelheiten über den Angriff auf das Waffendepot von Chittagong. Der Angriff geschah am 18. April. Die Aufständischen haben über 500 Waffen, ein Maschinengewehr und – wie man munkelt – eine Bergkanone erbeutet. Die Beute bestand aus mehreren vollbeladenen Lastwagen. Sie gingen intelligent und umsichtig vor. Es ist der bisher einzige erfolgreiche Angriff auf ein britisches Munitionsdepot.

Die Aufständischen näherten sich als Offiziere verkleidet den Wachen, erdrosselten sie und luden dann bis in die Morgenstunden hinein die Lastwagen voll. Erst dann wurde Alarm geschlagen. Sie wurden verfolgt, es kam zu einem Schußwechsel, aber man verlor ihre Spur im Dschungel. Es gab sechs Tote. Im Dschungel von Chittagong wird man sie nur schwer fassen, es sei denn, sie würden verraten werden.

Zum ersten Mal seit dem Ausbruch der Unruhen sehe ich Dasgupta zufrieden.

»Nun haben sie genug Waffen, um die Distriktverwalter zu terrorisieren. Die Briten werden an Macht verlieren, wenn die Distriktverwalter ihnen nicht mehr vertrauen«.

*

In den Straßenbahnen spucken die indischen Jungs vor den »Europäern« aus. Das ist wirklich eine revolutionäre Änderung. Das Prestige des weißen Mannes verblaßt. Und die Engländer herrschen über Indien durch ihr Prestige.

Einige persönliche Erlebnisse. Wenn ich allein durch Bhowanipore gehe, beleidigen mich die Kinder. Einmal wurden auch Steine geschmissen. Heute abend hat jemand von einer Terrasse in der Nähe des Parks einen Topf aus Ton geworfen, der nur zwei Schritte hinter mir auf dem Boden aufschlug. Ich lache beglückt, als ich das Dasgupta erzähle. Ich gestehe ihm, welches Glück ich habe, daß ich der Geburt eines neuen Indien beiwohnen kann. Er wird zornig und verbietet mir, abends das Haus zu verlassen. Trotzdem erfreuen mich die Angriffe auf meine Person, denn sie bestätigen den Haß auf die Unterdrükker. Ich merke, was für eine unbesiegbare Macht dieser Haß ist, diese höchste kollektive Anspannung gegen eine fremde Zivilisation, gegen eine barbarische Rasse und Herrschaft. Aus dieser Anspannung wird eine neue Welt geboren werden. Dieser unerhörte Irrsinn Indiens, unbewaffnet vor die europäischen Panzer und Maschinengewehre zu treten. Wenn es siegt – was ich mir aus ganzem Herzen wünsche –, beginnt eine neue Ära in der Geschichte. Der Geist wird sich einmal mehr als unbesiegbar erweisen. Denn der indische Nationalismus schöpft seine Stärke aus einem instinktiven Vertrauen in die Spiritualität, aus der magischen Kraft des Leides, der Gewaltlosigkeit. Wie sehr diese Bewegung dem Christentum der ersten Jahrhunderte ähnelt, wurde schon von verschiedener Seite bemerkt. Wahrscheinlich ist der Vergleich nicht unberechtigt.

*

Heute abend ging in der Stadt die alarmierende Nachricht um, daß der Bürgermeister Sen und der Nationalistenführer Subhash Chandra Bose im Gefängnis von Alipore bewußtlos geschlagen wurden. Der Vorfall habe sich heute morgen zugetragen. Die Motive liegen im dunkeln. Eine unvorstellbare Menschenmenge auf den Straßen; Alipore wurde erneut belagert. Gurkhas und englische Soldaten an jeder Ecke. Vor Fort Williams defilierten demonstrativ Panzer.

Ich weiß nicht, was ich machen soll, wohin ich gehen soll, um mehr zu erfahren und trotzdem nicht zuviel zu riskieren.

*

Heute abend Massenverhaftungen. Das Meeting vom College Square von der berittenen Polizei angegriffen. Fast alle meine Kollegen und Kolleginnen von der Universität sind in Haft. Von Sen habe ich nichts gehört. Auch Dasgupta weiß nichts. Das Krankenhaus des Kongresses wurde einfach evakuiert.

Der Haß in meiner Brust: sachte, verschwiegen, doch gewaltig.

*

Ich beantrage beim französischen Konsulat eine Genehmigung, die Gefängnisse zu besuchen. Mit vielen Schwierigkeiten bekomme ich sie, stelle jedoch fest, daß sie mir nicht viel nützt. In Alipore komme ich wegen der Menge draußen nicht hinein. (Ich habe vergessen zu erwähnen, daß die Gewaltlosigkeit der Polizei, die man am Anfang für so amüsant hielt, nicht länger als 24 Stunden beibehalten wurde. Danach langweilten sie sich und traktierten die Frauen mit Lathi-Stöcken, wie üblich.)

*

Heute, am 5. Mai, die Verhaftung Gandhis. Allgemeine Betroffenheit; Hartal, rasch wieder aufgesprengte Meetings. Die Repressalien haben einen Höhepunkt erreicht. Alle indischen Zeitungen wurden eingestellt, die Redakteure zu sechs Monaten Haft und Hunderttausenden Rupien Strafe verurteilt. Aus dem »Statesman« kann ich nichts Genaues erfahren, weil es eine englische, imperialistische Zeitung ist. Willkürliche Verhaftungen. Die Universitäten endgültig geschlossen. Schreckliche Gerüchte machen die Runde, die meinen Nerven den Rest geben: Guerillakrieg in Chittagong, hundert erschossene Inder, die durch ein Los-Verfahren ausgesucht wurden, Militärputsch in Patna. Tatsächlich werden keine Zugfahrkarten mehr nach Patna verkauft. Der Grund angeblich: Pestepidemie. Das ist bloß eine Erfindung; in jedem Jahr gibt es Pestepidemien in Patna, und doch wurde noch nie der Verkauf von Zugfahrkarten verboten. Ich weiß nichts Genaues, und diese Ungewißheit lähmt mich. Ich habe alle Freunde angerufen. Sen ist seit Samstag in Haft und wurde zu sechs Monaten verurteilt. Sukumar ist tot, man weiß nicht, seit wann, wahrscheinlich seit er zum zweiten Mal zur Polizei gebracht wurde. Die üblichen Bestrafungen haben begonnen: In den Dörfern werden die Frauen mit Stöcken vergewaltigt, ihre Genitalorgane zerrissen. Das scheint als eine wirksame Methode der Einschüchterung zu gelten; die zivilisierte Variante des Pfählens. Wie auf dem Jallianwalla.

*

Alle meine Informationsquellen sind versiegt. Die Demonstranten werden sofort verhaftet und automatisch zu sechs Monaten Haft verurteilt. Einige Familien dürfen ihre Toten abholen und ihnen eine Feuerbestattung geben. Man erzählt mir Schlimmstes über die Frauengefängnisse. Sie lägen zu fünfzig in einer Zelle, hätten kein Wasser zum Trinken oder zum Waschen und dürften sich kein Essen zubereiten.

Hungerstreik in ganz Indien. Gandhi bekommt keine Verhandlung. Es gibt einen Artikel in der indischen »Verfassung«, durch den der Vizekönig, ohne Begründung, über jedermann verfügen kann. Der Vizekönig »verfügt« über Gandhi.

*

Ich kann nichts mehr in Erfahrung bringen. Es gelingt mir, Dasgupta zu überzeugen, mich nach Benares fahren zu lassen. Sushil Kumar, der bisher wie durch ein Wunder entkommen ist, bringt mir die Liste der letzten Toten. Ich blicke mit Grauen auf die Reihe der Namen. Außer Sukumar ist keiner meiner Freunde dabei. Von den seinigen schon. Sushil zeigt mir die Namen und berichtet, wie sie gestorben sind. Einer gleich auf der Straße, unter Fußtritten. Das erschreckt mich nicht mehr. Wenn so viele Frauen durch Stockanwendung starben, was zählt da ein schlichter Tod auf der Straße, unter Schlägen von Hufen und Lathi-Knüppeln?

*

Ich erfahre im Zug, daß in Cawnpore Kämpfe zwischen den Einheimischen ausgebrochen sind; wie immer begannen die Moslems, die Hindus unter dem Schutz der Polizei zu massakrieren.

Mein Nachbar im Abteil ist ein Anglo-Inder. Er sagt zu mir:

»Ach mein Herr, lassen wir sie sich doch gegenseitig verprügeln. Wollen die nicht die Unabhängigkeit ...?«

Ich wende meinen Kopf zum Fenster, um ihn nicht zu ohrfeigen. Dennoch fährt er fort:

»Wenn die Dinge ernster werden, werden Sie schon sehen, was für hübsche Sümmchen Sie dabei herausschlagen können. Sie werden Ihnen hundert Rupien zahlen, damit Sie ihre Frauen von einem Viertel zum anderen begleiten, oder von zu Hause zum Bahnhof. Vor drei Jahren war ich in Kalkutta, und ein Marwari (Händler) hat mir dreihundert Rupien gezahlt, damit ich seine Ehefrau und die Kinder über die Howrah-Brücke bringe. Bei Nacht wären vielleicht auch noch ganz andere Sachen dabei herausgesprungen ...«

*

Cawnpore. Ich sitze am Bahnhof und schreibe. Die Katastrophe ist größer, als ich erwartet habe. Ich sah aus dem Zug Flammen über dem indischen Viertel aufgehen. Eine Station zuvor ist in jeden Wagen ein britischer Sergeant eingestiegen, um unsere Papiere zu überprüfen. Zum Glück hatte ich die Genehmigung vom französischen Konsul.

Wir warten im Bahnhofsrestaurant darauf zu erfahren, in welchem Hotel wir absteigen können. Wir dürfen den Bahnhof nicht verlassen. Ein fürchterliches Gedränge. Starke Truppenpräsenz am Bahnsteig. Inder dürfen nur aussteigen, wenn sie über eine Sondergenehmigung verfügen. Man hört auch Schüsse.

Ich erfahre, daß die Polizei nicht eingreifen darf. Es handele sich nur um einen kleinen Konflikt zwischen Hindus und Moslems. Seit gestern nacht stehen ständig Häuser in Flammen. Und wieder höre ich Unglaubliches. Kleine Kinder, lebendig ins Feuer geworfen, Frauen, nach türkischer Sitte entzweigespalten. Ich weiß nicht, was ich noch glauben soll. Ich treffe zwei amerikanische Journalisten mit Fotoapparaten. Sie kommen aus Delhi. Dort verlaufe der Unabhängigkeitskampf in geregelten Bahnen. Verprügeln und Foltern sei nur Sache der Obrigkeiten. Konflikte zwischen den Einheimischen seien noch nicht ausgebrochen.

*

Wir werden von einer Motorradpatrouille zum Hotel eskortiert. Leere Straßen, die Geschäfte geschlossen. Es riecht in der ganzen Stadt nach Verbranntem und Staub.

Die Europäer und Anglo-Inder haben sich in das Viertel der Militärverwaltungen zurückgezogen. Ich treffe einige Mischlinge, die triumphierend Überlegenheit vorgeben. »Endlich zeigt sich das wahre Indien!«

Unmöglich, auf den Seitenstraßen zu verkehren. Jenseits der militärischen Absperrungen begibt man sich auf eigenes Risiko. Wenn ich jetzt nur einen unternehmungslustigen Gefährten hätte ...

*

Dr. Thomas Patel, indischer Christ aus dem Indian-Medical-Service. Er ist um die Fünfzig, hat verheiratete Kinder, ist nicht besonders vermögend und lebt seit einigen Jahren in Cawnpore. Er sagt mir, daß er einige Telegramme nach Delhi und Kalkutta aufgegeben hat, in denen er die Obrigkeit einzugreifen bat. Auch hat er dem Vizekönig telegraphiert, glaubt jedoch, daß keines der Telegramme abgeschickt wurde, da die Polizei kein Interesse hat einzugreifen. Im Gegenteil: Diese Massaker aus Cawnpore sind ein sicheres Mittel, die nationale Befreiungsbewegung zu lähmen.

Was er gesehen hat: Eine bewaffnete Gruppe von Moslems mit Benzinkanistern, die Häuser stürmten, ausraubten und in Flammen aufgehen ließen. Sie erschossen die Männer, vergewaltigten die Frauen, spalteten sie dann entzwei und warfen sie ins Feuer. Die Kinder packten sie an den Füßen und warfen sie auf glühende Kohlen. Das ging so lange, bis sich auch die Hindus zu geschlossenen, jedoch unzureichend bewaffneten Gruppen organisierten. Sie griffen ihrerseits ein moslemisches Viertel an, rissen die Moschee nieder, spalteten Frauen entzwei, warfen Kinder ins Feuer. Von dort ausgehend begannen in der ganzen Stadt Kämpfe, die sich auch auf die Dörfer ausbreiteten. Die Menschen kämpfen, womit sie können: manche bloß mit Zähnen und Fäusten.

Der Arzt schätzt die Toten auf etwa 2000, die Verwundeten auf 5000–6000. Sobald die Massaker begannen, erhielt der anglo-indische und europäische Teil der Bevölkerung die Anweisung, sich in die Verwaltungsbezirke zurückzuziehen. Die Armee ging auf die Straße, aber nur deshalb, um zu verhindern, daß die Kämpfe sich auf das privilegierte Viertel ausdehnen.

Nachts. Von der Terrasse aus sehe ich überall den blutigen, brennenden Himmel. Der immer gleiche beißende Gestank von verbranntem Heu und Verwesung. Tumult und ständiges Wimmern. Schüsse knallen. Kurze, dumpfe Einschläge. Sie stammten von den einstürzenden Häusern, sagt mir mein Nachbar.

*

Vor dem Hotel eine britische Patrouille. Die wenigen Autos werden von je einem Soldaten auf dem Trittbrett eskortiert. Sehr viele Motorräder fahren vorbei.

Sollte die »Revolution« größere Ausmaße annehmen, erzählt mir ein junger Mann anglo-indischer Herkunft, würden alle Mischlinge rekrutiert und bewaffnet werden. So war es 1925. Auch er würde dann einen Karabiner und einen Revolver erhalten, mit genügend Munition, um sich harmlose »Launen« leisten zu können:

»Du gehst durch die Straße, und wenn du irgendein Licht auf einer Terrasse siehst, zielst du und schießt. Ein ›Schwarzer‹ weniger ...«

Was er in Cawnpore gesehen hat:

»Vor unserem Haus stand ein riesengroßer Inder, an die Wand gelehnt, mit einem Messer im Rücken, dear Sir. Kein schlechter Treffer! Gleich vor unserem Haus. Die ganze Straße war voller Blut, aber es gab nur wenige Tote. Du konntest ungehindert gehen. Die Verwundeten waren schon in der Nacht abtransportiert worden.«

Ich frage ihn, warum die Kämpfe ausgebrochen seien; ob nicht vielleicht die Polizei sie provoziert habe. Er lacht.

»Das ist nicht wahr. Sie wollten mit Mister Gandhi eine Revolution machen. Und dann kamen die Moslems und sagten, daß Indien ihnen gehöre. Und um aus allen Moslems zu machen, begannen sie, Inder einzufangen und zu beschneiden. Die Moslems hatten ja nicht viel Zeit, sonst hätten sie die Hindus schon noch dazu gebracht, Kuhfleisch zu essen ...«

*

Das Feuer breitet sich in ganz Indien aus: Dacca, Patna, Cawnpore, Allahabad. Nur in Gujarat siegt die Revolution friedlich. Ich höre, der Kongreß habe Freiwillige gesandt, Moslems wie Hindus, um die Zentren der Auseinandersetzungen zwischen den Einheimischen zu befrieden. Die Polizei wollte es nicht zulassen.

Hier fängt es an, nach verbranntem Fleisch zu riechen.

Von Klöstern und Einsiedlern im Himalaya

Von Delhi nach Hardwar

... Am Montag, den 29. September [1930], werde ich Hardwar erreichen. In der Nacht davor werde ich Delhi verlassen, Delhi mit dem silbernen Halbmond am grünlichen Himmel, mit der wunderbaren, irrealen Stimmung in der Luft, in der sich die Moschee Jami Masjid erhebt. Sobald du erschöpft, doch von ihr verzaubert, ihre weißen Marmortreppen ersteigst, rufen dich die Geräusche des Basars zurück. Händler, die Statuen und Schals feilbieten, nehmen dich bei der Hand, ihre Acetylen-Lampen blenden dich, Kinder jagen sich über die Stufen, werfen dich dabei über den Haufen, und dein Führer fleht dich an: »Sahib! Sahib!« An der Pforte bringt dir ein bärtiger Mann die Besucherpantoffeln. Jami Masjid ... Ruhmreichste Moschee Indiens, vollkommenste Kuppel, Türme mit Altanen an allen vier Ecken, mit besonderen Zinnen für die Frauen und Tausenden sich in der Abenddämmerung ausruhenden Tauben. Die Moschee erhebt sich massiv und graziös über dem Basar und gibt den Blick frei auf die Festung von Shah Jahan am Ufer des Jumna.

»Komm', Sahib, ich zeige dir die Perlenmoschee!«

»Ein anderes Mal, Serdar, ein anderes Mal ...«

Die Perlenmoschee, die Festung von Shah Jahan, die Gärten der Mogulnherrscher, die Mosaikbecken mit dem parfümierten Springbrunnen, die efeubewachsenen Pavillons, die Pfauen, die roten Pfade im Gras, dann der Empfangssaal Diwan-i-Am, ganz aus Marmor, der das Licht filtert ... ich habe alles gesehen. Kristallklare, blendende Morgenstunden des indischen Herbstes. Die Marmorsäulen von Diwan-i-Am und der Thron Shah Jahans. Ich schließe die Augen und erinnere mich an Berniers Beschreibung der Empfänge zur Zeit Aurangzebs, denke auch an die Geschichte von Austin de Bordeaux, der mit sündhaft teuren Mosaiksteinen die lebendigsten Vögel und Gesichter verewigte, die es auf den Mauern eines Mogulnpalastes zu sehen gibt; Austin, der sich in eine Prinzessin verliebte, und seine Abenteuer in einem geheimen, unterirdischen Korridor zwischen Delhi und Agra ... Und dann Diwan-i-Khas, der Saal der Privataudienzen, wo der Pfauenthron stand, dieses Wunderwerk ganz aus Gold, besetzt mit Saphiren, Rubinen und Perlen, ein Thron, den Nadir Shah 1739 raubte. An der Decke des Saals steht auf Persisch geschrieben:

Agar Fardaus bar ru-i-zamin ast
Hamin ast wa hamin ast wa hamin ast.

»Wenn auf Erden ein Paradies ist,
Dann ist es hier, dann ist es hier, dann ist es hier!«

Haine und schwarzer Efeu, langgestreckte Bassins mit Stufen, die mich an das Taj Mahal in Agra erinnern. Seitlich eine Terrasse zum Ufer hin.

Wieviele Burgen es doch in Delhi gibt! Mauern aus Kalkstein, feuchte Ziegelsteine, in Gräben wachsende Kakteen. Hier die Stadtmauer, die von den Kanonen Nicholsons in seinem Kampf gegen die aufständischen Sepoys 1857 beschossen wurde.

»Sahib, ich zeige dir das Mausoleum von Humayun! ...«[29]

---

29 *Humayun* (1530-1556): Mogulnherrscher.

»Schon gesehen, Serdar ...«

Das Auto fährt von Pahar Ganj zu den Ruinen von Firozabad, die von Unkraut und dürreresistenten Sträuchern überwuchert sind. Dann nach Purana Kila (»die alte Festung«), errichtet von Humayun. Schließlich zum Mausoleum. Ich werde wieder an Agra erinnert. Ähnlich ließ mich Jami Masjid an die Moschee aus weißem Marmor von Fatehpur Sikri denken, die tote Burg. Akbar hielt seine Gebete in jenem winzigen, filigran gearbeiteten Wunderwerk. Wie könnte ich das Humayun-Mausoleum beschreiben, diesen weißen Marmorblock, der die Hauptkuppel, die Etagen, Balkons und seitlichen Lauben stützt? Aussicht vom Turm: Delhi umgeben von Hügeln, die Lichtschlange Jumna, verdeckt vom Grün der Vegetation. Das Schweigen der Steine, die einst in der Glorie der Moguln erstrahlten. Steine, die deren Wahnsinnstaten und Sünden, deren Pracht, Grausamkeit und Weisheit miterlebten. Verbranntes Schweigen, nur manchmal vom Schrei auffliegender Pfauen unterbrochen. Jede Kanone, jede Steinplatte vermittelt schon jenes die Kehle zuschnürende Gefühl des Untergangs, des vergossenen Blutes, des Todes.

»Humayuns Mausoleum, Sahib! ...«

»Ah, Serdar ...«

Ich gebe ihm Zigaretten und lade ihn ins Teehaus ein. Ich wünschte, mein Serdar würde mir Geschichten erzählen, die man nicht in Büchern nachlesen kann, Geschichten über Mariam, die Frau Humayuns, oder über die sieben Prinzessinnen, die sich in der Abenddämmerung im Garten Bu Halima versammelten. Ich wünschte, der Serdar würde mir von den Poltergeistern von Qutb-ut-Islam erzählen, der Ruinenmoschee neben einem verfallenen indischen Tempel, und dann von dem berühmten Qutb-Minar. Aber der

Serdar beginnt mit der prosaischen Geschichte Ala-ud-dins[30] und liest mir die Übersetzung der sanskritischen Verse vor, die auf dem Eisernen Turm eingraviert sind. Wie wunderbar, mich inmitten dieser indischen und moslemischen Ruinen zu befinden, vor der alten, großartigen Moschee zu stehen, die merkwürdigerweise gerade deswegen nicht zu Ende gebaut werden konnte, weil die Moslems den indischen Tempel in der Nachbarschaft demolierten, um dem Ruhm des Propheten noch mehr Glanz zu verleihen. An der Decke des Tempelkorridors kann man noch Basreliefs mit Motiven aus Krishnas Leben ausmachen. Eine archaische Inschrift an der Moschee erwähnt 27 giaurische, idolatrische Tempel, die abgerissen wurden, um Baumaterial für die gigantischen Arkaden und Kolonnen zu gewinnen. Die »idolatrischen« Tempel waren hinduistischer und jainistischer Prägung. Aber ich will von meinem Serdar keine archäologischen Details, auch keinen Überblick über die verhängnisvolle Geschichte der Moguln. Vor einem Jahr habe ich wunderbare Sagen über die Ruinen von Delhi gehört, abergläubische Gerüchte rund um die »sieben Hauptstädte«, volksmythisch verarbeitete Reminiszenzen vom Aufstand der Sepoys.

Damals war mein Führer ein schweigsamer Inder von kleiner Statur, der seinen Text vor den Sehenswürdigkeiten korrekt rezitierte, der aber wortkarg und von peniblem Mißtrauen befallen wurde, sobald wir wieder auf die Straße zurückkehrten. Gegen Abend wurde er dann doch redseliger. Ich stellte ihm Fragen, und er antwortete. Anfangs viel Unbedeu-

---

30 *Ala-ud-din Khalji* (1295-1316): Sultan afghanischer Herkunft, der mit seinen blutigen Expansionszügen das moslemische Einflußgebiet erweiterte.

tendes, Wortstickerei im Schatten der Burg. Doch dann, plötzlich, verfiel er in einen finsteren, tiefen Ernst. Vielleicht war es meine Schuld – ich hatte nach der Revolte der Sepoys gefragt. Er mußte doch etwas darüber wissen, hatte ich mir gedacht, weil seine Familie sich schon vor langer Zeit in Delhi niedergelassen hatte. Sein Onkel war der Besitzer einer reichen Weberei gewesen, die Karawanen nach Sind und Kurdistan unterhielt und die über geschickte, aus Murshidabad angeheuerte Arbeiter verfügte. Die Belagerung der Burg durch General Nicholson, der Hunger, der Durst, die erbitterte Verteidigung – über all das wissen doch die Alten aus Delhi genug zu erzählen. Nun, als die Engländer in die Burg eindrangen, begann das Abschlachten. ›Zu Recht, zu Recht‹, dachte sein Onkel. Aber warum sollte er zulassen, daß die Ehre der Frauen befleckt werde? Der Mann rief seine Gattin, die Schwestern, die Schwägerinnen und Dienerinnen zu sich und fragte sie, ob sie in Gefangenschaft gehen wollten. Sie flehten ihn an, sie umzubringen. Diese Aufgabe mußte er ganz allein vollbringen. Doch als die Engländer in sein Haus gelangten und ihn erschossen, konnten sie keine Sklavinnen machen: Sie fanden nur noch vierzehn geköpfte Frauenleichen vor. Den Namen dieses Mannes, seines Onkels, kennt und preist man noch heute in der ganzen Provinz ...

Und mein heutiger Serdar erzählt mir von Ala-uddin ... Wenn er nur wüßte, wie sehr es mich nach Geheimnissen dürstet. Delhi, die letzte Stadt mit buntem, undurchschaubarem Leben, die letzte Stadt mit elektrischem Licht und Druckereien, die letzte zivilisierte Raststätte auf meinem Weg zum Himalaya.

Ich habe hier Halt gemacht, um die Prozession am ersten Tage der Durga Puja zu erleben und Jami

Masjid wiederzusehen. Dabei nahm ich das Risiko in Kauf, zum »türkischen Bad« gebeten zu werden, wo zwei Jungs dir die Knochen brechen, dich ohne Seife waschen, indem sie dir viele Eimer kaltes und heißes Wasser übergießen, dir fast jedes Gelenk verstauchen, mit ihren Fersen deinen Rücken traktieren und deinen Hals überdehnen – um dich schließlich zu fragen, wie viele »Mädchen« du haben möchtest ... Auch nahm ich das Risiko in Kauf, für »british« gehalten und überall kühl, unverbindlich und spöttisch empfangen zu werden.

Als ich diesmal nach Delhi kam, war die Stadt in einer politisch brisanten Lage. Und selbst bei meiner großen Gleichgültigkeit gegenüber der Politik verdächtigte man mich auf Schritt und Tritt. Aber es wird meine letzte Prüfung sein. Sobald die Prozession der Durga Puja auf die Hauptstraße gelangt, werde ich frei sein. Noch eine Nacht im Zug, und am Morgen werde ich zu Füßen des Himalaya aufwachen, endgültig befreit von allem unruhigen Treiben und jedem abgeschmackten Komfort. Meine letzte Nacht im moslemischen Indien, mit dem Halbmond in den Teehäusern und dem silbernen Halbmond am grünleuchtenden Himmel. Und dann der Serdar ...

»Was bist du, Hindu oder Moslem?«

»Christ, Sahib« ...

... Josef genannt ... Der aber alle »asiatischen« Instinkte, die er vor seiner Bekehrung besaß, beibehalten hat, so zum Beispiel, wenn er auf einige Faulpelze auf dem Korridor der Moschee zeigt, die den Titel »großer Priester« tragen, und mir dabei unschuldig zu verstehen gibt, daß ich Bakschisch erst ab einer halben Rupie aufwärts geben sollte.

Ala-ud-dins Geschichte wurde abgebrochen. Ich fahre mit der Tonga zur Festung und von dort weiter zur Prozession. Den Bildern der mit elektrischen Girlanden geschmückten Göttin Durga folgen Fackelzüge, Feuerwerke und Blumenopfer. Delhi ist eine typisch moslemische Stadt, aber diesmal begleiten Moslems die an sich rein hinduistische Prozession. Es sind Studenten mit »nationalistischen« Abzeichen und »Freiwillige« des Kongresses. Sie sind für die Wahrung der Ordnung zuständig, regeln den Autoverkehr und haben bei allen Ovationen die Initiative, Ovationen, die seltener Durga, als vielmehr den politischen Führern im Gefängnis gelten.

All das sind sichere Zeichen für das neue, in der Untergrundbewegung geschmiedete Indien, für die unbezweifelbare Einheit dieses grandiosen und erschütternden Subkontinents, eines schlafenden Drachens, der allmählich aufwacht. Das Ende seiner Verzauberung naht. Und doch sucht mich eine sanfte Trauer heim, jetzt, da ich mich hier ganz allein befinde, dem Festzug zuschaue und den gereizten, kalten, beleidigenden, angespannten Blicken begegne, die »dem weißen Mann« gelten.

*

Nur schwer einen Platz im Zug gefunden. Alle Züge sind nun wegen der Puja-Ferien und den Ermäßigungen auf jeder Zugstrecke zum Bersten voll. Das ist die Zeit, in der die Inder reisen, ihre Heimatdörfer besuchen oder ihre Familien zu einer heiligen Stätte in den Bergen führen, mit Vorliebe nach Hardwar oder in seine Umgebung. Sie reisen in großem Gedränge, mit ihren Kindern, Frauen und den unzähligen Gepäckstücken, den Pfannen, Töpfen, Früchten und Gläsern. Da ich keinen Platz in der zweiten Klasse finde, bin ich gezwungen, in einem Abteil Interclass (zwischen zweiten und dritten Klasse) zu reisen. Meine Nachbarn sind alle Inder und hegen den Verdacht, ich sei ein Missionar. Die Missionare sind die einzigen Europäer, die Interclass fahren, sich für die Inder, ihre Traditionen und Philosophien interessieren, ihr Vertrauen gewinnen – und natürlich mit jedem Mittel versuchen, sie zu bekehren.

Wir reisen in der Nacht. Je weiter wir uns von Delhi entfernen, desto heftiger bläst der Wind. Es wird kalt. Zu schwer der Zug, zu beladen, und die Lokomotive zu schwach. Halt an fast jedem Bahnhof, wo aus dem Dunkel plötzlich eilige Menschen mit den gleichen undurchschaubaren Gepäckstücken auftauchen. Wenn sie keinen Platz woanders finden, suchen sie in der dritten Klasse Zuflucht. Denn fast alle Waggons sind dritter Klasse. Hier hat keiner das Recht, jemanden abzuweisen.

Die Menschen steigen auf die Bänke; die Gepäckträger und die Kinder schlafen oben auf den Koffern. Alles ist vertreten, jede Kaste. So gut wie alle fahren nach Hardwar.

Hardwar

Dies ist der heiligste Pilgerort. Der Ganges, der dem felsigen Griff der Berge entkommen ist, schäumt zuerst fast übermütig, doch dann beruhigt sich sein Wasser. Von hier aus gehen viele Kanäle des Ganges ab, wobei der imposanteste von ihnen in Khankal beginnt und bis über Rurki hinausreicht. Hier findet einmal alle zwölf Jahre der berühmteste heilige Nationalfeiertag statt, Kumbh Mela, zu dem sich vier Millionen Pilger und Gläubige versammeln, Predigten gehalten werden, neue Sekten Verbreitung finden, Meinungen ausgetauscht und die spirituelle Einheit Indiens erneuert wird.

Schon im letzten Winter, als ich in Allahabad an der Mela teilnahm, beschloß ich, einige Monate in den himalayischen Einsiedeleien rund um Hardwar zu verbringen. Den Namen dieses Ortes habe ich sogar in der Beschreibung von Hsüan-tsang erwähnt gefunden, dem chinesischen Mönch, der uns ein wunderbares Porträt vom Indien des siebten Jahrhunderts geliefert hat.

Von Hardwar sprechen alle, die irgendwie Interesse an der Religion und Respekt für die Moralathleten der Askese und Abgeschiedenheit bekunden. Mit anderen Worten: Ganz Indien spricht davon. Hardwar ist die Stätte der Erlösung für die vom Schicksal Benachteiligten und für diejenigen, die es nach der großen Freiheit dürstet. Bis vor einigen Jahren war es üblich, daß ein Mann, wenn er eine nicht wiedergutzumachende Tat begangen hatte, nach Hardwar floh und sich in die Einsiedelei zurückzog. Keiner fragte nach seiner Herkunft, und so wurden gewöhnliche Kriminelle zu großen, von Pilgern aufgesuchten und vom Volk beschenkten Eremiten. Heute stehen die Dinge etwas anders. Dennoch kommen täglich viele Fremde nach Hardwar oder in die Umgebung und versuchen, hier eine endgültige Bleibe zu finden.

... Ich komme in der Frühe, unmittelbar nach Sonnenaufgang, an. Es ist richtig kühl, obwohl ich mich nicht auf großer Höhe befinde. Zum Ganges hin verschwimmen die Bergrücken im Dunkeln. Dort beginnt der Weg zu den himalayischen Anhöhen, der Weg nach Badri Narayan, dem berühmten Tempel und Wallfahrtsort, zu dem man zweihundert Kilometer Bergstrecke entlang der Grenze zu Tibet, unweit von den Gangesquellen, zurücklegen muß. Dort, in Badrinath, werde ich im Frühling sein, wenn der Schnee geschmolzen ist, und von dort weiter nach Tibet reisen, auf Wegen, die einst von jenen buddhistischen Mönchen beschritten wurden, die das »Gesetz« ins Herz Asiens und weiter nach China und in die Mongolei tragen wollten. Hier beginnt der kürzeste und am wenigsten beschwerliche Weg, da breite Pässe und ein ständiges Kommen und Gehen von Pilgerkarawanen zu erwarten sind.

In der Nähe des Bahnhofs finde ich den Dak-Bungalow. Der Hausmeister ist ein Moslem, dessen Lammgerichte äußerst scharf sind. Er ist ziemlich überrascht, einem Europäer zu begegnen, der seine Spezialrezepte nicht probieren möchte; ich bin vorsichtig und begnüge mich mit gekochtem, ungesalzenem Reis und vegetarischer Kost, die der Moslem zügig improvisiert. In den nächsten Monaten werde ich nämlich die Diät der indischen Klöster ertragen müssen, wo sogar Eier verboten sind.

Breite Landstraße, gesäumt von Pappeln und Eichen, die durch Haine und Reisplantagen führt. Am Bahnhof miete ich eine Tonga, eine wendige, schnelle Droschke auf zwei Rädern, mit einer schlichten Plane und nur einem Pferd. Ich bin der einzige Europäer in diesem heiligen Städtchen, und alle starren mich an oder versuchen, mich übers Ohr zu hauen. Die Tonga hält in der Nähe des Flusses. Die Straßen sind hier eng, mit kantigen, vom Wasser weiß geschliffenen Steinplatten und Häusern aus rotem Backstein. Alle Leute drängen sich auf dieser einen Straße, die zum Hauptbadeplatz führt. Auf ähnliche Weise schiebt sich die Masse in Benares zum Goldenen Tempel. Es ist erst acht Uhr, und die Straße ist schon voll; die Menschen eilen nämlich zur Morgenwaschung. Zehn Meter vor einem breiten Kai mit Treppen, der in ganz Indien denselben Namen trägt (Ghat), ziehe ich meine Schuhe aus. Die Menschen kleiden sich unmittelbar nach der Waschung an, so daß es dauernd tropft und der Weg somit für den, der kein Vollbad im Ganges nehmen möchte, von Schlamm verdreckt ist. Es ist vor allem mein Auftreten in europäischer Kleidung, das die Neugier und den Enthusiasmus der Menge weckt, denn mein respektvoller Besuch kommt einer dem Ganges dargebrachten Huldigung gleich. Während ich also meine Schuhe ausziehe, werde ich von Menschen umringt. Ich schreite zum Ghat, und die Truppe folgt mir. Ein Sadhu (ein Mönch in orangefarbener Robe) fragt mich in gebrochenem Englisch, aus welchem Land ich käme. Ich sage, daß ich »Franzose« sei, und schon beginnt der Mönch auf Französisch zu reden ... Für die Zuschauer eine unglaubliche Überraschung. Der Swami erklärt mir, daß er den Weg der Entsagung, *sanyasi*, vor einigen Jahren erwählt hat, davor sei er aber Angestellter und Freiwilliger in der indischen Gesandtschaft in Frankreich gewesen. Er nahm am Krieg teil und erlebte dessen Ende an der französischen Front. Einige Zeit spielte er mit dem Gedanken, sich in Ägypten niederzulassen, kehrte aber schließlich doch nach Indien zurück.

Während er mir über sein »weltliches« Leben erzählt, gelangen wir zum Kai. Die Aussicht ist überwältigend: Die grünen Wasser des Ganges erweitern sich zu einem Smaragdsee mit einer Insel voller Dschungelvegetation in der Mitte und steinigen Hügeln auf der linken Seite, wo der Fluß von den fernen Gletschern kommt.

Der in der Sonne gleißende Ganges verwandelt sich hier in einen verzauberten See. Die Ghats aus weißem Stein führen stufenweise weit in die Tiefe hinab. Pittoresker Andrang der Gläubigen am Kai, die mit ihren Familien, mit Kinderschar und Dieneranhang gekommen sind, haufenweise in ihren Dhotis aus

Hanf baden, einen Mundvoll Wasser schlucken und ihre Dhotis mit erstaunlicher Geschicklichkeit wechseln können. Eine Brücke führt vom Hauptkai zum zweiten Ghat, der noch tiefer in den Ganges hineintaucht. Frauen, soweit das Auge reicht: Schönheiten aus Sindh mit Seidenkleidern wie Nachthemden; oder aus Kathiawar, mit fröhlichen Gesichtern und samtenen, silberbestickten Miedern; oder aus Zentralindien, kleinwüchsig, sonnenverbrannt, mit Spangen aus schwerem Gold an den Armen und silbernen Kettchen um die Fußknöchel; oder aber Frauen aus Bengalen, mit dem immergleichen honigsüßen, klebrigen Lächeln, das der Schleier halb verhüllt, die Haarpracht von blauen Saris bedeckt; Bengalinnen, berauscht vom Weihrauch der Öle und Essenzen.

In Scharen stürzen sie zum Ghat, verfolgt von schönen, großen, neugierigen, ungezogenen Männern. Landstreicher, Heilige, Fakire und Sadhus betteln, bieten Ratschläge, Dienste oder sich selbst als Führer an. Manche haben Glück und finden Gläubige, die Mantras von ihnen empfangen möchten und dafür mit Nickelmünzen zahlen. Wie überall in Indien sind die Fakire mehrheitlich Scharlatane, Faulpelze, gewöhnliche Bettler, die niemand respektiert, denen aber wegen der Heiligkeit dieses Ortes geholfen wird.

Ich mache kehrt und folge der Landstraße, die zuerst parallel zum Fluß über den Berghang führt und dann in den Wald Richtung Rishikesh abbiegt. Ich besichtige zwei ungewöhnliche Tempel, die beide in Höhlen errichtet wurden. Der erste liegt weit oben am Berg, so daß ich eine Eisentreppe hochsteigen muß, um zu ihm zu gelangen. Betreten darf ich ihn nicht, aber das tut nichts, da er sehr schmal und ungekonnt behauen ist und außerdem keine bedeutenden Bilder besitzt. Der zweite ist von seltener Beschaulichkeit: ein rot gestrichener Höhleneingang und ein in den Fels gehauenes Bassin, das sein Wasser von den Bergquellen erhält. Man kann sehr gut Shivas Symbol aus schwarzem Stein erkennen, dieses erotische Symbol zwischen Jasmingirlanden und Rosenblättern, den Opfergaben der Frauen, die sich am Tempeleingang waschen.

Hier lerne ich einen aufgeweckten und gut unterrichteten jungen Mann kennen, dessen Beruf darin besteht, Schlangen- und Skorpionbisse zu behandeln. Dieses für die europäischen Toxikologen große Problem wird in Indien schon seit langer Zeit und auf verschiedene Weisen behandelt. In Orissa habe ich zum Beispiel von Kobras gebissene Menschen getroffen, die durch die monotone Musik dieser wandernden Hexer-Mediziner geheilt wurden. Die meisten Behandlungen funktionieren aber mit himalayischen Grassorten, die nur Einsiedler und Kavirajs (Naturheiler) kennen. Mein junger Freund mußte etwa sieben Jahre in dieser Gegend zubringen, bis er einen kundigen Meister fand und es lernte, die Heilpflanzen unter den anderen Gewächsen zu erkennen. Das »Geheimnis« wird manchmal an Ärzte aus dem Süden verkauft, aber nach den Worten meines Gesprächspartners ist die einzige wirksame Behandlung die der himalayischen Kavirajs und Rishis (Seherkönige).

*

... Kankhal liegt auf der anderen Seite Hardwars. Das bedeutet vom Ghat aus zwei Meilen entlang der von weißen, großen, mit Zypressengärten gesäumten Landstraße. Die Straße verläuft einige Zeit am Rand des Kanals, in dem grünes Wasser rauscht. Gruppen von Wanderern und Pilgern, die man zu jeder Tageszeit und aus jeder Richtung kommend trifft. Sie gehen gemächlich, mit weit geöffneten Augen, begrüßen jeden und sind weder bei Kälte noch bei Hitze von ihrem Weg abzubringen.

Der in ganz Indien berühmte Tempel Daksheshvara mit seinen feuchten und uralten Mauern, den riesigen Pappeln und Akazien. Ich streife meine Schuhe an der Schulpforte ab und trete ein; Stille, schattige Eichen. Der Ganges fließt vor dem Tempel, aber nichts, weder seine Wellen noch die in den Bäumen herumturnenden Affen stören die heilige Ruhe. Einige betagte fromme Frauen pflegen die kleinen Altäre, denn diese sind hier, neben Shivas Tempel, zahlreich und sehr alt. Ruinen, Säulen aus Backsteinziegeln, Lorbeeren und wilde Reben, Lianen mit hellbraunen Blüten, Eichhörnchen. Pilger kommen und baden im Ganges, bestreichen ihre Stirn mit dem goldglänzenden, heiligen Staub. Ein trauriges, schweigsames Mädchen verkauft Blumen für Opfergaben. Die Blumen verlieren mit der Zeit ihre Blätter, so daß die Opfergabe am Ende aus einer Handvoll Blütenblättern und Rosen besteht. Ich kaufe Blütenblätter auf einem Bananenblatt und bringe sie der Göttin Lakshmi dar; ihr Altar ist ärmlicher als die anderen, und nur wenige Blumen liegen auf dem schwarzen Stein. Die alten Frauen sehen mich an, als hätte ich ein Wunder vollbracht. Wenige Weiße kommen hier vorbei; und noch weniger bringen den hinduistischen Göttern Jasmingirlanden und duftende Blütenblätter dar.

*

Nach dem Besuch des Gangadvara-Tempels zieht es mich zu einer wunderbaren Bibliothek in einem weißen Haus mit Gärten, Bassins und Marmorbänken hin. Ein Gespräch mit einem alten Pandit auf Sanskrit. Er zeigt mir ein phantastisches Manuskript aus dem voluminösen *Harivamsha*[31], in dem jede Seite am Rand mit Miniaturen verziert ist; in der Mitte prangen Abbildungen von Gottheiten – Darstellungen von rajputischer Finesse, mit graziler Genauigkeit und frappierenden Details. Da das Manuskript etwa tausend Seiten mit über 5000 Götterdarstellungen umfaßt und jede Seite besondere filigrane Ornamente aufweist, hat das British Museum mehr als einmal eine achtstellige Summe dafür geboten. Der Eigentümer der Bibliothek und der Schule ist so stolz auf sein Manuskript, daß er das Angebot ablehnte, und das trotz seiner Armut und der seines Landes.

Ein anderes Mal besuche ich das einige Meilen vor der Stadt liegende arische College Gurukul. Es ist der ganze Stolz der Arya-Samajs, jener energischen Reformer Indiens, die als Puritaner und Krieger ihre Kinder ganz nach dem vedischen Ideal erziehen: Sie müssen zehn Jahre vom Elternhaus getrennt in einem College unter freiem Himmel leben. Die Arya-Samajs führen ihr Leben in vollkommener Reinheit, setzen sich mit Eifer für die Keuschheit, den Kult des immateriellen Gottes, die Verehrung Indiens und dessen Traditionen ein – und predigen den Haß auf die Idolatrie, das semitisch verwurzelte Christentum, die verweiblichte Religiosität, den theosophischen Moralismus und die britische Oberherrschaft. Gurukul ist nicht nur ein gefürchtetes College, aus dem echte »Arier« und gelehrte Sanskritisten hervorgehen, sondern gleichzeitig auch ein nationalistisches Sammelbecken. Zum Zeitpunkt meines Besuches befindet sich die Hälfte der Professoren in Haft, weil sie am Unabhängigkeitskampf teilgenommen haben. Die anderen Professoren

31 *Harivamsha* (4. Jahrh.): ein aus 16 000 Stanzen bestehendes Epos, das das Mahabharata ergänzt.

tragen Khaddar. Es erübrigt sich beinahe hinzuzufügen, daß niemand unter ihnen raucht, »Leichenfleisch« ißt oder Tee, Kaffee oder andere Rauschmittel zu sich nimmt. Ihre Nahrung besteht aus Milch, Honig, vegetarischer Kost. Ihre Tracht ist die der vedischen Indoarier.

Hier spricht man das wundervollste Sanskrit Nordindiens. Und trotz ihrer militanten, reformerischen, intransigenten Haltung sind sie keineswegs intolerant. Gleich am ersten Tag meines Besuches fordern sie mich auf, über vergleichende Religionswissenschaft zu referieren. Nur mit Schwierigkeiten darf ich weiterziehen. Ihre Auffassung von Höflichkeit verlangt, daß die Gastfreundschaft zwei, drei Wochen lang dauert. Sie lassen mich nur deswegen fort, weil sie wissen, daß meine Anwesenheit in einem arischen College mir schadet. Doch ich muß versprechen, wiederzukehren.

*

... Die Nächte waren damals unvergleichlich. Der silberne Mond, ein heller Glanz über den Birken, im Gras ein Teppich aus unbekannten zirpenden Tierchen, das Gras selbst undurchdringlich, Zuflucht für Schlangen. Die Sterne wie Juwelen am Himmel des Himalaya, Edelsteinkollier, Oase. Der Äther nur ein Hauch, der Himmel nahe, die Birken hochgewachsen und elegant – Dekor.

Rishikesh

Der Weg aus Hardwar heraus führt mitten durch einen Wald voller Affen, fällt dann in ein versiegtes Flußbett ab und durchquert einen Bambusdschungel, bis er schließlich in eine weite Lichtung mündet, wo das Gras Mensch und Pferd verschwinden läßt. Wir überqueren einen Nebenfluß des Ganges. Grünes, eiskaltes Wasser, das betäubend laut über die Felsen dahinrauscht. Birken, riesige Eichen und immer seltener Bambus.

Es geht wieder hinauf. Wir kreuzen die Eisenbahnlinie. Die Berge sind nun so nah, daß die Aussicht auf die verschneiten Gipfel versperrt bleibt. Der Himalaya versteckt sich mit seinen Gletschern und blauen Höhlen hinter kleineren, vom Dschungel überwachsenen und von Bächen durchschnittenen Bergen. Der Zustand der Landstraße verbessert sich, je mehr wir uns Rishikesh nähern.

Schon der Eingang in die Stadt ist grandios. Auf der linken Seite Shivas Tempel, von Swami Purnananda eben in diesem Jahr errichtet, mit einem bestürzenden architektonischen Symbol: Die Kristallkugel auf der Spitze der Kuppel soll die tragische Unfähigkeit des Verstandes belegen, das Göttliche in menschlichen Kategorien und Werten auszudrücken. Shivas Tempel – ein Tempel mit weißen Mauern und einem weißen Tor am Eingang des Gartens, aus dessen Blumen die Diener des Allmächtigen Girlanden flechten. Es ist früh am Morgen; auf dem Altar haben Duftstoffe gebrannt. Der Geruch zieht auf die Straße und verliert sich dann im Staub, den die zum Tempel gehörende Rinderherde aufgewirbelt hat. Wir kommen nur mühsam durch diesen Dunst voran, denn es ist ja indischer Staub, eine zähe, virulente Masse, die sich nur sehr allmählich auflöst. Manche meiner Weggefährten zieht es direkt zum Tempel, andere dagegen zu der dazugehörigen Eremitage. Sie haben alle nur einen kurzen Aufenthalt vor, sind gekommen, um einige Stunden oder Tage in der heiligen Atmosphäre zu verbringen.

Ich bleibe unentschlossen in der Mitte des Weges stehen, das Gepäck im Schatten, und verfluche meine europäische Kleidung, die alle Blicke auf sich zieht. Aus einem Sikh-Ashram kommt ein Sadhu in gelber Robe, der mich willkommen heißt und mich fragt, wo ich schlafen und essen möchte. Ich beginne zu erkennen, welche Schwierigkeiten mich hier erwarten: Man spricht hier nur Hindi, eine Sprache, von der ich nur ein halbes Dutzend Worte verstehe. Meine Bengali- und Sanskritkenntnisse bringen mich nicht weiter. Niemand in der Menge beherrscht Englisch. Wir verstehen uns nur mit viel Wohlwollen, indem ich nämlich Urdu mit Bengali vermische und er Hindi auf die sanskritischen Wurzeln reduziert. Ich nehme die Einladung des Sikh-Mönches an und kehre für eine Stunde im Mandir (Tempel) ein, wo mir ausreichend Wasser zum Waschen gebracht wird und anschließend köstliche hinduistische Gerichte mit Granatäpfeln, Bananen und Mandeln serviert werden. Die Mandeln gelten hier als das Symbol der Gastfreundschaft, der Reverenz, der göttlichen Liebe. Der Schüler schenkt seinem spirituellen Meister Mandeln, und dieser reicht jenem aus dem eben erhaltenen Geschenk eine Handvoll Mandeln zurück. Und wenn es sich dabei um den Lieblingsschüler handelt, schält der Guru bedächtig eine Mandel und steckt sie ihm direkt in den Mund. Das ist der höchste Beweis für des Lehrers Liebe.

Sobald ich mit der Besichtigung des Ashram fertig bin, rufe ich zwei Taugenichtse von der Straße, die mir mein Gepäck tragen, und gehe zum Dak-Bungalow. Der Wärter näselt, womit Hindi für mich zu einem Geheimnis mit sieben Siegeln wird. Er kann kein Wort Englisch, zeigt mir aber die Hausordnung des Bungalows, aus der ich entnehme, daß eine Genehmigung vom »Ingenieur des Distrikts« benötigt wird, um ein Zimmer benutzen zu dürfen. Ich habe aber keine solche Genehmigung. Der Wärter erklärt, erläutert sein Anliegen ein zweites Mal, und am Ende muß ich akzeptieren, daß ich dem »Herrn Ingenieur« zu telegraphieren habe. Ich stelle mein Gepäck im Flur ab und laufe zum Postamt – einer kleinen Bude mit vergitterten Fenstern –, um zu telegraphieren und die besagte Genehmigung zu erbitten, wobei ich auch die Rückantwort bezahlen muß (was sich von selbst versteht). Ein Heer von Fußgängern, Mönchen, Frauen und Vagabunden umringt mich und folgt mir hypnotisiert bis zum Drahtzaun des Bungalows. Der Wärter schließt eines der Zimmer auf – einen jener weißen, schlichten und zauberhaften Räume mit breiter Terrasse und Chaiselongues, die überall im Himalaya für die britischen Funktionäre bereitstehen –, und die Irrfahrt nimmt ein Ende.

Ganz plötzlich wird es Abend: der Mondschein, die Schatten der großen Eichen, der weiß leuchtende Ganges am Ende des Gartens. Öde. Der Wärter in seiner Hütte ist so weit weg, daß meine Rufe ihn nicht erreichen. Einige Kühe, ein Hund, zwei Neffen, ein Feuer – eine Hirtenlandschaft, wenn sich nicht auf der anderen Uferseite des Ganges der Schatten des Dschungels erheben würde und wenn nicht etwas Unaussprechbares in der Luft des Himalaya läge, etwas, das sich in jedem Rascheln offenbart, in den Sternen und dem Schweigen, das die nichtsahnende Seele heimsucht und von ihr Besitz ergreift.

Allein im Bungalow. Ich schlendere durch den schier unendlichen Garten, der auf der einen Seite von der Straße, auf der anderen vom hohen Ufer des Ganges begrenzt wird. Das Ufer sieht eher wie ein steiniger, unkrautüberwucherter Graben aus, in dem sich Eichhörnchen tummeln und böse Überraschungen lauern. Der Zauber des Ganges im Mondschein: die braunen Wirbel und Fallen seiner Strömung, ein Strom von der Breite eines Sees, hier sanft bewegte Wellen, dort Spiegelfläche, schließlich eine Stelle ohne Strand (dahinter ein seltsam geneigter Berg). Dann verengt sich der Wasserlauf, und sein Glanz verliert sich im Dschungel.

Plötzlich bellt mich der Hund an, worauf der Wärter herbeieilt. Der Ort muß von Schlangen wimmeln, denn das Wort dafür klingt mir vertraut: *sarpa*[32], und der wütende Wärter wiederholt es so lange, bis ich es verstehe. Überall sind zu dieser Abendstunde Schlangen. Ich kehre zum Bungalow zurück. Stille. Doch dann, auf einmal, wird sie von den Glocken der Tempel unterbrochen. Glocken mit kurzem, kristallinem Echo, ohne die Melancholie der orthodoxen Kirche oder die Feierlichkeit der Kathedralen, vielmehr mit dem Rhythmus eines Alarms, Hammerschläge in Synkopen, crescendo – die unvermittelt enden. Das dumpfe Echo, erstickt von jenen Händen, welche die Glocke umfassen.

Fast alle Häuser in Rishikesh sind Ashrams. Manche groß wie Kasernen, mit braunen Ziegelsteinen, Hunderten von Gästezimmern; andere wie weiße Villen mit breiten Terrassen, die wie ein Amphitheater hinabsteigen. Jeder kann in den freien Zimmern übernachten, und Essen gibt es in der Chetra, der Küche des Ashram. Allein in Rishikesh stehen 1000 Gästezimmer bereit, falls die Besucher Yatris sind, das heißt, aus religiösen Gründen hierherkommen. Von April bis Ende Oktober wimmelt es hier von allen Yatri-Klassen, und manchmal ist der Andrang so

32 ›Schlange‹ auf Rumänisch: *sarpe.*

groß, daß man nicht einmal im Garten schlafen kann. Überflüssig zu erwähnen, daß Rishikesh während der Kumbh Mela in Hardwar viele der drei bis vier Millionen Pilger und Yatris anzieht, so daß im Dschungel und am Gangesufer über Meilen hinweg Zelte anzutreffen sind. Hunderte von Baracken und sonstigen Unterkünften werden dann errichtet, und nach der Abreise der Pilger bietet der »Campingplatz« den Anblick eines verwüsteten Lagers.

Nach Hardwar reisen die Menschen wegen der Tempel und der heiligen Waschungen; Rishikesh, der jahrtausendealte Zufluchtsort, ist dagegen das Paradies der Eremiten. Jährlich kommen aus ganz Indien Schenkungen für die Asketen, für die Brahmacarins, die Sadhus, die Pandits, die Swamis und Nagas – kurz, für jede religiöse Gruppierung. Es wird wenig Nahrung zugeteilt – Roggenbrot, gekochte Kartoffeln und jener nie fehlende Linsenbrei, Dhal. Jeder Sadhu muß sich dieses Essen zwei Mal am Tag erbetteln, indem er wegen des Roggenbrots zu einer Chetra, wegen der Kartoffeln zu einer zweiten und wegen des Dhals zu einer dritten läuft. So werden durch die tägliche Erniedrigung der Stolz und die sozialen Konventionen aufgehoben. Nur wenn ein Sadhu erkrankt, darf er auch Milch trinken. An Feiertagen erhalten alle außerdem Süßigkeiten und Früchte. Die Mehrheit der Gläubigen wird während der Saison natürlich von den Yatris beschenkt, und zwar mit neuem Stoff für die gelben Roben, mit Zucker für den Tee und auch mit Nickelmünzen. Diese heben die Sadhus für eine Wallfahrt nach Benares oder Puri auf. Im ganzen Distrikt wird kein einziges Lebewesen getötet, kein Ei gegessen. Im Ganges tummeln sich riesige Fische, die von den Eremiten mit Brotkrumen gefüttert werden. Und doch ist keiner krank oder gebrechlich; es gibt Nagas, die täglich zwanzig Kilometer durch den Wald gehen, Sadhus, die vor dem Morgengrauen aufstehen und bis zum Abend dickleibige Traktate auf Sanskrit lesen. Sie alle leben seit Jahren nach demselben vegetarischen Regime. Allerdings treiben viele von ihnen Hathayoga, wodurch man eine anhaltende Zartheit des Gewebes und eine Elastizität der Knochen erreicht, was die Jugend auf erstaunliche Weise verlängert. Andere kennen bestimmte Wurzeln, welche die Ausscheidung assimilierter Gifte erleichtern und gleichzeitig große Mengen geistiger Energie freisetzen.

Der Basar ist mit allen seiner Art in Nordindien vergleichbar, auch wenn dieser hier sauberer und außerdem gepflastert ist. Man kann Süßigkeiten, Krapfen, Zuckerrohr, Peshawar-Früchte kaufen, aber auch Stoffe, Decken und Messingvasen für die Mönche. Die wohlhabenden Yatris versorgen sich im Basar, bevor sie zum Darshan, dem Besuch der großen Persönlichkeiten in ihren Klausen, aufbrechen, denn die Etikette verlangt, daß sich keiner einem Sadhu mit leeren Händen nähern darf. Selbst die Ärmsten versäumen es nicht, etwas Zucker, Erdnüsse oder Mandeln zu kaufen und sie mit dem üblichen Zeremoniell der Verehrung dem Sadhu zu überreichen. Vor allem in der Frühe ist der Basar pittoresk, wenn die Eremiten in roten und gelben Roben noch vor der Ankunft der ersten Yatri-Konvois aus Hardwar zum Bad hinabsteigen. Affen allerorts, auf den Terrassen, den Dachrinnen, den Straßen. Je höher wir in die Berge kommen, um so wilder, mißgestalteter sind sie, um so besser läßt sich aber auch ihre soziale Organisation beobachten.

Auf dem Basar finden sich die typischen Kuriositäten einer heiligen Stadt des Orients. Ein Mann in roter Kleidung, das Gesicht mit Asche bestrichen, auf der Stirn die Zeichen der Shiva-Sekte, führt einen Tempel mit sich, einen von einem roten Tuch bedeckten Mandir, den er auf einer Stange über den Schultern trägt. Der Mann klingelt mit einer Glocke, ruft Mantras aus, macht vor jeder Auslage halt und nimmt Gaben auf einem Messingteller entgegen.

Ein anderer steht auf der Terrasse und starrt in die Sonne. Möglicherweise ist er blind, da er den ganzen Tag in einer Art optischen Ekstase verbringt, indem er mit weit aufgerissenen Pupillen den feurigen Ball verfolgt. Es gibt viele Nagas, nackte Asketen, die Staub auf ihre Körper streuen und die Haare lang wachsen lassen. Aber in Rishikesh, einem Ort, wo religiöse Überspanntheiten und die mystischen Verfallserscheinungen des Südens fehlen, schätzt man diese Wanderasketen nicht besonders. Keine Form des überspannten religiösen Eifers wird in Rishikesh gern gesehen.

Sadhana bedeutet hier Abgeschiedenheit, Meditation, Reinheit und Ausgeglichenheit. Jeder Weg führt zu Gott, wie mir ein Swami erzählt, aber der sicherste ist zugleich der einfachste. Erst die Ignoranten haben »die Schwierigkeit, Gott zu finden« ersonnen. Warum soll es so schwierig sein, ihn zu finden, wenn er nirgendwo anders ist als in meiner Seele, wenn er doch meine Seele ist? Das meint dieser Swami ...

Im Svarga Ashram

Nachdem der schäumende Ganges die Kais von Lakshmanjula passiert hat – der frische Geruch der Gletscher liegt noch in der Luft –, fließt er, nur zwei Meilen von Rishikesh entfernt, an einem prächtigen Ashram vorbei, der auf seinem linken Ufer liegt. Zuerst siehst du nur den weißen Tempel, Shivas Heiligtum, und einige zwischen Bäumen versteckte Häuschen. Zwischen dem bergigen, vom Dschungel überwucherten Ufer und dem Strand auf der anderen Seite ist der Fluß sehr breit. Am silbernen Strand wandeln des Abends Eremiten. Zwei Boote bringen die Besucher des Ashram an das andere Ufer zurück.

Die Bootsleute sind kräftige, tüchtige Bergbewohner. Sie nehmen kein Bakschisch an, da sie vom Mahant, dem Oberen des Ashram, bezahlt werden. Wenn sich beide Boote auf dem jenseitigen Ufer befinden, mußt du schreien, damit einer von ihnen dich hört und herüberkommt.

Mitten auf dem Wasser ist die Sonnenstrahlung am stärksten. Berge zu beiden Seiten. Der Ganges fließt bedächtig dahin, und im Svarga Ashram läuft das allen indischen Klöstern eigene, gelassene, monotone, meditative Leben ab. Schwarze Felsen groß wie das Ufer, zwischen denen sich das Wasser in kleinen Teichen staut. Der Strand ist von einer Düne voller Kakteen gesäumt. Dahinter beginnt ein Wald: Lianen so dick wie Bäume, manche elastisch, andere rauh und stachelig; die üppige, gewaltige Dschungelvegetation: Moose und Ranken, Sträucher und grüne Kletterpflanzen, die im Wind baumeln. Überall schlängeln sich Lianen, obwohl die Mönche sie immer wieder abschneiden, um Pfade zu bahnen; obwohl jeden Herbst Leute aus Lakshmanjula kommen, um sie als Brennholz zu sammeln. Der Wald ist nicht alt, sondern eher die Vorhut des Hochwaldes auf dem Berg, dennoch dicht bewachsen, voller Eichhörnchen, Schlangen, Pfauen und Wildkatzen. Im Herbst, wenn die Bergquellen versiegen und der Dschungel sich lichtet, kommen die Schakale auf Nahrungssuche bis zu den Mauern der Einsiedelei. Nachts hören wir ihr einsames, erbärmliches Geheul, und je mehr es Herbst wird, um so mehr nähern sie sich. Und in den Höhlen der Umgebung trifft man oft Tiger und Panther, herabgestiegen aus den Pauri-Bergen. Sie schleichen nachts zur Tränke am Fluß, Lichtwesen im Mondschein, furchtlose Herrscher in einer Region, wo kein Mensch tötet.

*

... Ich betrete den Svarga Ashram, um nach einem Swami zu suchen, von dem ich bereits in Delhi gehört habe: Swami Shivananda, seit sieben Jahren hier ansässig. Ich frage nach ihm in einer ayurvedischen Apotheke, und ein kleines, altes Männlein bietet mir an, mich zu ihm zu führen. Das Männlein steht kurz vor der Entsagung; es kam hierher, um den Ort »der letzten Meditation« zu finden. Es beschloß, Familie, Kinder, die Geschäfte zu verlassen, um deretwillen er sein Leben mit sinnloser Arbeit verbrachte und finstere Sünden beging. Der Alte beichtet sein Leben mit unvermuteter Offenheit, verdeutlicht mir seinen Pessimismus mit reizenden Anekdoten aus dem Intimleben und schließt mit der Feststellung, die Familie stelle eine Mystifizierung dar und die Gesellschaft sei voller Sünden. In seiner Jugend ist er viel durch Persien, Afghanistan und Arabien gereist und hat überall die Sitten des jeweiligen Landes angenommen, indem er zum Beispiel Hammelfleisch aß, sich kräftig betrank und (nach arabischer Sitte) mit drei Frauen in der Nacht schlief. In Basra traf er sogar auf rumänische Prostituierte. Diese Vergangenheit, die jetzt in seiner bekehrten Seele wieder aufersteht, bringt ihn zum Weinen. Wir bleiben stehen, damit er sich beruhigen kann. Eine Horde Affen steigt aus den Bäumen und umzingelt uns in Erwartung, daß wir ihnen Erdnüsse geben wollen ...

Wir treffen Swami Shivananda in seinem Kutiar (kleine Einsiedelei) am Ufer des Ganges in der Begleitung eines imposanten Mannes mit feurigen Augen, der an Rudolf Steiner erinnert. Dieser heißt Swami Advaitananda, hat in London seinen Doktor in Jura gemacht, ist durch Europa gereist und hat viel gelesen. Er hatte eine beneidenswerte gesellschaftliche Stellung erreicht, als er alles stehen- und liegenließ, um sich für den Rest seines Lebens der Meditation in der Einöde des Himalaya zu widmen. Swami Shivananda, ein Südinder, ist groß, breitschultrig, dunkelhäutig, praktiziert das vedantische Sadhana und ist glücklich wie ein Franziskaner. Fröhlich wie er war, gewann er die Freundschaft der »wichtigsten« Europäer Singapurs, wo er zehn Jahre lang als Arzt tätig war. Als er 35 Jahren alt war, starben seine Ehefrau und ein Kind. In dem Augenblick gab er alles auf. Er brach zu Fuß auf, schlief am Straßenrand, aß aus dem Abfall, bettelte sich von Haus zu Haus – und das von Singapur bis zum Himalaya. Zwei Jahre lang war er krank (Rheumatismus und Malaria), heilte sich aber durch Yoga. Nun ist er glücklich, denn für ihn existieren weder Schmerz noch Tod und Abschied, denn jeder Dualismus ist nur Schein, und die einzige Realität ist Atman-Brahman, die Seele, das Eine und Selbe im Menschen und im Universum. Das ist ein altes Leitmotiv aus den Upanischaden, doch es überrascht mich, es in der Seele eines Wissenschaftlers aus dem 20. Jahrhundert verwirklicht zu finden.

Der dritte Swami mit ruhmreicher gesellschaftlicher Vergangenheit ist Swami Narayan, der in einem Kutiar aus weißem Gestein gleich neben dem Tempel wohnt. Er war Richter in Gwalior. Fünf Jahre vor der Pensionierung – seine Rente wäre erwartungsgemäß sehr hoch gewesen – verzichtete er auf alles und kam nach Rishikesh. Er warf seine Kleider fort, behielt nur einen Lendenschurz und wanderte trotz des Frostes im Januar bis nach Badrinath, in das Gebiet des ewigen Schnees. Er schläft auf dem Holzboden, wacht vor Sonnenaufgang auf, badet im Ganges und vertieft sich in das Sadhana.

Niemand weiß, welchen Weg Swami Narayan erwählt hat, denn er ist an ein Gelöbnis des Schweigens gebunden, und das einzige Wort, das er ausspricht, ist »OM!«, ein Gruß, den er an jeden richtet und mit dem er Gott ehrt, den er in jedem Menschen sieht.

Swami Advaitananda ist froh, mich getroffen zu haben, denn er kann mir eine ausgeklügelte Parallele zwischen Bergson und Bradley auf der einen und Shankara auf der anderen Seite erörtern. Swamiji ist mit fast der gesamten zeitgenössischen Philosophie vertraut, die er in englischen Übersetzungen liest. Von den Praktiken und der Ergebenheit der meisten anderen Eremiten hält er nichts, da er meint, daß allein die metaphysische, *reale* Erkenntnis zur Erlösung des Menschen führt.

Swami Shivananda reicht mir Früchte auf einem Aluminiumteller. Sein Kutiar: eine Kammer inmitten eines Gartens mit einem Bett, einem Regal mit Vasen darauf, einigen Leoparden- und Tigerfellen und zwei Kisten mit Büchern.

So schlicht und banal die Themen unserer Unterhaltung manchmal auch sind, man entnimmt den Worten des Swami immer eine geistige Tiefe, die sich auf allen Ebenen und in allen Ratschlägen manifestiert. Es kommt fast einem Magnetismus, einer Magie gleich, denn die Augen des Yoga-Eingeweihten erhalten einen metallischen, hypnotischen Glanz, einen Blick, den man nicht genau orten kann, der aber statisch, kalt, dominant wirkt. Wie alle im Svarga Ashram verachtet auch Swamiji die yogischen »Kräfte«, jene im abergläubischen Westen so viel diskutierten, streitbaren okkultistischen Demonstrationen. Ihr Yoga ist für sie eine Disziplin, die nur für den eigenen Gebrauch bestimmt ist, Reinigungskur des Körpers und Ordnungsagent im Chaos des Mentalen, unbefleckte, mächtige Stütze für Konzentrationsübungen, für Meditation und *samadhi* (Trance). Und je besser diese Disziplin verinnerlicht wird, um so schweigsamer, zurückgezogener wird der Praktikant. Nach Jahren der Ausübung verlangt Sadhana schließlich, daß er jede Form von Gesellschaft hinter sich läßt – der Eremit zieht sich in die Berge Tibets zurück. Die Höhlen in dieser Gegend sind bevölkert mit Mönchen, die sich von Wurzeln ernähren und ihre Tage in für Außenstehende nicht beschreibbarer Meditation verbringen, die vielleicht pure Selbsttäuschung sein mag – wie vor allem wir Europäer gerne glauben möchten –, aber auch eine Form reinster Konzentration, statischer Ekstase und metaphysischer Erkenntnis sein kann, etwas, was im Abendland seit dem alexandrinischen Zeitalter verlorenging[33].

Swami Purnananda aus Rishikesh schläft beispielsweise nie. In der Nacht arbeitet und meditiert er, am Tag gibt er seinen Lehrlingen Unterricht in Sanskrit und Religionsphilosophie. Von Mitternacht bis kurz vor Sonnenaufgang verharrt er in einer seltsamen Position, in gewisser Weise einer yogischen Trance, durch die man angeblich prophetische Fähigkeiten (Clairevoyance, Claireaudience) erlangt; doch darüber weiß ich nichts Genaues. Sicher ist nur, daß die Trance lediglich zwei Stunden dauert, und nach dem

33 Siehe auch mein Buch *Yoga. Essai sur les origines de la mystique indienne,* Paris 1936 – M.E.

Rhythmus der Atmung zu schließen, kann man sie kaum als schlafenden Zustand beschreiben.

Als der Swami schließlich zum normalen Bewußtsein zurückfindet, stellt sich heraus, daß er die Lösungen für die von seinen Schülern gestellten philosophischen Fragen, aber auch für die schlichten Probleme des Alltags gefunden hat.

Die Zeit des Aufwachens wird von den Glocken angekündigt, deren Läuten auf dem ganzen Ufer erschallt. Es sind die Glocken der Tempel – blinde Wächter in der Nacht –, die das Zeichen zur Meditation geben. Man sagt, daß zu dieser Stunde, da jedes Wesen schläft, Krishna aus dem Himmel herabsteigt, um den Armen Almosen zu geben, die Bedrückten zu trösten, die Schwachen zu schützen. In der übrigen Zeit tragen die Menschen und die Götter Sorge für die Erde, aber um drei Uhr nachts hat alle der Schlaf übermannt. Deswegen kommt Krishna ungesehen, in aller Bescheidenheit, und beschenkt die Armen.

Und die Mönche sind die Armen Gottes, und ihr Gebet oder ihre Meditation vor dem Sonnenaufgang ist besonders segensreich ...

*

Mein erster Sonnenaufgang im Svarga Ashram. Ich suche zusammen mit Swamiji den Klostervorsteher (Mahant) auf. Der Ganges fließt blutig, die Berge glänzen purpurn. Ein obskures Licht fällt auf dieses himalayische Tal am Rande der Welt.

Da ich mich entschieden habe, den Winter in dieser Klause zu verbringen, muß ich den Mahant um Erlaubnis fragen. Er willigt großzügig ein, ohne mich nach meiner Religion, meiner Nationalität oder meinem Besitz zu fragen. Ich muß allerdings das Gesetz der Einsiedelei achten, und das heißt, ich muß die europäische Kleidung ablegen, den Körper mit einer gelben Robe bedecken oder mit zwei langen, weißen Stoffstreifen umwickeln (das Zeichen des Studenten, des Brahmacarins), muß in Sandalen laufen und vegetarisch leben. Ich mache all dies mit Freude, denn meiner europäischen Kleidung, die alle Blicke auf sich zieht, bin ich überdrüssig, ebenso wie meiner Pantoffeln, die ich an jeder Tür ausziehen muß, sie wieder anziehen muß, um den Hof zu überqueren, und sie vor dem Heiligtum wieder abstreifen muß.

Am nächsten Tag wird mir mein Gepäck aus Rishikesh gebracht. Ich habe mein vom Mahant zugewiesenes Kutiar mit dem Besen gesäubert – es ist eine einsame Zelle mit betoniertem Eingang, einem Holzbett und einer Lampe –, habe meine Kleider für eine lange Zeit weggepackt und bin, die Stoffstreifen um mich gewickelt, zum Ufer hinuntergegangen, um im Ganges zu baden. Zwanzig Schritte hinter den Felsen der Ganges, der ewig strömende Ganges. Grünes, kaltes Wasser, mit dem starken Geruch des Schnees.

*

... Zwei Monate sind vergangen, seit ich mich im Svarga Ashram niedergelassen habe. Ich habe viele neue Dinge erfahren und hätte noch vieles zu berichten. Aber ich habe niemanden getroffen, der mir sagen konnte, wo *Agarttha* liegt ...

Das Leben der Eremiten im Svarga Ashram

... Zum zweiten Mal läuten die Glocken. Es ist früh am Morgen, aber man sieht die Sonne nicht, weil sie auf der anderen Seite der Berge aufgeht. Krähen und Pfauen – einsilbiges Krächzen und jener metallischscharfe Weckruf wilder Pfauen. Die Kälte und Frische des Dschungels nach dem Wind der Nacht. Der Ganges mit dem Duft geschmolzener Schneemassen.

In ihren orangenen Roben gehen die Eremiten zur Waschung hinunter. Sie tauchen ein paar Mal vollständig ein, wobei sie Ohren und Nase zuhalten und Mantras murmeln. Danach waschen sie ihre Roben, breiten sie auf den Felsen zum Trocknen aus und ziehen sich in ihre Kutiars zurück. Man sieht sie erst wieder, wenn das Klopfen der Chetra zu hören ist, und dann machen sie sich barfüßig oder in Holzsandalen auf, um mit einem Messingteller ihr Essen zu erbetteln. Wie alle Inder essen sie mit den Fingern, sprechen dabei nicht und benützen ausschließlich die rechte Hand, denn die Nahrungsaufnahme ist eine Opfergabe für die Götter im eigenen Körper und somit eher ein Ritual. Die linke Hand stützt sich auf den Boden; man hält es in ganz Indien für eine große Unhöflichkeit, wenn ein Gast während der Mahlzeit etwas mit der linken Hand berührt. Die Reste werden weggeworfen oder den Kühen gegeben; niemand darf Nahrungsreste anfassen. Nach der Mahlzeit gehen die Eremiten wieder zum Fluß hinunter und waschen ihr Gesicht, den Mund und die Hände. Es gibt wohl kaum ein saubereres Volk als die Inder. Man hält das Bad hier nicht für etwas Notwendiges, sondern für etwas absolut Unverzichtbares. Die Mehrheit der Menschen hier nimmt täglich zwei Bäder. Außerdem waschen sie sich die Hände und das Gesicht sorgfältig vor und nach den Mahlzeiten und wiederholen nach jedem unreinen Akt – welcher Art auch immer – die Morgenwaschungen.

Sicher, es gibt unter den »Orthodoxen« solche, die dieses Ritual übertreiben. Sie baden und wechseln ihre Kleidung nach jedem Kontakt mit Fremden und sind nur bereit, mit Männern aus der eigenen Kaste zu essen. Wenn sie auf der Straße auch nur der *Schatten* eines Shudras (Nichtarier) streift, machen sie kehrt und baden sofort, da sie sich für unrein halten.

Der Svarga Ashram ähnelt jenem Kloster Rabelais', wo »jeder tun kann, was er will«. Nicht einmal die religiösen Dienste im Shiva-Tempel, wo allabendlich Girlanden aus roten Blumen geflochten werden, sind obligatorisch. Hundertdreißig Sadhus wohnen hier, aber zum Tempel kommen nie mehr als zwei bis drei. Nichts ist für den obligatorisch, der endgültig den weltlichen Pflichten entsagt hat. Ihr Gott ist derselbe, aber jeder nennt ihn nach seinem Gutdünken. Die einen geben ihm den Namen Narayana, die anderen Shiva, wieder andere Shankara, und es gibt bestimmte Sadhus, die sich mit dem immergleichen Mantra begnügen – »OM« –, das die unsagbare Gegenwart des Göttlichen symbolisiert. Wenn sie sich treffen, lautet der Gruß immer gleich: *»OM! Namo Narayana!«* (»OM! Ehre Narayana!«). Wenn sie aber erfahren, daß jemand Gott unter dem Namen Shankara anbetet, so begrüßen sie ihn mit dem Ausruf: *»Shankara! Shankara!«*

Mein Naga (nackter Asket) stammt aus Punjab. Er ist kräftig gebaut, ein schöner Mann, der die Ausstrahlung eines Heiligen besitzt und sich weder in Theologie noch in Moral oder Metaphysik, ja nicht einmal in Sanskrit auskennt, mir aber sagt, daß Gott wirklich kleinlich wäre, wenn er sich nur denjenigen offenbaren würde, die Sanskrit verstehen. Mein Naga praktiziert keine aggressive Form der Askese, sondern beschränkt sich mit einer naturhaft anmutenden Kargheit, indem er seine Tage mit der Lektüre jener riesigen *Bhagavata-Purana* und der Wiederholung des immergleichen Wortes »Shankara« verbringt. Als ich mich nach der Möglichkeit der Erlösung seiner Seele erkundige, antwortet er, daß allein die Aussprache des göttlichen Namens genüge, um erlöst zu werden. In der Nacht praktiziert er allerdings das Yoga des Atman *(pranayama)*, und er hat mich schon oft in seine Hütte eingeladen, um mir diese furchteinflößende Technik beizubringen, durch die man den Zustand der Bewußtseinsklarheit in traumlosen Schlaf, ja sogar in Katalepsie überführen kann. Seine Methode folgt der wohlbekannten Hathayoga-Schule, wie sie im Himalaya und in ganz Tibet angewandt wird. Er verstopft seine Ohren mit Wachs, nimmt eine stabile Position ein *(asana)*, indem er die Beine kreuzt, die Wirbelsäule senkrecht hält (damit der Sakralplexus, der Prostataplexus, der Pharyngealplexus zusammen mit dem solaren, dem kardialen und dem kavernösen Plexus auf einer Geraden liegen, die bei dem *muladhara* beginnt und bei dem *sahasrara* endet), hält die Hände ruhig auf den Knien und richtet seinen Blick auf jenen »subtilen Plexus« *(ajna-cakra)*, der sich zwischen den Augenbrauen und dem Siebbein befindet. Nachdem er so den notwendigen Grad an Konzentration erlangt hat (*pratyahara*, d.h. die Aufhebung der peripheren Aktivität der Sinnesorgane), saturiert er das Bewußtsein durch die ständige Wiederholung des OM-Mantras und läßt den Atemrhythmus immer langsamer werden, indem er in immer längeren Zeitabständen ein- und ausatmet, so lange, bis dieser Abstand bei vier Sekunden liegt. Der Körper verfällt in eine rigide, manchmal kataleptische Starrheit. Nach dem Rhythmus der Atmung zu schließen, schläft der Asket jetzt, und zwar in dem Sinne, daß alle sensorische und mentale Aktivität eingestellt ist. In diesem von den Grenzen des wachen, alltäglichen Bewußtseins befreiten Zustand erforscht der Naga die unzugängliche Sphäre des Schlafs. Die *pranayama*-Technik hat im übrigen keinen anderen Zweck als den, das klare Bewußtsein in solche Zonen zu überführen, die üblicherweise unter- oder unbewußt sind.[34]

Auch als ich seine Hütte verlasse, behält der Naga diese statuenähnliche Haltung bei. Kein Muskel zuckt. Man kann die Phasen der geregelten Atmung genau beobachten: Zuerst ist die Anschwellung der unteren Seite des Brustkorbes durch die Anziehung des Zwerchfells zu sehen, dann die Anschwellung der Medianebene durch die Anhebung des Brustbeins und schließlich die Anschwellung der oberen Partie durch die Biegung des thorakalen Bogens – so, wie es in jedem Hathayoga-Traktat beschrieben ist.

*

... Die Freiheit der Eremiten bedeutet nicht nur das Befreitsein von den allgemeinen religiösen Praktiken, sondern betrifft jeden Aspekt des persönlichen Verhaltens. Jeder kann tun und lassen, was er will, anbeten, was ihm gefällt; und jeder respektiert den Glauben des anderen. Niemand legt die absolute Haltung des Europäers an den Tag, welcher meint, daß er allein den wahren Gott gefunden habe und jeder andere ein Häretiker sei. Niemand versucht, einen anderen zu bekehren (das Bekehren – der semitische Aberglaube des intoleranten und proselytischen Monotheismus). Ihre Diskussionen drehen sich um Brahma, den Einen, den immanenten und doch transzendenten Gott (transzendent deswegen, weil er unwandelbar ist, keine Qualitäten hat und nicht über Relationen definiert werden kann). Ihre heiligen Bücher sind die Bhagavad-Gita, die Upanischaden, die *Imitation Chri-*

34 Siehe Fußnote 11, S. 118.

sti, die Brahma-Sutra mit Shankaras Kommentar und die Yoga-Sutra mit Patanjalis Kommentar. Aber sie lesen nicht den ganzen Tag, sondern meditieren, praktizieren und setzen die in diesen Schriften offenbarte Weisheit in die Tat um. Sie bleiben fast den ganzen Tag in ihren Kutiars und beten. Aber ihr Gebet ist nicht immer eins der Hingabe im christlichen Sinne, sondern eher eine geistige Übung, innere Reinigung und metaphysische Athletik. Natürlich, nicht alle sind Philosophen, aber fast alle besitzen ihre eigenen Denkmittel. Manchmal bewegt sich ihr Denken in mediokrem, einfältigem und bescheidenem Rahmen und folgt dem buchstäblichen Sinn der Gita und der religiösen Volksliteratur, die bis zum Überdruß das ständig gleiche Leitmotiv der fundamentalen Identität Atman-Brahman wiederholt. Diskussionen mit solchen Sadhus sind ermüdend und fruchtlos, doch kann niemand genau sagen, wieweit sie jene banale Wahrheit verstanden und bis zu welchem Punkt ihr »Dogma« bloß eine leere Formel darstellt.

Doch was wirklich überrascht, ist zweifelsohne ihre Aufrichtigkeit und grenzenlose Toleranz gegenüber jeder Glaubensform, woher sie auch stammt. Selbst die durchschnittlichsten Sadhus sind begierig, etwas über Jesus Christus, den heiligen Franziskus, über Kabir, Guru Nanak[35] und jeden anderen »Guru« (wie sie die Auserwählten nennen) zu hören. Sobald ich mich im Ashram niedergelassen hatte, kamen sie, um mich auszufragen; und die Geschichten über Pater Lorenzo (aus den franziskanischen *Fioretti*) sowie einige fromme mittelalterliche Legenden gefielen ihnen so gut, daß sie mich baten, diese Geschichten jeden Tag zu wiederholen. Sie halten Jesus Christus für Gottes

35 *Guru Nanak* (1469-1539): erster spiritueller Lehrmeister der Sikhs.

Sohn und nennen ihn »Lord Jesus«, so wie sie es von den Missionaren gehört haben. Das hindert sie allerdings nicht daran, Buddha, Krishna und andere Propheten auf eine Stufe mit Christus zu stellen. Sie können keine geographischen Grenzen und Gebiete akzeptieren, welche die Manifestationen des Göttlichen einschränken. Selbst in den einfachsten metaphysischen Aussagen wirkt ihr pantheistischer Geist nach. Doch die Resultate dieser Haltung sind ergreifend. Ein alter Sadhu, unübertroffener Meister sanskritischer Rede, hatte mich am ersten Tag unseres Treffens umarmt und weinend zu mir gesagt: »Wir sind alle eins!« Jene unerträgliche Neugier des Europäers für den Kult ist ihnen unbekannt. Niemand hat mich bisher gefragt, ob ich protestantischer, anglikanischer oder orthodoxer Konfession sei. Einmal wollte ich einen Swami provozieren und fragte ihn, ob man, um Gott zu erkennen, eine Einweihung in den Hinduismus benötige. Diese Frage verwunderte ihn sehr, und er entgegnete, eine Bekehrung sei nicht nötig. Wenn ich den Hinduismus liebe, könne ich dessen Ideale annehmen; mehr nicht. Allerdings, so fügte er hinzu, könne es nur eines bedeuten, wenn meine Liebe zum Hinduismus wahrhaftig sei: In meinem früheren Leben müsse ich ein Inder gewesen sein ...

Sie sagen: »Wir sind alle eins!« Wichtiger ist noch, daß sie diese Behauptung ständig in die Tat umsetzen. Sie helfen sich gegenseitig, entsagen den Interessen der eigenen Person zugunsten derer ihrer Freunde und praktizieren Seva (Dienst). Ein älterer Swami ist hier bekannt für sein vorbildliches Verhalten. Nie arbeitet er für sich, obwohl er Tag und Nacht wie ein Sklave schuftet. Er wäscht die Kutiars der Nachbarn, die Wäsche der Kranken, kocht für alle Tee, zündet die Lampen an, überbringt jedem Botschaften und ist von einer beinahe franziskanisch anmutenden Bescheidenheit und Demut. Einige Tage nach meiner Ankunft im Ashram kam er und pflanzte einen Strauch voller Knospen vor meinem Fenster, damit meine Augen morgens beim Aufstehen von diesen Blumen erfreut würden.

Einmal begleitete ich eine Miss, die zum Besuch im Svarga Ashram war, nach Brahmapuri, einige Meilen den Ganges aufwärts. Dort gibt es viele Höhlen, und in einer davon trafen wir einen Sadhu aus Malabar, bei dem man nicht wußte, was man zuerst bewundern sollte: seine Gelehrsamkeit oder seine Frömmigkeit. Wir setzten uns auf den kalten Sand der Höhle, und obwohl wir gekommen waren, um von ihm zu lernen, begann er damit, uns Fragen zu stellen. Er zeigte uns Augustins Bekenntnisse und fragte die Miss, ob sie *The Imitation of Christ* gelesen hätte. Als sie verneinte, riet er ihr gütig: »Lies es, Mutter, denn es ist eines der größten Bücher, die auf dieser Erde geschrieben wurden« ... Da mußte ich einmal mehr erröten und mich für die Arroganz und die Verbrechen der Weißen schämen, die gekommen sind, um Asien zu bekehren.

Die Höhlen von Brahmapuri

... Es war im Oktober; warme Tage, der dichte Dschungel, grüne Wasserfälle, die schäumend von den Felsen herab ins enge Flußbett des Ganges stürzten. Ich ging mit Swami Shivananda und einem anderen Sadhu, Dayananda genannt, frühmorgens auf einem von Sträuchern überwucherten Pfad entlang des Nordufers Richtung Lakshmanjula los. Wir hatten die Hängebrücke über den Kais passiert, wo der Ganges blau aufschäumt, und drangen, nachdem wir oben auf dem Plateau eine Blumenwiese überquert hatten, tief in den Dschungel ein. Der Pfad verlor sich unter üppig wachsenden Gräsern, unter kriechenden Lianen, die am Ufer verwurzelt waren und deren Ranken tief ins Dickicht reichten. Lianen, diese feuchten, lebendigen, empfindlichen Seile, die stöhnen, wenn man mit dem Fuß auf sie tritt, und die sich wie Regenwürmer unter der Sohle winden. Nur selten spiegelte sich die Sonne in den grünen, dunklen Blättern; manchmal konnte ich sie über den Wipfeln unbekannter Bäume erblicken, wenn sich hier und da der Himmel in blauen Scherben auftat: ein am Horizont der Täuschungen schwebender lodernder Gott. Der Pfad schlängelte sich mal durch die Felsbrocken eines ausgetrockneten Flußbetts, mal zwischen herabgestürzten Baumstämmen – Riesen auf grünem Leichentuch – hindurch. Der Pflanzentod hinterließ nicht das bedrückende Gefühl eines Herbstanfangs, sondern war ein Geschenk aus der Fülle des Lebens, eine Freude der ständig im Wandel begriffenen Materie, war Palingenese und Opfer – war Tanz. Und mich verzauberte die Magie dieses ewigen Rhythmus; ich vernahm die Lockungen blaublütiger Stengel und mir schlugen intensive Düfte entgegen. Unser Gang war der des vom Dschungel benommenen Menschen, unser Atmen vom Honig eines unbekannten Geruchs betäubt. Nach diesem Babylon der Düfte und Formen war der Bambuswald eine wahre Oase der Bescheidenheit. Der Blätterteppich war hier spärlich und trocken, und die Zweige des Bambus stachen in die Höhe, ohne jede Phantasie, so daß sie wie ein improvisiertes, riesiges Zelt wirkten, durch dessen Tuch das Licht zart gefiltert wurde – ein Licht, sanft wie ein August in England. Auch wir gingen gemächlicher, jeder in seinen Gedanken versunken, besänftigt und zugleich bestärkt durch die schlichte Gestalt der Bambusstämme.

Als erstes erreichten wir die Höhle eines Brahmacarins, eines älteren, halbnackten Mannes, der sich ein seltsames Anwesen geschaffen hatte, mit Bananen, Orangen und Bhang-Stauden (Hanf), deren gekochte oder in einem Huka aus Holz geräucherte Blätter eine Art Schläfrigkeit bewirken und die bei den Sadhus sehr begehrt sind, weil sie angeblich die geistige Konzentration fördern und die Meditation vereinfachen. Der Brahmacarin gab uns Bananen und Zitronen und zeigte uns seine Beete mit Heilpflanzen, für die ich mich besonders interessierte. Ich wußte bereits von einer Pflanze, die eine unglaubliche innere Hitze erzeugt und die auch Swami Narayan verwendete, jener Naga, der vor vielen Jahren das Gelübde des Schweigens abgelegt hatte und nur mit einem Lendenschurz bekleidet einer eisigen Kälte widerstehen konnte. Gerade erst auf dem Weg nach Brahmapuri hatten mir meine Führer bestimmte Wurzelknollen gezeigt, welche die Einsiedler als Nahrung und Tonikum verwenden. Diese Knollen heißen »die Frucht der Rishis«, doch während ein gewöhnlicher Swami nur eine Art kennt, sind andere mit fünfzehn, sechzehn Sorten vertraut, darunter auch solche, die Zauberkräfte besitzen. Man kann deren Geheimnis schwer vermitteln, und die Erprobung auf eigene Faust ist gefährlich, da die Mehrheit der Wurzelknollen giftig ist. Der nepalesische Brahmacarin zeigte mir jedoch eine Anpflanzung von »Buddha-Blättern«, einer zwergwüchsigen Pflanze mit kleinen, runden Blättern, die nach Medizin schmecken. Diese Pflanze wird gerühmt, die Nervenfasern zu stärken. Ermüdung, Konzentrationsschwierigkeiten und selbst einige Krankheiten, die das

Gehirn beeinträchtigen, werden vom »Buddha-Blatt« erfolgreich bekämpft. In der Ayur-Veda-Pharmazeutik ist sie seit Jahrtausenden bekannt, und vor kurzem wurde sie von den Bengal-Pharmaceutical-Works in Kalkutta ins Programm aufgenommen.

Danach zeigte mir der Brahmacarin einen Strauch, dessen Saft Skorpionbisse heilt, eine Canabis-Sorte, die ähnlich wie Opium wirkt, und außerdem noch zahlreiche andere in der ayurvedischen Medizin verwendete Pflanzen und Insekten. (In jener Nacht in der Hütte von Brahmapuri machte ich viele Notizen über die Geheimnisse der botanischen und pharmazeutischen Kenntnisse der Himalaya-Einsiedler. Viele der gepflückten Pflanzen konnte ich privat oder im Krankenhaus von Lakshmanjula untersuchen. Einmal nahm ich etwas Bhang und erinnere mich, eine Nacht im Rausch verlebt zu haben; mein Raumgefühl veränderte sich, und ich fühlte mich so leicht, daß ich jedesmal, wenn ich mich umdrehen wollte, aus dem Bett fiel ... Die Bhang-Pflanze besitzt die interessante Eigenschaft, jeden Gedanken, den man gerade hat, zu fokussieren und zu vertiefen. Wenn dieser Gedanke religiöser Natur ist – wovon man ja ausgeht –, kann man natürlich eine vollkommene Meditation erreichen. An jenem Abend hatte ich jedoch mit einem Besucher des Ashram eine Diskussion über Literatur geführt, und so hatte ich nur Alpträume ...)

Später stiegen wir zum Gangesufer hinab, um nach der Höhle eines Naga, eines nackten Asketen, zu suchen. Wir mußten auf sonnigen Felsen herumklettern, wo große Eidechsen und Sandschlangen sich wärmten, bis wir am Ufer den Fels mit der Höhle des Einsiedlers entdeckten. Die Sonne brannte unerbittlich auf uns herab. Wir kletterten über improvisierte Stufen hinauf und klammerten uns dabei an ein Seil, das bis zur

Höhle hochführte. Dort angekommen, begannen wir »OM! OM! Namo Narayana!« zu rufen. Der Asket öffnete das Holzfenster. Er war recht jung, bleich von den vielen Entsagungen, erschöpft von der glühenden Hitze in der Höhle. Das Licht verwirrte ihn. Völlig nackt, die Haare an der Stirn zusammengebunden, trat er vor den Eingang, um uns zu begrüßen.

Mein Führer sagte mir, daß die Höhle voller Schlangen sei. Ich begann, den Asket auf Sanskrit zu befragen, und erfuhr, daß er ein Pandit gewesen war und jetzt den Kommentar von Vachaspati über die *Vedanta-Sutra-Bhashya* von Shankaracharya las[36]. Zwar beherrschte er das Sanskrit nicht perfekt, aber er zeigte mir Bücher und Manuskripte, unter anderem einen Kalidasa[37] mit einem Kommentar von Malinatha in wunderbarer Kopiatur mit schwarzer und roter Tinte. Seine Stimme war gedämpft, die Augen matt von der Dunkelheit. Er staunte darüber, daß ich von so weit herkam, lehnte eine philosophische Diskussion jedoch ab, entweder weil er mich für einen Mleccha (Barbar) hielt oder weil ihn das Reden zu sehr anstrengte. Wir stiegen wieder hinab, völlig verschwitzt und von der Hitze erschlagen. Der Ganges wälzte sich durch die Felsen und erstrahlte in einem Blau von wunderbar lebendigem Glanz. Wir gingen am Strand entlang, der von gigantischen Felsen durchfurcht war. Unsere kleine Gruppe hinterließ wohl die ersten menschlichen Spuren im Sand, der sonst nur von Affen bevölkert war, die zur Tränke ans Ufer kamen ...

Wir erreichten Brahmapuri. Eine einzige Hütte aus Bambusschilf, auf festem, steinigem Grund errichtet,

---

36 *Shankaracharya* (ca. 9. Jahrh.): hinduistischer Philosoph, Dichter. Bedeutender Kommentator der Vedanta-sutra.

37 *Kalidasa* (4.–5. Jahrh.): einer der größten Dichter und Dramaturgen Indiens, Verfasser des Poems Shakuntala.

von zwei Bächen umflossen. Der hier hausende Swami sprach perfekt Bengali, da sein spiritueller Meister ein Bengale gewesen war, der in dieser Gegend des Himalaya zur Einsiedelei fand. Ich ruhte mich auf den Matten am Eingang unter dem Schatten riesiger Bäume aus und hörte ihm zu. Auf der Bananenplantage arbeiteten vier Männer aus Lakshmanjula, und das gesamte Anwesen, eine unwirkliche Oase im Herzen des Dschungels, erinnerte mich stark an die Landschaften Ceylons mit den halbnackten Singhalesen auf den Gummibaumplantagen.

Ein Herde aschgrauer Affen mit weißen Gesichtern lebte genau hinter der Hütte, und den Swami kostete es allergrößte Mühe, seine Pflanzungen zu schützen. Zu diesem Zweck breitete er tagsüber Leopardenfelle auf Bambusstämmen aus. Dann geriet der ganze Trupp in Panik, heulte, brüllte und suchte schleunigst die Wipfel der Bäume auf, sprang von Zweig zu Zweig, begleitet vom peitschenden Geräusch der Blätter; oder sie ringelten die Schwänze um die Äste und schwangen zwischen den Lianen. Nirgends sonst habe ich so viele und so wilde Affen gesehen. Das Schauspiel war um so spannender, als ich mich aus den Wipfeln beobachtet fühlte: In jedem Augenblick konnte ich von Früchten und Zweigen getroffen werden, die der Anführer der Herde herabschleuderte, ein Männchen mit tollwütigem Blick, das sich immer erst als letzter zurückzog.

Der Swami erzählte mir, daß auch er die Affen seit Monaten beobachtete und sich über ihre unendliche Vitalität selbst wundern mußte. Die Affenmännchen lebten in ständiger Bewegung, mit schwindelerregenden Sprüngen und verschwenderisch vielen Liebesabenteuern. Dennoch und trotz der Tatsache, daß sie nur selten und sehr wenig fraßen, waren sie in keinster

Weise schwächlich, sondern erfreuten sich derselben Lebenserwartung wie ein Mensch. Der Swami glaubte, daß diese vulkanische Vitalität auf einige Pflanzenwurzeln zurückging, die nur die Affen kannten, und er erzählte, daß auch die Einsiedler zufällig einige dieser Knollenarten entdeckt hatten. Er selbst ging jedoch wissenschaftlich vor: Er achtete darauf, welche Pflanzen und Wurzeln bestimmte Affen fraßen, und beobachtete dann tagelang ihr Verhalten. Diese Methode barg viele Gefahren, aber er war sich sicher, in einigen wenigen Jahren die Wunderpflanze gefunden zu haben ... Diese Anwendung von positiver Wissenschaft inmitten des Dschungels überraschte mich, denn meistens ignorieren die Eremiten die Schönheiten der Natur und deren Gesetze. Ihnen ist alles gleichgültig, was nicht das Absolute, die Metaphysik und die Physik der Erlösung betrifft.

Unser Gastgeber machte Feuer, um Brot zu backen und Gemüse zu kochen. Wir gingen inzwischen zum Gangesufer hinunter, um die Höhlen zu besichtigen. Kleine, im Fels versteckte Grotten, die zufällig durch den Einsturz des Ufergesteins entstanden waren. Wir stießen auf die beschaulichste, geräumigste aller Höhlen, eine echte Einsiedlerklause, in der sechs Monate lang Swami Ramthirtha, jener unvergleichliche spirituelle Meister Indiens, gehaust hatte. Nachdem wir unter Mühe in das Innere vorgedrungen waren, setzten wir uns auf den kalten Höhlenboden. Hier trafen wir auch den alten Sadhu aus Malabar wieder, der bei einer anderen Gelegenheit eine Christin gefragt hatte, ob sie *The Imitation of Christ* gelesen habe.

Der Swami war gerade von den Gipfeln des ewigen Schnees herabgestiegen. Acht Monate lang hatte er niemanden gesehen außer den drei minderjährigen Brahmacarins, denen er Sanskrit und Philosophie beigebracht hatte. Ich war der erste »aus der Welt«. Er fragte mich, ob der König und Gandhi noch lebten. Ich sagte ihm, daß M.S. noch lebte, Gandhi aber im Gefängnis saß. Der Einsiedler begann zuerst zu weinen, doch dann lachte er. Es war ein seltsames, aufrichtiges Lachen. Die Geheimnisse der Abgeschiedenheit ...

Wir bestiegen noch viele Felsen. Der Sand brannte unter den Füßen, die Eidechsen suchten sofort das Weite, wenn sie unsere Schritte hörten, und der Ganges floß schäumend dahin. Auf beiden Ufern wucherte der Dschungel. Von irgendwoher wehten glühende Düfte zu uns herüber. Wie mir der Swamiji sagte, wußte niemand, woher sie stammten; eines Tages waren sie plötzlich dagewesen, gleich nachdem Swami Ramthirtha in den Fluten des Ganges umgekommen war. Die Buße des Flusses vielleicht ...?

Die Schwarze Kobra

... Im Oktober war die Saison der Wallfahrten nach Hardwar, Rishikesh und Svarga Ashram. Täglich kamen viele Gruppen aus ganz Indien zum Ashram, um die vollkommensten Sadhus zu besuchen und ihnen Geschenke zu überreichen. Bei den Indern, selbst bei den Agnostikern und Atheisten unter ihnen, besteht die Sitte, mit der Familie die religiösen Zentren aufzusuchen und um Ratschläge zu bitten oder die Vedanta-Meister nach den Geheimnissen des inneren Gottes zu befragen. So breiten sich Ideen und Reformen in ganz Indien wie eine umfassende geistige Osmose aus; Gedanken, die in den Einsiedeleien des Himalaya ihren Ausgang nehmen und eine Provinz nach der anderen durchwandern, bis zum Kap Komorin oder dem

Dschungel Asam. Auf diese Weise werden der Name eines Heiligen und die Quintessenz seiner Lehren verbreitet, und die Jünger strömen ohne weitere Propaganda oder Anwerbung von überall herbei. Je zurückgezogener ein Sadhu lebt, um so heller erstrahlt seine Persönlichkeit in Indien, diesem noch verzauberten Drachen. Für einen Hindu, der sein Leben eingebunden in die Gesellschaft und die Familie führt, kommen diejenigen, die dem entsagt und sich in die Einöde zurückgezogen haben, einem Gott gleich. Die Erhabenheit eines Eremiten wird nie in Zweifel gezogen, selbst wenn er sich von noch vielen weltlichen Dingen in Versuchung geführt fühlt. Eines Tages wird er auf die eine oder andere Art doch seine Befreiung erlangen, die Befreiung, nach der es den indischen Geist so sehr verlangt, während diejenigen, die am gesellschaftlichen Leben teilhaben, immer wieder geboren werden, gefangen im schmerzvollen Kreislauf der Seelenwanderungen, Samsara ...

Wenn aber ein Weißer, ein Christ aus Europa, ein entsagungsreiches monastisches Dasein führt, erlangt seine Person den Status einer mythischen Figur, und sein Name wird genauso sehr verehrt wie der eines Rishis. Die ersten Pilger machen seinen Namen in Basaren, in Zügen, am Lagerfeuer bekannt, sein Aussehen wird verklärt, seine Sprüche werden notiert und gelesen, seine Briefe werden in die über hundert Sprachen Indiens übersetzt, alles nimmt einfach sagenhafte Ausmaße an. Ein einfacher, gewöhnlicher Europäer, der gekommen ist, um etwas von den himalayischen Einsiedlern zu lernen, stellt plötzlich fest, daß er in der Form einer skurrilen, kaum für wirklich zu haltenden Apotheose idealisiert wird. Die Menschen haben von ihm gehört und kommen, kommen in Massen zum Darshan. Sein Kutiar wird von frommen Menschen umlagert: Alte, die um Erläuterungen über die Bhagavad-Gita ersuchen; Männer, die ihm Tausende von Rupien für die Gründung von Asylen und religiösen Schulen anbieten; Frauen, die ihn mit allerlei Gaben überschütten, mit selbstgewobenen Stoffen, mit Süßigkeiten, Granatäpfeln, Säckchen mit Tee und Zucker, Bananen, Mandeln; Jungfrauen, die in den Sand knien und mit der Stirn seine Sandalen berühren; Kinder, die auf Sanskrit gesegnet werden möchten; Kranke, die Heilung suchen; Unwissende, die um Erleuchtung bitten.

Der Weiße stellt fest, daß das Bild, das man sich von ihm macht, nichts mehr mit seiner Person zu tun hat, sondern sich in das eines thaumaturgischen und himmlischen Wohltäters verwandelt hat. Seine – im Grunde peinlichen – Bemerkungen, daß er ein *Nichts* ist, daß er *nichts* weiß, daß er nach Indien gekommen ist, um zu lernen, und nicht, um Predigten zu halten, werden für Beweise seiner heiligen Demut genommen. Wenn er spricht, hält man ihn für eine Große Seele, die ihre kostbare Zeit großzügig darauf verschwendet, Unwissenden zu helfen. Wenn er schweigt, hält man ihn für einen wahrhaft Heiligen, der das Geschwätz der Normalsterblichen hinter sich gelassen hat. Die Männer verbeugen sich vor ihm, die Frauen gehen vor ihm in die Knie und streicheln seine Sohlen, berühren seine Kleider mit der Stirn. Ein einziges Wort aus seinem Mund schenkt ihnen monatelange Seligkeit. Sie hegen ein unermeßliches Vertrauen in diesen Weißen, der es auf sich genommen hat, wie die Rishis zu leben. Ein Lächeln, ein Blick, ein Sanskritvers oder die bloße Aussprache des Zauberworts »*Shanti! Shanti!*« (»Friede«) genügt ihnen. Indien sehnt sich nach Liebe, nach ehrlicher, unberechnender Zuneigung von seiten seiner Unterwerfer. Wenn ein Weißer seinen Diener mit einem Scherz aufheitert, wird ihm das mit unendlicher Treue gedankt. Die Inder sind so sehr daran gewöhnt, von den Europäern gehaßt und verachtet zu werden, daß sie sich von den wenigen freundlichen Weißen völlig überwältigt fühlen, und je weniger sie die wahren Motive der Europäer kennen, um so aufrichtiger und tiefer ist ihre Hingabe.

*

Zum ersten Mal sah ich die Schwarze Kobra, als eine Gruppe von Besuchern zum Darshan kam. Schlangen – sowohl Vipern als auch Kobras – begegneten mir im Ashram immer wieder, aber weil sie hier nicht angegriffen werden, stellen sie keine Gefahr dar. Interessanterweise kann sich niemand an einen Sadhu erinnern, der von einer Schlange gebissen worden wäre. Überall in Indien werden die Kobra und die Python wie Raubtiere gejagt. Im letzten Herbst begleitete ich einen englischen Ingenieur auf eine Jagd an den Ufern des Ganges. Wir durchquerten gerade jenen unbeschreiblichen bengalischen Dschungel, als ein Vogelschrei uns plötzlich innehalten ließ, ein merkwürdig menschlicher Todesschrei. Mir war nicht klar, daß es sich um den Angstschrei einer von den Augen einer Kobra hypnotisierten Wildtaube handelte, aber mein Begleiter wußte es und begann sich langsam dem Baum zu nähern, von dem der Schrei gekommen war. Da wurden wir beide Zeugen eines unvorstellbaren Schauspiels (wie überhaupt alles Leben im Dschungel einem großen Drama gleicht). Eine gigantische Kobra hatte ihren stahlblauen Blick auf die Augen einer Taube im benachbarten Baum fixiert. Der Vogel hatte gerufen – der Ruf der Nacht, der uns beunruhigt hatte –, aber er konnte nicht wegfliegen. Die Kobra fesselte ihn mit dem starren Blick eines tellurischen Dämons und wartete nur. Aber nachdem mir mein Begleiter dieses alltägliche Drama des Dschungels gezeigt hatte, erschoß er die Schlange. Wir näherten uns der Taube. Auch sie war tot, vor Schreck ...

Ein anderes Mal entdeckte ich das Schlangenjunge einer Python, und der Sohn des Hausherrn tötete es. Aber der Koch warnte uns, die »Schlangenmutter« werde kommen, um Rache zu nehmen. Obwohl alle über diesen »Aberglauben« lachten, verbot der Gastgeber den Kindern, abends im Garten zu spielen. Einige Tage später hörten wir während des Abendessens das Quaken eines Frosches, ein metallisch-spitzes, hastiges Quaken. Die Gastgeber erklärten, so rufe ein Frosch, der gerade von einer Schlange verschlungen wird. Mit Laternen und elektrischen Lampen gingen wir auf die mit Blumen und Sträuchern bestandene Veranda hinaus. Das Quaken kam aus einer Ecke. Als die Schlange die Lichter sah, rollte sie sich zusammen, anstatt zu fliehen. Sie war nicht schwer zu erschlagen. Es war eine Python ...

Aber bis zu jenem Tag im Ashram hatte ich keine schwarze Kobra gesehen, das furchtbarste aller Reptilien, das angeblich innerhalb von zwei Minuten tötet. Meine Besucher und ich liefen zu einem nahegelegenen Kutiar, wo großer Tumult herrschte; von überall stürzten Leute mit Stöcken bewaffnet herbei. Der Swami, der im Kutiar wohnte, war gerade dabei gewesen, sein Hab und Gut zu ordnen, die Kleider abzustauben und das Zimmer zu kehren, als er in einem Korb eine riesige Kobra entdeckte. Ein Swami darf nicht töten. Es ist seine Pflicht, alle Lebewesen zu ernähren, und oft stellt er den Schlangen, wenn es welche gibt, eine Tasse Milch hin. Aber beim Fegen des Zimmers hatte er die Kobra unwillentlich geschlagen und sie damit gereizt. Eine erregte Kobra gibt erst dann Ruhe, wenn sie das erste Lebewesen, das ihr begegnet, beißt. Der Swami hatte versucht, sie mit einem Stock zu vertreiben, sie aber auf diese Weise noch wütender gemacht. Im Zimmer war sonst niemand. Der Swami schlug die Tür hinter sich zu und wartete draußen darauf, daß die Schlange sich beruhigte. Mittlerweile war zufällig Swami Janananda, ein englischer Sadhu, der erst vor einigen Tagen aus den Bergen herabgestiegen war, zum Kutiar gekommen.

Man sagt, daß ein Engländer vor keiner Gefahr davonläuft, und zwar, weil er gerade vor der Flucht Angst hat. Swami Janananda – sein richtiger Name war Arthur Young – öffnete die Tür mit einem Stock, da er damit rechnete, die verschreckte Kobra irgendwo in einer Ecke vorzufinden. Doch vor ihm stand das riesenhafte, vor Erregung pfeifende und im eigenen Gift kochende schwarze Reptil aufgerichtet. Ihm blieb gerade noch Zeit, sich zu verteidigen. Und wie es der Zufall so wollte, gelang es ihm mit dem ersten Stockhieb, den Schädel der Kobra zu zertrümmern. Sicher, er hatte damit ein Menschenleben gerettet, denn in diesem Ashram kannte niemand ein Gegenmittel gegen den Biß der schwarzen Kobra, und wenn jemand gebissen worden wäre, wäre er sicher noch vor der Ankunft eines Heilers aus Hardwar gestorben. Dennoch, ein Swami hatte ein Verbrechen begangen, und alle Eremiten waren bestürzt. Wir trugen die tote Kobra aus der Hütte hinaus; sie maß beinahe zwei Meter und war pechschwarz. Wir banden sie mit einem Seil zusammen und warfen sie in den Ganges. An jenem Abend beteten alle Eremiten für den Sünder ...

Ich machte öfters die Beobachtung, daß die Milch in meinem Krug auf unerklärliche Weise weniger wurde. Zuerst verdächtigte ich irgendeine Wildkatze, die mir wohl nächtliche Besuche abstattete. Aber eines

Nachts hörte ich ein dumpfes Pfeifen und merkwürdige Geräusche. Ich besaß keine Lampe und stieg daher nicht aus dem Bett. Ich wußte ohnehin, daß keine Schlange beißt, solange sie nicht gereizt wird. Am Morgen erzählte ich diese seltsame Begebenheit einem Swami, der für alles einen Ausweg wußte. Er hatte eine wunderbare Idee: Wir fingen einen Waran, eines jener »Krokodile« vom Festland, die zwischen Felsen leben und Jagd auf Schlangen machen. Es sind einfältige Tiere, groß wie ein Truthahn, die das furchterregende Aussehen eines prähistorischen Reptils aus Pappmaché besitzen. Nie sah ich einen ausdrucksloseren Blick als den des Warans. Wie dem auch sei, wir konnten wir ihn leicht einfangen und an ein Seil gebunden in mein Kutiar bringen, wo ich zuvor das Fenster geschlossen hatte. Ich befreite ihn von seinen Fesseln und verließ das Zimmer. Nach zwei Stunden traten wir wieder ein. Der Waran keuchte schwer, war aufgebläht und schaute tolpatschig drein. Von da an hörte ich nachts kein Pfeifen mehr, und die Milch wurde auch nicht mehr weniger. Der Waran hatte seine Aufgabe erfüllt ...

Die Leprösen

Die Straße von Rishikesh nach Munikhereti führt über ein ausgetrocknetes Flußbett, durch das im Sommer klare und trübe Rinnsale fließen. Die Landschaft ist trostlos, und das Auge sucht den Horizont sehnsüchtig nach den Wassern des Ganges ab, den man irgendwo hinter den Hügeln vermutet. Das Tal wird zum Gebirge hin von Felsen eingeengt, macht hinter einem Ashram mit westwärts angelegten Terrassen eine Biegung, taucht tief in den Dschungel ein und verliert sich irgendwo im Herzen der Berge, in Tiri.

Das ist der Weg der Pilger von Hardwar und Rishikesh nach Lakshmanjula. Sie kommen in Gruppen, entweder mit Knechten, die Decken und Schals tragen, oder mit unterwegs gemieteten Kamelen, Maultieren oder Bergpferden samt deren himalayischen Führern.

Manchmal fahren schwerbeladene Autobusse aus Rishikesh vorbei und überqueren blechern lärmend das ausgetrocknete Tal, bis sie wieder die von Bäumen mit gelben Blüten und langen, oleanderähnlichen Blättern gesäumte Landstraße erreichen.

Doch welchen Weg du auch immer wählst, plötzlich vernimmst du ein klagendes, jämmerliches Seufzen und Winseln, stotternde Litaneien und liturgisch verlängerte Nasallaute. Es ist ein herzzerreißendes, flehendes Stimmengewirr, aus dem man nur mit Mühe die Worte »Maharadscha! Maharadscha! ...« heraushört. Im Schatten des Hügels erscheint eine unwirklich anmutende Kolonne aus Fetzen, Krücken und Wunden. Du bleibst erstaunt mitten in der Sonne stehen und wirst von diesen unmenschlichen Wesen umzingelt, die dich anflehen, dir mit Verbeugungen und Tränen zusetzen. Du errätst nicht sofort ihr Schicksal, denn sie verstecken ihre Wunden hinter zerfetzten Säcken und Lumpen. Wenn sie aber sehen, daß du den Anblick aushältst, zeigen sie dir ihre schwärenden Wunden, um dir Mitleid und Ekel abzutrotzen. Alptraumhafte, rot-weiße, silberne, in der Sonne glänzende Wunden. Und um dich herum diese Landschaft: ein vertrocknetes, trostloses, ödes Tal. »Maharadscha! Maharadscha!« ...

Leprakranke. Mit ihren löwenartig entstellten Gesichtern, mit Händen ohne Finger, Stummeln mit silbernen Schuppen. Einige, die am Anfang des Martyriums stehen und erst vor kurzem von ihren Familien ausgestoßen wurden, tragen noch die Kleider aus ihrem früheren Leben. Du merkst den Frauen mit ihren verstaubten Zöpfen und noch lebendigen Augen ihre Jugend an. Die »Silberprinzessin« verführt nämlich nur schrittweise: Zuerst werden die Finger befallen, dann die Fußsohle, die Nase, die Ellenbogen, der Mund ... Du siehst Intelligenz und Weisheit in den Augen der Männer, die plötzlich erkennen mußten, daß sie inmitten jener Menschen, deren Lebensunterhalt sie sicherten, zur Paria gehören, daß sie mit einem Mal verdammt und verbannt waren.

Nicht einmal betteln dürfen sie überall. Man buht sie aus, hetzt die Hunde auf sie, und das geht so lange, bis sie irgendwann von einem Ort hören, wo es noch andere Leprakranke geben soll, und dann machen sie sich auf die Suche nach jenem Ort. Ihre Zahl wächst von Jahr zu Jahr, und obwohl viele sterben oder sich im Dschungel umbringen, werden es immer mehr, und ihr Leid nimmt allmählich die Ausmaße einer apokalyptischen Strafe an.

Ich komme in der Frühe zurück, treffe sie aber nicht im Tal an. Ein Junge erzählt mir, daß sie in einem verlassenen Haus am Berg schlafen. Sie würden schon noch kommen. Ich warte auf sie. Als die Sonne beinahe schon am Zenit steht, kommen sie in Gruppen auf den Pfaden dieses verödeten Tals hinunter, manche mit Krücken, andere kriechend, aber alle verschmutzt, da ihnen nicht erlaubt wird, sich in fließenden Gewässern zu waschen und die Seen ausgetrocknet sind. Sie wissen noch, daß ich ihnen etwas Geld gegeben habe, und ihre Gesichter hellen sich auf, als sie mich sehen. Aber ich habe ein kühneres Vorhaben: Ich will eine Unterkunft, ein Krankenhaus oder einen

Ashram für sie finden und außerdem genug Geld, damit sie nicht mehr betteln müssen. Denn die Münzen, die einige Pilger ihnen zuwerfen, werden in ihren silbernen Händen zu Boten der »Prinzessin«. Vor kurzem hat ein gesundes junges Mädchen eine solche Nickelmünze nichtsahnend in den Mund gesteckt. Als ihr bewußt wurde, welches Schicksal ihr bevorstand, verschwand sie für immer. Vielleicht wählte sie den Hungertod im Dschungel, oder sie ging zu einem Rishi, um geheilt zu werden.

Ich beginne, die Leprakranken mit Hilfe meiner paar Brocken Hindi auszufragen, die ich in diesen Monaten des Eremitendaseins gelernt habe. Ich erfahre, daß sie weder eine richtige Bleibe noch Essen haben, da die örtliche Verwaltung kein Geld hat. Das einzige, was für sie getan werden konnte, bestand darin, ihnen jenen Bettelplatz auf dem Pilgerweg zu überlassen. Niemand denkt an sie. Die wohlhabenden Gläubigen stiften ihre Reichtümer lieber für die Errichtung neuer Tempel oder Ashrams oder spenden Tausende von Rupien für den Unterhalt der sechs Millionen Sadhus, die es in Indien gibt. Die Behörden können nichts tun, da sie keine Anordnungen erhalten haben (im übrigen lägen die Leprakranken selbst in Bombay scharenweise auf den Straßen herum, wie mir triumphierend ein hiesiger Beamter quasi zur Rechtfertigung erklärte). Das Gesundheitsamt ist ohnmächtig, weil niemand es versteht, Lepra zu behandeln, und weil alle Angst davor haben, sich den Kranken zu nähern. Alle laufen weg oder wenden sich ab. Man hat zwar Mitleid mit ihnen, glaubt aber auch, daß sie für die Sünden aus ihrem vorigen Leben zu büßen haben. Alles, was mit uns geschieht, hat einen Sinn und eine Bedeutung; das Karma ist eine versöhnliche und bequeme Lehre, das war mir schon immer klar ...

Sie sagten mir, daß am Abend des Neu- und Vollmonds Nahrung aus einem nahegelegenen Ashram an sie ausgeteilt wird. Das ist die einzige echte Hilfe, die sie bekommen. Sie luden mich ein, das selbst mitzuerleben. Ich komme am Abend des Vollmonds wieder. Die Verlassenheit des Dschungels, das öde Tal, das nur in der Frische des Mondlichts aufblüht. Sie warten. Als eine Glocke dumpf läutet, brechen sie zum Ashram auf. Dort erhalten sie alle Chapati und Dhal (Fladen und Brei). Wie hungrige Raubtiere verschlingen sie das Essen, das ihnen auf Scherben oder Papier, auf Bananenblättern oder verrosteten Tellern gereicht wird. Am Wegesrand kriechend flehen sie um Mitleid, während ihre Schatten im nächtlichen Licht scheußliche Bewegungen vollführen. Gierig essen sie alles auf, und zwar so, wie alle Inder essen, nämlich mit den Fingern – oder mit dem, was davon übriggeblieben ist ...

Von nun an müssen sie wieder dreizehn oder vierzehn Tage warten, das heißt entweder Hunger leiden oder sterben. Und keiner, der sich ihrer erbarmt, einen Schritt auf sie zugeht, keiner, dem sie sich anvertrauen können. Sie hatten einen einzigen Wohltäter, einen gewissen Dr. Hari Singh, aber auch ihn haben sie verloren.

Vor dreißig Jahren kehrte Dr. Hari Singh, an die Macht der Wissenschaft und des sozialen Engagements glaubend, aus London zurück. Auf einer Reise nach Pauri traf er auf die Leprakranken aus dem Tal. Obwohl seine Familie in Lahore auf ihn wartete, entschied sich der Doktor, erst heimzukehren, wenn er ein Asyl für sie gefunden hatte. Er ging von Tür zu Tür, bettelte, flehte und beschwor. Schließlich gelang es ihm, alle Leprakranken aus der Gegend in einem prächtigen Ashram unterzubringen, den er mit dem

Geld eines barmherzigen Rajahs gekauft hatte. Anfangs war er ganz auf sich gestellt, da niemand es wagte, sich den Leprösen zu nähern. Doch dann schrieb er dem Gesundheitsamt in Delhi und erhielt eine Hilfstruppe. Seine Familie versuchte, ihn um jeden Preis zur Rückkehr zu bewegen. Sie schickte zuerst eine Schwester, dann einen Bruder, schließlich ein kleines Kind, um ihn zu erweichen. Hari Singh widerstand Ein halbes Jahr war seit seiner freiwilligen Exilierung vergangen. Dann erhielt er eines Tages einen Brief, der ihn dringend nach Hause rief: Seine Frau hatte ein Kind geboren und flehte ihn an, zu kommen. Der Arzt mußte kapitulieren. Doch am Abend vor der Abfahrt, als alle Leprakranken ihn weinend beschworen zu bleiben, entdeckte er an seinen Fingergelenken einige silberne Schuppen. Nur das. Er erschoß sich noch in jener Nacht. Dieser Selbstmord erregte damals viel Aufsehen. Die Hilfstruppe kehrte nach Delhi zurück, der Ashram wurde evakuiert und die Kranken wieder ins öde Tal zurückgeschickt ...

Seitdem hilft ihnen niemand mehr.

An der Grenze zu Afghanistan

Am 7. November 1930 wurden Arthur Young und ich am Bahnhof von Lahore verhaftet. Das kam so: Wir waren beide spät in der Nacht aus Amritsar aufgebrochen, da unser Gastgeber – ein junger Professor aus dem Khalsa-College – uns auf den fast explosionsartigen Anstieg politischer Unruhen hingewiesen und uns geraten hatte, uns möglichst bald von den Zentren des nationalistischen Terrors zu entfernen. Tatsächlich: Einige Tage zuvor hatte man in Delhi ein illegales Bombendepot entdeckt, was die Wut der Polizei entfacht hatte. Überall gab es Durchsuchungen: auf den Straßen, in den Häusern. Wir fanden das äußerst langweilig. Seit wir aus dem Himalaya hier eingetroffen waren, standen wir unter ständiger Polizeibeobachtung. Wir waren nach Gurukul, dem Arya Samaj College bei Hardwar, gekommen mit der Absicht, einige Tage zu bleiben. Doch während unseres dortigen Aufenthaltes näherte sich mir einmal ein Geheimagent und sagte, es wäre wünschenswert, wenn ich das College unverzüglich verlassen würde.

All das war geradezu lästig. Wir reisten aus Amritsar ab, entschlossen, möglichst rasch die Nordwest-Grenze zu erreichen. Unser Hauptziel war Peshawar; hier wollten wir mindestens eine Woche bleiben, in deren Verlauf ich die griechisch-buddhistische Kunstsammlung des Museums erforschen wollte, während Arthur Young Unterricht in Pashto und Persisch nehmen sollte (letzteres beherrschte er teilweise schon). Danach hatten wir vor, nach Waziristan überzusetzen, wo Young schon seit 1918 Freunde hatte. Von da aus plante ich, über Quetta nach Indien zurückzukehren, und er wollte das große Abenteuer wagen, über Persien nach Afghanistan zu reisen. Wir hatten diese Pläne minutiös ausgearbeitet während der Abende und Nächte im himalayischen Kloster, wo wir uns kennengelernt hatten.

Die Nacht vom 6. zum 7. November ist mir auch jetzt noch lebhaft in Erinnerung.

Wir kamen früh zum Bahnhof, um bis zur Ankunft des Zuges noch etwas zu schlafen. Wir waren müde, gereizt. Ich beschloß, mich wieder europäisch zu kleiden, um mögliche Schwierigkeiten zu vermeiden. Als ich wieder den Wartesaal betrat, näherte sich mir ein Herr und richtete äußerst höflich einige Worte in einer unbekannten Sprache an mich. Ich antwortete ihm, daß ich ihn nicht verstehe.

»Wie, Sie sind kein Moslem?«

Er schien sehr erstaunt. Mein Bart hatte ihn getäuscht. Solange ich die gelbe Eremitenrobe getragen hatte, war ich als Hindu gesehen worden. Die europäische Kleidung machte mich jetzt zum Moslem. Ich weiß nicht warum, aber ich fand das großartig.

Der Herr stellt sich mir vor: ein Angestellter beim Flugdienst in Bagdad, seit zehn Jahren in Persien ansässig. Er ist in Indien, um einige Verwandte zu besuchen. Wir bestellen Tee. Der Herr unterhält sich mit uns bis zur Ankunft des Zuges – wo wir doch hofften, uns noch etwas auszuruhen. Und was für eine Unterhaltung, welche Details! Wenn ich mein Heft mit den Aufzeichnungen von jener Reise aufschlage, lese ich folgendes: ›Er sagt, Bagdad ist fast wie Paris, und die nach dem letzten Schrei gekleideten Frauen sind zum größten Teil käuflich. Einige Beispiele für die große Virilität der Araber: Ein alter Mann um die Sechzig beklagt sich beim Kadi, seine Frau sei krank, und da er einerseits daran gewöhnt sei, vier Mal in der Nacht Liebe zu machen, andererseits aber zu arm sei, um sich eine zweite Frau zu leisten, sei er ratlos: Was solle er tun? ... Dieser Herr berichtet uns, viele Araber würden noch mit achtzig Jahren Vater werden, und das mit mehreren Ehefrauen gleichzeitig. Er habe die Ursachen dieser unglaublichen Virilität untersucht und glaube, es liege an den Feigen.«

Wir trinken viel Tee, rauchen viel. Als der Zug einfährt, belegen wir dasselbe Abteil. Wir schlafen nur wenig und kommen in Lahore morgens um sieben Uhr an. Dort verabschieden wir uns von unserem Moslem. Ein Blick zum Himmel: Es kündigt sich ein heißer Vormittag an. Mit den Koffern in der Hand – in Indien eigentlich skandalös – eilen wir zum Ausgang. Der Bahnhofspolizist – ein weißgekleideter Brite mit einem breiten Tropenhelm, bewaffnet mit Revolver und Bajonett – tritt da auf uns zu und bittet uns höflich, mit ihm zu kommen. Er führt uns aber nicht in den Wartesaal, sondern in einen Raum neben der Kabine des Telefonisten. Wir fühlen uns sehr unwohl in diesem fremden Zimmer. Der Polizist verlangt unsere Pässe. Als ich ihm meinen Ausweis zeige, blickt er erstaunt: »Wie, Sie sind kein Moslem?« Er wäre nämlich informiert worden, daß ein türkischer Herr mit meinem Namen gestern abend in Bombay verhaftet worden sei. Ich versuche mich zu erklären. Umsonst; mir wird beschieden, ich müsse vorübergehend in diesem Raum festgehalten werden, bis der Polizeichef eintreffe, um mich zu vernehmen. Ich sage ihm, er könne nach Kalkutta telefonieren, um Informationen über mich einzuholen. Sorgfältig notiert er die Adressen. Ich frage ihn, ob der Paß zur Identifizierung denn nicht ausreiche. Er entgegnet mir mit der größten Ruhe, daß ich keine Ähnlichkeit mit dem

Mann auf dem Paßphoto aufweise; ich trüge einen Bart, während der Besitzer des Passes rasiert sei. Außerdem sei der Türke in Bombay verhaftet worden. Überhaupt: Ein Paß bedeute nicht viel.

Wir werden allein gelassen. Aus welchem Grund auch immer, nachdem der Polizist die Tür von außen verriegelt hat, vermeiden wir es, uns in die Augen zu blicken. Ein vergittertes Fenster. Davor lehnt ein unverschämter Chaprasi (Laufbursche), ein furchtbarer Kerl, der sich weigert, uns Zigaretten zu kaufen. Hitze. Wir legen ein Teil unserer Kleidung ab und warten einfach. Ich mache mir nun vor allem um Arthur Young Sorgen. Dieser Junge ist bei den britischen Behörden in Indien, Irak und dem mesopotamischen Raum nicht gerade gern gesehen. Seit dem Krieg hat er sich überall herumgetrieben, verspielte zehnmal seinen Besitz, wechselte mehrmals die Arbeitsstelle, machte einen Selbstmordversuch, indem er sich mit dem Motorrad ins Meer stürzte – und endete schließlich als Mönch im Kloster Rishikesh. Aber auch hier fand er keinen Frieden. Einige Monate nach dem Eintritt ins Kloster machte er sich auf den Weg nach Tibet. Ich begegnete ihm auf dem Weg nach Badrinath. Da war er völlig verkommen und elend, hatte geschwollene Sohlen und wurde von Pilgern auf dem Rücken getragen. In einer Hütte am Ufer des Ganges erzählte er uns aufgeregt von seinem Entschluß, die europäische Kleidung abzulegen und den Weg der Abgeschiedenheit zu wählen: Er warf eines Tages seine Kleider in den Sumpf, streifte sich eine Robe über und brach auf. Die frommen Rajputen, die damals dieser traurigen Geschichte zuhörten, begannen zu weinen und fielen ihm zu Füßen. »Du bist ein Heiliger, Swamiji« (Und Young, der schrie: »Faßt meine Sohlen nicht an!«)

Ich kann nicht behaupten, ich hätte mich an all das in jener einsamen Stunde mit Young in Lahore erinnert. Ich fragte mich, ob das mysteriöse und wechselhafte Leben dieses Jungen nicht mehr Geheimnisse barg, als er zugab. (Ich erfuhr später, daß Young vierhundert Rupien von der Burma Oil Company veruntreut hatte, wovon aber die Polizei nichts wußte; sie verdächtigte ihn nur der Mönchskutte wegen. Schließlich sollte sie ihn aber für einen Geheimagenten in Mission an der *Afghan Border* halten und ihm alle Wege ebnen – ein Wunder, für das ich auch heute keine Erklärung habe.) Im Gegenzug überlegte Young seinerseits, wie er mir später gestand, ob ich nicht in Wirklichkeit ein bolschewistischer Spion sei; und das machte ihn argwöhnisch und schweigsam. Er konnte kaum die Ankunft des örtlichen Polizeichefs abwarten, in der Hoffnung, daß jener Beweise aus Kalkutta mitbrachte.

»Warum haben wir überhaupt in Lahore haltgemacht?« fragt er mich nach einem peinlichen Schweigen.

Ich erkläre ihm, daß die Stadt sehr interessant ist, daß man im Museum die Funde aus Gandhara besichtigen kann, daß schließlich er selbst noch vor einigen Tagen einen Aufenthalt in Lahore wünschte, da er hier Bekannte hat. Er blickt mich mißtrauisch an. (Jedesmal, wenn ich von der Archäologie sprach, verdächtigte er mich der Spionage.)

Endlich kommt der Polizeichef. Der Chaprasi richtet sich vom Fenster auf und steht stramm. Ich bin ganz aufgeregt. Ein älterer Herr tritt in Begleitung des Bahnhofspolizisten ein. Beide geben sich äußerst höflich. »Wie schade, daß Sie kein belgischer Priester *(›a belgian father‹)* sind«, meint der Polizeichef. »Bei soviel Ähnlichkeit ... Sie hätten keine Schwierigkeiten bekommen.« Ich versuche, mich so gut wie möglich zu verteidigen, schalte aber auf stur, als es darum geht, ihm zu bestätigen, daß ich aus Rumänien stamme. Er verlangt noch einmal meinen Paß und fragt, ob ich einige Empfehlungsschreiben vorweisen könne, womit ich mich beschäftige, was ich in Lahore suche. Er habe nach Kalkutta telefoniert, aber bei der angegebenen Adresse wohne kein Rumäne. Ich protestiere und sage, daß ich beim örtlichen französischen Konsul Beschwerde einlegen werde, daß sie, wenn sie an der Echtheit meines Passes zweifeln, mich doch bloß zu einem Barbier zu begleiten brauchen, um die Identität zwischen dem Mann auf dem Photo und mir festzustellen. Umsonst. Beide bitten um Nachsicht und wenden sich Arthur Young zu. Warum er denn diesen gelben Kittel trage? – Weil ihm das so gefalle. – Warum er nach Lahore gekommen sei? – Weil er noch etwas Geld gehabt habe. Sonst wäre er im Kloster geblieben. – Und was habe es mit dem Kloster auf sich? Gäbe es dort Europäer? Treibe man dort Politik? Sei das Essen gut? – Und siehe da, Young läßt sich zu einer hitzigen Apologie des Himalaya und des zönobitischen Lebens hinreißen. Die Abgeschiedenheit der Berge mit ihren verschneiten Gipfeln! Fische, lang wie eine Elle, die um das Boot schwimmen und darauf warten, gefüttert zu werden! – Ob man jagen könne, erkundigt sich der Chef: – Nicht in dieser Gegend; auf dem linken Gangesufer, wo sich die Klöster befinden, werde nicht einmal ein Ei verspeist. – Tja, da könne man sehen, sinniert der Chef, gerade das sei das Problem mit den Indern: ihre Bigotterie, ihr Starrsinn ...

Das Resultat ist schließlich, daß sie sich zurückziehen und uns wieder einschließen. Diesmal bringt man uns jedoch Tee, Curry und Zigaretten. Wir beginnen zu streiten: »Wenn du keinen Bart gehabt hättest ...« – »Und wenn du nicht diesen gelben ›Kittel‹ getragen hättest ...«

Zwei Stunden vergingen. Es wurde so heiß, daß wir ans Fenster klopften und dem Chaprasi drohten, wir würden ihn, sollten wir hier herauskommen, windelweich prügeln, wenn er nicht sofort einen Ventilator auftreibe. Der Kerl suchte den ganzen Bahnhof ab, fand schließlich einen Ventilator, konnte ihn aber nicht durch das Gitter stecken. Er mußte ihn ans Fenster halten und uns das Kabel durch das Gitter hereinreichen, gerade lang genug, um bis zur Steckdose zu reichen. Immerhin, es wurde kühler. Von Zeit zu Zeit löste sich der Stecker aus der Steckdose, und Young und ich fluchten wie die Droschkenkutscher. Wir standen mit entblößtem Oberkörper am Fenster und rauchten. Der Chaprasi mußte gleichzeitig den Ventilator festhalten und die Neugierigen vertreiben, die sich versammelt hatten, um uns anzuglotzen.

Ich weiß nicht, wozu wir noch fähig gewesen wären, wenn nicht endlich die zwei Polizisten gekommen wären. Sie waren nicht im mindesten verlegen, als sie uns halbnackt vorfanden. »Die reinste Hölle hier!« rief Young ihnen zu. Es begann eine neue Vernehmung: Wohin wir reisen wollten? Direkt nach Peshawar? Sehr gefährlich, wie der Chef meinte. Der dortige Bahnhofsvorsteher, Herr Perris, würde uns beherbergen, erwiderte ich. Ich hätte eine Empfehlung von dessen Bruder, dem Ingenieur Perris, meinem Gastgeber in Kalkutta. Das beruhigte sie ein wenig. Sie lasen den Brief – wie im übrigen schon bei der ersten Vernehmung – und erlaubten uns, den Raum zu verlassen, unter der Bedingung, nicht zu lange in Lahore zu bleiben. Ich versicherte ihnen, daß wir dafür ohnehin keine Zeit hätten; ein paar Stunden für die Besichtigung des Museums, und dann wären wir schon wieder am Bahnhof, um den Eilzug nach Peshawar zu erwischen. Sie willigten ein. Wir zogen uns an, mußten aber die Pässe und alle Papiere beim Bahnhofsvorsteher hinterlegen. Sie zwangen uns, Fahrkarten nach Peshawar zu kaufen. Der Abschied war äußerst kühl.

Auf dem Bahnsteig drängten sich die Leute, um »die verhafteten Spione« zu sehen. Wir verließen den Bahnhof so schnell wie möglich. Am Ausgang stießen wir beinahe mit dem Herrn aus Bagdad zusammen.

»Was, Sie sind noch nicht weg?« – »Verwandte in Lahore eben ...«, sagte er in einem sehr höflichen, sehr schmierigen Ton.

Wie blickten ihm nach, wie er in den Zug stieg ...

*

Es gibt viele Sehenswürdigkeiten in Lahore, viele Pforten, schöne Gärten, die Festung von Schah Jahan, genannt Hazuribagh Darwaza. Einige Monate später verschlug es mich wieder nach Lahore und ich wohnte sogar neben dem Mausoleum der schönen Anar Kali, jener Frau, die lebendig begraben wurde, weil sie einmal errötete, als Selim (Jehangir), der Sohn des Königs, den Harem betrat. Über diese zweite Reise nach Lahore gäbe es aber zuviel zu erzählen, so daß ich sie an dieser Stelle lieber weglasse.

An jenem 7. November 1930 konnte ich nur das Museum und den Basar von Lahore besichtigen. Ich aß mit Young in einem moslemischen Restaurant in Bahnhofsnähe, und dort kamen wir überein, daß es besser wäre, Lahore möglichst rasch zu verlassen und auf die geplanten Besichtigungen zu verzichten.

Es war eine ermüdende Fahrt in einem Waggon der dritten Klasse voller Pathanen und Kabulis. Wir kamen in der Frühe in Peshawar an. Bisher konnte mir niemand erklären, worin genau der Zauber dieser Stadt an der afghanischen Grenze bestehen soll. Und doch, sobald du Peshawar betrittst, fühlst du dich in einer anderen Welt. Ob es an der Gegenwart dieser zwei Meter großen, breitschultrigen Männern liegt, die soviel Kraft besitzen, daß sie in der Nacht ein Klavier stehlen und es zehn Kilometer weit über die Grenze schleppen können? (So wurde ich informiert.) Über diese afghanische Welt, diese Pathanen und Afridis, von denen überall die Rede ist, habe ich eine Menge erfahren, vor allem durch G. Perris, den Bahnhofswärter von Peshawar, unserem Gastgeber dort an der Grenze.

Dieser Mister Perris selbst war ein seltsamer Kauz, wie übrigens alle seine Brüder. Einer von ihnen war Wildjäger (»Big game!«), ein anderer faszinierte sich für Schlangen und machte Jagd auf sie, und der dritte, unser Mister Perris, war ebenfalls Jäger und eine Art Ethnograph sui generis. Dieser Mann hegte eine echte Liebe für die Afghanen. Er beherrschte Pashto so gut wie kein zweiter, hatte mehrmals die afghanische Hauptstadt Kabul besucht und verbrachte seine Ferien mit Vorliebe an der Grenze, in jenen unvergleichlich schönen, nüchternen, beeindruckenden Bergen rund um den Khaiber-Paß.

Er empfängt uns sehr enthusiastisch. Endlich können wir ein ordentliches Bad nehmen und uns umziehen. Wir erzählen ihm von den Schwierigkeiten in Lahore. Das macht ihn nachdenklich.

Wir müßten sehr vorsichtig sein, denn in Peshawar gelte das Kriegsrecht. Nach sechs Uhr dürfe niemand auf die Straße (»Mit mir schon, da mich hier alle kennen und keiner es wagt, auf mich zu schießen!«) Die größte Gefahr bestehe darin, daß wir während eines Spaziergangs in der Umgebung der Stadt entführt werden könnten. Die Afghanen pflegten jeden Europäer, den sie ohne Begleitung antreffen, zu entführen und ein irrsinniges Lösegeld von der britischen Regierung zu fordern. Und noch etwas: Man dürfe sich nie mit einer Waffe im Basar blicken lassen; sie würden das sonst für eine Beleidigung halten, und augenblicklich wäre der Skandal perfekt. Die vielen Schüsse bräuchten uns nicht zu beunruhigen; so vergnügten sich eben die Afghanen: mit der Pistole im Basar herumzuschießen.

Die Kälte der Morgenstunden läßt allmählich nach. Wir machen uns in Begleitung unseres Gastgebers zum Basar auf. Hier drängt sich eine Menschenmenge, wie man sie selbst in den orientalischsten aller indischen Städte nur selten antrifft. Gestreifte Schalwars, Turbane, welche die Schläfen frei lassen, orientalische Pantoffeln von größter Schönheit. Und wie viele Stämme sich auf diesem Markt treffen, wo alles an Parfümen, Juwelen und Stoffen aus Kamelhaar ausliegt, was auf dem Königsweg zwischen Bukhara und Kabul transportiert wird! Jeder Versuch, dieses Meer von hochgewachsenen, stämmigen Männern zu beschreiben – jene durchtriebenen und gleichzeitig unschuldigen Gesichter von Menschen, die heute ihr Leben für dich hingeben und dich morgen für ein paar Münzen verkaufen –, wäre von vornherein zum Scheitern verurteilt. Die Kabulis sind in ganz Indien als Wucherer der übelsten Sorte verrufen. Die anderen afghanischen Stämme, mehrheitlich kriegerisch, haben auch ihre Schwächen: Sie entführen Menschen, vorzugsweise Frauen, legen gerne Feuer und schießen beim kleinsten Streit auf alles, was sich bewegt. In dieser Hinsicht unterscheiden sich die Clans der Afridis am Khaiber-Paß nicht von jenen diesseits der Grenze. Ich habe rund um Peshawar Angehörige der wildesten Stämme – der Zakka-Khelis und Kuki-Khelis – angetroffen, die aus den Bergen Afghanistans stammen, aus der Gegend um den Tartara, dem spitzen Gipfel voll trostloser, verfluchter Schönheit. Diese Menschen muß man gesehen haben, Menschen, die mit zerschossener Brust noch zwanzig Kilometer weit laufen, nur um auf ihrer heimatlichen Erde, auf ihren Felsen sterben zu können.

Wir betreten ein Café. Mister Perris stellt uns einige Flüchtlinge vor, Partisanen des Königs Ammanullah. Abgemagerte, kaputte Gestalten, die vor ihrem eigenen Schatten Angst haben. Mit dem wenigen Persisch, das er beherrscht, versucht Young sich mit ihnen zu unterhalten. Perris zeigt auf das gegenüberliegende Haus; dort finden sich aus der ganzen Grenzprovinz Männer mit großer Liebesfähigkeit ein, um in Städte im Süden vermittelt zu werden, wo die Sitten strenger sind und die Suche unergiebiger verläuft. Wir dürfen zwar nicht eintreten, aber Perris erklärt uns, wie die Dinge ablaufen. Im Inneren befindet sich ein großer Saal mit einer Galerie rundherum, die ein Vorhang verdeckt. Dort sitzen die Frauen: reiche Witwen aus anderen Städten mit unersättlichem sexuellen Appetit. Unten im Saal stehen Stühle und ein Tisch. Verschiedene Kandidaten werden vorgeführt, vornehmlich aus weniger kriegerischen Stämmen, faule, gutgenährte Männer, die eine Vorliebe für die irdischen Freuden haben. Diese Männer werden zuerst in Stimmung versetzt, vor allem durch nackte Tänzerinnen. Am Höhepunkt ihrer Erregung gehen sie zum Tisch und legen Zeugnis von den Ausmaßen ihrer Männlichkeit ab. Perris versichert uns, daß es dabei keineswegs zu Orgien kommt, wie die Gerüchte behaupten. Es bleibe bei der bloßen Demonstration. Die Männer würden durch eine einfache Zeremonie in den Dienst einer der Frauen »eingestellt«. Es folgen Details, die ich nicht wiederholen kann.

Die ethnographischen Studien von Herrn Perris bergen viele Überraschungen. Er erzählt uns beispielsweise, wie gefährlich es sei, den Tänzen der Kurtisanen beizuwohnen. Dabei neigt er sich vertraulich zu uns hin – obwohl wir Englisch sprechen und uns niemand verstehen kann – und erläutert uns, daß all diese Tänze in einem mit teuren und weichen Stoffen ausgekleideten Zimmer enden. Sicher, das sei nicht die Frage. Störend wirke nur die Tatsache, daß man oft Radau vor der Tür hört, sich dann auf den Dachboden zurückziehen (nie in einem Zimmer mit Fenstern herumlaufen) und mit der Pistole auf die Tür schießen muß. Manchmal hat es damit nicht sein Bewenden. Die Skandalmacher legen Feuer – oder drohen zumindest damit –, und man muß in dem Zustand, in dem man gerade erwischt wurde, hinausgehen und alle Patronen verfeuern; natürlich in die Luft. In Peshawar kommen selten Leute um. Doch den kriegerischen Detonationen zuliebe schießen die Männer so lange aufeinander, bis ihnen die Patronen ausgehen. Es ist ein herrliches Schauspiel, Afghaner zu sehen, die mit ihren Karabinern durch die Luft ballern, als wären es Spielzeuggewehre.

Wer den Khaiber-Paß besuchen und zumindest einige Kilometer weit nach Afghanistan vordringen will, muß zuvor eine Genehmigung vom örtlichen britischen Gesandten erhalten, der die Geschäfte an der indisch-afghanischen Grenze regelt. Solche Reisen kann man nur dienstags und freitags unternehmen. Im November 1930 war die Grenze geschlossen; wieder eine Revolte der Afridis (man probierte damals, die aufständischen Stämme aus der Luft zu bekämpfen; der Erfolg dieser Aktion war später zu sehen. Die armen Afghanen suchten in jeder noch so kümmerlichen Höhle Zuflucht ...) Dennoch: Wenn wir die

Zusicherung eines afghanischen Stammesführers erhalten könnten, daß er uns eine Schutzkarawane zur Verfügung stellt, würde der britische Gesandte nicht zögern, uns Pässe auszustellen.

Wir haben zwei Tage für die Formalitäten verloren. Am dritten Tag nehmen wir den Zug zur Grenze, Richtung Landi Khotal. Auf der nicht einmal vierzig Kilometer langen Strecke fahren wir durch 32 Tunnels. Aus dem Zug großartige Blicke auf bewaffnete Karawanen, die unterhalb der Festungen die Berge erklimmen, auf gezackte Berghänge, die Festungsmauern von Ali Masjid, Jamrud, Landi Khotal. Afghanistan erscheint einem anfangs wie eine verwitterte Burg, mit Zinnen, die am Himmel hängen, wohin sonst nur die Adler vorstoßen. Das enge, triste Tal, an dessen Hang der Zug von Lalabegh nach Landi Khotal fährt, wirkt wie die Zugbrücke einer mittelalterlichen Burg. Die rötlichen Felswände ragen auf beiden Seiten in schwindelerregende Höhe empor. Es ist kalt und windig. Hier bieten die Karawanen nicht mehr einen unbefangenen und dekorativen Anblick wie in Rajputana oder der Wüste Bikaner. Die Menschen tragen sackfarbene Wolljacken, die Turbane sind sorgfältig um den Hals gewickelt, und die Karabiner schaukeln bedrohlich im Schritt der Kamele.

Hier in Landi Khotal erfahren wir, daß wir die Grenze nicht passieren können. Karawanen seien angegriffen, Leute massakriert worden. Flüchtlinge aus Kabul haben die Nachricht vom Aufstand der Stämme an der Grenze zu Belutschistan gebracht. Alle Festungen verstärken ihre Truppen. Dennoch, hätten wir afghanischen Begleitschutz ... Aber woher sollen wir ihn bekommen?

Wir frieren am ganzen Körper. Um die Umgebung, die wolkenfreien Gipfel besser betrachten zu können, treten wir vor den Bahnhof. Ein Soldat bringt uns sofort zurück; das Verlassen der Sperrzone rund um die Eisenbahnlinie sei gefährlich. Wir kehren um. Perris' Empfehlungsschreiben bewirkt nicht wenig. Wir müssen eben einen Begleitschutz finden. Schließlich entscheiden wir uns, wieder nach Peshawar zu fahren und uns mit Perris' Gönner, einem Stammesführer aus der Nähe von Takt-i-Bahi, anzufreunden. Eine schnell gefaßte Entscheidung. Wir erreichen Peshawar am Abend. Unser erster Weg führt uns zu unserem Gastgeber, dem wir die letzten Begebenheiten erzählen.

Nach einer ganzen Reihe von Abenteuern – ich werde sie ein anderes Mal berichten – reisen wir am nächsten Tag von Peshawar Richtung Durgai ab. Ein nicht besonders glücklicher Tag: der 13. November 1930.

Amritsar und der Goldene Tempel

[November 1930]

Im Norden Indiens, in der Nähe des Himalaya, befindet sich Amritsar, die Stadt des Goldenen Tempels. Keine Wolke trübt hier den Himmel. In den Abendstunden weht ein duftender Wind aus den Eukalyptuswäldern. Die Sonne geht mit jener für Indien typischen matten Majestät unter. Plötzlich verwandelt sich der Horizont, die Landstraße wirkt beseelt, der Wald geheimnisvoll, gefährlich, undurchdringlich. Nur das Pferd der kleinen Droschke trappelt genauso teilnahmslos und ergeben weiter, nur der Kutscher ist derselbe gleichgültige Mann mit dem Blick eines Wegelagerers. Wir allein, diese zwei schlotternden Pilger auf dem Weg zum Goldenen Tempel, spüren und empfinden das ganze Drama der Abenddämmerung im Wald nach.

Überall ein seltsames Raunen, hohle Geräusche, ein Rascheln, Quietschen auf den Baumstämmen, das Knarren von Lianen – als ob verzauberte Schlangen aufwachen, unsichtbare Pfauen aufflattern würden. Wer weiß, welche Geheimnisse sich links und rechts unseres Weges verbergen. Da, Eidechsen mit beringtem Kropf und einem drachenähnlichen Kamm auf dem Rücken springen von den Ästen herab, landen auf unseren Schultern, drehen und wenden sich wie Eichhörnchen und landen dann mit einem dumpfen, furchterregenden Geräusch auf die von Tau benetzte Straße. Binnen weniger Minuten wird es dunkel. Die Bäume nehmen phantastische Gestalten an, die Glühwürmchen beginnen ihren Tanz. Funkenschwärme. Ein Wald aus der Urzeit, endlos und rätselhaft – das ist der Eukalyptuswald, den man auf der Reise von Kapurthala nach Amritsar durchquert.

Eine ganze Woche irrten wir durch die Paläste von Kapurthala. Es war eine geschenkte, nostalgische Woche, denn Kapurthala ähnelt einer Kulissenburg, wo man an jeder Ecke einen Palast aus weißem Marmor, eine Villa mit roten Balkons oder einen von Pavillons umgebenen See findet. Und so reisten wir aus Kapurthala ab, traurig, wieder eine Stätte der Träume verlassen zu haben, doch in Vorfreude auf die Stadt der Glorie und der Sikh-Märtyrer. In Amritsar erwartete uns der Nationalfeiertag des kraftvollen, prächtigen Volkes der Sikhs – das Fest zu Ehren der Geburt des großen Guru Nanak, ihres Meisters.

Wie aufgeregt waren wir in jener Novembernacht, als wir den Aufgang des Mondes betrachteten! Doch das Schauspiel des Mondes über den Zinnen von Kapurthala konnte uns nicht verlocken. Keineswegs. Auch machten wir vor keinem der märchenhaften Paläste halt. Wenn auch um uns herum weiße Blöcke oder die eisglatten, spiegelnden Oberflächen der Seen schimmerten – Seen von längst vergessenen Prinzessinnen –, so konnten uns diese Visionen aus der Polarnacht doch nicht zum Bleiben bewegen.

Wir finden auf dieser einsamen Landstraße inmitten der Verlassenheit des Waldes den Zauber des unbekannten, des verleumdeten Indien wieder, den Zauber seines wilden und harten Lebens, göttlich in seiner Ignoranz und Freude, seiner grellen Freude für Schöpfung und Spiel, seiner gelassenen Freude angesichts des Todes. Fast vermeinen wir Rufe und Wisperlaute aus Amritsar zu hören. In unserem verzauberten Zustand gibt es nur eine Befürchtung: daß nämlich Amritsar eine weitere Enttäuschung sein könnte, wie das viele andere Orte und Städte Indiens für uns gewesen waren, von denen wir zuviel Schönes gehört und erhofft haben.

(Doch diesmal wurden wir nicht enttäuscht. Es war doch kein unbedeutendes Erlebnis, daß wir am Ende in Amritsar am hellichten Tag mitten auf dem Markt verhaftet und unter Bewachung zur Bahnhofspolizei gebracht wurden. Und daß man uns für zwei Stunden einsperrte, bis die peinlich genauen Untersuchungen in einer von Revolten zerrissenen Stadt abgeschlossen waren. Schließlich mußten wir mit militärischer Eskorte abreisen und versprechen, nicht über diese Vorfälle zu sprechen und uns auch nichts von den Einheimischen über den zivilen Ungehorsam erzählen zu lassen. Es war im Herbst des Jahres 1930, als 50 000 indische Nationalisten in Gefängnissen saßen. Wir befanden uns in Nordindien, der am meisten betroffenen Region, in der sich keine Fremden ohne Erlaubnis bewegen durften, in der jeder Unbekannte ein revolutionärer Agent und jeder Inder ein Bombenleger sein konnte. Aber was bedeutete uns dieses nebensächliche Leid schon – wenn sich doch vor uns die Stadt unserer Träume erstreckte und irgendwo, versteckt hinter Toren und düsteren Gewölben, der Goldene Tempel stand? ...)

*

Wir schlendern umher, so wie man das eben in einer indischen Stadt tut: Der Blick bleibt überall hängen, ohne daß man ein Bild richtig genießen kann. Frauen in weißen und grünen Gewändern, mit kurzen Schals und goldenen Halsketten, mit heller Gesichtshaut und dem hochmütigen Gang, der für die Inderinnen aus dem Norden typisch ist. In ihrem Blick, neben der immerwährenden Faszination orientalischer Frauenaugen, ein zurückhaltender, doch großer Stolz. Es sind dieselben Frauen, die ihre Männer auslachten, als diese vom Schlachtfeld zurückkehrten unter dem Vorwand, jeder Widerstand sei zwecklos. Sie nötigten ihre Gatten, den Kampf wieder aufzunehmen mit der Drohung, sie würden ihnen sonst die Kriegerrüstung wegnehmen, ihnen Frauenkleider geben und sie zwingen, die Kinder zu betreuen und am Herd zu stehen, während sie, die Frauen, gegen die Eindringlinge losziehen würden. Woraufhin die Männer erneut aufbrachen – und keiner von ihnen zurückkehrte.

Das ereignete sich vor langer Zeit, im siebzehnten Jahrhundert, zur Zeit von Guru Nanak. Doch vor einigen Jahren legten die Sikhs einen Heroismus an den Tag, auf den ihre Frauen sehr stolz sind: fünfhundert Männer aus dem Stamm der Akalis, die sich zu Gandhis Lehre von der Gewaltlosigkeit bekannt haben, nahmen sich vor, einen Baum zu »erobern«. Und so schickten sie jeden Morgen eine Gruppe junger Leute hin, welche die Aufgabe hatten, den Baum zu umarmen. Natürlich war die Polizei dagegen. Aber die Jungs wollten ihren Posten nicht aufgeben, so wenig sie ihn auch mit Gewalt zu verteidigten suchten. Also wurden sie verprügelt, und zwar auf sehr grausame und blutige Weise. Man schlug bis zur Besinnungslosigkeit auf sie ein. Sobald eine Gruppe aufgerieben war, rückte eine andere als Ersatz nach. Das alles verlief ohne jede Gegenwehr, ohne daß jemand den Arm erhob. Der friedliche Aufstand dauerte einige Tage, nämlich so lange, bis alle fünfhundert niedergeschlagen waren. Doch sie hatten ihr Wort gehalten, das sie Mahatma Gandhi gegeben hatten, nämlich gewaltlos zu handeln, und sie waren auch sich selbst treu geblieben und hatten den Baum bis zur Besinnungslosigkeit umfaßt. Dieser Verzicht auf physische Gewalt ist um so beachtenswerter, als die Akali-Sikhs von legendärer Aggressivität sind und einen schon wegen der harmlosesten Beleidigung ermorden. Im übrigen trug jeder von ihnen selbst während der Revolution einen Dolch am Gürtel und besaß eine Feuerwaffe. Dieser Heroismus strahlt auf die gesamte Gemeinschaft aus; Siege in seinem Namen sind auch Siege der Frauen und Kinder. Deswegen blicken einen die Frauen mit einem abweisenden und gleichgültigen Lächeln direkt in die Augen. Verglichen mit ihnen wirken andere indische Frauen wie Sklavinnen.

Wir spazieren über den Basar. Alle Leute fiebern dem Feuerwerk entgegen, das sie in der Nacht abbrennen werden. An jedem Stand werden Kerzen und Böller verkauft, Bomben aus Ton und mit Brennpulver gefüllte Pfeile, große, mit Sprengstoff versetzte Kreisel und Ballons, die in Flammen aufgehen, und an jeder Ecke werden Blumen, Girlanden, Kränze und Parfüme feilgeboten. Denn jeder Gläubige muß frühmorgens den Tempel besuchen und vor dem heiligen, von Guru Nanak verfaßten Buch *Guru Granth* Opfergaben niederlegen.

Wir folgen dem Zug der Blumen und Düfte. Der Menschenstrom trägt uns mit sich. Und dann sind wir da: Plötzlich erhebt sich der Tempel, ein Wunder aus purem Gold, mitten in einem See mit marmornen Kais. Einem Spielzeug gleich ragt er vollkommen und unwirklich aus dem Wasser, mit vergoldeten Türmen und glänzenden Zinnen, die sich im Wasser spiegeln. Unfaßbar, frappierend dieser Tempel in der Mitte eines Sees, wo sich Zehntausende von Sikhs versammeln; hochgewachsene Männer, in bunte Seide gekleidet, mit Kriegerbärten, kostbaren Gürteln, Dolchen und Jataganen; Frauen in kostbaren, farbenprächtigen Gewändern, die das Auge erfrischen, die Zöpfe und Schultern parfümiert, die Fußsohlen rot gefärbt; Kinder, denen die Größe der weißen und schwarzen Turbane den Anblick von auf einem Maskenball orientalisch verkleideten Pagen verleihen.

Als wir vor dem Tor am Kai ankommen, müssen wir die Schuhe ausziehen. Wir übergeben sie der Obhut einiger gewissenhafter Leute, die deine Schuhe unter Zehntausenden von Paaren sofort wiederfinden und sie dir auf einer Stockspitze reichen. Wir holen auch die Zigaretten heraus, die wir bei uns haben, und hinterlegen sie bei den Schuhwärtern. Hätten wir Spirituosen dabei, in welch geringer Menge auch immer, müßten wir auch diese abgeben. Denn die Religion der Sikhs erlaubt nicht einmal den Besitz von Tabak und Alkohol.

Unter der Führung von Sikh-Pfadfindern treten wir in den Tempel ein; sie haben den Auftrag, den fremden Besuchern seine Geschichte und den Ablauf der Zeremonie zu erläutern. Barfuß umlaufen wir die vier Kais, bevor wir die Steinbrücke betreten, die den Tempel mit dem Seeufer verbindet. Unerträgliches Gedränge. Alle tragen Blumen auf den Armen, so daß von überallher der betäubende Duft von Blumenopfern entweicht. Aber unsere Pfadfinder wissen uns Platz zu machen. In weniger als einer Viertelstunde stehen wir vor der Pforte des Tempels. Doch ab hier geht es nur schrittweise vorwärts. Der Atem stockt vor Aufregung, und der eigene Körper ist von hundert anderen umschlossen. Endlich in der Mitte des Tempels. Vor dem heiligen Buch ein mit Blumen übersäter Teppich. Mit einer Verbeugung legen wir die Girlanden nieder. Ein ergrauter Priester, ein Guru, bricht Knospen vom Strauß, der das Buch schmückt, und reicht sie jedem von uns.

Der Sikh-Tempel ist der einzige indische Tempel, zu dem alle Menschen, gleichgültig welcher Konfession und Rasse, Zutritt haben. Ein einfaches Gebäude ohne Idole und Draperien. Ein zentraler Raum in gediegenem Dekor, in dessen Mitte sich auf einem Thron *Guru Granth* befindet.

An jedem Feiertag schlägt ein Guru eine bestimmte Seite dieses heiligen Buches auf und liest aus dem Leben des weisen und erhabenen Nanak vor. Der restliche Teil des Raums ist von Blumen und Weihrauch erfüllt. An diesem Tag, dem für die Sikhs bedeutsamsten, gleicht der ganze Tempel einem Blumenmeer. Und die Menschen schenken nicht nur dem Tempel Blumen, sondern auch dem See. Auf den Zinnen der Kais stehen bereits aneinandergereiht Lampen aus gebranntem Ton, die in der Abenddämmerung angezündet werden sollen. Man sieht Tausende und Abertausende dreireihig aufgestellter Laternen. Sobald die Sonne untergeht, zünden die Kinder sie eine nach der anderen an. Und wenn dann Nacht einbricht, ist der Tempel von einer dreifachen Lichterkette umringt; das von den Wellen reflektierte Licht der Lampions läßt ihn scheinbar zittern und flackern, dem Funkeln eines Schatzes ähnlich.

Wir stehen nun schon auf der Terrasse über dem großartigen Tor aus weißem Stein, das den Eingang von der Brücke zum Tempel schließt. Was man von hier oben zuerst bewundern soll: die märchenhafte Szenerie des von Lampions beleuchteten Gotteshauses oder die funkelnden Lichter der Stadt? In ganz Amritsar wird die Geburt von Guru Nanak in frischen und bunten Farben gefeiert. In jedem Haus ist jemand zurückgeblieben, um die Fackeln an der Tür, die Lampen am Fenster und die Feuerwerkskörper auf der Terrasse zu entzünden. Einige Ungeduldige schießen die ersten blendenden Raketen in die Luft. Doch das Startzeichen für die nächtlichen Lichtspiele kommt vom Tempeltor. Sobald es richtig dunkel wird, gehen hier mit Knallkörpern bestückte Kreisel und rote Kracher los. Auf den vier Türmen an den Ecken des Kais werden augenblicklich die ersten bengalischen Feuer abgebrannt.

Grüne Schatten erheben sich, leuchten auf und verschwinden über dem See. Winzige Kanonenkugeln zerspringen in scharlachroten Funken über unseren Köpfen. Manche gehen wie ein grün-violetter Blütenkelch auf und erlöschen erst spät, bevor sie aufs Wasser auftreffen. Andere versprühen ihr Pulver zu einem riesigen, luftigen Brautschleier. Wieder andere hinterlassen eine glühende Spur, funkenschlagende Feuerpeitschen. Einige scheinen wie Schalen aus flüssigem Glas, die wie verzaubert zwischen herabfallenden Scherben und Kristallen schweben. Die Menschen haben alle Hände voll zu tun, denn für die kriegerischen Sikhs stellt diese Blitz- und Lichterorgie mehr als eine religiöse Feier dar. Auf den Terrassen sind ganze Kisten von explosivem Material, Hunderte von Raketen und Tausende von bengalischen Rädern aufgestapelt. Jedes europäische Feuerwerk verblaßt neben der Üppigkeit und Erhabenheit der bengalischen Feuer von Amritsar. Es gibt Augenblicke, da das Grün und Violett der Raketen die gesamte Stadt wie die Scheinwerfer eines riesigen Theaters erleuchten. Man kann kaum die Worte des Nachbarn verstehen. Der Himmel grollt, die gleißenden Bahnen der Projektile überkreuzen sich, die Feuerräder kollidieren, die Glocken der Explosionen zerfallen, glühendes Konfetti allüberall. Wer achtet da noch auf die unschuldige Lichterkette am Kai? Fast scheint es, als würde der Tempel mit seinem kostbaren, massiven

Gold angesichts dieses vergänglichen und blendenden Regens gedemütigt. Die mit gekreuzten Beinen auf dem Boden hockende Menge hat nur für die flüchtige Pracht der Raketen Augen. Die Frauen lachen und freuen sich, die Kinder tollen wild umher, die Männer halten aufgeregt eine Hand am Dolch. Selbst die Ruhigeren unter ihnen, die gedankenverloren Pistazien essen oder Betel-Blätter kauen, starren zum Himmel. Nur der Tempel und seine Priester verharren im selben Zustand wie am Tage. Nur sie sind von heiterer Gelassenheit – unweit von einer Masse im Delirium.

Ich stehe oben auf der Terrasse. Das unschuldige, prunkvolle Spiel, durch das dieses kraftvolle Volk seinen Guru feiert, beginnt mich zu ermüden. Neben mir zwei Engländer, nur zwei aus der ganzen Stadt. Seit das Feuerwerk angefangen hat, rauchen sie ihre Pfeifen. Sie teilen sich knapp ihre Eindrücke mit, die sie dann lange auf sich wirken lassen. Auf einmal, ich weiß nicht warum, steigt Trauer in mir auf. Scheint es nur mir so, oder steht der Goldene Tempel tatsächlich als Symbol für etwas Bestimmtes, dieser alte, lebendige Tempel, verziert von einer dreifachen Lichterkette? Ein Tempel, der inmitten der lärmenden Feierlichkeiten verlassen daliegt. Denn die Menschen stehen ganz im Bann der rasch verglühenden Explosionen der bengalischen Feuer.

Aber vielleicht kam es nur mir so vor. Denn am nächsten Tag erstrahlt er zwischen den Haufen von Schlacke und Asche, verfaulten Blumen und buntem Papier wieder in all seiner Helligkeit und Reinheit, so wie seit dreihundert Jahren – er, der Goldene Tempel.

Die Krokodile (aus einem Jagdtagebuch)

Camp im Dschungel bei Sahibganj [März 1931]

Ich habe gestern Kalkutta verlassen und in den Morgenstunden Sahibganj in der Provinz Orissa erreicht. Diesmal werde ich weder durch Ruinen streifen noch Tempel erforschen. Ich befinde mich mitten im Dschungel, in einer von Santalis – wilden, animistischen Stämmen – bevölkerten Gegend.

Am Morgen aufwachend fand ich mich in einem Saal wieder, in dem ich nur dicht zusammengedrängte Schatten erkennen konnte. Es war der Wartesaal des Bahnhofs. Ich fragte mich, was die Menschen wohl waren: Händler oder Arbeiter, Inder oder Santalis. Ich schlief auf dem mitgebrachten Klappbett wieder ein, während ich zum Zeitvertreib über diese Frage nachdachte. Als ich eine Stunde später wieder wach wurde, war ich glücklicher Zeuge eines Schauspiels, für das jeder Europäer auf der Suche nach dem pittoresken Indien viel geben würde: Im Saal lagerten auch einige bengalische Familien. Sie kamen augenscheinlich von weit her und waren todmüde, denn das erste Morgenlicht vermochte sie nicht zu wecken. Neben der Wand schliefen auf improvisierten Nachtlagern fünf junge Frauen, fast nackt, mit entblößten Brüsten und gelösten Zöpfen. Sie waren in der morgendlichen Blässe von einer exotischen Schönheit. Die Saris hatten sie um die Hüften gewickelt ...

Von meiner Reise den Ganges aufwärts zur Mündung des Flusses Kursi: Inseln aus weißem Sand, trostlose Strände – und der Chor der am hinteren

Deck nie sich beruhigenden santalischen Köche. Ich verstehe ihre Sprache nicht, und sie können kein Hindi. Ein nicht-arischer Typ, dunkelhäutig und naiv. Für zehn Stunden Arbeit als Tagelöhner bei der Eisenbahn erhalten sie ganze 5 anna[38] (16 Lei). Doch ihre Ansprüche sind sehr bescheiden, und als Nichthindus sind sie auch keine Vegetarier. Sie schießen mit Pfeil und Bogen auf jeden Vogel, um ihn dann geröstet zu verzehren. Das erklärt die Ödnis dieser Gegend. Ich muß tiefer in die Wildnis vordringen, um das für Indien typische Konzert von Flügelschlägen wiederzufinden.

Meine Jagdgenossen sind alle anglo-indischer Herkunft, Funktionäre bei der Eisenbahn und langweilig wie alle Anglo-Inder. Zu ihnen gehören zwei Katholiken und ein Freimaurer. Sie haben Kulis sowie einen santalischen Schlangenbeschwörer und Heiler giftiger Bisse mitgebracht. Blasiert und voller Skepsis machen sie sich über »those poor savages« lustig und erzählen mir den ganzen Morgen von Wunderheilungen, die santalische Hexer vollbracht haben sollen, und auch davon, wie diese einfältigen Knechte Schlangen und Skorpione einfangen und mit ihnen spielen, indem sie mit Blättern Pfeifgeräusche erzeugen und mysteriöse, beschwörende Rhythmen schlagen. In dieser gesamten Region haben die santalischen Hexer einen guten Ruf, sogar bei den Europäern. Jedesmal, wenn jemand ernsthaft krank wird oder von einer giftigen Schlange gebissen wurde, ruft man zuerst nach ihnen und läßt erst dann den Arzt holen.

Meine Bordgenossen reden, trinken Bier, essen Sandwiches und behalten, nach Krokodilen spähend, die sandhellen Ufer im Auge. Das Schiffchen kommt

38 Bis 1957 *gebräuchliche Münze.;* 1/16 *von einer Rupie.*

nur langsam voran; es stammt von der offiziellen Navigationsbehörde. Ein veralteter, trister Kahn, der einige »Weiße« auf dem Vorderdeck und jede Menge Gehilfen auf dem Hinterdeck befördert. Das Lied der letzteren hat im übrigen keine Melodie. Die liefert dafür das Geräusch der Schiffsschrauben.

*

... Der Fluß Kursi mündet in den Ganges an einer Biegung unterhalb eines in sich zusammengefallenen Hügels, von dem aus man auf der einen Seite die sandige, weiße Ebene, auf der anderen den dichter und dunkler werdenden Dschungel sieht.

Ein paar armselige Hütten. Fischer und Bootsleute, einige Parias und zum Hinduismus übergetretene Wilde. Eine in Fetzen gehüllte Frau zerstampft Reis, um Fladen zu machen. Die Männer flicken an Netzen mit verpichten Fäden. Die Tristesse ist erschütternd. Der Fischfang wirft in diesem von Delphinen und Krokodilen wimmelnden Gewässern kaum Erträge ab, und die geringe Ausbeute findet selten Abnehmer. Dörfer in der Nähe gibt es keine und bis Sahibganj verdirbt der Fang. Unsere Ankunft ist Grund für doppelte Freude: Wir werden Krokodile töten und ihnen Fische abkaufen.

Hier, am letzten Posten der Zivilisation, macht unser Kahn halt. Ein alter Ponton, auf dem Kulis schlafen, und einige Pfähle am Ufer. Ab hier verlieren sich die Spuren menschlicher Behausungen; die Regionen tragen keine Namen mehr, die Toten werden nicht begraben.

Dort, wo der Kursi in den Ganges mündet, tollen Dutzende von Delphinen. Ab und zu springt ein großer Fisch in die Höhe und fällt klatschend ins Wasser zurück, dicht gefolgt von einem jagenden Delphin.

Kein Fisch entkommt den Zähnen des Delphins. Umsonst versuchen wir, auf die braunen, von Fett verhärteten Rücken zu schießen. Die Kugel gleitet ab, landet im Wasser oder bleibt in der obersten Hautschicht stecken.

Gepäck, Zelt, Proviant, Patronen und Bettzeug werden in ein Boot geladen. Wir haben einen Koch – der uns laufend Tee macht, da kein anderes als Flußwasser zur Verfügung steht und es für den Tee stets gekocht werden muß –, zwei Kulis und zwei Krokodilenthäuter. Die Bootsmänner rudern langsam, denn auf dem Fluß herrscht sengende Hitze. Seit dem Verlassen des Ufers haben wir die anderen Boote aus dem Blick verloren. Kein Ruderschlag, keine Stimmen sind zu hören. Wir dringen in völlige Stille ein, in eine immer heißer, immer unbekannter werdende Welt. Auf dem einen Ufer beginnt der Dschungel; das andere ist kahl, ein mit Wasserlachen durchsetzter Sandhügel, auf dem es von Krokodilen wimmelt.

Zumindest wurde mir das gesagt. Ich bin gespannt. Aber es wimmelt nicht von Krokodilen, und sie tauchen auch nicht plötzlich auf. Zwei Stunden vergehen. Wie gehen in einer Reihe. Das stockende Atmen des Neulings, der vorsichtige Tritt auf die Zweige – bis der Arm des Vordermanns »Halt« signalisiert und uns bedeutet wird, uns im Gras zu verstecken. Das erste Krokodil. Ich kann allerdings nur etwas Prankenartiges am anderen Ufer erkennen.

Wir warten. Plötzlich die erste Detonation, völlig fremd hier im Dschungel. Daraufhin klatschende Geräusche von Stellen, an denen niemand Krokodile vermutet hätte: von feuchten Sandhaufen, von im Dikkicht verborgenen Bächen, von morschen Baumstämmen, sogar vom bewaldeten Ufer her. Aber die Kugel hat ihr Ziel nicht verfehl. Da das Krokodil auf dem anderen Ufer liegt, konnten wir seinen Todeskampf nicht beobachten. Es wurde am Schädel getroffen, und die Kugel hat seine Wirbelsäule zerschmettert. Ein Drache mit dicken, nun schlaff am Körper herabhängenden Tatzen, der das Wasser nicht mehr erreichen konnte. Dort wäre er versunken und als aufgedunsenes Aas wohl einige Tage lang im Fluß getrieben, bis er an einer Sandbank angeschwemmt liegengeblieben wäre.

Das Boot wird das andere Flußufer erst in einer Stunde erreichen. Der Enthäuter wird die Haut abnehmen, mit rotem Salz einreiben, in einen feuchten Sack packen und diesen hinten im Boot verstauen. Um den Kadaver werden sich die Geier kümmern.

... Der Dschungel lichtet sich hier etwas. Keine Vögel, viele Schlangen in der Uferböschung. Meine Begleiter töten sie mit dem Stock. Wir sind noch keiner Kobra begegnet und wollen daher keine Patronen verschwenden. Außerdem haben wir sowieso nur zweiläufige Karabiner bei uns.

Auf der anderen Uferseite erlegt jemand das zweite Krokodil. Es bewegte sich vor uns, jedoch außer Sichtweite. Wieder dasselbe Handzeichen; wir dukken uns. Der ersten Kugel folgt eine zweite. Wir laufen los und finden die Bestie mit zerschossenem Rückgrat und durchbohrtem Hals; sie speit Blut und versucht, den Fluß zu erreichen. Sie erinnert mich an die Drachen aus meiner von den Nibelungen bevölkerten Kindheit. Der Rausch, den ich verspüre, die Versuchung, die Fäuste in jenes dampfende Blut zu tauchen und sie dort zu öffnen. Aber die anderen wissen nichts von mir, und sie würden es auch nicht verstehen. Außerdem ist das Krokodil nicht tot. Es schlägt mit dem Schwanz rhythmisch hin und her – ein peitschender Hieb würde genügen, um mein Bein zu zerschmettern.

... Seitdem fallen ununterbrochen Schüsse. An jeder Flußbiegung ein weiteres sonnenbeschienenes Nest von braunen, mit Schlamm bedeckten Leibern. Wieder Lauern, dieselbe Anspannung, langes Zielen auf einen Nacken dick wie ein Baumstamm – und dann verläßt die Kugel mit einem starken Ruck das Gewehr. Ein Monster, das drei Mal am Schädel getroffen wurde, findet noch die Kraft, sich in den Fluß zu schleppen. Seine Wirbelsäule war noch nicht gebrochen.

Nach vier Stunden haben wir neun Krokodile getötet; einige andere konnten fliehen. Erschöpft warten wir neben dem zuletzt erlegten Reptil auf das Boot, rauchen und schießen auf alle Vögel, die über uns hinwegfliegen, um Nahrung für die Kulis und die Bootsleute zu beschaffen. Ein Vogel mit langen, roten Flügeln und spitzem Schnabel fällt träge, wie ausgestopft, zu Boden. Wir legen ihn neben das Krokodil und warten geduldig. Die Sonne scheint zu stark, als daß wir weiter hoffen könnten, noch mehr Krokodile zu erlegen. Schließlich nähert sich gemächlich das Boot, mit demselben langsamen Ruderschlag, als ob es auf ein getötetes Krokodil zuschwimmen würde. Ein Kuli springt nach dem Vogel, während die zwei Enthäuter ihre schmalen Messer wetzen. Ich wohne einem erstaunenswerten Vorgang bei, einer Enthäutung wie aus dem Lehrbuch.

Das Aas wird nicht weggeworfen. Denn sobald ein Krokodil getötet wurde, sind am Himmel einige kreisende Geier zu sehen, die sich mit der Zeit auf ein ganzes Bataillon vermehren. Während das Krokodil enthäutet wird, lassen sich die Geier auf den Bäumen der Umgebung nieder, steigen schrittweise auf immer tiefere Zweige hinab, springen dann auf die Erde und sind versucht, sich auf den erst zur Hälfte enthäuteten

Kadaver zu stürzen. Niemand verscheucht, niemand tötet sie, diese Reiniger Indiens. Doch dann fügen sie sich in die lange Wartezeit und stecken ihren Kopf unter die Flügel, um sich vor der Nachmittagssonne zu schützen. Ein Bataillon kleiner Napoleons – so kommen sie dem Europäer vor. Einige von ihnen spannen ihre bis zu einem Meter langen Flügeln zärtlich aus und umfassen mit einer brüderlicher Geste ihren Nachbarn, welcher diese Protektion und Patronage gleichgültig über sich ergehen läßt.

Die Krokodilhäute werden gefaltet, und wir können ins Boot einsteigen, um die Reise auf dem Fluß bis zur nächsten Raststelle fortzusetzen. Kaum haben wir uns vom Ufer entfernt, als der weiße, lächerlich entblößte Leib des Enthäuteten schon unter den gierigen Aasgeiern verschwindet. Dicht gedrängt hocken sie auf dem Kadaver, reißen Fleischstücke heraus, zerfetzen sie mit den Krallen, graben sich immer tiefer in den Körper hinein und laufen dann einige Schritte weg, um das Erbeutete hinunterzuschlucken, die Knochen zu brechen oder an ihnen zu knabbern. Krächzende Schreie, Flügelschläge, blutiges Auf- und Niederflattern.

Die Geier – die großen Reiniger.

*

Um fünf Uhr nachmittags Ankunft an der vereinbarten Stelle zum Campen. Den Nachmittag verbringen wir mit Diskussionen. Einer aus unserer Gruppe hat Colonel Lawrence [von Arabien] kennengelernt. Zigaretten, viel Tee und ausgedehntes Faulenzen. Morgen stehen wir sehr früh auf.

*

Gestern abend haben wir spontan ein Bad im Kursi genommen, das heißt also im selben Fluß, an dessen Ufern wir den ganzen Tag gejagt hatten. Und was mich erstaunt: Keiner hielt das für eine besonders mutige Tat; vielmehr dachten alle an ihre Hygiene, da wir stark geschwitzt hatten und wirklich erschöpft waren.

Während die Kulis nach dem Aufstehen unsere Zelte abbauen und der Koch die für heute benötigte Menge an Tee zubereitet, versuchen wir ohne Erfolg, im dunkelgrünen Uferwerk nach Vögeln zu jagen. Wir decken uns wieder mit Munition ein und brechen auf, jeder mit zwei Karabinern. Der Dschungel wird jetzt immer gefährlicher. Wir haben uns lederne Beinschützer gegen Kobrabisse übergestreift.

Wir legen weitere zehn Kilometer auf dem Kursi zurück. Mittlerweile zähle ich die erlegten Krokodile gar nicht mehr. Der Jagd fehlt jetzt jede Leidenschaft. Erst als wir wieder mit dem Bootshaken nach einem erschossenen Krokodil suchen müssen, das in einem toten Flußwinkel versank, kommt wieder Leben auf. Der Fluß ist zu schmal, als daß wir mit dem Boot jagen könnten. Wir müssen wieder ans Ufer zurückkehren.

Eine Gruppe Santalis, der wir begegnen, bittet uns um ein frisch erlegtes Krokodil, um es am Abend zu essen. Wir geben ihnen das nächste Reptil, das wir erbeuten. Es überrascht mich nicht, daß sie sogar Krokodilfleisch nicht verschmähen. Ich erfahre barbarische, ekelerregende Dinge über die Santalis. Manchmal, vor allem nach Überschwemmungen, fangen sie ein Krokodiljunges, das sie mit Fröschen und Schlangen mästen, bis es schlachtreif ist. Aber sie töten es nicht, da sie mit soviel Fleisch auf einmal nichts anfangen können. Andererseits können sie es nicht lagern, da sie kein Eis zur Verfügung haben. Und so tun sie einfach folgendes: Jeden Tag schneiden sie ein Stück vom Schwanz des angeketteten Reptils ab. Das Tier windet sich qualvoll, blutet, aber es stirbt nicht. Am nächsten Tag wird wieder ein Stück von ihm abgeschnitten, am übernächsten wieder. Dann wird es einige Tage in Ruhe gelassen, bis die Wunde ver-heilt ... Ein solches Krokodil kann bis zu zehn Tagen überleben. Unsere Santalis berichten uns, wie schmackhaft das Fleisch der gefangenen Tiere sei.

Die Hitze wird so unerträglich, daß wir nur noch erschöpft und halluzinierend unter einem uralten Banyanbaum Schutz suchen können. Es ist, als ginge seit Stunden ein heftiger Sonnenregen auf uns nieder; der Blick muß sich jedesmal gequält abwenden, wird er von solchem Niederschlag getroffen. Wir können nur nach unten blicken, den Tropenhelm tief in die Stirn ziehen. Die Hände sind gerötet, wie verbrannt. Die Beinschützer schmerzen, und der Rücken brennt, denn die Hitze dringt durch den dünnen Stoff des Hemdes und läßt die Haut braten. Warten auf das Boot und auf den Tee. Wir haben jedes Gefühl für Zeit verloren. Niemand spricht, niemand raucht mehr. Als wir endlich ins Boot steigen und uns unter das aus Bambussprossen improvisierte Dach fallen lassen, kommt es uns vor, als hätten wir das Paradies auf Erden gefunden.

... Heute Nacht kam ein verirrter und ausgehungerter Schakal bis vor unser Zelt, angelockt vom Geruch einiger Fischreste. Ich warf sie ihm aus dem Zelt zu, und er verschlang sie wie ein gieriger Hund. Bis in die Morgenstunden hinein war noch Geheul von jenseits des Waldes zu hören, von dort, wo die trostlose Orissa-Ebene beginnt. Kaum einer der armen Teufel jener Provinz findet dort Nahrung, selbst die Tiere nicht.

... Die gesalzenen Krokodilshäute stinken allmählich nach verfaulten Schlangen, nach Gott weiß was für ekelerregenden Sachen. Dabei hat die Jagd doch gerade erst begonnen ...

Anhang

Weitere Bücher Eliades über Indien (Auswahl deutscher Ausgaben)

- *Nächte in Serampore,* Novelle, Frankfurt 1985
- *Das Mädchen Maitreyi,* Roman, Frankfurt 1988
- *Der Versucher und die Schlange,* Freiburg-Basel-Wien 1990

- *Mythen, Träume und Mysterien,* Salzburg 1961
- *Yoga. Unsterblichkeit und Freiheit,* Frankfurt 1984
- *Die Religionen und das Heilige. Elemente der Religionsgeschichte,* Frankfurt 1986
- *Ewige Bilder und Sinnbilder. Essays über die mythisch-religiöse Symbolik,* Frankfurt 1986
- *Handbuch der Religionen* (zusammen mit I.P.Culianu), München 1991
- *Kosmos und Geschichte. Der Mythos der ewigen Wiederkehr,* Frankfurt 1994
- *Geschichte der religiösen Ideen,* 5 Bände, Freiburg 1994

- *Erinnerungen. Erster Band* (Der zweite Band ist in Deutschland noch immer nicht erschienen), Frankfurt 1987
- *Die Prüfung des Labyrinths. Gespräche mit Claude-Henri Rocquet,* Frankfurt 1987

Textnachweis

Abkürzungen
Zitierte Bücher Mircea Eliades:
Originalausgaben:
IND: *India,* Bukarest 1934
ST: *Santier* [*Werkstatt*], Bukarest 1935
Postum erschienen:
BM: *Biblioteca Maharajahului [Die Bibliothek des Maharadschas],* hrsg. von M. Handoca, Bukarest 1991 (Zeitungsreportagen)
TI: *Taina Indiei [Indiens Rätsel],* hrsg. von M. Handoca, Bukarest 1992 (Radiovorträge)
ERM: *Erotica misticâ în Bengal [Die erotische Mystik Bengalens],* hrsg. von M.Handoca, Bukarest 1994 (Texte aus dem Nachlaß, Zeitungsreportagen, Aufsätze)

Rumänische Zeitungen:
CV: *Cuvîntul* [*Das Wort*]
VL: *Viata literarâ [Literarisches Leben]*
VR: *Vremea* [*Die Zeit*]

»Erste Notizen«. Fragmente aus dem Nachlaß. Erstdruck in ERM, S.154-156.

»Pseudo-Bordtagebuch« – abgedruckt als »Fals jurnal de bord« in CV, 11., 16. Dezember 1928 und 11., 15., 16., 18. Januar 1929, wiederabgedruckt in BM.

»Ceylon« – abgedruckt als »Ceylon« in VR, 1. Januar 1929, wiederabgedruckt in IND.

»Mit der Rikscha durch Colombo« – abgedruckt als »Cu riksa în Colombo« in CV, 23. Januar 1929, wiederabgedruckt in BM.

»In Kandy und Anuradhapura« – abgedruckt als »Kandy si Anuradhapura« in CV, 29. Januar 1929, wiederabgedruckt in BM.

»Wallfahrt nach Rameswaram« – abgedruckt als »Pelerinagiu la Rameshwaram« in CV, 31. Januar 1929, wiederabgedruckt in IND. Hier leicht erweitert durch die parallelen Passagen aus dem verwandten, am 5. August 1933 von Mircea Eliade auf Radio Bukarest gesprochenen Radiovortrag »Templele din sudul Indiei« (»Südindische Tempel«), wiederabgedruckt in TI.

»Zu Gast in Madurai« – abgedruckt als »Gâzduire la Madura« in CV, 1. Februar 1929, wiederabgedruckt in IND. Hier erweitert durch die parallelen, etwas ausführlicheren Passagen aus dem verwandten Radiovortrag »Templele din sudul Indiei« (siehe »Wallfahrt nach Rameswaram«).

»Madras« – abgedruckt als »Madras« in CV, 5. Februar 1929, wiederabgedruckt in IND.

»Adyar« – abgedruckt als »Adyar« in CV, 9. Februar 1929, wiederabgedruckt in BM.

»Die Bibliothek des Maharadschas« – abgedruckt als »Biblioteca Maharajahului« in CV, 28. Februar 1929, wiederabgedruckt in BM.

»Kalkutta« – abgedruckt als »Calcutta« in CV, 5. März 1929, wiederabgedruckt in BM.

»Das Kloster von Swami Vivekananda in Belur« – abgedruckt als »Mânâstirea lui Swami la Belur« in CV, 26. Februar 1929, wiederabgedruckt in BM.

»Im Frühling« – abgedruckt als »Primâvara« in CV, 14. März 1929, wiederabgedruckt in BM.

»Bei einem Yogi« – abgedruckt als »Cel dîntî yogin« in CV, 9. April 1929, wiederabgedruckt in BM.

»Gandhi, nach Ramadan und Holi« – abgedruckt als »Gandhi dupâ Ramazan si Holi« in CV, 24. April 1929, wiederabgedruckt in BM.

»110° Fahrenheit. Zyklon Richtung SW« – abgedruckt als »110° Fahrenheit, ciclon directie S.V.« in CV, 28. Mai 1929, wiederabgedruckt in IND.

»Tagebuch aus dem Himalaya« – abgedruckt als »Jurnal himalaian« in CV, 9., 16., 22., 25., 27. Juni sowie 2. Juli 1929, wiederabgedruckt in IND.

»Durga, Göttin der Orgien« – abgedruckt als »Durga-Puja« in CV, 2. Januar 1930, wiederabgedruckt in IND. Leicht erweitert als Radiovortrag am 8. April 1932 von Eliade auf Radio Bukarest gesprochen, wiederabgedruckt in TI als »Durga, zeita cu cincizeci de scâfîrlii« (»Durga, Göttin der fünfzig Schädel«). Dieser Radiovortrag wurde der vorliegenden Übersetzung zugrunde gelegt.

»Kumbh Mela in Allahabad« – abgedruckt als »4 000 000 în Kumbh Mela« in VR, 6. März 1932, wiederabgedruckt in IND.

»In Rajputana« – abgedruckt als »Itinerariu rajput« in VR, 27. März 1932, wiederabgedruckt in IND.

»Benares« – abgedruckt als »În tara lui Gandhi. Benares« in VR, 14. Februar 1932, wiederabgedruckt in IND.

»Noch einmal Benares« [Fragment] – »Memorialul câlâtoriei la Benares«. Text aus dem Nachlaß. Erstdruck in ERM, S.159-162. Ein unwesentlicher Absatz, der schon in »Benares« vorkommt, wurde hier weggelassen.

»Jaipur« – abgedruckt als »Jaipur« in VR, 20. März 1932, wiederabgedruckt in IND.

»Zu Besuch bei Tagore« – abgedruckt in ST, 2.Kapitel *(Caietul II)*.

»Shantiniketan und der Frühling in Bengalen« – abgedruckt als »Primâvara în Bengal« in VR, 24. April 1932, wiederabgedruckt in ERM. Der erste Teil des hier vorliegenden Textes (bis zum Stern *) stammt aus »La Shantiniketan« (»In Shantiniketan«), abgedruckt in VL, 21. Dezember 1929, wiederabgedruckt in IND.

»Es spricht Rabindranath Tagore« – abgedruckt als »Vorbeste Rabindranath Tagore« in CV, 25. Dezember 1931, wiederabgedruckt in IND.

»Es spricht Srimati Devi« – abgedruckt als »Vorbeste Srimati Devi« in IND.

»Eine bengalische Hochzeit« – Radiovortrag, der als »O nuntâ bengalezâ« am 22. April 1932 bei Radio Bukarest von Mircea Eliade gesprochen wurde. Wiederabgedruckt in TI.

»Im Gespräch mit einem indischen Nationalisten« – abgedruckt als »De vorbâ cu un nationalist indian« in VR, 13. März 1932, wiederabgedruckt in IND.

»Fragmente aus der indischen Revolution« – abgedruckt in ST, 3. Kapitel *(Intermezzo)*.

»Von Klöstern und Einsiedlern im Himalaya« – abgedruckt als »Din ›Necunoscuta Indie‹« (»Auszüge aus dem Buch ›Unbekanntes Indien‹«) in CV, 25. Dezember 1930 sowie 2., 4., 6., 8., 10., 23., 30. Januar 1931, wiederabgedruckt in IND.

»An der Grenze zu Afghanistan« – abgedruckt als »Afganistan« in CV, 6. November 1933, wiederabgedruckt in IND.

»Amritsar und der Goldene Tempel« – abgedruckt als »Amritsar si templul de aur« in VR, 21. Februar 1932, wiederabgedruckt in IND.

»Die Krokodile (aus einem Jagdtagebuch)« – abgedruckt als »Crocodilii« in VR, 3. April 1932, wiederabgedruckt in IND. Hier erweitert durch die parallelen, etwas ausführlicheren Passagen aus dem verwandten, am 21. Dezember 1932 von Mircea Eliade auf Radio Bukarest gesprochenen Radiovortrag »Vînâtoarea de crocodili« (»Die Krokodiljagd«).

Weisheit des Ostens

Hans-Peter Hasenfratz
Der indische Weg
Die Spiritualität eines Kontinents entdecken
Band 4309

Die leicht verständliche und fesselnd geschriebene Einführung in den indischen Kosmos: Sprache, Philosophie, Religiosität und spirituelle Praxis.

Eknath Easwaran
Der Mensch Gandhi
Sein Leben ist eine Botschaft
Band 4564

Mahatma – die „große Seele" – Gandhi, auf den spirituellen Kern und die geistige Kraft hin transparent gemacht. Mit vielen Fotos und Originaltexten.

Li Zehou
Der Weg des Schönen
Geschichte der chinesischen Kultur und Ästhetik
Herausgegeben von Karlheinz Pohl und Gudrun Wacker
Band 4114

Li Zehou, Dissident und „einer der bedeutendsten chinesischen Denker der Gegenwart" (Süddeutsche Zeitung), läßt Kunst und Literatur des Reichs der Mitte zum Erlebnis werden.

Das Leben nach dem Tod in den Weltreligionen
Herausgegeben von Harold Coward
Band 4652

Ein Kompendium der Weisheit religiöser Überlieferungen im Blick auf eine uralte menschheitliche Erfahrung. „Informativ, intelligent und hilfreich" (B. Schellenberger).

Alan Watts
Leben ist jetzt
Der östliche Weg der Befreiung und die Verwandlung des Selbst
Band 4622

Glück heißt: Das Leben nicht zu verschieben. Sich der Wirklichkeit hinzugeben, jetzt.

HERDER / SPEKTRUM

Frederik Hetmann
Siddhartas Weg
Die Geschichte vom Leben und der Lehre des Buddha
Band 4594
Die populäre Vergegenwärtigung einer großen Weltreligion in der faszinierenden Lebensgeschichte des Stifters. Spannend, lebendig, farbig.

Thich Nhat Hanh
Schlüssel zum Zen
Der Weg zu einem achtsamen Leben
Mit einer Einführung von Philip Kapleau
Band 4570
Ein Meister erschließt die alte Tradition von Bewußtheit und Achtsamkeit, um sie im Alltag zu verwirklichen.

Bruno Borchert
Mystik
Das Phänomen – Die Geschichte – Neue Wege
Mit zahlreichen Abbildungen
Band 4530
Das Standardwerk: solide und kenntnisreiche Einführung, faszinierender Überblick und spannende, anschauliche Darstellung.

Kalila und Dimna oder die Kunst, Freunde zu gewinnen
Fabeln des Bidpai, erzählt von R. Wood – Vorwort von Doris Lessing
Illustrationen von Margaret Kilkenny
Band 4515
„Ich möchte den sehen, der dieses Buch in die Hand nimmt und nicht in einem Zug durchliest" (Doris Lessing).

Khalil Gibran
Hinter dem Schleier der Nacht leuchtet das Licht
Hrsg. von Ursula Assaf-Nowak
Band 4495
Poesie und Leidenschaft, Gedankenklarheit und mystische Tiefe, eingehüllt in eine faszinierende Bildersprache.